Josef Schreiner
Das Alte Testament verstehen

Josef Schreiner

Das Alte Testament verstehen

echter

Die Deutsche Bibliothek – CIP-Einheitsaufnahme

Die **Neue Echter-Bibel.** – Würzburg : Echter

Ergänzungsband zum Alten Testament

    4. Schreiner, Josef: Das Alte Testament verstehen. – 1999

Schreiner, Josef:
Das Alte Testament verstehen / Josef Schreiner. – Würzburg : Echter, 1999
    (Die Neue Echter-Bibel : Ergänzungsband zum Alten Testament : 4)
    ISBN 3-429-02079-4

© 1999 Echter Verlag Würzburg
Gesamtherstellung: Echter Würzburg
Fränkische Gesellschaftsdruckerei und Verlag GmbH
    ISBN 3-429-02079-4

Inhaltsverzeichnis

B Das maßgebende Profil

I. Wort Gottes

II. Von Gott eingegebenes Wort

III. Wahr und zuverlässig

C Zugänge zum Alten Testament

I. Ohne festgeschriebenen Abschluß

Vorwort

Die Neue Echter Bibel befaßt sich als alttestamentlicher Kommentar jeweils mit den Einzelschriften des Alten Testaments. Sie interpretiert deren Texte und gibt eine kurze Einführung in das betreffende Buch. Verbindungslinien zu anderen Büchern des AT werden sehr wohl gezogen, wird doch oft erst in größerem Zusammenhang deutlich, was der Text sagen will. Der Hintergrund, auf dem er spricht, wird sichtbar, sein sprachliches und geistiges Profil tritt hervor, die Zielrichtung der Aussage zeichnet sich ab, Leitlinien atl Theologie heben sich heraus. Verweisstellen am Rand machen darauf aufmerksam und regen an, das gelesene Bibelwort in den größeren Rahmen des AT hineinzustellen. Das leitende Interesse ist dabei, wie es der Textsorte Kommentar entspricht, auf den gerade auszulegenden Text gerichtet. Es ist jedoch auch notwendig, das Ganze des AT in den Blick zu nehmen. Hierfür bieten sich verschiedene Verfahrensweisen an. Eine Einleitung in das AT informiert schwerpunktmäßig über die atl Bücher und Büchergruppen, ihr Werden, ihre Gestalt und ihren Inhalt im Überblick. Eine Theologie des AT versucht, seine Botschaft darzustellen. Auch spezielle Fragestellungen (wie Geschichte und Religionsgeschichte oder die »Lebenswelt« Israels) befassen sich mit dem AT insgesamt. Sie streifen wohl auch mehr oder weniger das grundlegende Problem, das in dem Begriff »Altes Testament« auf seine kürzeste Form und Formel gebracht ist. Es ist die Frage, warum dieses Werk so genannt wird, was mit diesem Namen gemeint ist, welche Bedeutung er für den hat, der ihn gebraucht, und welche Folgerungen sich für ihn ergeben.

Diese Fragen münden, wenn nun jemand sich mit dem AT befaßt, in seine Vorstellungswelt eindringen und den Sinn des dort Gesagten erkunden will, in die Erfordernisse des rechten Verstehens, der richtigen Interpretation und der konkreten Anwendung. Immer, wenn ein Text gesprochen, und besonders, wenn er schriftlich formuliert wurde, geht es um diese drei. Das AT macht hier keine Ausnahme, im Gegenteil. Seit Texte, die dann in ihm vereinigt wurden, existieren, verspürten Menschen, die sie hörten oder lasen, daß sie sich diesen Erfordernissen stellen müssen.

Das ist bereits, wie zu zeigen sein wird, im AT selbst der Fall. Das NT ist in besonderer Weise mit ihnen konfrontiert. Das Christentum konnte diesen Erfordernissen über seine ganze Geschichte hin nicht ausweichen. Gerade heute ist ein Ausweichen nicht möglich. Nach allem Schrecklichen, was dem bleibend auserwählten Volk Gottes in unserer Zeit angetan wurde, hat gottlob eine Hinwendung zum Judentum stattgefunden. Seine Heilige Schrift ist unser AT. Ihm muß, wenn christliche Begegnung mit dem Alten Gottesvolk, wie es das AT verlangt (Gen 12,3; Jes 2.2-5) erfolgen soll, unsere wache, lernende Aufmerksamkeit gelten.

Das vorliegende Buch will dabei helfen. Es trägt den Titel: Das Alte Testament verstehen. Vom AT her und im Verbund der ganzen Bibel soll in ihm immer wieder und mit verschiedenen Ansätzen Verstehenshilfe gesucht werden. Der Enkel des weisen Jesus Sirach sagt in seinem Vorwort: »Vieles und Großes ist uns durch das Gesetz, die Propheten und die anderen Schriften, die ihnen folgen, geschenkt worden. Dafür ist Israel zu loben wegen seiner Bildung und Weisheit. Doch soll jeder, der sie zu lesen versteht, nicht nur sich selbst daran bilden, sondern die gerne lernen, sollen auch imstande sein, andere durch Wort und Schrift zu fördern.«

Würzburg, im Oktober 1998   *Josef Schreiner*

Hinführung

Als Jesus fragt: »Was steht im Gesetz? Was liest du dort?«, weiß der Schriftgelehrte zu antworten (Lk 10,26f.). Er zitiert aus der Torah. Er kennt die Schrift. Er weiß, daß man sie anwenden, auf das Leben beziehen muß. Nach Lukas versteht er auch, aber in seinem Vorurteil gegenüber dem Fragenden und vielleicht ebenfalls in sachlicher Hinsicht versteht er nicht recht, nicht vollständig. Lesen, verstehen, anwenden! So soll ein Jünger Jesu der Heiligen Schrift und insbesondere auch der des Alten Bundes begegnen (vgl. V. 36f.). Für einen Christen, an den sich dieses Buch wendet, gilt dies ebenso. Verstehen hat eine Brückenfunktion zwischen dem Lesen und der Anwendung des Gelesenen. Die Brücke ist von beiden Seiten her begehbar und sollte auch so genutzt werden, vom Lesen zur Anwendung hin und von dieser auch immer wieder zum Text zurück.

Das vorliegende Buch will dem Verstehen des Alten Testaments dienen, eines Buches, das nach Entstehung, Inhalt, Verbreitung und Wirkung einzigartig in der Weltliteratur dasteht. »Es gibt kein anderes literarisches Dokument der Weltgeschichte, das derartige Zeiträume umspannt«[1], sowohl in seinem Werden wie auch in seinem Inhalt. Weltweit ist es verbreitet. Seine prägende Einwirkung auf das Judentum und das Christentum ist offenkundig, sein Einfluß auch auf den Islam ist nicht zu leugnen. Es hat die Kultur des Abendlandes mitbestimmt, ihm Perspektiven des Lebens eröffnet und geistige Horizonte aufgezeigt. An diesem Buch kann niemand vorübergehen, der die menschliche Gesellschaft in ihrem heutigen Zustand vor Augen hat. Denn es übt einen weltweiten Einfluß aus bei allen, die es als Heilige Schrift annehmen, sich mit ihm auseinandersetzen, seine Ideen umdeuten oder auch Ideologien folgen, die noch in der Ablehnung von ihm beeinflußt sind. Vor allem aber kann kein Christ es zur Seite legen. Denn es bildet zusammen mit dem Neuen Testament seine Bibel, auf der sein Glaube und seine Lebenshaltung gründen. Er ist mehr als alle anderen aufgerufen, sich um ein Verstehen des Alten Testaments zu mühen.

Die Lehre vom Verstehen wird als Hermeneutik bezeichnet. »Der Begriff der Hermeneutik ist schillernd. Er hat mit dem Verstehen, dem Verständnis, dem nicht oder wohl Verstandenen zu tun, ist aber selbst nicht so eindeutig definiert, daß Mißverständnisse ausgeschlossen wären.«[2]

---

[1] C. Westermann, Zur Auslegung des Alten Testaments, in: O. Loretz – W. Strolz, Die hermeneutische Frage in der Theologie (Schriften zum Weltgespräch 3), Freiburg 1968, 181-239. 181.

[2] A.H.J. Gunneweg, Vom Verstehen des Alten Testaments. Eine Hermeneutik (ATD Ergänzungsreihe 5), Göttingen ²1988, 7.

Man kann unter ihm all das einordnen, was dem Verstehen eines mündlichen oder schriftlichen Wortes und Textes dient. In dieser Breite, zu der dann gehören würde, was immer zu einem Text als Verstehenshilfe herangezogen werden kann, wird der Begriff kaum verwendet. In seiner üblichen Sinngebung bezeichnet er »sowohl die Auslegung von gesprochener Rede oder geschriebenem Text als auch die rhetorische Vermittlung und Darstellung solcher Auslegung; außerdem kann es jenen besonderen Auslegungsvorgang bezeichnen, den wir Übersetzung nennen«[3]. Philosophische Erörterungen zur Geistesbeschäftigung mit Vorfindlichem und hier insbesondere mit Äußerungen in menschlicher Sprache sind in einer Lehre der allgemeinen Hermeneutik impliziert.[4] Man könnte sie auch am AT diskutieren. Aber darum geht es in diesem Buch nicht. Es wird auch nicht darüber gehandelt, wie man biblische oder atl Hermeneutik genauer innerhalb der Teildisziplinen der Bibelwissenschaft abgrenzen könnte. »Etwas vereinfacht kann man zwischen Methodik und Hermeneutik so unterscheiden: Methodik meint das konkrete operative Verfahren zur Analyse des Bibeltextes, Hermeneutik hingegen das (bewußt oder unbewußt) vorausgesetzte Konzept, welches das Analyseergebnis als Verstehen des im Text Gemeinten erscheinen läßt.«[5] Eine scharfe Trennung zwischen diesen beiden Aspekten der Auslegung eines Textes wird man wohl nicht vornehmen können. Sie spielen im praktischen Vollzug der Interpretation immer zusammen. Es ist sicherlich notwendig, daß der Interpret stets nach seinen Prinzipien zurückfragt und daß er umgekehrt, wenn er diese aufgestellt und sich ihrer vergewissert hat, sie in ihrer konkreten Verwendung überprüft.

Die Juden besitzen in hermeneutischer Hinsicht gegenüber der hebräischen Bibel, die zuerst ihnen gehört, einen großen Vorteil. Sie ist ihr heiliges Buch, und was sie enthält, dient direkt und ohne Zugangsschwierigkeiten ihrem Glauben und Leben. »Der monotheistische Charakter ihres heiligen Buches verlieh ihm eine universelle Reichweite und Einheit, die lange Geschichte und die Verschiedenartigkeit der darin enthaltenen Schriften verlieh ihm eine außerordentlich breite Anwendbarkeit unter wechselnden Umständen; ferner besaß es eine anweisende und gemeinschaftsbildende Kraft.«[6] Diese Eigenschaften gingen dem heiligen Buch nicht verloren. Aber die Frage ist, ob das Christentum diese Eigenschaften in seinem Alten Testament auch so unmittelbar zugänglich hat und nutzen kann. Denn jetzt ist die Heilige Schrift des Judentums mit dem

[3] J. Becker, Grundzüge einer Hermeneutik des Alten Testaments, Frankfurt am Main 1993, 2

[4] Vgl. dazu A. Diemer, Elementarkurs Philosophie. Hermeneutik, Düsseldorf/ Wien 1977; G. Ebeling, Art. Hermeneutik, in: RGG[3] III 242-262; Boman u.a., Art. Hermeneutik, in: TRE 15, 108-156.

[5] H. Merklein, Integrative Bibelauslegung?: BiKi 44, 1989, 117-123, 117.

[6] G. Lindbeck, Heilige Schrift, Konsens und Gemeinschaft, in: J. Ratzinger (Hrsg.), Schriftauslegung im Widerstreit (QD 117), Freiburg 1989, 45-80, 75.

NT zur christlichen Bibel verbunden. Das hermeneutische Problem ist nun, daß gefragt werden muß, ob nunmehr das AT vom NT her anzugehen und zu verstehen ist. Diesem Problem hat sich zu stellen, wer den ersten Teil der zweigeteilten christlichen Bibel das AT nennt und über die Verstehensmöglichkeiten nachdenken will.

Das soll im folgenden geschehen. Die hier vorgetragenen Überlegungen sind im Buchtitel nicht unter den Begriff Hermeneutik gestellt, sondern unter das Motto: Das Alte Testament verstehen. Damit soll zum Ausdruck gebracht werden, daß eine verstehende Begegnung mit dem AT gesucht wird. Dem AT, nicht hermeneutischen Theorien, so sehr sie auch ständig mitbedacht werden müssen, gilt die Aufmerksamkeit. Von ihm, nicht von einem vorgefaßten Hermeneutikkonzept soll ausgegangen, dem AT dann auch das kritische oder bestätigende Wort zu den Annäherungen, die ihm in Sinnerhebung und Auslegung zu begegnen suchen, gelassen werden. Das AT bleibt, sofern man nur auf es hört, nicht stumm, wenn »man den eigentlichen Sinn der Bibel entweder als gänzlich unerkennbar oder als bedeutungslos für die Wirklichkeit heutigen Lebens ansieht und daher überhaupt nicht mehr nach der Wahrheit fragt, sondern allein nach dem, was einer gewählten Praxis dienen kann«[7].

So wird in einem ersten Teil dieses Bandes versucht, zum AT hinzuführen. Wer das AT aufschlägt, soll wissen, was er in Händen hält. Ein zweiter Teil unternimmt es, herauszuarbeiten, was das AT über sein Wesen sagt und wie dies in kirchlicher Lehre verstanden wurde. Der dritte Teil, mit »Zugänge« überschrieben, befaßt sich mit Annäherungen an das AT, wie sie heute getätigt werden und mit entsprechenden Interpretationen. Auslegung des AT, Deutung der heiligen Schriften Israels als Buch auch der Kirche, geschieht, seitdem es das Christentum gibt. Es wäre sicherlich lehrreich, eine Geschichte der christlichen Interpretation der atl Schriften zu erarbeiten.[8] Das kann hier in dieser Hinführung zum Verständnis des AT nicht geschehen. Es ist nicht ihr Thema. Aber sie ist bestrebt, die geschichtlichen Hintergründe heutiger Exegese zu berücksichtigen.

Das AT ist jeder Mühe, die zu seinem Verständnis aufgewendet wird, wert. Es antwortet oder weist Fragen ab, signalisiert Zustimmung und bringt Korrekturen an bei dem, der sich an es wendet. Es zeigt in seinen

---

[7] Joseph Cardinal Ratzinger, Schriftauslegung im Widerstreit. Zur Frage nach Grundlagen und Weg der Exegese heute, in: ders., Schriftauslegung im Widerstreit (QD 117), Freiburg 1989, 15-44, 18.

[8] Siehe L. Diestel, Geschichte des Alten Testaments in der christlichen Kirche, Nachdruck Leipzig 1981. Mit einem Nachwort von S. Wagner; E.G. Kraeling, The Old Testament since the Reformation, New York 1955; H. Karpp, Schrift, Geist und Wort Gottes. Geltung und Wirkung der Bibel in der Geschichte der Kirche. Von der Alten Kirche bis zum Ausgang der Reformationszeit, Darmstadt 1992; H.J. Kraus, Geschichte der historisch-kritischen Erforschung des Alten Testaments von der Reformation bis zur Gegenwart, Neukirchen ³1982.

Geschichtswerken, wie Vergangenheit aufgearbeitet werden, und in seinen Heilszusagen, wie Zukunft gewonnen werden kann. Es nimmt den einzelnen in seinem Eigenstand ernst und verweist ihn ebenso an die Gemeinschaft des Gottesvolkes. Es gibt Gott das Wort und läßt auch Menschen reden. In Vielfalt und Fülle macht das AT sein Wort. Es spricht den an, der sich ihm öffnet. Er mag vielleicht mit Hos 14,10 fragen: »Wer ist so weise, daß er dieses versteht, wer ist so klug, daß er es begreift?« Diese »Doppelfrage will nicht die Unmöglichkeit des Verstehens herausstellen – allenfalls mag auf die Schwierigkeiten der Deutung verwiesen sein –, sondern ist eine Form der Aufforderung« in dem Sinne: »Wer weise ist, verstehe dieses«; »sie ermutigt dazu, sich der Weisheit und des Verstandes zu bedienen, um« im Wort der Schrift »›die Wege Jahwes‹ zu erkennen, d.h. den göttlichen Willen im Leben des einzelnen und, nicht davon zu trennen: das göttliche Handeln in der Geschichte und das Lenken des individuellen Lebensweges«, sagt doch der Text: »Ja, die Wege Jahwes sind gerade.« Darum sind sie, nicht nur bei der Lektüre des Prophetenwortes, auf das sich die Stelle ursprünglich bezieht, sondern auch des ganzen AT »begreifbar und einsichtig«[9]. Vom Propheten ermutigt, möge jeder im AT lesen, verstehen und anwenden, was ihm aus dem AT, der Heiligen Schrift des Alten und Neuen Bundes, geschenkt wird.

[9] J. Jeremias, Der Prophet Hosea (ATD 24,1), Göttingen 1983, 174.

A
Das besondere Buch

Wer die Bibel zur Hand nimmt und vom Anfang her zu lesen beginnt, stößt zunächst auf die Überschrift »Das Alte Testament«. Er steht vor ihrem ersten und größeren Teil, dem »Das Neue Testament« im letzten Viertel der Bibel folgt. Bei der Lektüre gewinnt er sogleich und unmittelbar den Eindruck: »Das Alte Testament ist ein Geschichtsbuch«.[1] Es stellt Geschehenes dar, setzt mit der Erschaffung der Welt ein, befaßt sich mit der Entstehung der Menschheit und führt schließlich zu Israel und dessen Weg durch die Jahrhunderte. Doch bald begegnet der Leser anderen Inhalten, die nicht selten einen breiten Raum einnehmen, um dann doch immer wieder und auch zwischenhinein mit Ereignissen und geschichtlichen Vorgängen befaßt zu werden. Er braucht nicht sehr weit vorzudringen, bis er feststellen muß: Er hat ein komplexes literarisches Gebilde vor sich. In ihm sind viele verschiedene Materialien in verschiedenartiger Textgestaltung versammelt. Vielleicht das meiste kommt ihm fremdartig vor. In der Weise, wie es hier geschieht, redet der heutige Mensch nicht. Er hat vielfach andere Vorstellungen, eine großenteils abweichende Sicht der Dinge und Vorgänge, urteilt aus einer Perspektive, die er für modern hält, weiß Situationen und soziale wie politische Verhältnisse selbst und aus der Distanz zu analysieren und zu bewerten. Wenn er sich auf das Alte Testament einlassen und recht mit ihm umgehen will, so daß es mitteilen kann, was es selber zu sagen hat, braucht er daher eine Hilfe zum Verstehen.[2] Er fragt also in der heute üblichen Weise: Was ist das eigentlich, das Alte Testament? Soweit möglich, soll es selbst antworten. Das will besagen, sofern es angebracht und sinnvoll ist, soll der Weg zum Verstehen vom AT her beschritten werden. Das gilt nicht lediglich nur in literarischer Hinsicht. Die Bezeichnung »Altes Testament« ist selber ein Schlüssel zum Verstehen, der anzuwenden ist.

I. Ein vielgestaltiges Literaturwerk

1. Bibliothek und Buch zugleich

Das AT ist bekanntlich ein Werk, das nicht unter dem Namen eines Verfassers steht, der dann jeweils seine Ausführungen in mehr oder weniger sinngemäß voranschreitende Abschnitte gliedert. Der Leser, der aus moderner Literatur gewohnt ist, die Abhandlung eines Themas in fortlaufenden und bis ans Ende aufeinander aufbauenden Kapiteln vorzufinden, macht die Erfahrung einer ihm fremden Andersartigkeit. Sie bewußt zur Kenntnis zu nehmen, im Blick zu behalten und zu bedenken, ist eine erste

---

[1] So formulierte G. von Rad, Typologische Auslegung des Alten Testaments: EvTh 12, 1952/53, 17-34,23; ein viel zitiertes und einflußreiches Wort.

[2] Unter diesen Aspekt stellt A.H.J. Gunneweg sein Buch zum Alten Testament als hermeneutisches Problem (S. 7): Vom Verstehen des Alten Testaments (ATD Ergänzungsband 5), Göttingen ²1988.

Voraussetzung zum Verstehen des AT. Es ist kein Lehrbuch, das der Reihe nach seine Inhalte abhandelt. Hegt jemand entsprechende Erwartungen, wird er enttäuscht. Das AT selbst stellt klar, daß er einer Täuschung unterliegt. Es tut dies bereits durch seinen Aufbau, dessen äußeres Zeichen die Überschriften sind, die über jeweils umfangreiche Textverläufe gesetzt sind.

Diese Überschriften sind gewiß erst nachträglich beigefügt worden. Aber sie entnehmen dem Textgebilde, das sie abdecken wollen, ein Stichwort, das den Inhalt anzeigt, oder versuchen, ihn in einen Begriff zu fassen. Dabei gibt es Unterschiede zwischen den Überschriften im Urtext und denen in den Übersetzungen, die als solche schon ein verschiedenes Verständnis bzw. eine unterschiedliche Interpretation des Textes signalisieren. In nicht wenigen modernen Übersetzungen des AT sind jeweils noch die Worte »Das Buch« beigefügt, so daß z.B. zu lesen ist »Das Buch Genesis, Das erste Buch Samuel«. Demnach besteht das AT aus einer Reihe von Büchern, ist also eine ganze Bibliothek, wenn man buchtechnische Maßstäbe anlegen will.

Dieser Eindruck ist keine erst im nachhinein dem AT aus dem Bedürfnis nach einer Gliederung des umfangreichen Materials aufgedrängte Klassifizierung. Er ergibt sich aus der Sache selbst. Allerdings hat der Leser den Eindruck, daß er einer fortlaufenden Darstellung folgt, bis er ans Ende der Zeit der Könige Judas gekommen ist. Erst dann ist der Einschnitt und Neuansatz nicht mehr zu übersehen. Hat er eine der gängigen deutschen Bibelübersetzungen zur Hand[3], beginnt es wieder mit Adam und führt bis zur Heimkehr der verschleppten Judäer aus Babel nach Jerusalem und ihrer Ansiedlung in der Stadt wie auch in ihrem Umkreis. Der Leser gelangt zu den Psalmen und anderen Lehrschriften, eigenen Büchern, deren Selbständigkeit unverkennbar ist. Dasselbe gilt für die Propheten, die sich deutlich voneinander abheben. Der zusammenhängende große erste Durchgang vom Beginn der Welt bis zum Ende der Königszeit gliedert sich nach geschichtlichen Epochen. Folgt man dieser Gliederung und nimmt man sie zum Anlaß, den Stoff in Bücher aufzuteilen, werden diese von recht unterschiedlichem Umfang. Um diese, die ursprünglich die Form von Schriftrollen hatten, leichter handhaben zu können, teilte man sie weiter auf: die Darstellung der Zeit vom Auszug aus Ägypten bis zur Schwelle des verheißenen Landes in drei, die der Epoche Davids und der folgenden Könige in je zwei, die der zweiten Darstellung der Königszeit in zwei. Die Buchtitel innerhalb des AT weisen also nur zum Teil auf selbständige Schriften hin. Auf die Verfasser, die nicht genannt sind, kann man, auch bei den Prophetenbüchern, nicht schließen.

So ist der wohl unmittelbare erste Eindruck, daß das AT lediglich eine Zusammenstellung von eigenständigen Büchern sei, nicht richtig. Er berechtigt nicht zu der Annahme, man brauche folglich nicht nach dem

---

[3] Etwa die Einheitsübersetzung oder die Zürcher Bibel.

Ganzen des AT zu fragen. Es wird als Buch überliefert, ja es ist in der Christenheit zusammen mit dem NT *ein* Buch. Beides hat seine Bedeutung für den Gesamtinhalt, das Verstehen des AT und die Position der einzelnen Schriften. Das AT selbst weist darauf hin, da es, wie gesagt, über Büchergrenzen hinweg durch größere Zusammenhänge führt.

2. Verschiedenartiger Inhalt – einig in der Ausrichtung

Wer das AT zu lesen beginnt, wird gewiß zunächst und durch weite Strecken seines Textes so informiert, daß er geneigt ist, am Ende zu formulieren: »Das Alte Testament ist ein Geschichtsbuch; es spricht von der Geschichte Gottes mit Israel, mit den Völkern und der Welt, von der Erschaffung der Welt bis hin zu den Eschata, also bis zur Übergabe der Weltherrschaft an den Menschensohn (Dan. 7,13f).«[4] Naturgemäß ist dies alles, wie es bei einem Schriftwerk nicht anders sein kann, im Wort dargestellt. Aber der Wortcharakter des AT ist nicht auf Geschichtsdarstellung beschränkt. Das AT ist eben auch Rede. Es teilt nicht nur mit, was jemand bei einer bestimmten Gelegenheit nach seiner Sicht und Auffassung gesagt habe. Es ist immer wieder und über ganze Bücher hin Anrede, Zurede und Gegenrede Gottes und seiner Beauftragten, antwortende Rede seines Volkes und des einzelnen. Als Geschichtsbuch und Redebuch stellt es sich vor. Diese wesentlichen Grundzüge sind vereint im schriftlich überlieferten Wort. Sie und ihr Zusammenspiel bilden eine wichtige Besonderheit des AT. Wer es verstehen will, hat darauf zu achten, auch wenn er sich mit einem einzelnen Abschnitt beschäftigt. Das AT ist darauf ausgerichtet, nicht von einem neutralen Standpunkt aus Mitteilungen zu machen, sondern Menschen anzusprechen.

Hat sich jemand einmal durch das Ganze hindurchgelesen und ist er neugierig auf das geworden, was da steht, wird er seine vorläufigen Einsichten vertiefen wollen. Er hat bemerkt, daß recht verschiedenartige Stoffe versammelt sind. Der Inhalt des AT und die Form, in der er dargeboten wird, sind vielfältig. Das gilt nicht nur für die einzelnen Bücher, sondern auch innerhalb derselben, über deren Inhalt, Entstehung, Aufbau, Eigenart und literarischen Charakter sowie auch über die sich jeweils von Text und Überlieferung her stellenden Probleme die Einleitungswissenschaft informiert[5], wobei sie auch das Werden des ganzen AT im Auge behält und erläutert. Darüber ist hier nicht im einzelnen zu sprechen. Es sollen

---

[4] G. von Rad, Theologie des Alten Testaments II. Die Theologie der prophetischen Überlieferungen Israels, München 1960, 370.

[5] Siehe z.B. die Handbücher der Einleitung in das Alte Testament: von O. Eissfeldt (Tübingen ³1964), Sellin/Fohrer (Heidelberg ¹⁰1965), O. Kaiser (Gütersloh ⁵1984); R. Smend, Die Entstehung des Alten Testaments (ThWi 1), Stuttgart ²1978; O. Kaiser, Grundriß der Einleitung in die kanonischen und deuterokanonischen Schriften des Alten Testaments; E. Zenger (Hrsg.), Einleitung in das Alte Testament (Studienbücher Theologie 1,1), Stuttgart 1995.

nur Hinweise in großen Zügen auf die literarischen Stoffe gegeben werden, soweit sie für einen ersten Einblick in den Inhalt und ein vorläufiges Erkennen der Besonderheit des AT dienlich sind.

Zuerst sind es Erzählungen, die im AT begegnen, und sie nehmen einen breiten Raum innerhalb des Ganzen ein. Man trifft dann bereits in Gen und Ex auf poetische Stücke. Gedichte füllen das Buch der Psalmen, Ijob, das Hohelied und andere Lehrschriften; sie finden sich auch in Prophetenbüchern. In Ex stehen Gesetzesvorschriften, die sich in Lev und Num fortsetzen und auch den Großteil des Dtn ausmachen. Auf Aussprüche von Propheten stößt man in den Samuel- und Königsbüchern; aus ihnen bestehen naturgemäß zum weitaus größten Teil die Prophetenschriften. Sprichwörter, Sprüche und Darlegungen von Weisen sind in Spr und Sir gesammelt, in Koh und Weish überliefert, kommen aber auch sonst gelegentlich zum Tragen.

Diese Textsorten, auf die in diesem groben Überblick nur pauschal aufmerksam gemacht wurde, sind gewiß, wenn es um das Verstehen eines atl Buches oder eines bestimmten Einzeltextes geht, genauer zu differenzieren.[6] Die gemachten Hinweise zeigen aber schon, daß die verschiedenen Materialien im AT nicht einfach säuberlich nach Büchern getrennt sind. Ihr Vorkommen in verschiedenen Schriften zeigt, daß es zwischen ihnen sachlich bestimmte und formale Verbindungslinien gibt. Man kann sie bei vergleichendem Lesen entdecken. So nehmen z.B. Prophetenworte Bezug auf das Gesetz insgesamt[7] und auf seine Einzelvorschriften[8]. Vielfach wird auf die Erzählung über die Herausführung des Volkes Israel aus Ägypten zurückgegriffen.[9] Im Dtn wird die Landverheißung an die Väter zu einem tragenden Element der Argumentation gemacht.[10] Weisheitliche Lehrrede steht nicht nur häufig in Psalmen, sondern auch unter Prophetenworten.[11] Gebete sind im Psalmenbuch versammelt, aber auch in andere Bücher eingestreut.[12] Von Opfern ist in Ex, Lev und Num ausführlich die Rede, doch auch anderwärts wird über sie gesprochen.[13] Redestil und Wortwahl wiederholen sich: die feierlich umständliche Redeweise von Gen 1 in Gen-Num, der Sprachstil des Dtn in Jos – 2 Kön und Jer. So unabhängig voneinander, wie es die Buchtitel vielleicht nahelegen, sind die einzelnen Schriften offensichtlich nicht. Daß das AT als ein Buch gelten und betrachtet werden kann, ist nicht das Ergebnis einer willkürlichen Zusammenstellung unabhängiger Werke.

---

[6] Siehe z.B. Otto Eissfeldt, Einleitung in das Alte Testament 10-170.

[7] Vgl. Mal 3,22 mit Dtn 5 und Jos 1,7.

[8] Vgl. u.a. Jes 1,17; Am 5,24; Jer 5,28 mit Dtn 10,18; 14,29 und Jer 11,4 mit Lev 26,12; Dtn 26,17, auch Jer 17,22 mit Dtn 5,14.

[9] Vgl. u.a. Ex 6,7; 7,4f. mit Ri 2,10; 1 Kön 8,16; Jer 11,4; 32,20; Ez 20,10; Dan 9,15; auch Hos 11,1; Ps 78,51f.

[10] Siehe Dtn 1,33; 4,1; 6,10.18 u.ö. Gen 12,7; 13,15; 18,18 u.ö.

[11] Jes 28,23-29; Jer 17,5-11; Ez 17,1-8 u.a.

[12] Gen 32,10-13; Ex 18,10f.; 5,22f.; Num 11,11-15; 2 Sam 7,18-29; Esra 9,5-15; Neh 9,6-37.

[13] Jes 1,10-17; Ez 46,1-15; Am 5,21-27; Mal 1,6-14; Ps 50; 51,18-21; Sir 34,21-35,22.

Schaut man auf den Anfang und den Schluß des AT, ergeben sich auch hier Gemeinsamkeiten. Gen 1 erzählt mit berichtenden Worten von der für alles Sein, Werden und Geschehen grundlegenden Schöpfungstat Gottes. Die hebräische Bibel schließt (2 Chr 36) mit einer Erzählung, die berichtet, wie Gott den Perserkönig veranlaßt hat, das Volk des Herrn in die Heimat zu entlassen und so die Grundlage für ein Weiterbestehen des Gottesvolkes zu schaffen: Der Gott des Himmels (36,23) ist kein anderer als jener, der Himmel und Erde geschaffen hat (Gen 1,1). Schon im dritten Vers der Bibel nimmt Gott das Wort, um durch es Tag und Nacht und alles Bestehende zu schaffen. Sein Wort dominiert von Anfang an alles Geschehen, über das im AT gesprochen wird. Und in der griechischen Bibel, wie sie unter dem Einfluß der lateinischen den modernen Übersetzungen zugrundeliegt, steht am Ende ein Gotteswort, von seinem Boten (Maleachi) übermittelt. Der Herr mahnt in ihm das Volk, sich für seinen Tag zu bereiten. Von Zufälligkeiten wird man dabei kaum reden können. Vielmehr zeigt sich eine Absicht, die auch das Ganze umfaßt.

Schließlich macht das AT, um noch eine wichtige Besonderheit anzusprechen, selbst darauf aufmerksam, wie es Geschichtsdarstellung versteht und praktiziert. Die Königszeit ist, wie bereits erwähnt, in zwei verschiedenen Werken beschrieben: zunächst in den Samuel- und Königsbüchern, dann in der Chronik. Stellt man die beiden nebeneinander, zeigt sich, daß Geschichte nicht objektiv als bloße Beschreibung der feststellbaren Fakten und um der historischen Genauigkeit willen dargeboten wird. Beide Darstellungen stehen absichtlich unter einem Vorurteil und dienen jeweils einer bestimmten Zielsetzung. Insofern haben sie die nämliche Ausrichtung, die schon bei sorgfältiger Lektüre wahrzunehmen ist. Dasselbe gilt auch für die Vätererzählungen der Gen und die Darstellung der frühen Geschichte Israels. Die Königsbücher wollen erklären, wie und warum es zur Katastrophe für Israel und Juda gekommen ist. Die Chronik befaßt sich nur mit Juda, für das eine Zukunft möglich ist, und stellt den Tempel in den Mittelpunkt, um den sich dann die Gemeinde des Herrn scharen wird. Die Vätergeschichten sind auf die Themen Nachkommen und Land und damit auf das Werden Israels ausgerichtet, dessen Festsetzung im zugesagten Land seiner frühen Geschichte zustrebt.

3. Gestalt und Verbreitung des Alten Testaments

Auf den ersten Blick scheinen diese beiden Begriffe und Sachverhalte nichts miteinander zu tun zu haben; doch wurde die Gestalt des AT von seiner Verbreitung beeinflußt. Es ist nicht ein Buch, das, einmal fertiggestellt, in derselben Form und in der gleichen Reihenfolge seiner Teile weiterexistiert. Bei ihm schlägt die Tatsache durch, daß es trotz allem, was innerlich nach Inhalt und Ausrichtung verbindet, eben doch aus einzelnen Schriften besteht. Sie konnten in verschiedener Abfolge zusammengeordnet werden. Und dies geschah denn auch. Man hat sich auch nicht auf eine feste Reihenfolge der atl Bücher geeinigt. Die Übersetzungen des AT in moderne Sprachen zeigen es.

Die hebräische Bibel, wie sie das Judentum überliefert hat und wie sie als übernommenes Erbe den Christen geschenkt ist und dabei doch Buch der Juden, des alten, ursprünglichen und niemals von Gott aufgegebenen Gottesvolkes ist, besteht aus drei großen Teilen: Die ersten fünf Bücher, oft im christlichen Raum die fünf Bücher Moses genannt, bilden die Torah (Weisung des Herrn). Daran schließen sich die früheren (Jos, Ri, 1 und 2 Sam, 1 und 2 Kön) und die späteren (Jes, Jer, Ez, Zwölfpropheten) Propheten (Nebiim) an. Als dritter Hauptteil fungieren die Schriften, die Ketubim (Ps, Ijob, Spr, die als die fünf Festrollen zusammengestellten Bücher Rut Hld Koh Klgl Est; Dan, Esra, Neh, 1 und 2 Chr).[14] Als Merkwort und Gesamtbezeichnung des Ganzen hat sich, aus den Anfangsbuchstaben der drei Teile gebildet, das Kunstwort Tenak eingebürgert.

Der Aufbau der hebräischen Bibel folgt einer klaren, in ihr angedeuteten theologischen Konzeption. Grundlegend und bestimmend für alles Sein, Geschehen und Tun ist die Torah. Sie wird durch die früheren und späteren Propheten ausgelegt. Darauf weist die Klammer hin, die an deren Anfang und Ende in den Text eingeschlagen ist und an die Torah zurückbindet: Der Herr sagt zu Josua nach dem Tod Moses: »Sei nur mutig und stark, und achte genau darauf, daß du ganz nach der Weisung handelst, die mein Knecht Mose dir gegeben hat. Weich nicht nach rechts und nicht nach links davon ab« (Jos 1,7). Und bei Maleachi (3,22) spricht der Herr: »Denkt an das Gesetz meines Knechtes Mose; am Horeb habe ich ihm Satzung und Recht übergeben, die für ganz Israel gelten.« Die Schriften, die dann als dritter Teil folgen, zeigen die praktische Verwirklichung der Torah im Leben und mahnen dazu.

Die griechische Bibel folgt, aufs Ganze gesehen und nach den Druckausgaben in der heutigen, wohl schon durch christlichen Einfluß bestimmten Gestalt, einer anderen Einteilung.[15] Die Torah bleibt in ihrer Position am Anfang stehen. Es folgen die Bücher Jos – 2 Kön, wobei Rut an Ri angeschlossen ist, 1 und 2 Chr, Esra, Neh, Est. Der zweite und dritte Hauptteil der hebräischen Bibel sind in der griechischen Übersetzung umgestellt, so daß die Propheten am Ende stehen. Leitend war dabei anscheinend eine historische Perspektive. Die Torah steht unter dem Namen Mose. David, dem die Psalmen zugeschrieben wurden, und Salomo, der als Verfasser der weisheitlichen Schriften galt, lebten früher als die

---

[14] Zu einer teilweise anderen Abfolge der Bücher innerhalb der drei Hauptteile siehe H.B. Sweete/R.R. Ottley/H.St. Thackeray. An Introduction to the Old Testament in Greek, Cambridge 1914, 200-214.

[15] Möglicherweise ist Sir 39,1 bereits ein Hinweis auf die in der griechischen Bibel erfolgte Umstellung der Hauptteile. Nachdem Sirach über verschiedene Berufe und ihre Tätigkeiten gesprochen hat, sagt er: »Anders, wer sich der Gottesfurcht widmet und das Gesetz des Höchsten erforscht. Die Weisheit aller Vorfahren ergründet er und beschäftigt sich mit den Weissagungen.« Vgl. J.C.H. Lebram, Aspekte der alttestamentlichen Kanonbildung: VT 18, 1968, 173-189, 180.

»späteren Propheten«. So ergibt sich für das griechische AT eine geschichtliche Reihenfolge. Daß die Propheten in dieser Aufreihung der Bücher in der Bibel so dem NT vorausgehen, war der christlichen Auffassung willkommen; sie geleiten den Leser hinüber zu den Evangelien.[16] Dieser trifft in der griechischen Bibel und daher auch in den Übersetzungen, die ihr in der Zahl und Aufreihung der Bücher folgen, auf weitere Schriften: Jud, Tob und die Makkabäerbücher nach Est, Weish und Sir unter den Lehrschriften, Bar, dem hier Klgl folgt, nach Jer. Angesichts dieses Sachverhalts stellt sich die Frage nach dem Umfang des AT, offensichtlich wegen der unterschiedlich bezeugten Zahl und Aufeinanderfolge der Bücher, ein Problem, das sogleich zu erörtern ist.

Die Frage, welche Schriften denn nun zum AT gehören, ist schon deswegen von Belang, weil es sich nicht um ein Buch handelt, das irgendwo verborgen in den Bibliotheken steht, so daß es nur gelegentlich und wenige interessiert, die der unterschiedliche Umfang nicht stört und die vielleicht an eine zweite, vermehrte Auflage denken. Das AT ist weltweit verbreitet[17], und dies nicht erst in unserem Jahrhundert. Es hat im Verbund mit dem NT einen weitreichenden und bestimmenden Einfluß ausgeübt. »Die Bedeutung der Bibel für das Abendland ist nicht abzuschätzen. Auf tausend Wegen hat sie unsere Kultur geprägt; Dichter haben sie zitiert, Maler ihre bekanntesten Szenen im Stile vieler Epochen dargestellt«.[18] Sie hat viele Menschen ganz verschiedener Einstellung, Geisteshaltung und Weltanschauung berührt, bewegt und betroffen gemacht. Ihre Bedeutung liegt aber vor allem zweifellos darin, daß sie für die Christenheit Heilige Schrift ist, die hebräische Bibel ebenso für die Juden. Für die umfangreichere Gestalt des AT in griechischer Sprache aber ist die Wertung als Heilige Schrift im Christentum umstritten. Einig ist man sich jedoch darüber, daß Bücher, die sie zusätzlich zu den oben genannten in Handschriften und Druckausgaben enthält, nicht zur Heiligen Schrift gehören.[19] Wer als Christ das AT zur Hand nimmt, sich mit ihm beschäftigt, mit ihm in der Lehre und Verkündigung der Kirche befaßt wird, begegnet nicht einfachhin einem religiösen Buch. Deren gibt es viele. Sein besonderer Rang besteht auch nicht nur darin, daß das AT von Gott spricht. Das tun nicht wenige andere auch, gelegentlich oder in der Hauptsache, vorübergehend oder von Anfang bis Ende. Er ist auch nicht darin beschlossen, daß es Gott zum Thema macht. Wie kommt es also, daß diese im AT vereinten Bücher, ob sie nun andauernd von Gott reden oder, wie es bei wenigen auch der Fall ist, ihn kaum nennen, als Heilige Schrift betrachtet werden? Warum gibt es bezüglich einiger Schriften dar-

---

[16] Siehe Sweete/Ottley/Thackeray, An Introduction 219.

[17] Vgl. z.B. nur die »amtliche« Verbreitung; siehe B. Steiner, Art. Bibelgesellschaften, in: RGG³ I 1157-1166.

[18] H. Graf Reventlow, Epochen der Bibelauslegung. I. Vom Alten Testament bis Origenes, München 1990, 8.

[19] Evangelischerseits werden sie Pseudepigraphen, katholischerseits Apokryphen genannt.

über Meinungsverschiedenheiten? Und wer erkennt und bestimmt, was Heilige Schrift ist? Wer die Bibel, hier das AT, verstehen will, muß diesen Fragen nachgehen.

II. IM KANON HEILIGE SCHRIFT

1. Kanon – Schlüsselwort der Bewertung

Wer die Bezeichnung »Altes Testament« gebraucht, hebt die in ihm vereinten Bücher und das Ganze von anderen Schriften ab und aus ihnen heraus. Er nimmt den Sprachgebrauch auf und an, der im christlichen Raum gebildet wurde und sicherlich durch ein Pauluswort angeregt war. Der Apostel spricht von der »Verlesung des Alten Bundes« (2 Kor 3,14). Den Alten Bund »identifiziert Paulus bereits in hohem Maß mit seiner geschriebenen Urkunde, der Tora, aus der beim Synagogengottesdienst vorgelesen wird«[1],vgl. V. 15. Die Sammlung der im AT zusammengestellten und zusammengefügten Bücher, dazu das NT, wird von christlicher Seite mit dem Begriff »Kanon« versehen. Er bezeichnet nicht die Sammlung selbst. Dafür sind als Name des Ganzen »die Bibel« (lateinisches, aus dem Griechischen übernommenes Lehnwort »Biblia«) und für die beiden großen Sammlungen »das Alte Testament« und »das Neue Testament« in Gebrauch.

Bereits im 2. Jh. sprach man von »den Büchern des Alten Bundes«[2]. Mit seiner Übersetzung »testamentum« hat Tertullian[3] etwa gleichzeitig den Begriff bereitgestellt, der in die Bezeichnung »Altes Testament« eingegangen ist. Ihm gegenüber steht die Sammlung der ntl Schriften als »Neues Testament«. Damit sind die Namen geprägt, die fortan die Heiligen Schriften der Christen bezeichnen.

Das Wort Kanon hatte aber bereits eine Bedeutungsgeschichte hinter sich gebracht, ehe es in den christlichen Sprachgebrauch einging. Es ist ein Lehnwort aus dem Semitischen, im Hebräischen *qanæh* »Rohr«, in Ez 40-42 als Maßstab gebraucht.[4] Das Griechische hebt bei Kanon auf die gerade Form ab und verwendet das Wort von dieser Eigenschaft her und im übertragenen Sinn. Als Werkzeug verwendet, verbindet sich mit Kanon bald die Sinngebung »Geradheit, Exaktheit, Genauigkeit« in Über-

---

[1] H.-J. Klauck, 2. Korintherbrief (NEB), Würzburg 1986, 40. In V. 15 ist mit »wenn Mose vorgelesen wird« die Torah gemeint.

[2] Zuerst bezeugt bei Meliton von Sardes († vor 190) im Vorwort zu seiner Schrift »Auszüge aus Gesetz und Propheten« mit dem ältesten Verzeichnis der Bücher des Alten Testaments (siehe Eusebius, Historia ecclesiastica IV 26 13f.), vgl. J. Quasten, Art. Meliton, in: LThK² 7, 258f.

[3] In seiner Schrift Adv. Marc. 1,1.

[4] Siehe zu der hier nur mit einigen Bemerkungen gestreiften Begriffsgeschichte E. Schott, Art. Kanon I. Begriffsgeschichtlich, in: RGG³ III 1116-1118.

tragung aus dem stofflichen in den geistigen Bereich. Das Wort wird auf den Menschen angewendet im Sinn von »Richtschnur« für das Denken, Sein und Handeln. Es verbindet sich hier mit der Vorstellung des durch das vorgegebene Maß Abgegrenzten und meint im ethischen Bereich die Grenzlinie, die nicht überschritten werden darf. Kanon wird im Sinn des Feststehenden und der Abgrenzung zu der Bedeutung »Regel« weiterentwickelt und erhält in formaler, technischer Hinsicht die Bedeutung der festgelegten Liste, Tabelle. Kanon bezeichnet so auch das »feststehende Verzeichnis«. Angesichts dieser weiten und reichen Begriffsdifferenzierung fragt es sich, was mit Kanon gemeint ist, als und nachdem es in den christlich-kirchlichen Sprachgebrauch einging und mit der Bibel in Zusammenhang gebracht wurde. Inwiefern und wie dient also der Begriff Kanon dem Verstehen des AT?

In der griechischen Übersetzung, der Septuaginta, ist Kanon nur einmal im Sinn von Richtmaß verwendet.[5] Paulus gebraucht das Wort in Gal 6,16 mit der Bedeutung »Maßstab, normative Regel« des christlichen Lebens, dessen Maßgabe ist, kraft des Kreuzes Christi eine neue Schöpfung zu sein (V. 15). In 2 Kor 10,13.15f. meint Kanon das ihm als Apostel von Gott zugemessene Arbeitsgebiet, mit dem ihm Ziel und Grenze vorgegeben sind.[6] »In den ersten drei Jahrhunderten dient« der Begriff Kanon »allgemein zur Heraushebung dessen, was für das Christentum inneres Gesetz, bindende Norm ist«: Er hat in dreifacher Wortverbindung »in der alten Kirche eine immer bedeutsamere Rolle gespielt«, als Kanon der Wahrheit, des Glaubens, der Kirche.[7] Er bezeichnet die Norm, nach der sich die Kirche und der Christ in ihr zu richten haben, weil sie, von Gott gesetzt (vgl. Gal 6,16), unbedingt maßgebend ist. Was mit Kanon bezeichnet wird, fällt unter diesen Maßstab. Diese Begriffsfüllung kommt zum Tragen und wirkt sich aus, wenn das Wort auf die Schriften des AT und NT bezogen wird.

Hier meint Kanon, wie in der Kirche des Ostens und des Westens im 4. Jh. bezeugt wird, das Verzeichnis der Schriften des Alten und des Neuen Bundes, das AT und NT. Aber die Wertung als zuverlässiges, gültiges Richtmaß schwingt mit. Das zeigt ein Nachsatz wie der folgende: »Dagegen den Apokryphen wohnt keine kanonische Geltung inne wegen des vielen Falschen, das sich in ihnen neben manchem Wahren findet.«[8] Kanon, zur Bestimmung der heiligen Schriften gebraucht, ist dann nicht lediglich ein technischer Begriff, den man einfach mit »Liste« wiedergeben

---

[5] Mi 7,4, wo die Septuaginta abweichend vom hebräischen Text liest: »Ich (Jahwe) nehme ihre Güter weg wie eine Motte frißt und das Maß überschreitet am Tag des Dunkels.«

[6] Vgl. H.-J. Klauck, 2. Korintherbrief 80f. Andere verstehen Kanon hier von dem Auftrag, der Bestimmung und Gnade, die Paulus gegeben sind: Beyer, Art. kanōn, in: ThWNT III 600-606, 603f.; H.D. Wendland, Die Briefe an die Korinther (NTD III), Göttingen 1968, 232.

[7] Beyer, a.a.O. 604.

[8] Augustinus, De civitate Dei 15,23, vgl. auch 18,38.

könnte. Er besagt auch, warum diese Bücher als das für den Christen verbindliche Ganze, als die Bibel, zusammengestellt sind. Mit dem Stichwort Kanon ist einschlußweise schon das Problem der Geltung dessen, was in diesen Schriften steht, angeschnitten. Es wird im christlichen Raum für das AT zu einem stets dringlichen und viel erörterten. Wenn das AT im Kanon der Heiligen Schrift der Christen seinen Platz hat, besagt dies, daß es für sie gültig ist. Und es erhebt sich damit zugleich die Forderung, es im Richtmaß der Wahrheit, des Glaubens und der Kirche zu verstehen und zu interpretieren. Und es stellt sich zuvor die Frage, wie der Kanon zustandekam, »das Verzeichnis der Bücher des Alten und Neuen Testaments, die als göttliche Offenbarung galten und die inspirierte heilige Schrift bildeten (im Gegensatz zu den profanen oder apokryphischen)«[9]. Zugleich treten auch die daran Beteiligten und ihre Auffassung von der Heiligen Schrift in den Blick, die ebenfalls eine wichtige Rolle für das Verstehen, besonders des AT, spielt. Denn »der Kanon ist die Norm, nach der alles in der Kirche sich richtet; kanonisieren heißt: als Bestandteil dieser Norm anerkennen. Der Christ von ca. 400 empfindet beim Aussprechen des Wortes ›kanonisch‹ genau dasselbe wie wir, wenn wir göttlich, heilig, irrtumslos, unbedingt maßgebend sagen«[10]. Allerdings muß all dies an den Kanon rückgebunden sein, den Paulus in Gal 6,16 aufstellt. Es wird daher gut sein, bezüglich der Wertung des AT zuerst auf ihn zu hören, vgl. Röm 9-11, besonders 9,3f.

2. Zeugnisse für die Entstehung des Kanons der Heiligen Schrift des Alten Testaments

Die Sammlung und Bewertung der im AT vereinigten Schriften als Kanon ist ein geschichtlicher Vorgang, der geraume Zeit in Anspruch nahm. Voraussetzung für beides ist, daß Texte als bedeutsam erkannt, anerkannt und aufbewahrt wurden. Sie wurden gesammelt und zusammengestellt. Die Maßgabe war, was das AT betrifft, daß sie Bedeutung für das im Glauben an Jahwe begründete Selbstverständnis Israels hatten. Daß dies so war, läßt sich mit Sicherheit aus dem Ergebnis, eben aus den heiligen Schriften dieses Volkes ablesen.
Eine Sammlung heiliger und maßgebender Schriften hat Jesus Sirach vor sich. An der bereits erwähnten Stelle 39,1, wo er das Gesetz des Höchsten, Weisheitsschriften und Prophetien nennt, spricht er von Stand und Aufgabe des Schriftgelehrten. Während sich die anderen Berufe, die er zum Kontrast anführt (38,24-34), auf ihre Arbeitskraft und ihre Erfahrung verlassen (V. 31), stützt sich der Schriftgelehrte auf die drei Schriftengruppen, in denen er nachforscht. Sie haben für ihn eine besondere

---

[9] Georges, Lateinisch-deutsches Handwörterbuch, Nachdruck, Tübingen 1951, I 962 unter dem Stichwort »canon«.
[10] A. Jülicher, Einleitung in das Neue Testament, 7 1931, zitiert auch bei Beyer, a.a.O. 605.

26

Geltung; an ihnen übt er sich in der Gottesfurcht ein und gewinnt Kenntnis im Gesetz Gottes, die er dann, auch beratend, weitergeben kann. Wenn Sirach dann den Schöpfer und die großen Gestalten in der Geschichte Israels lobt (42,15–50,24), zeigt er, daß er die heiligen Bücher von Gen – 2 Kön, Psalmen und Weisheitsschriften und auch die Propheten kennt; er spricht von Jesaja, Jeremia, Ezechiel und den »Zwölf Propheten«. Man darf daraus schließen, daß sich die Sammlung bereits in einem bestimmten, noch nicht abgeschlossenen Umfang und in ihrer Reihenfolge gefestigt hatte. Und es geht bei Sir schon um die Interpretation dieser Bücher, wenn daran gedacht ist, weitere zu verfassen.

Dieser Meinung ist auch der Enkel, der das um 190 entstandene Werk übersetzte. Er nennt dreimal »das Gesetz, die Propheten und die übrigen Schriften« (Vorwort). Als Mann hellenistischer Bildung sieht er die Notwendigkeit der Übertragung ins Griechische, kennt bereits die Septuaginta oder zumindest Teile von ihr und auch die Probleme des Übersetzens. Die Sammlung der maßgebenden Schriften Israels ist auch für ihn noch nicht abgeschlossen.[11]

Der jüdisch-hellenistische Religionsphilosoph Philo von Alexandrien, der als älterer Mann an einer Gesandtschaft zum Kaiser nach Rom (39/40 n. Chr.) teilnahm, bezeugt einen ähnlichen Stand der Entwicklung dessen, was einige Jahrzehnte später zum Kanon ausgestaltet und verfestigt wurde: Gesetz, Propheten, Psalmen samt anderen Schriften. Durch sie werden Wissen und Frömmigkeit vermehrt und vervollkommnet; sie haben in einzigartiger Weise Bedeutung für Bildung und religiöses Leben.[12] Philo spricht hier von der jüdischen asketischen Gemeinschaft der Therapeuten, die nur diese Bücher in ihre Behausungen mitnehmen. Auch Lk 24,44 kennt die drei Gruppen von heiligen Schriften: das Gesetz des Mose, die Propheten und die Psalmen. Sie gelten hier in besonderer Weise als Richtschnur, als maßgeblich für das Verständnis der Christuswirklichkeit. Sie müssen also einen Platz im christlichen Kanon erhalten. Ein besonders wichtiges Zeugnis gibt Josephus in seiner Schrift Contra Apionem (um 95 n. Chr.). »In dem Bestreben, die im AT beschlossene geschichtliche Überlieferung der Juden als ganz besonders zuverlässig hinzustellen, betont Josephus hier, daß die Juden nicht eine Unzahl sich widersprechender, sondern 22 völlig glaubwürdige Bücher besäßen, die ihren Urzustand bewahrt und keinerlei Hinzufügung noch Verstümmelung erfahren hätten.«[13] Hier stehen die Genauigkeit und die abgrenzende Funktion, die mit dem Kanonbegriff verbunden werden, im Blick. Ab-

---

[11] Man darf wohl annehmen, daß das Gesetz und die Propheten schon geschlossene Sammlungen bildeten, die Schriften aber noch eine offene Gruppe waren, so P. Rüger, Le Siracide: un livre à la frontière du canon, in: J.D. Kaestli/O. Wermelinger (Hrsg.), Le canon de l'Ancien Testament, Genève 1984, 47-69, 68.

[12] So in seiner Studie De vita contemplativa. Vgl. O. Eissfeldt, Einleitung in das Alte Testament, Tübingen ³1964, 768.

[13] O. Eissfeldt, a.a.O. 762.

grenzung ist auch das Anliegen im etwa gleichzeitig verfaßten Buch IV Esra. Der Seher, der geklagt hatte, daß bei der Zerstörung Jerusalems auch das Gesetz Gottes verbrannt sei, empfängt von Gott den Geist der Einsicht und Weisheit und diktiert 24 Bücher, die alle lesen sollen. Es sind die heiligen Schriften Israels. 70 weitere, die er ebenso diktierte, sollen geheim bleiben und nur den Weisen übergeben werden; gemeint ist das apokalyptische Schrifttum (14,44ff.). Dieses sollte damit aufgewertet werden, eine Abgrenzung in umgekehrter Richtung, die aber die allgemeine Gültigkeit der biblischen atl Bücher heraushebt. Wenn Josephus 22, Esra aber 24 zählt, besagt dies wahrscheinlich keinen sachlichen Unterschied, sondern eine verschiedenartige Zuordnung und Zählweise.[14]

Der Unterschied in der Anzahl der Bücher besteht zwischen der hebräischen und der griechischen Bibel. Naturgemäß hat das Judentum, das die Katastrophe von 70 n. Chr. in Palästina überlebte, die heiligen Schriften in hebräischer Sprache zur Hand. Die pharisäisch-rabbinische Richtung hatte als einzige die Zerstörung des Staates, des Gemeinwesens und des Tempels überlebt. Sie bemühte sich, zu klären und festzustellen, was zur geltenden und gültigen Sammlung der heiligen Bücher Israels gehörte. In Jamnia (Jabne), 20 km südlich von Jafa, gab es zwischen 70 und 135 eine rabbinische Schule und einen Gerichtshof.[15] Dort, am Mittelpunkt jüdischen Geisteslebens, wurde unter anderen theologischen Fragen auch die diskutiert, welche Bücher denn zur Heiligen Schrift zählen. Anscheinend gab es eine weitgehende Übereinstimmung.[16] Jedenfalls eine Synode, die bezüglich des Kanon eine Entscheidung getroffen hätte, gab es nach den Hinweisen, die wir auf die dortigen Vorgänge haben, nicht. Wenn über Koh und Hld wegen ihres besonderen Inhalts gestritten wurde, so mag die Autorität Salomos, dem sie zugeschrieben wurden, den Ausschlag dafür gegeben haben, daß sie der Heiligen Schrift zugerechnet wurden.[17] Ihre Verwendungsfähigkeit im Gottesdienst wurde mit der aus der Liturgie stammenden Aussage, daß sie die Hände »verunreinigen«[18], also ein Fluidum von Heiligkeit übertragen, das durch einen besonderen Ritus wieder beseitigt werden muß, festgestellt: Sie sind Heilige Schrift. »Damit ist eine besondere Sakralität gemeint, die nicht unbedingt auch die Kanonizität einschließt.« Denn »die Diskussion geht noch lange weiter und wird später auch auf andere Bücher ausgedehnt«[19]. Noch weniger besaß die Ge-

---

[14] Vgl. die Aufzählung der atl Bücher in der 4. Katechese des Cyrill von Jerusalem und die des Athanasius in seinem Brief 39, s. Enchiridion Biblicum, Roma ²1954, Nr. 9 und 14.

[15] R.C. Newman, The Council of Jamnia and the Old Testament Canon: The Westminster Theological Journal 38, 1975/76, 319-349.

[16] D. Barthélemy, L'état de la Bible juive depuis le début de notre ère jusqu'à deuxième révolte contre Rome (131-135), in: J.-D. Kaestli – O. Wermelinger (ed.), Le canon 9-45, 19.37.

[17] M. Saebø, Vom »Zusammen-Denken« zum Kanon. Aspekte der traditionsgeschichtlichen Endstadien des Alten Testaments: JBTh 3, 1988, 115-133,131.

[18] G. Veltri, Zur traditionsgeschichtlichen Entwicklung des Bewußtseins von einem Kanon. Die Yavneh-Frage: JSJ 21, 1990, 210-226, 223f.

[19] G. Stemberger, Jabne und der Kanon: JBTh 3, 1988, 163-174, 173.

meinde von Qumran eine fest abgeschlossene Heilige Schrift. Vielmehr bezeugen auch die Qumranfunde »für das Judentum vor 70 n. Chr. eine weit kompliziertere Situation, als die geläufige Rede von ›Kanon‹ und ›kanonisch‹ erkennen läßt. Einen Kanon gibt es streng genommen erst, nachdem eine jüdische Richtung, die pharisäisch-rabbinische, ihre Auffassung durchgesetzt hatte, im 3./4. Jahrhundert n. Chr.«[20] Neben Spannungen mit dem hellenistisch orientierten Judentum dürfte auch die Abgrenzung gegenüber dem Christentum eine Rolle bei diesen Vorgängen gespielt haben[21], die letztlich nicht nur zur Festlegung des Umfangs, sondern auch jedes einzelnen Buchstabens der hebräischen Bibel geführt haben.

Auch im Christentum, das seine zusätzlichen Probleme mit dem ntl Kanon hatte, gab es Diskussionen und unterschiedliche Verfahrensweisen, was den Kanonteil der »Schriften« anbelangt. Torah, frühere und spätere Propheten, zu denen auch Daniel gerechnet wurde, standen fest, ebenso bei den »Schriften« die Psalmen. Das ist bezüglich des AT nicht verwunderlich. Denn mit ihm hat die Kirche jüdisches Erbe übernommen. »Die Geschichte der Alten Kirche bestätigt mit ihrer Vielfalt das bunte Bild des jüdischen Hintergrunds im frühesten Christentum, und auch die Kirche bedurfte noch einiger Zeit zur Definition des ›Kanons‹«. Denn »die Grenzen des ›Kanonischen‹ bzw. der autoritativen Überlieferung waren noch einige Zeit offen, vor allem in bestimmten Bereichen der Alten Kirche, entsprechend dem Befund für jene jüdischen Gruppen, die der endzeitlich orientierten Richtung zuzurechnen sind«[22].

Eine totale Ablehnung des AT hat anscheinend, soweit bekannt, nur Marcion, »ein Gnostiker besonderer Prägung«, (um 150) vollzogen und propagiert. »Charakteristisch ist sein Antijudaismus und die radikale Verwerfung des AT. Dem zürnenden gerechten Schöpfergott der Juden (Demiurgos) stellt er den bisher unbekannten Gott der Liebe entgegen, der sich in Christus, welcher nur einen Scheinleib gehabt, geoffenbart hat. Marcion schuf ein eigenes NT (Lukas-Ev ohne c. 1 und 2 und 10 Paulusbriefe ohne Hebr und Pastoralbriefe) und suchte in seinen ›Antithesen‹ (Gegensätze zwischen AT und NT) seine Lehre näher zu begründen.«[23] Marcionitische Einstellung und Gedankenwelt sind mit dem Verschwinden dieser gnostischen Richtung nicht ausgestorben.[24] Auch die oft wohl

---

[20] J. Maier, Zur Frage des biblischen Kanons im Frühjudentum im Licht der Qumranfunde: JBTh 3, 1988, 135-146, 146.

[21] D. Barthélemy, a.a.O. 37.

[22] J. Maier, Zur Frage des biblischen Kanons 146.

[23] B. Altaner, Patrologie. Leben, Schriften und Lehre der Kirchenväter, 6. Aufl. durchgesehen und ergänzt von A. Stuiber, Freiburg 1960, 114.

[24] Bekannt ist das Wort, das von A. von Harnack in seinem Buch Marcion ²1924, 127, geschrieben wurde: »Das Alte Testament im 2. Jahrhundert zu verwerfen, war ein Fehler, den die große Kirche mit Recht abgelehnt hat; es im 16. Jahrhundert beizubehalten, war ein Schicksal, dem sich die Reformation noch nicht zu entziehen vermochte; es aber seit dem 19. Jahrhundert als kanonische Urkunde im Protestantismus noch zu konservieren, ist die Folge einer religiösen und kirchlichen Lähmung.«

unbedachte Redeweise vom angeblich rachsüchtigen Gott des AT, der einem auf alle Fälle liebenden Gott des NT gegenübergestellt wird, zeigt eine Abwertung des AT, weist im Grunde aber auf einen Mangel an Kenntnis und Verstehen des AT hin.

Eine wichtige Rolle bei der Festlegung des Kanons haben die christlichen Gemeinden gespielt. Sie übernahmen und gebrauchten das AT in der umfangreicheren Gestalt der griechischen Bibel. Doch es gab bezüglich beider Testamente Unterschiede. Augustinus stellt hinsichtlich der kanonischen Geltung eine Regel auf, die der kirchlichen Praxis Rechnung trägt: »Man wird bezüglich der kanonischen Schriften den Grundsatz befolgen, daß man die von allen katholischen Kirchen angenommenen Schriften jenen vorzieht, die einige Kirchen nicht annehmen. Was nun die nicht von allen Kirchen angenommenen Schriften anbelangt, so wird man jenen Schriften, welche die an Zahl und Ansehen überwiegenden Kirchen anerkennen, den Vorzug vor jenen Schriften geben, die nur weniger zahlreiche und weniger angesehene Kirchen als echt annehmen.«[25] Dabei ist der Einfluß bedeutender angesehener Persönlichkeiten nicht zu unterschätzen, wie z.B. des Athanasius von Alexandrien, der in seinem Brief zum Osterfest 367 die atl Bücher in der Reihenfolge aufzählt, daß die prophetischen im dritten, dem NT zugewandten Teil stehen.

Besonderes Gewicht haben Verlautbarungen zum Kanon, wenn ganze Kirchenprovinzen sich in gemeinsamen Erklärungen äußern. So geschah es in Afrika durch die Synoden von Hippo Regius (393) und von Karthago (397 und 419), nicht ohne den Blick auf die italische (römische) Kirche zu richten, und unter dem Einfluß des Augustinus.[26] Hier ging es naturgemäß um den Gesamtkanon (des AT und NT), dessen Bestandteile aufgezählt werden, zuerst die atl Bücher. Man darf in diesen Beschlüssen auch oder gar vor allem eine Reaktion auf Stellungnahmen, wie sie besonders und dezidiert unter anderen Hieronymus abgab, der sich für die hebräische Bibel einsetzte, die darüber hinaus in der Septuaginta stehenden Bücher dieser an Wert nachsetzte und sie in seiner Übersetzung der Vulgata auch entsprechend behandelte, sehen. Die afrikanischen Synoden haben die deuterokanonischen Schriften, die im zweiten, weiteren Kanon der griechischen Bibel stehenden, in ihrem Verzeichnis der kanonischen atl Bücher. Sie gingen damit über die Liste der Synode von Laodicea (360) hinaus, die von den deuterokanonischen Büchern nur Bar nennt.[27] Es scheint, daß die östliche Kirche sich in der Anerkennung des weiteren

---

[25] De doctrina christiana II, 8,12. Vgl. auch H.P. Rüger, Das Werden des christlichen Alten Testaments: JBTh 3, 1988, 175-189, 188.

[26] S. Enchiridion Biblicum Nr. 16-19. Vgl. A. Robert – A. Feuillet, Einleitung in die Heilige Schrift, Freiburg 1963, 38-41; J. Goettsberger, Einleitung in das Alte Testament, Freiburg 1928, 370-388, hier auch eine Auflistung der Positionen von Kirchenvätern bezüglich der Kanonizität einzelner umstrittener Bücher.

[27] Auch wenn der Kanon »unecht sein« sollte, »stellt er doch eine Meinung dar, die in der damaligen griechischen Kirche nicht allein stand«, so J. Goettsberger, a.a.O. 380.

Kanons schwerer tat als die des Westens, vielleicht dadurch bedingt, daß sie stärker in einer Auseinandersetzung mit dem Judentum engagiert war. Man darf wohl sagen, daß erst das Konzil von 692 den vollständigen Kanon der beiden Testamente angenommen hat.[28] Das Konzil von Florenz (1438-1445) verzeichnet alle proto- und deuterokanonischen Bücher des AT, wie sie auch das Konzil von Trient (1546) als kanonisch und für die katholische Kirche als solche verbindlich erklärt; das 1. Vatikanische Konzil (1870) hat darauf verwiesen.[29]

Das Konzil von Trient reagierte mit seiner Entscheidung auf Stellungnahmen zum Umfang und zur Einschätzung des Kanons, die nicht nur, aber vorwiegend aus dem Lager der Reformation kamen und dort verbindlichen Charakter erlangten. Es betont, daß die biblischen Schriften vollständig und mit all ihren Teilen, also auch die griechisch verfaßten Zusätze zu Dan und Est, als kanonisch anzunehmen sind, und verweist dabei auf die Vulgata, die lateinische im kirchlichen Gebrauch befindliche Übersetzung. »Der Protestantismus hat hingegen ausschließlich die im hebräischen Kanon enthaltenen Schriften als autoritativ gelten lassen und den übrigen nur einen geringeren Wert zugebilligt. Dabei waren die Lutheraner weitherziger als die Reformierten, indem jene Luther, der 1534 seiner ersten vollständigen Bibelübersetzung die Bücher Jud, SapSal, Tob, Sir, Bar, EpJer, I II Makk, Zusätze zu Esther und Dan, OrMan mit der Überschrift: ›Apokrypha, das sind Bücher, so nicht der hl. Schrift gleichgehalten, und doch nützlich und gut zu lesen sind‹, beigegeben hatte, folgten, während die Reformierten, die es anfänglich in ihren Bibelübersetzungen mit den Apokryphen ähnlich gehalten hatten, diese später fortließen.«[30] Anlaß für diese Maßnahme war wohl insbesondere das im humanistischen Bildungsideal verankerte Streben, das Ursprüngliche und also den Urtext aufzusuchen und gelten zu lassen. »Die Ausscheidung der Apokryphen war in der Reformationszeit nach den damaligen wissenschaftlichen Erkenntnissen eine verständliche Maßnahme, besonders in der gemäßigten lutherischen Form, für die die Apokryphen wohl in erbaulicher Hinsicht Hl. Schrift waren, nur nicht dogmatisch für beweisfähig gelten konnten. Heute ist die Ausscheidung dieser Schriften wissenschaftlich m.E. nicht mehr zu rechtfertigen.«[31]

Verfolgt man den Weg der Kanongeschichte, so zeigt sich, vor allem in den Diskussionen, Stellungnahmen und Beschlüssen in den betroffenen Gemeinschaften, angefangen von Jamnia hinüber zu den Synoden und Konzilien, daß die Gemeinde eine bedeutende und maßgebliche Rolle spielte. Sie erkannte, gemäß der überkommenen Tradition und der sich in

---

[28] So Robert – Feuillet, a.a.O. 44f.
[29] Enchiridion Biblicum Nr. 47, 58 und 77.
[30] O. Eissfeldt, Einleitung 776.
[31] H. Gese, Die dreifache Gestaltwerdung des Alten Testaments, in: M. Klopfenstein u.a. (Hrsg.), Mitte der Schrift?, Bern u.a. 1987, 299-328, 327.

ihr aus ihrem Glaubensverständnis heraus bildenden Überlieferung, welche Bücher zur Heiligen Schrift gehörten und was dieser Kanon für sie bedeutete. Mit diesen Verfahren und Vorgängen hängt auch das Verstehen der Bibel und folglich ihre Interpretation zusammen. So zeigt z.B. eine Untersuchung der Exegese der frühen Kirchenväter zu ntl Texten, »daß der altchristliche Exeget vom Glaubensbewußtsein her auf den biblischen Text stößt, den er als Teil dieser Glaubensüberlieferung betrachtet und dessen Autorität ihm Stütze ist für Gebet, Betrachtung und Seelsorge«[32]. Noch stärker ist dies der Fall, wenn es sich um die Erklärung und Anwendung des AT handelt, dessen Aussagen in den christlichen Raum hereingeholt werden mußten. Auch der Umfang des Kanon ist für das Verstehen und die Auslegung einzelner Texte von Belang, stehen sie doch alle im großen Verbund je des AT und NT und der Gesamtbibel.

3. Die in der Schrift begründete Dynamik der Kanonbildung

Das Werden und die Existenz des Kanons als eines festen Maßstabs setzt Schriftlichkeit dessen voraus, was verbindlich gelten soll. Über den Gebrauch der Schrift und die Existenz schriftlicher Aufzeichnungen in Israel ist hier nicht zu handeln.[33] Verwiesen sei lediglich auf amtliche Dokumente, die das Volk und seine Geschichte betrafen: die Annalen der Könige von Israel und Juda[34], die aufbewahrt wurden, so daß man sie einsehen konnte. Eine sachliche und äußere Voraussetzung für die Entstehung der heiligen Schriften und ihres Kanons war gewiß, daß die entsprechenden Texte nicht nur aufgeschrieben und gesammelt, sondern auch aufbewahrt wurden. »Bibliotheken« von solchen Textstücken und Büchern, wie sie vor allem am Tempel[35] und später an den Synagogen[36] bestanden, sind aber nicht die Ursache dafür, daß man aufgeschrieben, gesammelt und aufbewahrt hat, was wichtig und bleibend, weil maßgebend war.

Das AT selbst sagt, warum es geschah, gibt also Grund und Begründung an. Wenn Jahwe seinen Willen kundtat und seine Anweisungen gab, erfolgte dies nicht lediglich für den Augenblick. Die Weisung Gottes sollte das weitere Leben des Volkes bestimmen. Mose mußte sie nicht nur mündlich lehren, sondern aufzeichnen. Die Aufzeichnung ist so wichtig, daß in dtr Theologie sogar gesagt wird, Jahwe selbst habe das Grundgesetz, den Dekalog, aufgeschrieben.[37] Mose schreibt also die

---

[32] M. Mees, Die frühe Rezeptionsgeschichte des Johannesevangeliums. Am Beispiel von Textüberlieferung und Väterexegese (FzB 72), Würzburg 1994, 258.

[33] Siehe dazu den Überblick bei H. Haag, Art. *kātab*, in: ThWAT IV 385-397, 389ff.

[34] Zu den verschiedenen Bezeichnungen und den Stellen, an denen sie erwähnt werden, vgl. H. Haag, a.a.O. 390f.

[35] Vgl. Dtn 31,9, wo gesagt wird, daß Mose die Torah den Priestern übergibt, und 2 Kön 23,2.

[36] Esra holt das Buch mit dem Gesetz des Mose Neh 8,1.

[37] Dtn 4,13; 5,22; 10,2.4; Ex 34,1. Nach 2 Kön 17,37 hat er »die Satzungen und Bräuche, das Gesetz und die Gebote« niedergeschrieben. Jer 31,33 verheißt er, daß er im Neuen Bund das Gesetz auf das Herz der Menschen schreibt.

Torah auf[38], und Josua schreibt die Worte des Bundes von Sichem »in das Buch des Gesetzes Gottes« (Jos 24,26). Es werden Abschriften angefertigt.[39] Die Torah sollte aber nicht in einem Archiv verschwinden, sondern gelesen und dem Volk vorgelesen werden.[40] Anweisungen, die dauernd gelten sollen, und Gesetze, die naturgemäß auf Dauer gegeben werden, müssen schriftlich vorgelegt werden. Das muß auch der Fall sein, sobald Jahwe seine Weisung gibt. Darum wird zu Anfang des Bundesbuches (Ex 21,1) gesagt: »Das sind die Rechtsvorschriften, die du ihnen vorlegen sollst.« Diese Überschrift mag ein Hinweis darauf sein, daß man bereits vor der Zeit des Dtn Anweisungen des Gottes Israels schriftlich festgehalten hat. Jedenfalls dürfte in der Torah der Ansatzpunkt für die Entstehung eines Kanons liegen.

Nicht der Pentateuch als solcher, weil er über die ältesten Zeiten Israels, seine Vorgeschichte und frühe Geschichte berichtet, ist der Ausgangspunkt für die Kanonbildung.[41] Er ist in der heutigen Form und in seinem jetzigen Umfang erst in nachexilischer Zeit entstanden. Zu dieser Zeit mögen auch Prophetenschriften oder Teile von ihnen ein besonderes Ansehen gehabt haben. Ausgangspunkt ist die Weisung Jahwes in dtn Verständnis. Die weit ausgedehnte dtn Moserede insistiert allenthalben auf der steten Geltung der Anweisungen des Herrn, die zu hören, zu lernen, zu tun und so zu bewahren sind.[42] Dieses Bewahren geschieht in erster Linie und nach der Zielsetzung des Dtn dadurch, daß Israel nach diesen Weisungen handelt.[43] Doch die Torah soll nach dtn Vorstellung in das Land mit hinübergenommen werden, das Jahwe gibt, und dort ohne Abstriche gehalten werden; verkündet wird sie in den »Steppen Moabs«[44]. Sie umfaßt nach dtn Sicht die stets gültige und bleibende Willenskundgabe Jahwes. Und sie umspannt nicht nur die Gesetze, Gebote, Rechtsvorschriften und Satzungen Jahwes, sondern auch seine Zuwendung, den Bund, seinen Segen und damit Leben und Glück. »Ist Tora die eine, alles umfassende, schriftlich vorliegende, durch Mose in bestimmter Vergangenheit übermittelte Weisung Gottes, dann ist damit der Anspruch des Kanons in seinem Kern bezeichnet.«[45] Die für Israel verbindliche Torah aber ist nach dtn Auffassung im Dtn schriftlich niedergelegt (31,9-13), um regelmäßig alle sieben Jahre neu verkündet zu werden. Im Dtn sind

---

[38] Ex 24,4 wohl den Dekalog, Dtn 31,9 die Torah, 31,24 »in ein Buch«.

[39] Dtn 17,18 für den König, Jos 8,32 durch Josua auf Steinen des Berges Ebal.

[40] Dtn 17,19; 31,9-13; Jos 8,32ff.; Neh 8.

[41] J. Conrad, Zur Frage nach der Rolle des Gesetzes bei der Bildung des alttestamentlichen Kanons: Theol. Versuche 11, 1979, 11-19, 12.

[42] Die Gebote usw. bewahren Dtn 4,2.40; 5,29; 6,2 u.o.

[43] »Bewahren« (*šmr*) wird oft mit »tun« (*ʿsh*) verbunden, vgl. Dtn 4,6; 5,1; 6,3; 7,12 u.a.

[44] Siehe Dtn 2,8; 12,1; vgl. 6,3.23ff.; 8,1 u.ö.

[45] F. Crüsemann, Das ›portative Vaterland‹. Struktur und Genese des alttestamentlichen Kanons, in: A. und J. Assmann (Hrsg.), Kanon und Zensur. Archäologie der literarischen Kommunikation II, München 1987, 63-79, 67.

die Grundzüge des Kanons angelegt[46], zumal im Dtn Mose nicht nur als Vermittler des Gesetzes, sondern auch als Prophet (18,15), Interpret der Geschichte Israels[47], Weisheitslehrer[48], und als Psalmsänger (32,1-44; 33,2-5) wie auch als segnender Patriarch (33,6-25) spricht.

Frühere Gesetzesverkündigung (Bundesbuch: Ex 21,1-23,33) und Geschichtsdeutung (das sog. jehowistische Werk), die beides enthaltende Priesterschrift und die Geschichtsdarstellung (das unter der Maßgabe des Dtn stehende deuteronomistische Geschichtswerk) konnten sich mit dem Dtn verbinden. Im Pentateuch stehend, verlieh das Dtn diesem ein besonderes und vorzügliches Gewicht. Gewiß kann man hier noch nicht von einem Kanon im technischen Sinn des Wortes sprechen. Aber die Tatsache, daß die Samaritaner, die sich von der Jerusalemer Kultgemeinde getrennt haben[49], nur den Pentateuch als Heilige Schrift kennen, und die gleiche Wertschätzung bei späten Gruppierungen des Frühjudentums[50] zeigen sicherlich eine Einschätzung in Richtung Kanon. »Hier scheint sich tatsächlich eine kanonische, zumindest kanonartige Geltung des ersten Teils des späteren Alten Testament, und nur dieses Teils, abzuzeichnen«. Auch für den Verfasser des Aristeasbriefs »bildet offenbar allein dieses die heilige Schrift der Juden, und das müßte sowohl für seine eigene Zeit als auch für die der geschilderten Übersetzung«, der Septuaginta, »also für das 2. und 3. Jahrhundert gelten«[51].

Das besagt allerdings nicht, daß damit ein Abschluß erreicht und andere Schriften ausgeschlossen sein sollten, im Gegenteil, wie die weitere Entwicklung des Kanons und schon das Zeugnis Jesus' Sirachs beweist. Hier fungieren bereits, wie oben gesagt, die Propheten als feste Gruppe und ihre Worte als heilige Schriften; die Einbeziehung der Bücher des dritten Kanonteils bahnt sich an. Gewiß gehen die Propheten des achten Jahrhunderts und sicherlich auch schriftliche Aufzeichnungen ihrer Worte dem Dtn voraus. Schon in Mari am Eufrat[52] haben prophetische Männer und Frauen schriftliche Botschaften an den König gesandt, die in den Archiven aufbewahrt wurden.[53] Auch in Israel und Juda hat man Prophetenworte aufgeschrieben. Jes 8,1.16 läßt dies vermuten. Jer 36, wo erzählt wird, daß der Prophet dem Baruch seine bisherige Verkündigung in eine

---

[46] F. Crüsemann, a.a.O. 69.

[47] In seiner Deutung der Väterzeit und des Exodus im oft wiederholten Hinweis auf die Landverheißung an die Väter, in der Exodus-Katechese Dtn 6,20-25 und in der Paränese über die Wüstenzeit Dtn 9,9-10,11.

[48] In der Argumentationsweise der Einleitungsreden Dtn 5-11.

[49] Vgl. bereits die Auseinandersetzung in Esra 4-6; Neh 2-6.

[50] D. Barthélemy, L'état de la Bible juive 10.

[51] J. Conrad, a.a.O. 11.

[52] Heute Tell Hariri, zur Zeit des Königs Zimrilim, der ein Zeitgenosse Hammurapis (1792-1750 v.Chr.) war.

[53] Eine Auswahl mit kurzer Einführung findet sich bei W. Beyerlin, Religionsgeschichtliches Textbuch zum Alten Testament (ATD Ergänzungsreihe 1), Göttingen 1975, 146-152. Siehe A. Schmitt, Prophetischer Gottesbescheid in Mari und Israel (BWANT 114), Stuttgart 1982.

Buchrolle schreiben läßt, bezeugt es. Ez 2,8-3,3 wird die Existenz solcher Schriftrollen vorausgesetzt. Das Dtn hat auch theologische Impulse aus der Botschaft der Propheten aufgenommen und verarbeitet, z.B. Hoseas Wort von der großen Liebe Gottes zu Israel (Hos 11). Prophetensprüche und dtn Theologie aber kamen sachlich darin überein, daß sie Weisung Jahwes enthielten und vermittelten. Mose als Prophet bildet gleichsam eine Klammer zu den prophetischen Schriften.[54] Und Prophetensprüche werden im Geist der dtn Torah überarbeitet[55], in großem Maß bei Jer[56], dessen Aussprüchen weitgehend ein dtr Gewand angelegt wurde. Auch die früheren Propheten, vor allem Elija (vgl. 1 Kön 18)[57] werden im Sinn der dtn Torah interpretiert und reden daher entsprechend. So kann der ganze Prophetenkanon schließlich als Interpretation der mosaischen Weisung Jahwes verstanden und ihr zu- und nachgeordnet werden.

Auch die weisheitlichen Schriften, die, weil von David und Salomo hergeleitet, hohes Ansehen besaßen und zeitlich durch diese Zuweisung den Propheten vorgeordnet waren, hatten Beziehung zur Torah. David galt als Prophet (2 Sam 23,1-7), sein Sohn als mit göttlicher Weisheit begabt (1 Kön 5,9-14). Beide waren demnach in der Lage, Gottes Willen kundzutun, wobei eine Nähe zur Torah gesehen wurde.[58] So konnten auch weisheitliche Schriften den heiligen Büchern zugesellt werden. Daß es dabei Schwierigkeiten und Meinungsverschiedenheiten gab, erklärt sich durch die in ihnen gesammelten Stoffe und verhandelten Inhalte. Weisheitliches Gedankengut ist ein Schöpfen aus innerweltlicher Erfahrung oder erscheint, zumindest zunächst, bevor es mit der Wirklichkeit und dem Wirken Jahwes konfrontiert wird, als menschlichem Denken und Schlußfolgern entsprungen. Es muß erst gedanklich erschlossen werden, daß auch darin Anweisung Gottes liegt. Jesus Sirach zieht ausdrücklich diesen Schluß.[59] So handelt es sich auch bei der Weisheit Israels um Kundgabe der Weisung des Herrn, die schriftlich aufbewahrt wurde. »Die Letztgestalt« des Kanons ist also »nicht von ungefähr gekommen, sondern läßt sich weither als ein gezieltes Zusammen-Denken bezeichnen, das in theologischer Hinsicht vor allem durch das Wissen um das wirkungsmächtige Wort Gottes geprägt wurde«[60].

---

[54] Siehe Dtn 18,15, seine verheißenden und drohenden Worte (Dtn 28 und auch in 29 und 30).

[55] Vgl. Jes 1,10-17; Am 2,10f.4f.; Mi 6,6ff. u.a.

[56] W. Thiel, Die deuteronomistische Redaktion von Jeremia 1-25 (WMANT 41), Neukirchen 1973; ders., Die deuteronomistische Redaktion von Jeremia 26-45 (WMANT 52), Neukirchen 1981; J. Schreiner, Jeremia I und II (NEB) Würzburg 1981 und 1984.

[57] Vgl. dazu E. Würthwein, Die Bücher der Könige 1 Kön 17 – 2 Kön 25 (ATD 11,2), Göttingen 1984.

[58] Vgl. aus den Psalmen Davids Ps 19; 40; 51 und Salomos Tempelweihegebet (1 Kön 8, besonders V. 21.27-29).

[59] Siehe Sir 24; 32,14-33, 6.

[60] M. Saebø, Vom Zusammen-Denken zum Kanon. Aspekte der traditionsgeschichtlichen Endstadien des Alten Testaments: Jahrbuch für Biblische Theologie 3, 1988, 124.

4. In der Gemeinde gebildet – die Gemeinde formend

Wenn ein Kanon heiliger Schriften in der Gemeinschaft, die sich Volk
Jahwes nannte, gebildet wurde, fragt es sich, wieso sie dazu in der Lage
war und ein Bedürfnis empfand, es zu tun. Der Grund dafür liegt in ihrer Begegnung mit Jahwe und in der Erfahrung, die sie mit ihm von Anfang an und weiterhin ihre Geschichte hindurch mit diesem ihrem Gott
gemacht hat. Er ist es, der den Impuls zur Kanonbildung auslöste. Er gibt
die Anweisung zum Handeln und Leben, die durch stetes Tun und immer neue Vergegenwärtigung bewahrt werden muß; so besteht und bewährt sich Gemeinschaft mit ihm. Israel war überzeugt, daß es ihm die
Existenz verdankte. Auch dies mußte festgehalten werden, und es geschah auch in schriftlicher Weise. Dasselbe gilt für die Bezeugung des
Weges, den Jahwe durch die Geschichte hindurch geführt hat wie auch
für Israels Verhalten ihm und seiner Führung gegenüber. So kommt eine
Vielfalt von Stimmen im Kanon zu Wort in »der Vielfalt unterschiedlicher Zeiten, Umstände, Kulturen und Individualitäten«[61], aber im Blick
auf den einen Gott, den sie alle verehrten. Er ist, wenn man den vieldis-
kutierten Ausdruck verwenden will, die »Mitte der Schrift« oder wie ein
beliebter und doch mißverständlicher Begriff andeutet, der »Kanon im
Kanon«. Soll »der sachliche Kern dieses Kanons« im Kanon auf eine satz-
hafte Aussage gebracht werden, kann man sagen: »Das positive Zentrum
ist wohl am klarsten in Dtn 6,4ff. formuliert«[62], wobei die Auslegung, die
dann weiter in diesem Kapitel folgt, nicht übergangen werden sollte. Dtn
6,4f. ist ein entscheidender Schritt hin zum Monotheismus, den dann
Deuterojesaja verkündet und der fortan bestimmend für die religiöse Literatur Israels ist. Die Entwicklung des Kanon steht, wenn man die Dynamik bedenkt, mit der sie sich vollzog, in der Initiative Jahwes. Er »setzt
sich durch in allen Stufen der biblischen Traditionsbildung bis hin zum
›kanonisierten Endtext‹«[63]. Der Kanon ist Zeugnis für ihn, und zwar aufs
Ganze gesehen als monotheistische Literatur.[64]
Seine Bezeugung aber geschieht durch das Medium der Gemeinschaft, die
an ihn gebunden ist und ihn verehrt. Es ist ihr Zeugnis und Zeugnis für
sie. Es verwundert daher nicht, daß sie darüber urteilt, wo und in welchen Schriften sie es niedergelegt hat und findet. Aus diesem Grund muß
es zu einer Sichtung und Festlegung kommen, abwegiges und weg-
führendes Schriftgut wird zurückgewiesen, zweifelhaftes geprüft, revi-
diert oder mit Zusätzen wie Koh 12,9-14 versehen. Abgesichert wird der
bleibende, unveränderliche Bestand eines Schriftwerkes durch die soge-

---

[61] H. Graf Reventlow, Kritische Bilanz der Sicht des Alten Testaments in neueren christlichen
Entwürfen einer Biblischen Theologie, in: M. Klopfenstein u.a. (Hrsg.), Mitte der Schrift?
9-27,26.

[62] F. Crüsemann, Das ›portative Vaterland‹ 69.

[63] F. Mußner, in: Ch. Dohmen – F. Mußner, Nur die halbe Wahrheit? Für die Einheit der
ganzen Bibel, Freiburg 1993, 119.

[64] J. Sanders, From Sacred Story to Sacred Text, Philadelphia 1987, 65.

nannte Wortlautformel, die bestimmt, daß nichts hinzugefügt und nichts weggelassen werden darf. Das Ziel ist, daß »ein so geschlossen konzipiertes Corpus vor willkürlichem Eingriff geschützt wird«[65]. Die Formel[66] steht Dtn 4,2 zu Beginn des Vorwortes zu 5-28 aus exilischer Sicht, hier bereits im Sinn einer Kanonformel, die das dtn Corpus (Dekalog als Bundesurkunde, dtn Gesetzesverkündigung, mit Mahnreden eingeleitet in 5-11 und mit Segen und Fluch in 28 geschlossen) verwendet. So soll Israel von vornherein gesagt werden, daß alles, was nun bis Kap. 28 folgt, gültig, bleibend und verbindlich ist. »Die Kanonformel – nichts hinzufügen, nichts wegnehmen – schützt auch sonst im Alten Orient den Wortlaut von Gesetzeskodizes und Verträgen vor willkürlichen Veränderungen. Sie bezieht sich hier auf das dtn Gesetz als verbindliches Lehrganzes.«[67] Sie ist an dieser Stelle ein Zeichen dafür, daß man in dtr Kreisen das im Jahwebund stehende dtn Gesetz und dessen schriftliche Fassung als abgeschlossen betrachtet. Sie zeigt auch ihrerseits an, daß dtn Theologie und Verfahrensweise sich vom neubabylonischen Vertragsdenken anregen ließ.[68] In Dtn 13,1 steht die Wortlautformel nach dem Gesetz über die Kultzentralisation (12,1-31), um dieses in seiner Bedeutung für die gesamte Torah hervorzuheben: An dem einen Kultort muß der eine Gott verehrt werden. Die Priesterschrift zieht daraus die Folgerung auch für die Wüstenzeit, indem sie das Volk mit allen seinen Stämmen zum Jahwedienst um das Wüstenheiligtum versammelt. Es wird hier eine Gemeinde nach Maßgabe des dtn Zentralisationsgesetzes entworfen. Sie ist zugleich mit allen Veränderungen, die die Übertragung in eine neue Situation erfordert, Modell für die nachexilische Kultgemeinde von Jerusalem. Die Torah als verbindliches Lehrganzes, ausgeweitet auf die priesterschriftlich bestimmte Weisung, unter Einbeziehung der älteren Überlieferung zum Pentateuch geformt, schafft die neue Gemeinde. Diese Zielsetzung wird Neh 10 sichtbar, wo die Gemeinde auf das Gesetz verpflichtet wird, das durch Mose, den Diener Gottes, gegeben wurde und die entsprechenden Beschlüsse zur Neuordnung faßt.

Es besteht also ein gegenseitiges Verhältnis zwischen Kanon und der Gemeinschaft, für die er gilt. An der Maßgabe der kanonischen Texte orientiert sie sich und richtet sie sich aus. Und sie erkennt, was zu den maßgebenden heiligen Schriften gehört. Hierbei leitet sie, wie sie erfährt und überzeugt ist, Gott, als Jahwe, ihr Gott. Ihre eigene Überlieferung, geistige Inhalte, die von außen an sie herankommen, und ihre jeweilige Si-

---

[65] S. Herrmann, Die konstruktive Restauration. Das Deuteronomium als Mitte biblischer Theologie, in: FS G. von Rad, München 1971, 155-170, 157.

[66] Dtn 4,2; 13,1; Koh 3,14; Sir 18,6; 42,21. In Jer 26,2 steht die Hälfte der Formel als Kürzungsverbot, in Spr 30,6 als Erweiterungsverbot.

[67] G. Braulik, Deuteronomium 1-16,17 (NEB), Würzburg 1986, 39.

[68] Siehe auch die Hinweise auf den altorientalischen Hintergrund bei E. Reuter, »Nimm nichts davon weg, und füge nichts hinzu.« Dtn 13,1, seine alttestamentlichen Parallelen und seine altorientalischen Vorbilder: BN 47, 1989, 107-114.

tuation müssen im Blick auf ihn verarbeitet und von seiner Torah her bewältigt werden. So entsteht neue, richtungweisende Tradition, die auch schriftlich festgehalten wird. Der zweite und dritte Kanonteil zeigen unübersehbar auf, wie diese im Licht der Weisung Gottes gebildet wird.[69] Die priesterschriftliche Kultgesetzgebung ist bereits in ihrer besonderen Weise eine Befolgung der dtn Wortlautformel: Sie läßt das dtn Wort ungeschmälert stehen, fügt dem Text auch nichts hinzu, bringt aber ihre eigenen Anliegen im Einklang mit ihm wie auch in Weiterführung zum Ausdruck. Die »früheren und die späteren Propheten« und die »Schriften« bis hin zu Jesus Sirach, und hier mit starkem Akzent, bringen, wenn auch in unterschiedlicher Dichte, dtn Gedankengut in ihre Darstellung ein. Maßstab für die Annahme als heilige Schriften durch die nachexilische Gemeinde und damit schließlich für die Kanonizität ist im Grunde also weiterhin die Torah, durch die sie gebildet wurde und die sie auch in den Situationen ihrer Geschichte unter Berücksichtigung der jeweiligen Bedürfnisse und Erfordernisse bestimmt. Hierin und damit in der Kundgabe Jahwes selber hat die Sachzutrefflichkeit[70], die man als Kriterium für die Wertung und Anerkennung heiliger Schriften des Jahwevolkes namhaft machen kann, ihren Grund und ihre Begründung.

Die wechselseitige Beziehung jedoch zwischen den heiligen Schriften und der jeweils existierenden Gemeinde formt deren Selbstverständnis, wobei sie zugleich den Texten eine neue Interpretation gibt, die in diese hineingeschrieben wird und so in die Endgestalt des Kanons eingeht.[71] Man kann demnach von einer »Interaktion zwischen einer glaubenden Gemeinde und ihren autoritativen Schriften« sprechen.[72] Allerdings besteht ein wesentlicher Unterschied zwischen Interpretationen, die den heiligen Schriften ein- oder hinzugefügt werden und so zum Kanon gehören, und jenen anderen, die außerhalb bleiben. Nach Abschluß des Kanon gibt es nicht mehr Fortschreibung, sondern nur noch Auslegung feststehender Texte. Die religiöse Gemeinschaft entwickelt und formt dann den Kanon nicht weiter, sondern wird von ihm geformt. Es erfolgt eine »Einwirkung dieser Bücher und, eng damit verbunden, ihrer Interpretation auf eine bestimmte Gemeinde, die sie als kanonisch betrachtet hat«. Die Phase, in der sich ein Bewußtsein von einer religiös-politisch-sozialen Bedeutung

---

[69] O. Kaiser, Der Gott des Alten Testaments. Theologie des Alten Testaments I: Grundlagen (UTB 1747), Göttingen 1993, 329-353, hat dies eindrucksvoll aufgezeigt.

[70] S. Wagner, Zur Frage nach der Möglichkeit einer biblischen Theologie: ThLZ 113, 1988, 161-170, 165.

[71] R. Rendtorff, Zur Bedeutung des Kanons für eine Theologie des Alten Testaments, in: ders., Kanon und Theologie. Vorarbeiten zu einer Theologie des Alten Testaments, Neukirchen 1991, 54-63, 60. O.H. Steck, Der Abschluß der Prophetie im Alten Testament (Bibl. theol. Studien 17), Neukirchen 1991, hat dies für das Corpus propheticum (Jes-Mal) herausgearbeitet.

[72] B.S. Childs, Die Bedeutung des Jüdischen Kanons in der Alttestamentlichen Theologie, in: M. Klopfenstein u.a. (Hrsg.), Mitte der Schrift? 269-281, 271.

dieser Bücher gebildet hat[73], ist vorbei. Nun kommt es darauf an, mit Hilfe der Heiligen Schrift die eigene Identität zu bewahren, ohne zu erstarren und neuen Entwicklungen aus dem Weg zu gehen. Die Bibel selbst gibt Anregungen und ist ein Beispiel dafür, gerade in der Entwicklung des atl Kanons, wie beides angesichts der Treue Gottes zu seinem Wort und seiner Weisung gelingen kann.[74]

Wie bedeutsam die Gemeinde für die Festlegung und den Abschluß des Kanons ist, zeigte sich nach 70 n.Chr. Als einzige unter den verschiedenen Gemeinschaften innerhalb des Frühjudentums hatte die rabbinisch-pharisäische Richtung überlebt. Sie war jetzt darauf angewiesen, ihr Selbstverständnis aus den heiligen Schriften neu zu begründen. Sie mußte sich nicht nur gegen die entstehende christliche Gemeinde, sondern auch gegen gewisse eschatologisch-politisch ausgerichtete jüdische Strömungen abgrenzen. Beide verfaßten je aus ihrer Sicht des nunmehr geschehenen und sich künftig ereignenden Handelns Gottes Schriften. So ergab sich für das pharisäisch bestimmte Judentum die Notwendigkeit, den Bestand der heiligen Bücher in einem Kanon abzugrenzen und abzusichern. Bemühungen zur nötigen Abklärung gehen vielleicht schon weit zurück, etwa in der Gründung einer Schule um die Mitte des 1. Jh. v. Chr.[75] Es wurde anscheinend für erforderlich gehalten, »daß eine entscheidende Norm als Bremse der Willkür erlassen werden mußte. So entstand die Legende von Yavneh, genauso wie die rabbinische Tradition der Esra-Epoche den Beginn der targumischen und midraschischen Tätigkeit und die Ablösung der Prophetie zugeschrieben hat, um den Endpunkt der Selbstbestimmung auf eine unberührbare Autorität zu stützen«[76].

Möglicherweise hatte man schon in spätalttestamentlicher Zeit Bedenken dagegen, daß zu den als heilig betrachteten Schriften weitere hinzugefügt wurden. Das betraf den dritten Kanonteil, der lange Zeit noch offen war. Koh 3,14 weiß, daß man den Taten Gottes nichts hinzufügen und nichts davon wegnehmen kann. Jesus Sirach formuliert (18,6) ebenso, bezieht die Aussage jedoch anders als Kohelet, der an das von Gott für den Menschen Verfügte denkt, auf die großen Gottestaten in Schöpfung und Geschichte. In 42,21 bezieht er die göttliche Weisheit mit ein. Menschliches Weisheitsstreben kann ihr nichts hinzufügen und darf nichts von ihr wegnehmen wollen. Denkt der Weisheitslehrer hier an die Torah, die er mit der von Gott gegebenen Weisheit gleichsetzt und an weitere Weisheitsschriften? Die überlieferte Torah darf nicht durch Hinzufügen oder Weglassen verändert werden. Sollen weitere weisheitliche Bücher zu dem sich formierenden Kanon hinzugenommen werden, so daß Menschenweisheit die kundgegebene Gottesweisheit durch Hinzufügung vermin-

[73] G. Veltri, Zur traditionsgeschichtlichen Entwicklung des Bewußtseins von einem Kanon. Die Javneh-Frage: JSJ 21, 1990, 210-226, 211.
[74] Vgl. J.A. Sanders, From the Sacret Story to Sacred Text 65.
[75] D. Barthélemy, L'état de la Bible 44, vgl. 34f.
[76] G. Veltri, a.a.O. 213.

dert? Sirach gibt keine Antwort auf diese Fragen. Aber die Wortlautformel, die ihm aus dem Dtn bekannt war, auch in ihrer Bedeutung und Zielsetzung, läßt vermuten, daß er in die angegebene Richtung denkt.

Die halbe Wortlautformel steht Spr 30,6: »Füg seinen (Gottes) Worten nichts hinzu!« »Bedenkt man den Ausgangspunkt und den ganzen Duktus des Abschnittes von V. 2 an, so drängt sich doch immerhin die Vermutung auf, daß hier an Spekulationen gedacht wird, die in V. 8 als Eitelkeit und Täuschung bezeichnet werden, weil sie sich einbilden und anderen weismachen wollen, der Mensch könne wohl in Gottes Himmel eindringen und von dort seine Geheimnisse auf die Erde bringen und hier verbreiten (vgl. V. 4!). Die ›halbe Kanonformel‹ könnte somit eine Warnung vor apokalyptischem Gedankengut sein: Wer sich dem hingibt und solches zu dem reinen geläuterten Wort Gottes hinzufügt, muß damit rechnen, daß er von Gott zurechtgewiesen und Lügen gestraft wird«.[77] Anklänge an Psalmen, Ijob und Dtn in V. 2.3.5 legen nahe, daß für das Wort Gottes hier »an Texte gedacht ist, die göttliche Offenbarungsautorität haben, freilich noch nicht so, daß ihr Wortlaut als unantastbar gilt«[78].

Auf die Übermittlung des vollen Wortlauts dringt die andere Hälfte der Wortlautformel »du darfst kein Wort weglassen« in Jer 26,2. Angesprochen ist Jeremia, gemeint ist aber der stehende Text samt den dtr Erweiterungen in V. 4f.13. Das will doch wohl, an einer wichtigen Stelle angebracht, besagen, daß nicht nur einzelne Aussprüche von Propheten als Wort des Herrn gewertet und bewahrt werden sollen, sondern die Prophetenworte, wie sie nun schriftlich vorliegen in den Prophetenbüchern. Mit diesen hatte das rabbinisch-pharisäische Judentum offenbar keine Schwierigkeiten, wohl aber mit der Apokalyptik. Als einziges apokalyptisches Buch – Teile des äth. Henochbuchs zumindest sind gleichzeitig mit ihm verfaßt – ist nur das Buch Daniel in den jüdischen und damit in den atl Kanon aufgenommen worden. Hier besteht ein wesentlicher Unterschied zur Qumrangemeinde, in der apokalyptische Literatur beliebt und angesehen war. Das Danielbuch steht in der hebräischen Bibel unter den Schriften. Anscheinend haben das dtr inspirierte Bußgebet (9,4-19) und der in die Ferne gerückte kommende Äon (vgl. 12,1-3.12b) dazu beigetragen, daß diese apokalyptische Schrift in den Kanon aufgenommen wurde. Daß bei Zweifeln an Inhalt und Zielsetzung eines Buchs auf die Torah zurückverwiesen wurde, zeigt auch der Schlußsatz im zweiten Nachwort zu Koh: »Fürchte Gott und achte auf seine Gebote« (12,13) mit dem Hinweis auf Gottes Gericht (V. 14). Wenn dies beachtet wird, hat man die rechte Einstellung, auch Koh in der Heiligen Schrift zu lesen.

Die Glaubensgemeinschaft, »die sich selbst und ihren Glauben in vorhandenen Texten wiederfindet und durch deren produktive Fortschrei-

---

[77] A.H.J. Gunneweg, Weisheit, Prophetie und Kanonformel. Erwägungen zu Proverbia 30,1-9, in: FS H.-D. Preuß, Stuttgart 1992, 253-260, 257f.
[78] A.H.J. Gunneweg, a.a.O. 257.

bung zum Ausdruck« gebracht hat[79], faßt diese im Kanon versammelten Texte nicht so auf, daß nun das AT nur »eine historische Urkunde oder auch eine Sammlung derartiger Urkunden über je einmaliges Reden und Handeln Gottes und über das dementsprechende Handeln und auch Reden Israels sein will«, sondern sie glaubt an »die Zukunftsgültigkeit der in der Geschichte sich ereignenden Offenbarung Gottes«[80]. Es ist »Schrift einer Glaubensgemeinschaft«, »gläubiger Menschen, die von ihren Worten und unter ihrer Autorität leben und die durch das Lesen, Studieren, Hören und Auslegen der Schrift dem Gott begegnen, den ihre Texte bezeugen«[81].

Dabei geht von den festgelegten Sprachformen eine Wirkung aus, die das religiöse Denken und Sprechen und damit das religiöse Bewußtsein prägt.[82] Eine solche Prägung vom atl Kanon her wird bei der sich formierenden Christusgemeinde und in ihren Schriften sichtbar. Es ist nicht nur der strenge Monotheismus, den ihr die Schrift des Alten Bundes übermittelte und der ihr Einheit und ihrem Denken und Reden eine dynamische Reichweite verlieh. Die Verschiedenartigkeit der Texte innerhalb der in einer langen Geschichte gewachsenen Heiligen Schrift verlieh ihr auch »eine außerordentlich breite Anwendbarkeit unter wechselnden Umständen«[83]. Wenn der Prophetenkanon die Hoffnung weckte, daß die Weisung Gottes auch in einer schwierig gewordenen Welt gelebt werden kann und der dritte Kanonteil geistige Weite bei aller Treue zu dem einen Gott signalisierte[84], war die Glaubensgemeinschaft gut vorbereitet, die Herausforderungen der Zeit zu bestehen. Diese waren zum Teil andere im Land der Bibel, seit es unter seleukidischer und dann unter römischer Dominanz stand, als in der Diaspora, die von rein hellenistischem Geist bestimmt war.

Dort wurde die atl »Religion, die seit 587 zu diesem Neuansatz gezwungen war, zur Religion des Wortes. Nicht mehr Tempel, Opferdienst und Priestertum stehen im Mittelpunkt der Frömmigkeit, sondern der Wortgottesdienst der Synagoge«[85]. Die Septuaginta ordnet die Reihenfolge der Einzelschriften anders als die hebräische Bibel. Die Torah behält ihre Position am Anfang. Dann folgen die historischen Bücher, die dartun, wie die Weisung Gottes in der Geschichte bis hinein in die Gegenwart gewirkt hat. Die didaktischen Bücher, die ein Leben nach dem Gesetz des Herrn aufzeigen, schließen sich an. Die prophetischen sollen schließlich

---

[79] Ch. Dohmen – M. Oeming, Biblischer Kanon – Warum und Wozu? Eine Kanontheologie (QD 137), Freiburg 1992, 24.

[80] H.-J. Zobel, Altes Testament – Literatursammlung und Heilige Schrift? Versuch einer Klärung: ThLZ 105, 1980, 81-92, 90f.

[81] P.D. Miller Jr., Der Kanon in der gegenwärtigen amerikanischen Diskussion: JBTh 3, 1988, 217-239, 231.

[82] Ch. Dohmen – M. Oeming, a.a.O. 98.

[83] G. Lindbeck, Heilige Schrift, Kanon und Gemeinschaft in: QD 117, 45-80, 75.

[84] Vgl. F. Crüsemann, Das ›portative Vaterland‹ 74f.

[85] G. Bertram, Art. Septuaginta- Frömmigkeit, in: RGG³ V 1707-1709, 1707.

den Blick in die Zukunft richten, wobei Dan am Ende den apokalyptischen Akzent bildet. Aber auch die Torah ist in die Geschichte eingebunden, die mit der Schöpfung (Gen 1) beginnt und bis zum Anbruch des kommenden Äon läuft. Die Septuaginta versteht »diese in der Schrift niedergelegte Geschichte als die Geschichte schlechthin«. Sie umfaßt »auch die Zukunft, räumlich steht für sie die universelle Weltbetrachtung nicht nur am Anfang, sondern ebenso am Schluß«. Sie ist »für die ganze Menschheit von großer Bedeutung«. Denn der eine und einzige Gott steht über allem Geschehen und wirkt in ihm. »Unter dem weltgeschichtlich apokalyptischen Aspekt, der die Literatur des Orients im hellenistischen Zeitalter kennzeichnet, hat Israel die heiligen Schriften seiner Gemeinde und der Welt in griechischer Sprache dargeboten. Man sah die Bibel als Deutung des ganzen Weltlaufes an; aus dem Munde des Mose, dessen Blick in die Urzeit ging, im Geiste der Weisen, die die alltägliche Gegenwart durchschauten und in den Visionen der Propheten, die in die Zukunft schauten, offenbarte sich der Sinn der Geschichte aller Völker.«[86]

Der sich bildende Kanon der griechischen Bibel des AT, der in seinem Umfang lange Zeit offen blieb, zeigt in der veränderten Reihenfolge der Bücher und der Kanonteile eine weltoffene Weite; sie wird auch in der Art der Übersetzung deutlich.[87] Während die hebräische Bibel am Ende mit den Chronikbüchern wieder auf Israel zurücklenkt, öffnet das griechische AT mit Dan am Schluß den Blick für die Weltgeschichte. Dennoch ist das Volk des Herrn nicht an den Rand gestellt, was in den deuterokanonischen Schriften zum Ausdruck kommt. Zwar geht Weish stark auf hellenistische Bildung und griechischen Geist ein, zeigt aber im zweiten Teil (10-19) die rettende Macht der göttlichen Weisheit an Israels früher Geschichte auf. Und auch Sir wendet sich am Ende dem Lob der »Väter Israels« zu. Tob schildert die Bewährung eines Israeliten und seiner Familie in der Diaspora. Wenn in Jud eine Frau gepriesen wird, wie es griechischem Denken wohl gut zustatten kam – vgl. die andere Rolle der Ester unter der Anleitung Mordechais –, so trägt sie den typischen Namen »Jüdin«. Bar zeigt Elend, Klage und Verherrlichung der Heiligen Stadt. Die Makkabäerbücher rühmen den Mut, die Glaubenstreue und den Widerstand der Frommen gegen heidnische Macht. Beides geht zusammen, die Öffnung in die hellenistische Welt mit neuen Akzentsetzungen in der vermittelten Botschaft und das Festhalten an den Glaubensüberlieferungen Israels. Es ist aber von weitreichender Bedeutung, daß das entstehende Christentum, sobald es sich im heidnischen Raum zu bilden begann, die Heilige Schrift in der griechischen Fassung übernahm. Die wechselseitige Beziehung von Gemeinde und Kanon endet mit sei-

---

[86] J.C.H. Lebram, Aspekte der alttestamentlichen Kanonbildung: VT 18, 1968, 173-189, 179.

[87] Vgl. G. Bertram, a.a.O.; J. Schreiner, Hermeneutische Leitlinien in der Septuaginta, in: O. Loretz – W. Strolz (Hrsg.), Die hermeneutische Frage in der Theologie (Schriften zum Weltgespräch 3), Freiburg 1968, 356-394.

nem Abschluß nicht. Seine Grenzen sind, wenn er einmal definitiv festgelegt ist, nicht mehr offen. Was dann im Blick und mit Bezug auf ihn geschrieben wird, hat sich an ihm zu messen. Die Entstehung und die Gestalt des Kanons aber sind für das Verstehen, die Interpretation und die Anwendung der in ihm versammelten Schriften von nicht zu unterschätzender Bedeutung. Wer nun im Hinblick auf die heiligen Schriften Israels im engeren oder weiteren Kanon »Altes Testament« sagt, bringt damit zum Ausdruck und hält daran fest, daß der Kanon, also die ganze Bibel, für ihn auch das »Neue Testament« umfaßt. Was dies und die vorausgehende Kanongeschichte besagt und für das Verstehen, Auslegen und Anwenden der in der Bibel enthaltenen Texte mit sich bringt, wird seit den Tagen des Apostels Paulus[88] und gerade ebenso heute wieder besonders eindringlich[89] erörtert. In der ersten Annäherung an das AT als Kanon (und Teil des Kanons) hier in diesem Abschnitt sollte nur auf das Problem aufmerksam gemacht werden. Im folgenden wird es sich immer wieder stellen. Es geht dabei insbesondere auch um die Frage, ob von einem Kanonteil aus und dann von welchem her das AT verstanden und interpretiert werden soll.

Denn mit der Bewertung einer Sammlung von Schriften als Kanon ist deren Anspruch anerkannt, weiter wirken zu wollen. Sobald also sich eine neue Gemeinschaft bildet oder aus einer bestehenden unter grundlegend veränderten Bedingungen entsteht und herauswächst, aber die Heilige Schrift übernimmt bzw. beibehält, gilt auch deren kanonischer Anspruch weiter. Dieser beschränkt sich nicht auf religiöse Sprache und religiöses Bewußtsein. Er ist auch Richtschnur des Glaubens. Die neue Gemeinschaft wird und darf ihre eigene Überlieferung und Glaubensauffassung durch Fortschreibung und nachtragend nun einbringen. Im Falle des entstehenden Christentums aber waren Torah, Propheten und Psalmen bereits abschließend festgelegt, eine Hinzufügung weiterer Schriften jedoch in Diskussion wie im praktischen Vollzug. Hier öffnete sich schließlich die Möglichkeit, die eigenen ntl Schriften in das Gesamt der Bibel als dem Kanon der Heiligen Schrift einzubringen. Damit wird freilich auch das AT in einer bestimmten neuen Weise verstanden und gedeutet. »Weitere offenbarungsgeschichtliche Vollendung führt«, übrigens schon im AT, »zu einem erweiterten Kanon«[90].

---

[88] Vgl. z.B. Röm 9-11, auch Apg 15 und überhaupt die Verwendung des AT im NT.
[89] Siehe die eingehende Diskussion um den canonical approach, vgl. unten S. 185.
[90] H. Gese, Die dreifache Gestaltwerdung des Alten Testaments 320.

Es wurde darauf hingewiesen, daß man mit Recht sagen kann, das AT sei ein Geschichtsbuch. Es berichtet in den meisten der in ihm versammelten Schriften über geschichtliche Ereignisse, Vorgänge und Entwicklungen oder nimmt Stellung zu ihnen. Geschehnisse aber von geschichtlicher Dimension betreffen nicht eine kleine Gruppe, nur einen Stamm, ein Volk, einen Staat allein. Sie greifen in einen weiten Raum hinein. Auch wenn sie im Hinblick auf einen einzelnen gesehen und dargestellt werden, kann die ihn umgebende Welt im engen oder weiten Umkreis nicht außer Betracht bleiben. Er, die Familie, vor allem aber Stämme und Völker sind in das Spiel der Kräfte, die in einem bestimmten, durch den jeweiligen von Erfahrung und Erleben abgegrenzten geographischen und geistigen Raum wirken, hineingestellt. Wer Geschichte darstellt, muß dementsprechend verfahren. Er kann von dem weiten Umkreis nicht absehen.

Das gilt auch für das AT. Auch wenn es Einzelgestalten, Sippen und Stämme, das Volk Israel im Blick hat, kann es nicht lediglich über diese, abgesehen von allen anderen, sprechen. Das wird gar nicht versucht. Schlägt man die erste Seite auf, wird im Gegenteil die Aufmerksamkeit auf die Welt als ganze gelenkt und von ihrem geschichtlichen Beginn gesprochen. Sodann wird die ganze Menschheit nach damaliger Kenntnis in ihrem Bestand an Völkern vorgestellt. Deren Beziehungen zueinander werden aufgezeigt, ebenso ihr Verflochtensein in Entwicklungen, die sich vollziehen, und in Entscheidungen, die sie insgesamt oder die Teile von ihnen treffen. Ein weltoffener Horizont, der so weit reicht, als dem damaligen Israeliten Länder und Völker bekannt waren, öffnet sich. Auch die ältesten Texte, ob sie nun von Israel oder den Patriarchen reden, zeigen diesen offenen Horizont. Weder die Stammväter Israels noch das sich von ihnen herleitende Volk konnten sich abschotten. Sie lebten auf der viel begangenen »Landbrücke« zwischen Ägypten und dem Zweistromland, in Kanaan, das dem Austausch jeglicher Art offen war.

1. Kultur und Literatur im alttestamentlichen Umkreis der Autoren

Das AT nennt selbst die Räume und Völker, mit denen Israel zu tun hatte, verweist auf Ereignisse, die von ihnen ausgingen und das Volk Jahwes betrafen, und nennt Personen, mit denen es zu tun hatte. In seiner Darstellung ist von Vorstellungen, Göttern, Gebräuchen, Einrichtungen, Städten, Bauten, Sitten und Taten, Eigenarten und mancherlei anderen Lebensäußerungen der Völker, die Israel umgaben und natürlich auch beeinflußten, die Rede. All das mußte sich in gewisser Weise auch im AT niederschlagen.

Die geographischen Bereiche und die mit ihnen verbundenen geistigen Räume, mit denen Israel in lebendigem Kontakt stand und in seiner Geschichte befaßt war, werden im AT benannt. Es ist Ägypten, von dem Israel, in Gestalt der Mose-Gruppe, ausgehend sich formierte. Auf Mesopotamien verweisen die Patriarchen, die von dort stammten, Abraham und mit erneuerter Rückbindung Isaak und Jakob, vor allem aber die babylonische Gefangenschaft. Mit beiden, Ägypten und Assur/Babylon mußte sich Israel während der Königszeit auseinandersetzen. Mit Hetitern, wohl versprengten Resten eines im Seevölkersturm untergegangenen Großreichs (um 1200 v. Chr.) in Kleinasien, stand Jerusalem nach Ez 16,3 in Beziehung. Israels Land aber war Kanaan über die ganze Zeit seiner Geschichte hinweg. In vorexilischer Zeit waren diese vom AT pauschal mit den Namen Ägypten, Assur, Babylon, Kanaan benannten und auch in vielerlei Einzelheiten vorgestellten Räume und Bereiche Israels Umwelt und Nachbarn. In nachexilischer Zeit traten mit der Besiegung des Perserreiches Griechenland und der Hellenismus auf den Plan. Von all diesen gingen nicht nur politische Einwirkungen und Einflüsse aus, sondern auch geistige. Man muß also damit rechnen, daß sie sich in den Schriften Israels niedergeschlagen haben. Das AT spricht naturgemäß aus der Sicht Israels. Man kann nicht erwarten, daß es, was die geistigen Einflüsse anbelangt, auf die Nachbarn verweist oder gar ihre Literatur zitiert und über ihre schriftlichen Äußerungen redet. Von diesen aber sollte man Kenntnis haben, um das AT recht zu verstehen. Denn es ist zu erwarten, daß dann Gemeinsamkeiten und Unterschiede, Verwandtes und Eigenständiges in Denken, Auffassung, Urteil und Äußerung hervortreten.

Der griechische Geschichtsschreiber Herodot (ca. 484-410 v. Chr.) hat in seinem Geschichtswerk auch über Ägypten, das Land, seine Bewohner, ihre Sitten und Gebräuche berichtet. Eine Geschichte seines Heimatlandes hat der ägyptische Priester Manetho (um 280 v. Chr.) verfaßt, die nur in Bruchstücken überliefert ist und uns über die Namen und Reihenfolge der Pharaonen sowie über die sich voneinander abhebenden Geschichtsperioden unterrichtet.[1] Berossos (ca. 340-270 v. Chr.), lange Zeit Priester des Bel-Marduk von Babylon, verfaßte ein dreibändiges Werk über Mythologie und Geschichte des Zweistromlandes, das ebenfalls nur in Auszügen, besonders bei Eusebius von Caesarea, erhalten ist und wertvolle Nachrichten enthält.[2] Doch das alte Ägypten und das Zweistromland selbst blieben bis in die Mitte des 19. Jh. stumm.

Bis zu dieser Zeit »waren aus der Umwelt des Alten Testaments, dem alten Vorderen Orient, keine Überlieferungen bekannt geworden, die wirklich erheblich gewesen wären«. Doch »in der seitdem vergangenen Zeit, in wenig mehr als einem Jahrhundert, hat sich diese Lage von Grund auf gewandelt. Archäologie und Altorientalistik haben allenthalben im ›fruchtbaren Halbmond‹ und darüber hinaus, namentlich in Ägypten und

---

[1] Siehe dazu A. Scharff – A. Moortgat, Ägypten und Vorderasien im Altertum, München ³1962, 25f.
[2] W. von Soden, Art. Berossos, in: RGG³ I 1069; F.M.Th. de Liagre Böhl, Art. Berossos, in: LThK² II 261f.

Mesopotamien, in Kleinasien und Syrien, im Libanon und in Palästina, der engeren Heimat des Alten Testaments, eine kaum zu ermessende Fülle von Texten geborgen, die zum Vergleich mit biblischen Überlieferungen einladen«³. Es hat sich in überwältigender Fülle gezeigt, daß in all diesen Räumen Schreibkulturen seit etwa 3000 v. Chr. mit literarischen Erzeugnissen und bald auch mit Literatur vorhanden waren und gepflegt wurden. Nicht alles ist erhalten geblieben. Vieles ging dort verloren, wo das Material, auf das geschrieben wurde, nicht dauerhaft war, vor allem sicherlich in Palästina. Doch auch dort müssen, wie aus den Textfunden zu erschließen ist, infolge des reichen geistigen Austausches literarische Zeugnisse vorhanden gewesen und verfaßt worden sein.

a) Literatur des Alten Ägypten trat ins Licht, als es gelungen war⁴, die Hieroglyphen zu entschlüsseln. Man lernte, sie nicht nur zu bestaunen, sondern sie auch zusammen mit den Schreibschriften (Hieratisch, Demotisch) zu lesen. Eine reiche Welt von Texten und Literaturwerken tat sich auf, die bereits im Alten Reich (2780-2200 v. Chr.) beginnen.⁵ In ihm entstanden monumentale Spruchsammlungen, welche die Begleitung des Königs in die jenseitige Sternenwelt zum Ziel haben, autobiographische Texte in den Beamtengräbern und Lebenslehren (des Ptahhotep und für Kagemmi). Aus der Ersten Zwischenzeit (2260-2130) stammen Texte der Auseinandersetzungsliteratur wie die »Weissagung des Neferti«, die »Klagen des Bauern«, die »Mahnworte des Ipuwer« und das »Gespräch eines Mannes mit seinem Ba«⁶. Im Mittleren Reich (2130-1710) werden Sprüche für den Toten gesammelt und in Sargtexten aufgeschrieben. Königsinschriften, Erzählungen, wie der autobiographische Roman des nach Palästina geflüchteten Sinuhe, und Lehren, wie jene des Amenemhet, wurden verfaßt. Aus dem Neuen Reich (1580-950), das auf die Hyksos-Zwischenzeit folgte, wären besonders zu nennen: die Werke, die sich mit der Welt der Toten und mit der Unterwelt befassen, wobei frühere Totentexte differenziert und ausgebaut werden; religiöse Gedichte an den Sonnengott und andere Götter und Gebete; Inthronisationsliturgien; Erzählungen wie »Horus und Seth«, der »verwunschene Prinz«, die Erzählung von »den beiden Brüdern«; Tierfabeln und Liebeslieder; eine satirische Schrift; die Lehre des Ani und des Amenemope. Daneben gibt es Gebrauchstexte magischen, medizinischen, rituellen, verwaltungstechnischen Inhalts, das Wissen sammelnde listenmäßige Aufzeichnungen. Israel muß zumindest Teile dieses weitgespannten Schrifttums gekannt ha-

---

³ W. Beyerlin, Religionsgeschichtliches Textbuch 21.
⁴ Ab 1822, besonders durch J.F. Champollion, siehe z.B. die Darstellung bei A. Erman, Die Hieroglyphen (Sammlung Göschen), Leipzig 1912, 1-13.
⁵ Der kurze hier gebotene Überblick über Epochen und Werke folgt M. Görg, Art. Ägypten, in: NBL I 36-49, 45f.; für einen detaillierten, nach Textsorten angelegten Überblick über die Literatur des alten Ägypten siehe J. Assmann, Art. Egyptian Literature, in: ABD II 378-390.
⁶ Ba meint etwa die Seele eines Menschen. Siehe S. Morenz, Ägyptische Religion (Die Religionen der Menschheit 8), Stuttgart 1960, 215f.

ben, weniger auf dem Weg über die zeitweise in Ägypten lebende und von dort weggezogene Mosegruppe als vielmehr durch die lange während ägyptische Herrschaft über Palästina. Israels schriftliche Äußerungen, seine Literatur, wie sie sicherlich in Auswahl im AT überliefert ist, steht, gewiß auch im Bewußtsein des Jahwevolkes, nicht als alleinige einsame Größe in der Welt des Alten Orients, wie man in Unkenntnis des dortigen Schrifttums alter Zeit wohl meinen mochte.

b) Das zeigt sich auch in den schriftlichen Zeugnissen, die aus dem Zweistromland auf uns gekommen sind. Nachdem um die Mitte des vorigen Jahrhunderts die Entzifferung der Keilschrift[7] gelungen war und bis in unsere Tage bei Ausgrabungen immer neue Funde von Tontafeln mit dieser Schrift gemacht wurden, haben wir Kenntnis von einer ausgiebigen und reichhaltigen schriftlichen Hinterlassenschaft. Sie nimmt ihren Anfang »nicht lange nach 3000 v. Chr.« bei den Sumerern »im südlichen Zweistromland«, und die Schrift dient zunächst wie dann auch in Babylonien »den Bedürfnissen der großen sumerischen Tempelwirtschaften der beginnenden städtischen Hochkultur«[8]. Es entwickelt sich sodann, wohl ausgehend von den königlichen Bauinschriften zur Errichtung von Tempeln und durch sie angeregt, eine ausgedehnte Schreibkultur, auch mit literarischen Texten, von denen allerdings nur wenige überliefert sind. Erst aus dem 18. und 17. Jh. strömt uns reiche sumerische Literatur zu, bewahrt noch während der altbabylonischen Zeit, die um 1600 endete, auch in zweisprachigen Texten (sumerisch und akkadisch) und in Übersetzungen.[9] »In dieselbe Zeit fallen aber auch die frühesten Aufzeichnungen akkadischer Dichtungen.«[10] Beides hat wohl mit dem Aussterben des Sumerischen als gesprochener Sprache zu tun. Ab dem Ende des 13. Jh. nach der Eroberung Babylons legten die Assyrer Bibliotheken an, in denen sie sumerisch-akkadisches Schrifttum sammelten. Assurbanipal (668-632) schickte Agenten durch das Land, um vorhandene Literatur zu sammeln. Er sagt von seiner »Ausbildung als Kronprinz: ›Ich lese die kunstvollen Tafeln in Sumerisch, das verdeckte Akkadisch, das schwer zu meistern, ich verstehe den Wortlaut von Steininschriften von vor der Sintflut, die völlig rätselhaft, aller Meister hohen Beruf verstehe ich‹«[11]. Die auf Tontafeln in Keilschrift geschriebene Literatur blieb erhalten, kam und kommt bei den Ausgrabungen zutage. Was aber mit dem Aufkommen der aramäischen Sprache als Verkehrs- und Reichssprache (ab 800)[12] auf Papyrus geschrieben wurde, ging, anders als im trockenen Klima Ägyptens, im Zweistromland verloren.

[7] Siehe dazu B. Meißner, Die Keilschrift (Sammlung Göschen), Berlin 1913, 5-16.

[8] A. Falkenstein – W. von Soden, Sumerische und akkadische Hymnen und Gebete, Zürich 1953, 7.11.

[9] Vgl. W.W. Hallo, Art. Sumerian Literature, in: ABD VI 234-237.

[10] A. Falkenstein – W. von Soden, a.a.O. 12.

[11] A. Falkenstein – W. von Soden, a.a.O. 13.

[12] A.K. Grayson, Art. History and Culture of Assyria, in: ABD IV 732-755, 749; M. Görg, Art. Aramäisch, in: NBL I 148ff.

»Die altbabylonische Kultur – und mit ihr die babylonisch-assyrische Kultur insgesamt – steht im Gefolge frühmesopotamischer Kulturen (Sumer), deren Erbe in Gestalt« von Neuerungen und Änderungen in den Bereichen der Wirtschaft, des Staatswesens, der bildenden Kunst, »vor allem aber von Schrift und Text weitervermittelt wird«. Es erfolgt eine Übernahme und Weiterentwicklung bei den Königsinschriften, Texten der Verwaltung, Listen, die das vorhandene Wissen sprachlichen, mathematischen und astronomischen Materials sammeln. »Von den narrativen Werken der altbabylonischen Überlieferung sind etwa der Atra(m)hasis-Mythos« mit dem Thema der Sintflut, die Erzählung über den König Etana »und das Gilgamesch-Epos« vom erfolgreichen König von Uruk (um 2600), der für sein Volk die Unsterblichkeit zu gewinnen suchte, »aus mittelbabylonischer Überlieferung die mythologische Erzählung von Nergal und Ereskigal« vom Leben des Gottes der Unterwelt und seiner Gefährtin »und aus neubabylonischer Tradition das berühmte Lehrgedicht zur Schöpfung mit dem Titel Enuma Elisch« – so die Anfangsworte »als droben« – »zu kulturübergreifender Wirksamkeit gelangt«[13]. Ferner sind reiche Zeugnisse religiöser (Hymnen und Gebete[14]) und profaner Dichtung (Liebeslieder) überliefert, magische Texte, Beschwörungen und Rituale sowie lehrhafte Literatur in Gedichten und Spruchsammlungen. Besonders zu erwähnen ist hier sicherlich das Werk »Ich will preisen den Herrn der Weisheit« mit dem Thema: Erhält der Gerechte nicht den Lohn für seine Gerechtigkeit? Unter den rechtlich-gesetzlichen Texten sind besonders zu nennen: Tempelkontrakte und Verträge und vor allem die Gesetzbücher wie der berühmte Codex Hammurapi.[15]

c) Ein weiteres Großreich, das über einige Jahrhunderte (ca. 1750-1200 v. Chr.) seinen Einfluß im Vorderen Orient ausübte, ist das der Hetiter. Bei der Ausgrabung ihrer Hauptstadt Hattuša, heute Boghazköi, 180 km östlich von Ankara gelegen, trat ein reichhaltiges Schrifttum zutage, aus dem auch ihre Geschichte, Kultur und Religion Konturen gewinnen. Insbesondere sind es historische Texte, die Aufmerksamkeit beanspruchen: Annalen, wie sie später auch von assyrischen Königen existieren, eine Palastchronik, königliche Schriften wie ein politisches Testament und eine Rechtfertigungsschrift, Staatsverträge, z.B. der berühmte Vertrag des hetitischen Königs Hattušilis III. mit dem Pharao Ramses II. Ferner gibt es wie auch sonst im Alten Orient Verwaltungstexte, Gesetzessammlungen, Listen (Vokabularien, Kataloge zu Archiven, Kult-Inventare), Hymnen und Gebete, Rituale, magische Texte, Omen-Texte. Ebenfalls sind

---

[13] M. Görg, Art. Babylonien, Kultur, in: NBL I 228-233, 228ff.

[14] Siehe die mit Kommentierung versehene Ausgabe von A. Falkenstein – W. von Soden, Sumerische und akkadische Hymnen und Gebete.

[15] In chronologischer Reihenfolge: Kodex von Urukagina (ca. 2350 v. Chr.), Ur-Nammu (ca. 2112-2095), Lipit-Ischtar (ca. 1934-1924), Eschnunna (ca. 1900), Hammurapi (ca. 1792-1750), so A.K. Grayson, Art. History and Culture of Babylonia, in: ABD IV 755-777, 769.

mythologische Werke überliefert: die Erzählung vom Mond, der vom Himmel fiel, von dem verschwundenen Gott, von Telepinu und der Tochter des Meeresgottes. Der literarische Einfluß aus Mesopotamien ist stark, Texte sind nicht selten zweisprachig.

d) Aus dem kanaanäischen Raum und aus der Zeit, bevor Israel dort ansässig wurde bzw. sich unter dem bestimmenden Einfluß der Mosegruppe und der Jahwe-Verehrung aus bereits ansässigen Bevölkerungselementen, neu hinzugekommenen und nomadischen Sippen bildete, sind uns an schriftlichen Äußerungen, abgesehen etwa von beschrifteten Tonscherben, die sogenannten Amarna-Briefe (14. Jh. v. Chr.) erhalten geblieben. Es ist, soweit es Kanaan betrifft, die Korrespondenz kanaanäischer Stadtfürsten mit dem Pharao. Sie zeigen Strukturen und Praxis der von Ägypten dominierten und abhängigen Verwaltung.[16] Da tauchten bei Ausgrabungen in Ras Schamra, dem alten Ugarit, 10 km nördlich von Latakia an der Küste gegenüber Zypern gelegen, 1929-1970 Texte aus dem Palästina nahen syrischen Raum auf. Sie stammen aus der Zeit vor 1180 v. Chr. Damals wurde Ugarit im Seevölkersturm zerstört. Die Texte sind in ugaritischer und akkadischer Sprache geschrieben. Sie wurden in verschiedenen Archiven und Bibliotheken gefunden. Aus dem umfangreichen Schrifttum, von dem teilweise nur Fragmente existieren, sind vor allem hervorzuheben die Werke mythologischer und epischer Literatur: der Baal-Anat-Zyklus, der von Liebe und Kampf des Sturmgottes Baal und seiner Schwester-Gemahlin Anat handelt und in dem El, das Haupt des Pantheons, und seine Gemahlin Aschera eine Rolle spielen; die Erzählung von Keret, einer legendenhaften Königsgestalt, und seinen Bemühungen um den Bestand seines Hauses und seiner Familie; die Geschichte von Aqhat, dem Sohn Danils, der von El erbeten wurde, mit der Göttin Anat in Konflikt gerät und getötet wird, ohne daß der Fortgang der Geschichte erkennbar wäre. Fragmentarisch sind ebenfalls zwei Göttergeschichten überliefert: die Hochzeit des Mondgottes mit der Göttin Nikal und die Geburt der Götter Schachar und Schalim, Söhne Els, die wohl Morgen- und Abendröte repräsentieren.

Wie anderwärts in bedeutenden Städten und Zentren wurden auch in Ugarit Dokumente der Verwaltung und des Handels (Schreiben des Königs und der Beamten, Verzeichnisse von Personen u.a.) und rituelle Texte (Entsündigungsrituale, Götterlisten, Texte zur Opferschau) gefunden.

e) Schließlich muß noch angemerkt werden, daß in nachexilischer Zeit Literatur des Perserreiches im Alten Orient verbreitet gewesen sein dürfte, wenn auch angesichts des gegebenen Sachverhalts darüber nichts weiter gesagt werden kann.[17] Nach dem Siegeszug Alexanders des Großen aber wurde in der Zeit des Hellenismus griechische Literatur weit verbreitet, was nicht ausschließt, daß sie in Teilen auch schon vorher im altorienta-

---

[16] Amarna, von Amenophis IV (1379-1362 v. Chr.) gegründet, liegt 312 km südlich von Kairo.

[17] Vgl. G. Widengren, Die Religionen Irans (Die Religionen der Menschheit 14), Stuttgart 1965, 1-6.

lischen Raum bekannt war. Einzelne Werke zu benennen, ist in diesem Fall nicht möglich und auch nicht nötig, wo es darum geht, darauf hinzuweisen, daß das AT nicht einsam in einer unliterarischen Alten Welt steht, wie man es vor der Entdeckung der altorientalischen Literaturen annehmen mochte und in der Tat auch vermutete. Diese Epoche angeblich alleiniger Existenz der atl Bücher war immer schon zu Ende mit der Zeit, in die das griechische Schrifttum datiert werden konnte. – Die herkömmliche Frühdatierung der Bücher des AT mit Mose, David, Salomo, Samuel als angeblichen Autoren hatte allerdings das AT in eine Zeit vor der griechischen Literatur gesetzt. Auch diese Sicht war, nachdem die historisch-kritische Erforschung der Bibel eingesetzt hatte, nicht zu halten. Doch wenn auch das AT, rein als Literatur betrachtet, weder so unvergleichlich einzig noch in seinem Großteil so unbesehen alt war, minderte dies nicht seinen Wert. Er war vielmehr neu zu entdecken und wurde auch in neuer Weise entdeckt, indem man nun mehr und gezielt fragte, was denn das Besondere am AT sei.

2. Gemeinsame literarische Gattungen im altorientalischen Schrifttum und im Alten Testament

Es ergab sich von selbst, daß man die Texte, die in den verschiedenen Ländern des Alten Orients zutage gefördert wurden, miteinander verglich. Dabei stellte sich heraus, daß sich Gemeinsamkeiten in der Art, sich zu äußern, abzeichneten. Man sortierte und erkannte Textsorten, untersuchte, wie sie in der schriftlichen Fassung geformt waren, und stellte bestimmte literarische Formen fest, fragte nach der Verwandtschaft untereinander und konnte in Gattungen einteilen. Ihnen wurden Namen gegeben, die nicht nur die Form, sondern auch den Inhalt, wohl ebenfalls die hinter ihnen stehende Absicht und die Zielrichtung, bezeichnen sollten. Wenn es zutrifft, daß diese Formen »insbesondere für den Menschen der Antike« galten, der sich »sorgsam an die überkommenen Formen und ihre Sprache hielt«[18], dann wurde durch die aufgetauchte altorientalische Literatur eindringlich auf die literarischen Arten und ihre Bedeutung für Art und die Aussageabsicht der Mitteilungen jener Menschen hingewiesen. Dies mußte auch Konsequenzen für ein Verstehen des AT haben, das ja nun nicht mehr einsam dastand, sondern in diese Literatur hineingestellt war. Es verwundert daher nicht, daß nun die Erforschung der atl Gattungen, zu der es bereits Ansätze gab[19], mächtig angeregt wurde. Aufmerksam geworden[20] auf die Bedeutsamkeit, Schönheit und Ursprünglichkeit der poetischen Teile des AT und angeregt, »den Geist, die

---

[18] G. Kuhl, Art. Formen und Gattungen I. Im AT, in: RGG[3] II, 996-999, 996.
[19] Siehe H.-J. Kraus, Geschichte der historisch-kritischen Erforschung des Alten Testaments von der Reformation bis zur Gegenwart, Neukirchen 1956, 126.166ff. 197: zur Psalmeninterpretation.
[20] Durch J.G. Herder (1744-1803), vgl. H.-J. Kraus, a.a.O. § 30-33.

geschichtliche Situation und die Bildersprache der Bibel in neuer Weise in ursprünglicher Lebendigkeit« zu erfassen[21], mußte alles willkommen sein, was dazu unmittelbar dienen konnte, insbesondere die Literatur aus jener alten Zeit und den benachbarten Ländern. Schon war die Forderung aufgetaucht, »mit uralten Morgenländern ein Morgenländer« zu sein und sich hineinzuleben »in das Altertum, um die Luft des Ursprungs zu atmen«[22]. Dies konnte nun durch die immer zahlreicher werdenden Textfunde in großem Umfang geschehen. Am altorientalischen Schrifttum wurde erkennbar, welche literarischen Arten damals Verwendung fanden und was mit ihnen ausgesagt oder mitgeteilt werden sollte. Das war vor allem für die Erfassung jener Gattungen wichtig, die im AT nicht so oder weniger deutlich verwendet worden waren; bei anderen traten zudem jetzt Struktur, Aufbau und Verwendungszweck klarer hervor. Dies soll hier mit einigen Hinweisen aufgezeigt werden.

a) Mythen. Die griechische Vokabel Mythos mit der Grundbedeutung »Wort« wird dann zur Bezeichnung von Erzählungen verwendet und für solche reserviert, die mit dem Kult in Verbindung standen und bei den Kultbegehungen vorgetragen wurden, um diese zu erläutern, zu rechtfertigen und zu begründen. Von daher war der Schritt nicht weit, den Begriff auf ähnliche, mit den Gottheiten und ihrem Handeln in Zusammenhang stehende Geschichten zu übertragen, die von den Ursprüngen berichteten und gegebene Verhältnisse legitimierten. In der Einschätzung rationalen philosophischen Denkens, das nur irdisch-innerweltlich Feststellbares gelten läßt, wurde bereits in der griechischen Geisteswelt Mythos zu einem abwertenden Begriff. Er wurde dem Logos, der mit Wahrheit in Verbindung gebracht wurde, gegenübergestellt und als Bezeichnung für phantastische, unwahre Geschichten gebraucht. Die Mythen wurden allegorisch gedeutet. Dennoch und vielleicht gerade in diesem Verständnis erschienen sie als unverzichtbar für die Poesie und auch für die Aussagen der Metaphysik.[23] Der Begriff ist dem AT[24] fremd.[25]

---

[21] M. Redeker, Art. Herder, Johann Gottfried, in: RGG[3] III 235-240, 237: »Die Poesie des AT, bes. der Psalmen, hat er (Herder) kongenial gedeutet und dabei die grundlegenden ästhetisch-religionsgeschichtlichen Beobachtungen vorweggenommen (...), die später H. Gunkel in seiner Lehre von den Psalmengattungen und dem ›Sitz im Leben‹ hervorgehoben hat.«

[22] So H.-J. Kraus, a.a.O. 110: zu den wesentlichen Zügen der Hermeneutik Herders. Demnach hat er bereits eine Forderung aufgestellt, die in kirchlichen Dokumenten in ähnlicher Weise 200 Jahre später erhoben wurde aufgrund der Erfahrung, die mit dem Grundsatz, auf Sprache, Denk- und Ausdrucksweise der biblischen Autoren zu achten und sich in sie hineinzuvertiefen, gemacht wurde, siehe die Enzyklika »Divino afflante Spiritu« und die Dogmatische Konstitution »Dei Verbum« des Zweiten Vatikanischen Konzils.

[23] Siehe zum Begriff, seiner Geschichte und seiner Füllung im Raum der griechischen Geisteswelt Stählin, Art. mythos, in: ThWNT IV 769-803.

[24] Anders beim NT, wo 1 Tim 1,4; 4,7; 2 Tim 4,4; 2 Petr 1,16 Mythen als Fabeleien der historisch bezeugten Wahrheit des apostolischen Zeugnisses von dem in Jesus Christus gewirkten Heil gegenübergestellt werden.

[25] Er wird nur Sir 20,19 in seiner Grundbedeutung »Wort« verwendet.

In der modernen Religionsgeschichte aber, wie sie sich im 19. Jh. entwickelte, hat der Begriff Mythos seinen Platz. Für die besondere Gestalt der sprachlich-inhaltlichen Gegebenheiten der mythischen Erzählungen steht die Bezeichnung Mythologie. Eine »Definition des Mythos ist, daß er Göttergeschichte sei. Da der Mythos in der Regel von Göttern, ihren Handlungen und Leidenschaften, ihren Kämpfen, Leiden und Siegen berichtet, ist sie gewiß«, wenn man die betreffenden Geschichten der altorientalischen und altgriechischen Welt ins Auge faßt, »sinnvoll. Doch muß sie, um das Wesentliche zu decken, recht verstanden werden. Niemals will der Mythos lediglich Geschichten über die Götter erzählen«. Er »berichtet von der grundlegenden und folgenschweren Geschichte der Götter, in deren Nachwirkung man immer noch lebt«[26]. Definiert man Mythen als Göttergeschichten, kann man sagen: »Zu einer Göttergeschichte gehören aber mindestens zwei Götter«, so daß »die Genesis also keine eigentlichen, reinen Mythen enthält«[27]. Doch damit ist das Problem des Verhältnisses atl Texte und des AT zu den Mythen seiner Umwelt noch nicht geklärt.

Gewiß handeln Götter nach dem AT nicht, außer dem einen Gott Jahwe, und ihm untergeordnete Wesen der himmlischen Sphäre tun es nur, wenn er dies und wenn er es so will. Aber das AT hat, besonders in Gen 1-11, wo es um die Entstehung der Welt und der Menschheit und ihre grundlegende und fortwährende Bestimmtheit geht, Stoffe aus den Mythen seiner Nachbarn übernommen. Es verwendet Bilder und Vorstellungen des Mythos, kennt und gebraucht die mythische Sprache. Die sogenannten Anthropomorphismen, die menschlich geprägte Redeweise über Gott, gehören zu ihr. Darum ist es unerläßlich, die Mythen aus Israels Umwelt zu studieren und in Vergleich zu ziehen, um zu erkennen, was das AT sagen will und wo seine Besonderheit und seine eigene Botschaft zum Ausdruck kommt. Die verschiedenen, nach ihrem Inhalt unterschiedenen Typen von Mythen sind dabei jeweils zu berücksichtigen und als Ausgangspunkt der vergleichenden und bewertenden Untersuchung zu nehmen.

Ein zweiter Bereich, bei dem die Mythen aus den Nachbarvölkern Israels zum besseren Verstehen heranzuziehen sind, ist der des Kultgeschehens und der ihm zugeordneten Texte. »Der Mythos beglaubigt den Kult, indem er auf den ersten Vollzug der heiligen Handlung in der Urzeit verweist.« Zugleich liegt in der mythischen Erzählung, die »die Kulthandlung begleitet und ihr Berechtigung verleiht, eine Wirkungskraft beschlossen, die konstitutiv ist für die Erhaltung der Welt und des Lebens« sowie für den Bestand der Gemeinschaft, die diese Kultbegehung feiert. »Indem das mythische Wort kultisch wiederholt und damit selbst zu ei-

---

[26] J. Slok, Art. Mythos und Mythologie I. Mythen begrifflich und religionspsychologisch, in: RGG³ IV 1263-1268, 1264.

[27] H. Gunkel, Genesis, Göttingen ⁶1964, XIVf.

ner Begehung wird, realisiert es zugleich die ewige Gültigkeit des mythischen Urereignisses. Die Forderung der unveränderten Tradierung des Mythos ist damit aufs engste verbunden.«[28] Sicherlich war Israel durch seine Teilhabe am altorientalischen Denken und an der Gedankenwelt seiner Nachbarn mit solchen Vorstellungen vertraut. Man muß sie in Rechnung stellen, wenn atl Texte auf ihre Beziehung zum Kultgeschehen hin zu befragen sind.[29]

Die Definition des Mythos als »Göttergeschichten« sagt manchem, der sich mit der Erforschung von Mythen beschäftigt, zugleich zuviel und zuwenig. Zuviel, weil sie die Mythen auf den polytheistischen »Sitz im Leben« beschränkt; zuwenig, weil sie keine anderen, besonders keine formalen Kriterien nennt. So hat man vorgeschlagen, den Begriff mit folgenden Elementen zu füllen: Mythos ist eine Erzählung, die gewöhnlich zunächst mündlich mit Sitz in der Gemeinschaft überliefert wird, einen nicht rein menschlichen Charakter hat und Ereignisse in einer fernen Vergangenheit behandelt.[30] Fehlt in der Begriffsbestimmung der polytheistische Charakter, stellt sich die Frage nach Mythen im AT anders, als wenn es sich um Göttergeschichten handelt. Man muß also bei der Verwendung des Begriffs sagen, was darunter zu verstehen sei. Für den atl Bereich ist angesichts des Gebrauchs von Mythos im NT und der Vorgeschichte des Begriffs im Griechentum die polytheistische Komponente wichtig, weil sie den Unterschied der Texte des AT und seine Eigenart besser klären hilft. Unter dieser Voraussetzung gibt es keine Mythen im AT, sondern nur Entlehnungen in Bruchstücken, die der Rede von dem einen Gott unter- und zugeordnet sind (z.B. Gen 6,1-4), Vorstellungen, Bildern und Sprache.

Denn im AT handelt nur der eine Gott Jahwe. Er ist der Grund und die Begründung, der Anlaß und das Korrektiv des Geschehens in Urzeit und Vorzeit, das bis in die Gegenwart und weiterhin fortwirkt, wie auch der Ereignisse in der Endzeit, die als kommende erwartet oder gefürchtet werden. Um den Unterschied der vergleichbaren atl Erzählungen zu den altorientalischen Mythen begrifflich zu fassen, spricht man in der Forschung zum AT von der Historisierung des Mythos in den atl Schriften.[31] Ob dieser Ausdruck glücklich gewählt ist, sei dahingestellt. Gemeint ist die eine wichtige und im Verhältnis zum Mythos entscheidende Grundkomponente israelitischer Gotteserfahrung, wie sie das AT bezeugt, die

[28] G. Lanczkowski, Art. Mythos, Mythologie I Begriff II Typen, in: LThK[2] VII 746-750, 747.
[29] Der akkadische Mythos Enuma elisch z.B. wurde »mindestens ab 700 v. Chr., vielleicht auch schon früher, regelmäßig am vierten Tage des Neujahrsfestes (der großen kultischen Staatszeremonie) im Marduktempel Esangila in Babylon rezitiert«, H. Schmökel, in: W. Beyerlin, Religionsgeschichtliches Textbuch 107.
[30] So R.A. Oden Jr., Art. Myth and Mythology, in: ABD IV 946-956, 949.
[31] Vgl. z.B. M. Noth, Die Historisierung des Mythus im Alten Testament, in: Christentum und Wissenschaft 4, 1928, 265-272. 301-309. – A. Weiser, Glaube und Geschichte im Alten Testament, Göttingen 1961, 117-125.

hinsichtlich der Aufnahme mythischer Stoffe bestimmend wurde: Israel hat seinen Gott von Anfang an und fortwährend in den Taten erlebt, die er vollbrachte. Davon berichten die atl Schriften. Sie haben keinen Anlaß, über Herkunft und Werden dieses Gottes zu reflektieren, um mit Hilfe einer Theogonie seine Größe und Macht darzutun. Er ist da und handelt souverän und alles bestimmend. In dieses Bild vom geschichtsmächtigen Gott werden mythische Aussagen eingebaut, um seine Überlegenheit hervorzuheben. Auch die Kosmogonie ist seinem geschichtlichen Handeln unterstellt und damit dem Lauf der Geschichte zugeordnet. Die Verbindung Israels zu seinem Gott gründet nicht in einem mythischen Vorzeitgeschehen, sondern in einer geschichtlichen Tat. »Bund« im Sinn der geschenkten Verbindung und Bindung, nicht Mythos ist die Lebensgrundlage des Volkes Jahwes. Dennoch darf man die Mythen des Alten Orients, wenn man das AT verstehen will, nicht unbeachtet beiseite legen. Sie stellen einen guten Teil der Vorstellungswelt und der Sprachform zur Verfügung, die Israel benötigte, um in seiner Zeit auszudrücken, was es über seinen Gott und dessen Beziehung zu ihm, zur Welt und zu den Völkern zu sagen hatte. Dies signalisiert auch die oben angedeutete weitgefaßte Mythendefinition.

b) Epen (Legenden, Sagen). Die Terminologie, die zur Bezeichnung von Erzählungen verwendet wird, die den Mythen nahestehen, ist nicht einheitlich. Unterschiedlich ist sie auch für diesen altorientalischen Literaturbereich in den modernen Sprachen. Gattungsbezeichnungen sind eben der Versuch, das besonders Prägende, das ein Text an sich trägt, zum Ausdruck zu bringen und es zugleich mit dem, was die betreffende Textgruppe verbindet, in einen Begriff zu fassen. Die Frage ist, wo diese Erzählungen die Akzente setzen und in welcher Hinsicht sie für die Gemeinschaft, in der sie entstanden und umliefen, von Bedeutung waren, etwa als Heldengeschichte, die Gesellschaft aufbauender und den einzelnen erbauender Lesetext oder aus der Vorzeit herübergereichter Bericht, dessen Inhalt Grundlegendes aussagt.

Eine Grenze zwischen derart Erzählungen aus dem Alten Orient und den dort entstandenen Mythen zu ziehen, ist schwierig, namentlich wenn die oben erwähnte weitgefaßte Mythendefinition zugrundegelegt wird. So faßt man z.B. mesopotamische Texte unter der Überschrift »Mythen, Epen, verstreute Sagenstoffe« zusammen und zählt zu letzteren einen sumerischen Mythos.[32] Die Welt und das Handeln der Götter reichen in unterschiedlichem Maß direkt in das Tun und Ergehen der Menschen, von denen mehr oder weniger schwerpunktmäßig berichtet wird, hinein. Sofern es in diesen Erzählungen um Menschen, ihr Tun und ihr Geschick geht, sind diese Geschichten von jenen zu unterscheiden, in denen nur Götter auftreten und handeln. Doch mythische Stoffe sind in sie hinein verwoben. So spielen in den Erzählungen, die sich um Gilgamesch, den

[32] H. Schmökel, in: W. Beyerlin, Religionsgeschichtliches Textbuch 8.

sagenhaften König von Uruk (um 2600 v. Chr.), ranken und in sumerisch-babylonischer Überlieferung gestaltet wurden, dem sogenannten Gilgamesch-Epos, nicht nur Gottheiten mit direktem Eingreifen in die menschlichen Verhältnisse, sondern auch Vorstellungen von Weltschöpfung, Sintflut, Entstehung des menschlichen Bewußtseins und der Zivilisation, der vergebliche Versuch, Unsterblichkeit zu erlangen, eine Rolle. Im Mittelpunkt aber steht der Held, der dem Epos den Namen gegeben hat.

Während die Mythen aus Ugarit, soweit man dies aus den erhalten gebliebenen Teilen schließen kann, in der Welt der Götter spielen und diese als handelnde Personen vorstellen, beschäftigen sich die beiden entdeckten Epen mit den Lebensverhältnissen und dem Geschick zweier Könige »Im Krt-Text geht es um den Bestand einer Dynastie, aller Wahrscheinlichkeit nach der Dynastie von Ugarit. Doch führt das Epos weit zurück in sagenhafte Zeiten.« Ijob ähnlich »verliert Keret seine gesamte Familie, Frau und Kinder durch Krankheiten und Unfälle oder auch Kriegsereignisse. Er heiratet wieder, und seine Frau schenkt ihm eine große Zahl von Söhnen und Töchtern. Da erkrankt Keret. Durch Els Hilfe wieder genesen, erfährt er die Empörung seines ältesten Sohnes, der selbst König werden will«. Die Nähe zum Mythos ist nicht zu übersehen. »Die Bindung Kerets an die Götterwelt ist eng. Er ist selbst göttlicher Herkunft und steht in engem Verkehr mit den Göttern. Eine sehr bedeutende Funktion kommt der Mitteilung göttlicher Weisungen durch Träume zu.«[33] »Das Daniil-Epos ist in dem gleichen Themenkreis beheimatet wie der Krt-Text. Die Grenze zwischen Götter- und Menschenwelt ist hier jedoch weniger klar gezogen. Zwar spielt sich der Verkehr mit der Gottheit auch im Daniil-Text einerseits in Gestalt von Träumen und Visionen ab, andererseits betreten aber die Götter in Person gemeinsam mit den Menschen die Szene. Die Handlung beginnt, ganz ähnlich dem Keret-Epos, mit der Verheißung eines Sohnes an Daniil.«[34] Er erhält einen Sohn Aqhat, der in Konflikt mit der Göttin Anat gerät. Nach ihm wird das Epos auch benannt. Es ist wie das Keret-Epos nur unvollständig erhalten geblieben.

Im AT erinnern die Patriarchen-Erzählungen an die beiden Epen aus Ugarit. Auch bei ihnen ist die Verheißung von Nachkommenschaft und deren Erfüllung ein wichtiges Thema. Sie stehen ebenfalls durch Träume und Visionen mit Gott in Verbindung. Doch sind die Erzväter in der atl Darstellung nicht in eine ferne, mythische Vorzeit entrückt, sondern an das Volk Israel herangerückt, das von ihnen abstammt. Sie sind nicht mit einer Götterwelt, sondern mit dem einen Gott Jahwe verbunden. Mit Gilgamesch sind sie nicht zu vergleichen. Der Stoff dieses Epos' berührt sich vielmehr mit Teilen der sogenannten biblischen Urgeschichte in Gen

---

[33] K.-H. Bernhardt, in: W. Beyerlin, Religionsgeschichtliches Textbuch 241.
[34] K.-H. Bernhardt, a.a.O. 243.

1-11. Könige sind die Patriarchen nicht; sie sind auch nicht göttlicher Herkunft, sondern Menschen, mit denen Gott eine besondere Beziehung aufgenommen hat. Was an altorientalischem Hintergrund in die Geschichten um die Erzväter hereinspielt, gehört in den Bereich der Legende und der Sage, nicht des Mythos.

c) Weisheitliche Lehre. Gewiß waren die Menschen des Alten Orients der Überzeugung, daß ein Gott Anweisungen für die Lebensführung in Traum und Vision geben könne und tatsächlich auch erteile. Aber sie sahen sich nicht darauf angewiesen, wenn sie fragten, wie ein Mensch sinnvoll, gut und erfolgreich zu leben vermöge. Man faßte die Erfahrungen, die man beim Tun und Lassen, Verhalten und Planen machte, ins Wort, um sie gegenwärtig zu haben und anderen weitergeben zu können. Mündlich geformt und schriftlich festgehalten, entstanden Sprichwörter, in denen der Ertrag der Erfahrung eingebracht war, und Lebensregeln, welche die gezogenen Folgerungen festhielten. Beide werden in den Lebenslehren verarbeitet, die geradezu zu Büchern für die Ausbildung des jungen Mannes gestaltet werden und ihn auf seinem Weg in der Gesellschaft begleiten sollen. Vor allem in Ägypten hat man sich dieser Schriften bedient, vorzüglich in der Heranbildung der »Schreiber«, der Beamtenschaft des Pharaonenreiches.

In der Erforschung der Weisheit Israels wird »mit gutem Recht dem alten Orient ein gewisser Vorrang eingeräumt und die alttestamentliche Weisheit, vorab die des salomonischen Spruchbuches, wie eine Provinz einer altorientalischen Geistesrichtung angesehen«[35]. Gemeinsamkeiten und eine teilweise festzustellende, bis in die Formulierungen hinein reichende Abhängigkeit sind nicht zu übersehen. Der kulturelle Austausch, der bei der Brückenlage Palästinas zwischen Ägypten und dem Zweistromland gar nicht ausbleiben konnte, macht sich ebenso nun auch im weisheitlichen Denken und Schrifttum bemerkbar. »Es bedarf keiner Begründung, daß zum Verständnis der Weisheit im alten Israel die Kenntnis der altorientalischen Weisheit unabdingbar ist.«[36]

Besonders die Lehre des Amen-em-ope hat, wie längst und immer wieder festgestellt wurde[37], enge Beziehungen zum Buch der Sprichwörter. Bereits die Einleitung stimmt in der angegebenen Zielsetzung der Schrift weithin mit Spr 1,1-7 überein, wenn es dem Weisheitslehrer darum geht, Unterweisung für das Heil, Vorschriften für den Umgang mit den Großen zu vermitteln, vom Bösen fortzulenken, zu retten aus dem Mund der Leute. In beiden weisheitlichen Schriften wird das Ziel der Unterweisung mit beinahe gleichen Worten formuliert. »Um eine Botschaft dem zu beantworten, der sie sendet« (A. 1,6); »um dir verläßliche Worte mitzuteilen, damit du deinem Auftraggeber antworten kannst« (Spr

---

[35] O. Plöger, Sprüche Salomos (Proverbia) (BK.AT XVII), Neukirchen 1984, XXIV.
[36] O. Plöger, a.a.O. XXIV.
[37] Siehe die Hinweise bei O. Plöger, a.a.O. XXIVf. und XXXIXf. 265ff.

22,21); »um einen recht zu leiten auf den Wegen des Lebens« (A. 1,7); »ich lehre dich heut seinen (Jahwes) Weg« (Spr 22,19). Die Aufforderung zum Hören verwendet die nämliche Bildsprache: »Gib deine Ohren, höre, was gesagt wird; gib dein Herz daran, es zu verstehen. Es ist nützlich, es in dein Herz zu geben; es wird ein Pflock für deine Zunge sein« (A. 3,8-16*). »Neige dein Ohr und hör auf meine Worte, nimm dir meine Lehren zu Herzen. Schön ist es, wenn du sie in deinem Innern bewahrst, sie mögen fest wie ein Zeltpflock auf deinen Lippen haften« (Spr 22,17f.). Auch in Einzelanweisungen zeigt sich eine Verwandtschaft der beiden Bücher, so z.B. wenn davor gewarnt wird, den Schwachen zu berauben (A. 4,4; Spr 22,22), gierig zu sein (A. 6,15; Spr 21,26), Grenzen von Grundstücken zu verschieben (A. 7,11; Spr 22,28), besonders nicht beim Besitz einer Witwe (A. 7,15; Spr 23,10).[38] Weisheitlich geprägte Vorstellungen, Aussagen und Bildvergleiche, die bei den Nachbarn Israels geläufig waren, finden sich auch in anderen Büchern des AT wie die Beurteilung des Schwätzers, des Unbeherrschten, des Geizigen oder das Bild vom Baum für einen Menschen, sein Gedeihen bzw. Verkümmern.[39] Menschliche Probleme waren schon in alter Zeit weithin dieselben, was den Verlauf des Lebens, seine Widerfahrnisse, Glück und Unglück, den gerechten Ausgleich, die Voraussetzungen für Erfolg und Mißerfolg, die Sinnhaftigkeit des Daseins anbelangt, um nur die wichtigsten zu nennen, die auch in der Literatur des Alten Orients behandelt werden. So ist aus Ägypten das Gespräch eines Lebensmüden mit seiner Seele überliefert, in dem es um den Sinn des Lebens geht.[40] Aus dem Zweistromland sind einige Schriften auf uns gekommen, die sich mit den genannten oder ähnlichen Themen befassen und mit Texten des AT zu vergleichen sind: Der Dialog eines Weisen mit seinem Freund über die Ungerechtigkeit der Welt beklagt das Leiden des Unschuldigen.[41] Der Dialog zwischen Herr und Knecht urteilt pessimistisch über die Möglichkeiten und Chancen, die das menschliche Leben bietet.[42] Ein Text, der nach seinem Anfang »Ich will preisen den Herrn der Weisheit« benannt ist, »gibt sich als Monolog eines hochgestellten, literarisch und dichterisch bewanderten Babyloniers«, der hier »wohl sein eignes Unglück beschreibt«. Er war ein »frommer Verehrer des höchsten aller Götter, des ›Herrn der Weisheit‹ Marduk«; er sieht »in ihm sowohl den Urheber seines Leids, seiner Verfolgungen und seiner Krankheit als auch seinen Retter, dessen erlösendes Eingreifen er in drei Träumen vorausschaut«.[43] Ein Text über Mensch und Gott, der als »sumerischer Ijob« bezeichnet wird, führt einen namenlosen Mann vor, »der ohne Grund ins Unglück geriet, aber nicht aufbegehrt,

---

[38] Weitere Beispiele bei H. Brunner, in: W. Beyerlin, Religionsgeschichtliches Textbuch 75-88.
[39] Vgl. Amen-em-ope Kap. 4; Ps 1; Jer 17,5-8.
[40] Siehe ANET² 405-407.
[41] Siehe AOT² 287-291; ANET² 438-440; H. Schmökel, a.a.O. 157-160.
[42] Siehe AOT² 284-287; ANET² 437-440.
[43] H. Schmökel, a.a.O. 161, siehe dort 160-165; ANET² 434ff.

sondern in demütiger Klage und Bitte um Errettung fleht – denn kein Mensch sei frei von Schuld. Der fromme Dulder findet schließlich Erhörung, wird gerettet und preist abschließend seinen Gott«[44]. Auch die Totenklage für Urnammu von Ur ist in diesem Zusammenhang zu nennen. Das Trauerlied »beklagt den anscheinend vorzeitigen und vielleicht gewaltsamen Tod Urnammus, des Begründers der 3. Dynastie von Ur und Schöpfers des letzten Sumerreiches«. Es »sieht in ihm angesichts der großen Taten und der zahlreichen frommen Werke Urnammus eine offenbare Ungerechtigkeit der die Menschenschicksale bestimmenden Herrschergötter An und Enlil und legt diese Anklage dem toten Fürsten selbst in den Mund, der sie aus der Unterwelt erhebt«[45].

Auch die Fabel hat ihren Platz in der weisheitlichen Literatur des Alten Orients, so die babylonische Pflanzenfabel von der Dattelpalme und der Tamariske, in der die beiden Bäume darüber streiten, wer von ihnen die größere, bessere, nützlichere und stärkste ist.[46] Unwillkürlich wird man durch sie an die sogenannte Jotam-Fabel (Ri 9,7-15) erinnert, in der die Bäume einen König wählen wollen und Ölbaum, Feigenbaum und Weinstock die Wahl ablehnen, der unnütze Dornstrauch aber die Königswürde annimmt, oder an die Kurzfabel, in welcher der Dornstrauch der Zeder auf dem Libanon sagt, er wolle ihre Tochter für seinen Sohn zur Frau haben (2 Kön 14,9). In der weisheitlichen Rede haben »Tier- und Pflanzenfabel zu allen Zeiten eine bedeutsame Rolle gespielt«. Sie wurden auch literarisch umgestaltet und in andere Zusammenhänge eingebaut. »In Ez 17 (und 19) stoßen wir auf die prophetische Übernahme dieser Form und ihre Ausgestaltung mit Elementen der Rätselfrage. Dabei verbindet Ez 17 Elemente der Pflanzen- und Tierfabel«[47]: Adler, Zeder und Weinstock treten handelnd auf.

Die Beobachtung, daß hier bei ähnlichen Stoffen andere Akzente gesetzt werden und vom Allgemeingültigen, das derartige Fabeln aussagen wollen, auf eine besondere Botschaft umgepolt wird, also Änderungen in der Sinngebung und Ausdeutung vorgenommen werden, ist auch bei anderen, mit atl Texten vergleichbaren literarischen Erzeugnissen aus Israels Umwelt zu machen. So intendieren ägyptische Lebenslehren mehr oder weniger deutlich die Ausbildung zu einem bestimmten, gehobenen Stand in der Gesellschaft, zum Beamten, zum »Schreiber«. Ein Text wirbt dafür, sich zum Schreiber ausbilden zu lassen, rühmt seine Privilegien und die Unvergänglichkeit der von ihm angefertigten Schriftendokumente.[48] Dasselbe geschieht in der Lehre des Duauf, deren Hauptgedanke ist: »Werde ein Schreibkundiger, denn dann hast du es besser als in allen an-

---

[44] H. Schmökel, a.a.O. 164f.

[45] H. Schmökel, a.a.O. 166ff.

[46] Siehe AOT² 294f.; ANET² 410f.

[47] W. Zimmerli, Ezechiel 1. Teil (BK.AT XIII/1), Neukirchen 1969,378.

[48] ANET² 431; vgl. Sir 38, 24-39, 11, wo allerdings nicht der Schreiber, sondern der Weise über alle anderen gestellt wird.

deren Berufen.«[49] Atl Weisheitslehre rückt mehr das allgemein Menschliche, den Menschen mit seinen Fähigkeiten, Bedrohungen, seinem Tun und Verhalten in den Blick. In dieser Ausrichtung diskutiert sie auch die oben erwähnten Themen weisheitlicher Reflexion.

Schließlich übt griechische Philosophie ihren Einfluß auf das Denken und die Anschauungen Israels aus, wird darin verarbeitet und schlägt sich so in atl Schriften nieder. Hier ist insbesondere das Buch Kohelet zu nennen.[50] Auch Jesus Sirachs Buch ist ein »Ort intensiven Gesprächs mit hellenistischem Denken in der Spannung zwischen Anpassung, Widerstand, Unterscheidung und Integration«[51]. Das späte Buch der Weisheit Salomos versucht den Brückenschlag zu hellenistischen Vorstellungen, ohne Israels Identität und seine Glaubenswelt dranzugeben oder auch nur hintanzusetzen.[52]

d) Gesetze. Seit alter Zeit hält eine Gemeinschaft, sei es ein Stamm, eine Stadt, ein Volk oder ein Staat, bestimmte Regelungen fest, die sich für das Zusammenleben der zu ihr gehörenden Menschen ganz allgemein und vor allem in Rechtsfällen bewährt haben. Sie werden bald auch schriftlich aufgezeichnet und in Gesetzeskorpora zusammengefaßt. Solche Sammlungen von Rechtsvorschriften ordnen an, was zu tun und zu lassen ist, wie man im gegebenen Fall zu verfahren hat. Sie spiegeln den Zustand der betreffenden Gesellschaft, die kulturellen und sozialen Gegebenheiten wider. Entsprechend der eingetretenen Entwicklung müssen die Gesetze und Anordnungen geändert oder neu gefaßt werden. Neue Tatbestände kommen hinzu. Geschichtliche Veränderungen verlangen Berücksichtigung. So entstehen im Lauf der Zeit verschiedene Codizes. Dazu macht sich der Einfluß einer gesetzgebenden Persönlichkeit oder Gruppe bemerkbar, die ihre Sicht und Akzentsetzungen einbringen. Das läßt sich an den aus dem Zweistromland aufgetauchten Gesetzessammlungen gut beobachten.

Auch das AT enthält verschiedene Gesetzeskorpora: das Bundesbuch (Ex 21,1-23,33), das Heiligkeitsgesetz (Lev 17,1-26,46) und das deuteronomische Gesetzeskorpus (Dtn 12-26), so benannt nach der spezifischen Sicht, unter die die jeweils aufgeführten Gesetze gestellt sind. Für sie gilt, was soeben bei den Codizes aus Mesopotamien festzustellen war: Widerspiegelung der gesellschaftlichen und kulturellen, besonders hier der religiösen Verhältnisse, Anpassung an die veränderte Situation sowie der bestimmende Einfluß der gesetzgebenden Institution.

Naturgemäß verlangen Rechtsfälle in ähnlich strukturierten Gesellschaften eine ähnliche Regelung. So verwundert es nicht, daß manche Rechtsvorschriften sich der Sache nach und sogar bis in den Wortlaut decken.[53] Es gab für bestimmte Angelegenheiten eine gemeinsame Rechtstradition

---

[49] Siehe AOT² 36f.
[50] Siehe dazu N. Lohfink, Kohelet (NEB), Würzburg ⁴1993.
[51] J. Marböck, Gottes Weisheit unter uns (HBS 6), Freiburg 1995, 16.
[52] Siehe dazu A. Schmitt, Weisheit (NEB), Würzburg 1989.
[53] Man vergleiche etwa die Gesetze über das stößige Rind im Codex Eschnunna (53-55) und

bzw. Rechtsvorstellung, an der die Völker des Alten Orients Anteil hatten. Der Vergleich zeigt auch, daß Israel Rechtsvorschriften aus seiner Umwelt übernommen hat und sie unter Anpassung an seine eigenen Verhältnisse in die atl Codizes eingebracht hat.

Ebenso ist die Zielsetzung der Gesetzgebung, wenn sie verantwortlich vor Gott bzw. den Welt und Ordnung in ihrem Bestand garantierenden Göttern erfolgt, im Grunde allenthalben die nämliche. Hammurapi umschreibt sie in der Einleitung zu seinem Codex so: Er will den Bösen und Schlimmen vernichten, damit der Starke den Schwachen nicht schädige, und den Menschen Wohlergehen verschaffen.[54] Und Lipit-Ishtar nennt in dem Prolog zu seinem Gesetzbuch diese Ziele: Gerechtigkeit im Land aufzurichten, Beschwerden zu verbannen, Feindschaft und Aufruhr zurückzudrängen.[55] Die Gesetzeskorpora im AT bauen vielfach die Zielsetzung in die Formulierung der einzelnen Rechtsvorschriften ein, sprechen davon aber auch in der Einleitung und im Schluß, nachdrücklich besonders im Dtn. Unterschiedlich ist jedoch die Gewichtung. In den mesopotamischen Codizes sind diese Angaben wie die Gesetze selbst Wort des betreffenden Königs, der sich allerdings darauf beruft, im Auftrag der Götter zu handeln; er ist der Gesetzgeber. Im AT sind und gelten Gesetzesformulierung und Begründung als Wort Gottes; er ist der Gesetzgeber. Mose, nicht König, sondern Bote (Prophet) Gottes ist nur der Übermittler, der Sprecher.

e) Prophetisches. Wer das AT als ein Buch fortlaufend liest, kann den Eindruck gewinnen, daß das Besondere an diesem literarischen Werk die hier versammelten prophetischen Bücher sind. Sie mögen ihm als einmalig in der Literatur der Alten Welt erscheinen, die solches eben nur in Israel hervorgebracht habe. Doch es gibt auch prophetische Aussagen außerhalb des AT, die uns schriftlich überliefert sind. In Mari[56] wurden Texte aus dem 18. Jh. v. Chr. entdeckt, in denen Männer und Frauen eine Mitteilung weitergeben, die sie von einer Gottheit für den König erhalten haben. Dieser Gottesbescheid[57], den sie »aufgrund von Träumen, Auditionen und z.T. in Ekstase als Wort ihres Gottes aussagten, galt als so wichtig, daß darüber in jedem Fall von einiger Bedeutung an den König zu berichten und der Inhalt der Prophetie durch eine bestimmte Zeremonie zu ›beeiden‹ war«. Wer eine solche, in einen kurzen Ausspruch gefaßte Botschaft von einem Gott erhalten hatte, die er weiterzugeben hatte, mußte dafür einstehen und haften. Der »Inhalt reicht von Mahnungen zu höherer Achtung vor dem verkündenden Gott oder zu besserer Ausstattung

---

im Codex Hammurapi (250-252) mit Ex 21,28-35 oder über Körperverletzung im Codex Eschnunna (42) und im Codex Hammurapi (196.200) mit Ex 21,22-25.

[54] Siehe AOT² 381.

[55] ANET² 159.

[56] Heute Tell Hariri, am Eufrat in Nordsyrien, nahe der Grenze zum Irak gelegen.

[57] Siehe dazu A. Schmitt, Prophetischer Gottesbescheid in Mari und Israel (BWANT 114), Stuttgart 1982.

seines Heiligtums über Erinnerungen an fällige Opfer sowie politische Ratschläge und Warnungen bis zu klaren Heilsweissagungen betreffs militärischer Unternehmungen des Königs«[58]. Auch in Ägypten ist ein, allerdings umfangreicher Text aufgetaucht, der die vergangene und gegenwärtige Regierung des Landes durch den Pharao verurteilt; prophetisch kann er im Sinn der Gottesbescheide aus Mari und auch der Scheltreden atl Propheten genannt werden.[59]

Als prophetisch wird man auch Weissagungen in die Zukunft hinein bezeichnen können, die den Inhalt eines bestimmten Textes ausmachen oder auch in Schriften anderer Art eingestreut sind. So sagt eine prophetisch begabte Person einem Pharao der 4. Dynastie den Fall des Alten Reichs und die spätere Wiederherstellung der Ordnung voraus.[60] Dem mächtigen Pharao Tuthmosis III. wird in seiner Jugend durch göttliches Orakel die Pharaonenwürde vorausgesagt.[61] Aus dem mesopotamischen Raum wären hier die Weissagungen zu nennen, die unter der Überschrift stehen »Ein König wird kommen«, und die Schulgi-Prophetie. Jedoch sind diese und auch die zuvor erwähnten Schriftstücke in ihrer prophetischen Qualität schwer zu beurteilen. Es fragt sich teilweise, ob es sich überhaupt um theologische Texte handelt. Wahrscheinlich sind sie mehr oder weniger »Weissagungen der Vergangenheit« (vaticinia ex eventu), wie sie das atl apokalyptische Buch Daniel auf seine Weise bietet.

Die wenigen, mit kurzen Bemerkungen vorgestellten Beispiele »prophetischen« Schrifttums aus der Literatur des Alten Orients legen die Einschätzung nahe, daß sie sich mit den atl Prophetenbüchern nicht messen können. Dieser Eindruck ist richtig. Die atl Propheten, ihre überlieferten Aussprüche und die ihnen gewidmeten Bücher haben eine ungleich bedeutendere Stellung in Israel als die prophetischen Stimmen in seiner Umwelt. Aber sie machen auf zwei Sachverhalte aufmerksam, die man beim Studium der atl Prophetenschriften nicht übersehen darf: Auch Israels Propheten sagen in kurzen Sprüchen Gottes Wort als Anweisung, Mahnung und Warnung in die gegenwärtige Situation; ihre Aussage ist nicht nur aktuelle Forderung und oft scharfe Kritik, es kann auch selber und nicht bloß in späterer Ergänzung Heilszusage sein. Der Blick in künftiges Geschehen, abgesehen von der aktuellen Situation, ist den Propheten nicht verwehrt; doch ist die Frage, ob nicht eine spätere Sicht Auge und Geist lenkt, berechtigt.

f) Rituale. Einen nicht geringen Raum in der altorientalischen Literatur nehmen Schriftstücke ein, die für den religiösen Bereich eine bestimmte Verfahrensweise festlegen und vorschreiben. Unter ihnen sind Agenden, die vorschreiben, wie, mit welchen Verrichtungen und unter welchen Worten und Gebeten kultische Handlungen vorgenommen werden sol-

---

[58] H. Schmökel, a.a.O. 147.
[59] Siehe ANET² 441ff.
[60] ANET² 444ff.
[61] ANET² 446f.

len, insbesondere die zu vollziehenden Opfer. Die verschiedenen Tempel und Priesterschaften haben ihre je eigenen Rituale. Auch die Einsetzung von Priestern, die Weihung der Kultstätten und die Begehung von Festen werden so geregelt. Wichtige Vollzüge, die für das Leben der jeweiligen Gesellschaft oder eines Volkes von großer, existentieller Bedeutung waren, durften nicht dem Zufall oder der Beliebigkeit überlassen werden. Auch Staatsverträge, die vor der Gottheit geschlossen wurden, folgten bei aller Verschiedenheit der örtlichen und zeitlichen Gegebenheiten einem mehr oder weniger festgefügten Schema, ebenso auch die Segens- und Fluchformeln, mit denen man sie abschließend sanktionierte. Unter all diesen Ritualen, die uns überliefert sind, nehmen wohl Programm und Verfahrensweise der Feier des babylonischen Neujahrsfestes einen besonderen Rang ein, weil hier sichtbar wird, wie man die religiös-politischen Grundlagen von Staat und Gesellschaft im Fest immer wieder neu begründete.[62]

In den kultischen Ritualen oder in Verbindung mit ihnen wurden auch Verfahrensweisen festgelegt, wie sich der Priester oder der Kultteilnehmer vorzubereiten habe, um in dem erforderlichen kultfähig machenden Zustand zu sein. Vielleicht hängt damit, sicherlich aber mit der Überzeugung, daß im Kult Heil und Heilung erfahren werden, zusammen, daß Rituale zur Abwehr von Unheil und Unglück sowie zur Beseitigung von Krankheiten entwickelt wurden. Krankheit bedingt vielfach Kultunfähigkeit. Auch bei bedeutsamen privaten und öffentlichen Angelegenheiten schien eine geregelte Verfahrensweise angebracht, um den Schutz und Segen der Götter zu erlangen und böse Mächte abzuwehren.[63] Von letzteren fühlte man sich schier unablässig bedroht; man personifizierte sie gerne in der Gestalt von Dämonen. Zu ihrer Abwehr und um böse Einwirkungen auszuschalten, aber auch um verderbenbringende Mächte gegen Feinde zu aktivieren, wurden Rituale eigens erarbeitet oder vorhandene mit entsprechenden Passagen aufgefüllt. In diesen Texten wird, weil und sofern sie fördernd bzw. schädigend wirken sollen, Magie[64] eingebracht.[65] Götter, Geister und Dämonen werden zu mobilisieren versucht und auch gegeneinander ausgespielt. Bestimmte Praktiken werden angewendet, festgeschriebene Handlungen vollführt, wirksame formelhafte Worte frei- und eingesetzt, um bedrängten Nahestehenden zu helfen und gefährliche Feinde abzuwehren. Die Texte sind zur wiederholten Anwendung gedacht.

[62] Zu den hier nur pauschal vorgestellten Ritualen siehe die in AOT² 295-325 und in ANET² 325-361 ausgewählten Texte.

[63] Vgl. die als Beispiele dargebotenen Texte in ANET².

[64] In der Religionswissenschaft spricht man von heller und dunkler (schwarzer) Magie, ohne daß eine klare, allgemein gültige Definition darüber erreicht wurde, was Magie und magisch sei. Vgl. A. Bertholet, Art. Magie Religionsgeschichtlich, in: RGG³ IV 595-601. Zu Spuren magischer Anschauungen und Praktiken im Alten Testament siehe K. Galling, ebd. 601.

[65] Siehe den Überblick bei J.A. Scurlock, Art. Magic (Ancient Near East), in: ABD IV 464-468.

Das AT enthält Rituale für den Kult und die Festfeier, zum ständigen Vollzug oder, wie bei der Tempelweihe, zum einmaligen Gebrauch. In ihm sind auch solche überliefert, die bei Kultunfähigkeit (»Unreinheit«) oder die bei nicht anders zu klärenden Anschuldigungen bzw. zur Beseitigung drohender Verbrechenshaftung angewendet wurden.[66] Segen und Fluch enthaltende Formulare und Rituale sind ihm nicht fremd.[67] Das AT kennt und nennt magische Praktiken, die Israel zur Anwendung brachte, sehr wohl[68] und lehnt sie ab.[69] Niemand kann und darf gegen Jahwe und an ihm vorbei Magie betreiben. Und Jahwe läßt sich auch nicht für derartige Verfahren einspannen. Magische Vollzüge fallen unter sein Verdikt. Er allein verfügt über Heil und Verderben, Leben und Tod, und er tut dies souverän. In dem angegebenen Sinn magische Texte finden sich im AT nicht.

g) Gebete. Allenthalben im Alten Orient sind Gebete schriftlich verfaßt und überliefert worden. Sie sollten für Könige und Herrscher als Zeugnisse der Frömmigkeit und der Verehrung der Gottheit oder der Götter dienen, an die sie gerichtet waren. Aber auch nachgeordnete Personen und Menschen aus dem Volk sind unter den Verfassern; sie bleiben meist ungenannt und unbekannt.[70] Es sind Hymnen und Bittgebete, jeweils, vor allem die letzteren, in der besonderen Differenzierung, welche die Situation und die gewählte Redeform mit sich bringt. Berühmt ist insbesondere der große Hymnus des Echnaton an Aton[71] wegen seiner Anklänge an Ps 104. In unserem Zusammenhang können nicht alle die zahlreichen Gebete und auch nicht die verschiedenen alten Kulturen, denen sie entstammen, in den Blick gefaßt werden, um Einzelheiten der Gestalt, des Inhalts und der Zielrichtung vorzuführen. Es sei gestattet, sich in der gebotenen Kürze den Gebeten aus dem Zweistromland zuzuwenden, die für Israel und damit für das AT wohl die größte Bedeutung haben. Der geistig-kulturelle Einfluß aus Mesopotamien war, wie oben bereits festgestellt, in Syrien-Palästina besonders stark.[72] Und wenn die atl Psalmen, wie anzunehmen ist, in der vorliegenden Fassung aus der Zeit nach 587 v. Chr. stammen, dürften die nach Babel verbannten Judäer An-

---

[66] Siehe die Verfahren bei Aussatz (Lev 13f.), bei Verdacht auf eheliche Untreue der Frau (Num 5,11-31), bei ungeklärtem Mordfall (Dtn 21,1-9).

[67] Vgl. Lev 26,14-38; Dtn 27,11-26; Jos 8,34.

[68] Nach Dtn 18,9f: Feuerordal, Losorakel, Wolkendeutung, Becherorakel, Gebetsbeschwörung, Nekromantie, Hellseherei. Ez 13,17-23 verurteilt Zaubermützen und Zauberbinden.

[69] Ex 22,18; Lev 19,31; 20,27; Dtn 18,9ff.; Ez 13,17-23.

[70] Siehe die in AOT² 241-281, ANET² 365-401 und bei W. Beyerlin, Religionsgeschichtliches Textbuch 58-70. 124-142. 188-196.239f. gebotenen Texte.

[71] »Der Hymnus ist von König Echnaton (Amenophis IV., 1365-1348) eigenständig abgefaßt worden, freilich im Anschluß an die alte Form des Hymnus an die aufgehende Sonne und unter Verwendung überkommener Gedanken und Formulierungen«; H. Brunner, in. W. Beyerlin, a.a.O. 43.

[72] Siehe oben S.47ff.

regungen aus den Gebeten aufgenommen haben, die dort zu Hause waren.

Die Geschichte der religiösen Lieddichtung im Zweistromland reicht weit in die Vergangenheit zurück. »Die sumerische Lieddichtung ist, wenn auch nicht ausschließlich, so doch zum überwiegenden Teil offizielle Kultlyrik. Sie ist daher nicht Ausdruck religiösen Erlebnisses und religiöser Haltung des Einzelnen. Gebunden an die jeweils gültigen Auffassungen, stellt sie diese in einer sprachlich überhöhten, feierlichen Form des Kultliedes dar. Ihre Gestaltungsmöglichkeiten sind bestimmt von Gattungen, die ihren festen Ort im Rahmen des Kultes besitzen.«[73] Die akkadische religiöse Lieddichtung hat die sumerische zum Vorbild genommen. Von nachhaltiger Wirkung war die religiöse Gedanken- und Vorstellungswelt, während die Gattungen beträchtlich umgestaltet wurden. Sie ist ebenfalls zumeist »anonym, da es den Dichtern weniger um persönliche Bekenntnisse als um im Rahmen der damaligen Anschauungen objektiv gültige Aussagen ging«[74].

Das gilt vor allem für die Hymnen, kultische Lieder über die Götter, teilweise mit Bitten für den Herrscher, über Könige und Tempel. Sie feiern die Macht und Herrlichkeit der Gottheit eindrucksvoll, wie es auch die Hymnen des alten Ägypten tun. Themen, die in beiden Kulturkreisen, wenn auch in jeweils eigener Ausprägung, in beschreibendem Lob behandelt werden, sind die Schöpfung und das weltweite Handeln des Gottes, die Hilfe für die Menschen und ihre Beziehung zu dem betreffenden Gott. Aber die Lobpreisung bleibt weitgehend auf einer amtlichen unpersönlichen Ebene des offiziellen Kultlieds. Deshalb »begegnen wir echter religiöser Ergriffenheit und glaubhaftem, hingebungsvollem Gottvertrauen sowohl im Götterlied wie im Gebet nur selten«[75].

Auch die Buß- und Klagegebete haben sich, sobald sie Literatur geworden sind, von der Person und Situation des Verfassers gelöst. Sie dienten als Formulare, Beschwörung genannt und vielfach wiederverwendet, »deren bekannteste Gruppe die sog. ›Handerhebungsgebete‹ sind und die offenbar das freie, private Gebet weithin verdrängen konnte. An die verschiedensten Gottheiten« waren sie »gerichtet, in feste literarische Form gekleidet und rhythmisch gestaltet, bringen die Gebetsbeschwörungen zunächst eine oft sehr ausgedehnte hymnische Anrede und sodann Klage, Bitte und Dank – letzteren zumeist in der Form der Zusage künftiger Verherrlichung der hilfreichen Gottheit (in der Form eines Dank- bzw. Lobgelübdes). Bei der Bitte geht es um gnädige Annahme des Gebets, Versöhnung des zürnenden Gottes (der auch der persönliche Schutzgott sein kann), Tilgung des ›Bösen aller Art‹ und Lösung des Bannes. Der

---

[73] A. Falkenstein – W. von Soden, Sumerische und akkadische Hymnen und Gebete, Stuttgart 1953, 18.
[74] A. Falkenstein – W. von Soden, a.a.O. 37f.
[75] H. Schmökel, a.a.O. 97.

Name des Beters brauchte nur eingefügt zu werden«[76]. Eigenständige Bittgebete sind in einigen Beispielen auch aus dem Hethiterreich überliefert, Hymnen nur in Übersetzungen mesopotamischer Texte. Sie sind »argumentierendes Bittgebet«, das um göttlichen Beistand fleht in vielerlei Anliegen, auch um Vergebung von Schuld. Man sucht die Vermittlung und Fürsprache anderer Götter und trägt vor, was den betreffenden Gott zur Hilfe motivieren könnte: Hinweise auf die eigene Abhängigkeit, das bestehende Vertrauen, die früheren göttlichen Gunsterweise, die eigenen Leistungen bei der Verehrung der Götter »und gelobt mitunter für den Fall der Erhörung Weihgaben und Stiftungen, aber auch die Lobpreisung der Gottheit, durch die ihr Ansehen unter Menschen und Göttern gemehrt wird«. Und die Götter werden bei einer Epidemie darauf hingewiesen, daß sie, »lassen sie die Plage gewähren, die eigene Existenz aufs Spiel setzen, da es bald niemanden mehr gäbe, der ihnen Opfer darbringen könnte«. Unter anderem wird auch das Argument vorgebracht, »man habe sich nur aus Versehen verfehlt oder trage – ohne eigene Schuld – die Strafe des Vaters«, aber »diese sei längst gesühnt, gar bereits um ein Vielfaches abgebüßt«[77].

Die atl Hymnen und Gebete, wie sie im Psalmenbuch versammelt und gelegentlich auch in andere Schriften des AT eingebaut sind, haben Verwandte im Schrifttum des Alten Orients. Die Verwandtschaft ist beträchtlich; ein Blick in die überlieferten Texte, wie er hier nur flüchtig und mit Hilfe orientalistischer Fachleute gewagt werden konnte, zeigt es. In der Form (Versmaß, Parallelismus der beiden Versglieder, Strophenbau) und auch im Gesamtaufbau bestehen weitgehende Übereinstimmungen. Sprachliche Formulierungen, Vorstellungen und Bildvergleiche sind in beträchtlichem Maß gemeinsam. Der Lobpreis der Gottheit rühmt hier wie dort ihre Manifestation in der Schöpfung und ihr Wirken an den Menschen. Im Bittgebet werden, wie es sich aus der Situation ergibt, die nämlichen und vergleichbare Anliegen vorgebracht. Die Argumentationsweisen sind weithin dieselben. Es gibt vielerlei Anklänge, die zum Vergleich herausfordern, aber auch sorgsam auf ihren Beitrag zum besseren Verstehen des jeweils zu interpretierenden Textes geprüft werden müssen.

3. Der bezeichnende Unterschied

Es ist wahrscheinlich nicht zuviel behauptet, wenn man sagt: »Die ständige Prüfung der altorientalischen Quellen brachte in die alttestamentliche Wissenschaft eine ganz neue Note.«[78] Die Erkenntnis drängte sich auf, daß im AT wohl nur ein Teil der Literatur erhalten ist, die das Alte

---

[76] H. Schmökel, a.a.O. 134.
[77] C. Kühne, in: W. Beyerlin. Religionsgeschichtliches Textbuch 187.
[78] So H.-J. Kraus, Geschichte der historisch-kritischen Erforschung des Alten Testaments von der Reformation bis zur Gegenwart 272.

Israel hervorbrachte. Man vermutete, daß all das, was vermutlich verlorengegangen bzw. unterdrückt worden war, dem altorientalischen, besonders dem babylonischen in religionsgeschichtlicher Hinsicht wie auch in inhaltlicher Ausrichtung sehr ähnlich, wenn nicht gleich gewesen sein müsse. Entsprechend wurde das AT verstanden.[79] Doch man muß bei einem Vergleich nicht nur das Gleichlautende und die Ähnlichkeiten in den Blick nehmen, sondern auch die Unterschiede zur Kenntnis nehmen und bedenken. Zudem kann es bei einer Gegenüberstellung nicht um das angeblich untergegangene Schrifttum Israels, über das nur Vermutungen angestellt werden können, gehen, sondern um das AT, wie es überliefert ist und uns vorliegt. Zwischen ihm und der Literatur des Alten Orients ist hier der Vergleich zu ziehen.

Dabei gilt der in sorgfältiger wissenschaftlicher Untersuchung immer wieder erprobte und bestätigte Grundsatz, daß gleichlautende Formulierungen, die Verwendung derselben bildhaften Ausdrucksweise und auch der nämliche Vorstellungshintergrund nicht auch das gleiche besagen und bedeuten. Der kulturelle, der geistige und besonders der religiöse Kontext bestimmen die Sinngebung. »Gewarnt sei vor voreiligen Schlüssen aus wirklichen oder scheinbaren Gleichklängen. Übernahme, wenn auch unter starker innerer Veränderung, läßt sich« für den ägyptischen Bereich »nur bei der Lehre des Amenemope mit Sicherheit nachweisen«, und »alle anderen Fälle inhaltlicher oder sprachlicher Nähe können nur durch weit ausgreifende sorgfältige Untersuchungen einer Klärung entgegengeführt werden«[80]. Gewiß haben, was auch für die Schriften und Einzeltexte des AT zu beachten und zu bedenken ist, insbesondere die mesopotamischen Gebete darauf aufmerksam gemacht, »daß die Gattungen in dem Schrifttum eines alten Volkes eine bei weitem größere Rolle spielen als heutzutage, und daß die einzelnen Schriftsteller-Persönlichkeiten, die in der modernen Literatur ein und alles sind oder zu sein scheinen, in jenem Altertum in einer uns zunächst befremdlichen Weise zurücktreten«[81]. Und »aus diesem Grunde ist den Formen als den tragenden und bestimmenden Faktoren eine besondere Aufmerksamkeit zu schenken«[82]. Aber »schon die Hauptgattungen der Psalmen decken sich nur teilweise mit denen der babylonischen Gebete; außerdem sind die Psalmen in der Form viel freier und mannigfaltiger in ihrer Gestaltung«. So ist auch hier zu sagen: »Vor einer Überschätzung der direkten und indirekten Entlehnungen, die die weitere Forschung wohl noch in größerer Zahl wird feststellen können, werden wir bewahrt, wenn wir den Ähnlichkeiten beider Literaturen die Verschiedenheiten gegenüberstellen.«[83] In der Tat, von ei-

---

[79] Besonders im sogenannten »Panbabylonismus«, siehe dazu unter diesem Stichwort C.-M. Edsman, in: RGG³ V, 35f.; F. Gössmann, in: LThK² VIII 19.
[80] So H. Brunner, in: W. Beyerlin, Religionsgeschichtliches Textbuch 29.
[81] H. Gunkel, in: SAT II/2, Göttingen 1923, XXXV.
[82] H.-J. Kraus, a.a.O. 328.
[83] A. Falkenstein – W. von Soden, a.a.O. 55f.

nem »stark ausgeprägten Formensinn zeugen nicht wenige Texte des AT. Vergleicht man die Literatur Israels mit der ägyptischen, akkadischen oder kanaanäischen, so erkennt man sofort allerlei Parallelen mit der Dichtkunst dieser seiner Umwelt. Aber es wäre ein Trugschluß, wollte man daraus eine bestimmte Abhängigkeit statuieren«. Denn »die Tatsache der Ähnlichkeit ist sehr oft nichts« anderes »als nur der Beweis für die« offensichtliche »Allgemeingültigkeit« dieser »Formensprache«[84]. Ähnliches wird auch hinsichtlich der sprachlichen Ebene, der Vorstellungswelt und sogar des Inhalts zu sagen sein.

Doch auf der inhaltlichen Seite liegt auch der bezeichnende, schwerwiegende Unterschied. Das AT beginnt mit dem Satz: »Im Anfang hat Gott den Himmel und die Erde geschaffen« (Gen 1,1). Es ist gewiß keineswegs die ältest formulierte Aussage in den atl Schriften[85]; andere Texte sind viel älter. Aber unter diesem Satz und in seiner unverkennbaren Sinngebung ist alles zu lesen, was im AT folgt: Gott, der eine, der nicht wie in altorientalischen Schöpfungserzählungen einen Namen braucht, um von anderen unterschieden zu werden, sondern einfach und allein Gott genannt werden kann und muß, hat die Welt ins Dasein gerufen. Er ist für Israel, sein Volk, der einzige Gott. Er handelt denn auch im und am Lauf der Welt, an den Völkern, an den Menschen; andere übermenschliche Wesen, die ebenso völlig von ihm abhängig sind, tun es in seinem Auftrag. Wenn andere fremde Völker meinen, ihr Gott, den sie verehren, handle selbstmächtig für sie, sind sie im Irrtum. Ohne Zweifel ist die altorientalische Götterwelt, wenigstens in ihren Hauptgestalten, Israel und dem AT bekannt. Es spricht auch von ihnen. Doch nur einer, der sich Jahwe nennen läßt, um zu sagen, daß er seinem Volk nahe ist, ist Gott schlechthin. Alles, was im AT geschrieben steht, ist auf ihn bezogen, auch wenn er in manchen Texten nicht ausdrücklich genannt wird, von ihm her gesehen, beurteilt und bewertet. Die Erwartungen, die darin zum Ausdruck kommen, sind letzlich auf ihn gerichtet. Er steht in der Mitte des AT. Er ist es auch, der die Möglichkeit gab, daß die verschiedenartigen Schriften mit unterschiedlichen Themen und Stoffen, die aus mehreren Jahrhunderten stammen, zu einem Buch zusammenwuchsen. Sie sind aus »der Unbedingtheit des Glaubens an einen Gott in Israel« entstanden, während es den Autoren religiöser Literatur in seiner Umwelt wegen des polytheistischen Hintergrunds »nicht gegeben war, sich dem Gott, dessen Willen sie erkannt zu haben glaubten, ganz und ohne jeden Vorbehalt hinzugeben; sie konnten daher wohl manchmal bedeutsame Wahrheiten aussprechen, nicht aber die Wahrheit verkünden«[86].

---

[84] C. Kuhl, Art. Formen und Gattungen I im AT, in: RGG[3] II 996-999, 996.
[85] Sie wird mit Gen 1,1-2,4a der sogenannten Priesterschrift zugewiesen, die in ihrer Grundschicht in der Zeit des babylonischen Exils angesetzt wird.
[86] A. Falkenstein – W. von Soden, a.a.O. 56.

Die altorientalischen Texte, auf die wir soeben einen Blick geworfen haben, beleuchten Sprech- und Darstellungsweise, Themen und Inhalt atl Schriften und lehren sie im vergleichenden Lesen besser verstehen. Ihre besondere Bedeutung für die Christen aber zeigt die Literatur des Alten Orients nicht auf. Und wenn der inhaltliche Vergleich zwischen der Literatur Israels und seiner Nachbarn auch bezeichnende Unterschiede erkennen läßt, so ist damit doch noch nicht sichtbar gemacht, warum die Schriften, die das Volk Jahwes hervorgebracht und als Zeugnis der Offenbarung seines Gottes gewertet hat, auch für die Christenheit maßgebende Bedeutung besitzen. Ob dies zutrifft, daß und warum es sich so verhält, kann nur ein Dokument sagen, das für die Christenheit bleibende Gültigkeit hat, diese schon in ihren Anfängen vor Herausbildung lehramtlicher Institutionen hatte und über die Zeiten hin bewahrt hat. Dieses Dokument, das über die Geltung des Alten Testaments im christlichen Bereich Auskunft gibt, ist das Neue Testament. In seinem Werden bereits, bei der Entstehung seiner einzelnen Schriften während des ersten Jh. n. Chr., äußert es sich jeweils über die Geltung der heiligen Schriften Israels in der Gemeinde Christi und für sie stets und überall in positiver Weise. Nirgends wird das AT als Heilige Schrift, als Offenbarung Gottes in Frage gestellt. Es wird auch nicht darüber diskutiert, ob sie es sei und angesichts des Christusereignisses bleibe, auch nicht in 2 Kor 3,4-4,6, wo sich Paulus mit dem Problem des Dienstes am Buchstaben und des Dienstes im Geist auseinandersetzt. Für die ntl Autoren ist das AT Heilige Schrift. Davon gehen sie aus; von daher argumentieren sie.[1] Dasselbe gilt für ihr Werk insgesamt, für das NT. Es geht vielmehr um das rechte Verstehen, wenn aus der Schrift des Alten Bundes vorgelesen wird (2 Kor 3,14), also um die Interpretation dessen, was geschrieben steht.[2] Jedoch muß sich das AT bei den ntl Autoren und im NT nicht für seinen Anspruch, Heilige Schrift zu sein, rechtfertigen. Der Sachverhalt ist vielmehr so, daß sich die Botschaft von Jesus, dem Christus, und von der durch ihn gegebenen neuen Heilswirklichkeit dem atl Zeugnis stellen muß.

1. Der entscheidende durchtragende Ansatz

In 1 Kor 15,3-5 erinnert Paulus seine Gemeinde an das, was er ihr als erstes, als Hauptstück, überliefert hat. Er hat es selbst schon als festgefügtes Traditionsgut empfangen, wie er eigens bekennt: »Christus ist für unsere Sünden gestorben, gemäß der Schrift, und ist begraben worden. Er

---

[1] Zu der Frage, welche atl Bücher für die ntl Autoren als Heilige Schrift in Betracht kommen, wird auf die Situation im Judentum damaliger Zeit zu verweisen sein, vgl. oben Kap. II.

[2] Die Interpretation wird zur bleibenden Aufgabe, siehe unten Teil C.

ist am dritten Tag auferweckt worden, gemäß der Schrift, und erschien dem Kephas, dann den Zwölf.« In fest gefügten Glaubenssätzen ist hier in Kurzformulierung zusammengefaßt, was die Leidensgeschichte ausführlich erzählte. Das Traditionsstück, »die durchreflektierte und ausgearbeitete viergliedrige Fassung« des grundlegenden christlichen Kerygmas bildet »bereits das Endergebnis eines komplexen traditionsgeschichtlichen Prozesses, der sich mit ungeheurer Dynamik vollzogen haben muß, da es sich auch bei 3b-5 zweifellos um einen sehr alten Text handelt. Er läßt sich ohne weiteres bis Antiochien zurückverfolgen (vgl. Apg 13,29-31), möglicherweise über den Stephanuskreis (Apg 11,19f.) sogar bis Jerusalem«[3]. Israel war es keineswegs fremd, die grundlegenden heilsgeschichtlichen Ereignisse, die es ausführlich erzählen konnte, in bekenntnisartigen Sätzen zusammenzufassen. So ordnet Dtn 26,1-5a an, daß bei der Darbringung der ersten Erträge aller Feldfrüchte das sogenannte Kleine Geschichtliche Credo (Dtn 26,5b-10) gesprochen werden sollte, eine Kurzfassung der Erzählungen über die Herausführung aus Ägypten und die Landgabe durch Jahwe. Bemerkenswert und wichtig für 1 Kor 15,3b-5 aber ist, daß zweimal, sowohl beim Bekennen des Sühnetodes Jesu wie auch bei dem seiner Auferweckung, die Worte »gemäß der Schrift« hinzugesetzt sind. Damit wird auf die heiligen Schriften Israels hingewiesen, die das bekannte Geschehen wie auch das Bekenntnis begründen. Sie werden pauschal und insgesamt beweisend in Anspruch genommen, gewiß in der Weise, wie sie im damaligen Judentum vor der Festlegung eines abschließenden Kanons als heilig in der Bezeugung der Taten und Worte Gottes galten. Auf einzelne Texte wird nicht direkt hingewiesen, jedenfalls nicht im Zitat. Daß solche im Hintergrund stehen, entgeht dem Schriftkundigen nicht. »Am dritten Tag« läßt an Hos 6,2 denken, »für unsere Sünden« an Jes 53.

So verbleibt »gemäß der Schrift« nicht im Ungefähren und Unbestimmbaren. Andererseits wird durch die weite und allgemeine Formulierung offen gelassen, daß sich weitere Bezüge des Christusereignisses zu atl Texten aufspüren und finden lassen. Die ntl Schriften gehen dieser Möglichkeit nach und werden fündig. Die Formulierung der grundlegenden christlichen Glaubenssätze von Tod und Auferweckung Jesu, des Christus, macht aber auch darauf aufmerksam, daß die Heilige Schrift in der Bezugnahme auf sie zugleich interpretiert wird. So gilt die Auferweckung am dritten Tag dem Gerechten[4], als der Jesus sich in einzigartiger und unübertrefflicher Weise bewährt hat. Und Hos 6,2 ist nicht mehr ein Ausdruck der Sehnsucht nach Wiederherstellung des Volkes, sondern ein Hinweis auf die Tatsache und den Termin der Auferweckung Jesu. Auf der anderen Seite kann bereits durch bewußte Wahl der atl geprägten

---

[3] H.-J. Klauck, 1 Korintherbrief (NEB), Würzburg 1984, 108.
[4] H.-J. Klauck, a.a.O. 109, zitiert hier mit Recht Gen R 91,7: »Niemals läßt Gott die Gerechten länger als drei Tage in Not.«

Worte eine theologische Aussage gemacht werden. Der Begriff »er-schien« zeigt visuell wahrgenommene Präsenz Gottes an[5], bei der Ver-heißung und Beauftragung ergeht, besonders auch an eine für das Volk des Herrn wichtige Persönlichkeit. Wenn Jesus »erscheint«, bezeugt dies die Tatsache seiner Auferstehung. »Daß der Auferstandene in dieser Weise von sich aus handelt, erweist seine Ausstattung mit göttlicher Macht. Für den Adressaten bedeutet die Erscheinung, daß er als Person in Beschlag genommen und zum Zeugendienst bestellt wird. Die Proto-phanie vor Petrus begründet dessen Sonderstellung im Urchristentum.«[6] Schon an 1 Kor 15,3-5 wird in wesentlichen Zügen erkennbar, was die heiligen Schriften Israels für die Urgemeinde, die ntl Autoren und das NT bedeuteten: Die Heilige Schrift, vom NT her gesehen, das AT, kün-digt an, begründet und hilft theologisch aussagen, in Wort und Interpre-tation, was in, mit und durch Jesus Christus geschehen ist. Sie spricht in dieser Weise nicht nur über die Person Jesu, sondern auch über sein Werk, seine Gemeinde und über seine durch Gottes Willen gesetzte Be-deutung für Menschen und Welt. Das kann und braucht hier, wo es sich darum handelt, zur Kenntnis zu nehmen, wie und wie sehr das AT mit dem NT verbunden und als Heilige Schrift für das NT maßgebend ist, nicht in den Einzelheiten ausgeführt werden. Ein Blick in die ntl Schrif-ten und auf ihre Beziehung zum AT muß genügen.

2. Zur Verwendung des Alten Testaments in den neutestamentlichen Schriften

Zunächst und vordringlich mußte es der Urgemeinde, mit ihr und nach ihr auch allen folgenden christlichen Generationen darum gehen, das Ge-schick Jesu von Nazareth zu verstehen, und das heißt: theologisch zu deuten. Denn die Auferstehung Jesu von den Toten konnte nur ein Werk Gottes sein, als solches in dem Satz bekannt: Er (Gott) hat ihn (Jesus) von den Toten auferweckt. Gott allein hat die Macht, aus dem Totenreich her-auszuführen und ins Leben zurückzubringen.[7] Also hat sich Gott in der Auferstehung Jesu zu ihm bekannt. War dies der Fall, mußten auch sein Leiden und Tod nach Gottes Willen, nicht als Strafe für einen Frevler und Lästerer, zu dem sich Gott nicht bekennen würde, sondern als Leiden des Gerechten, und zwar, weil er jetzt schon und nicht erst am Ende dieser Welt auferweckt wurde, des einzigartig Gerechten, geschehen sein. Der Wille und der Plan Gottes aber war in der Schrift, ausgehend in der To-rah, ausgelegt durch die Propheten und zur Anwendung vorgestellt durch die Psalmen bzw. Schriften, kundgetan. Mit ihrer Hilfe war dem-

---

[5] Gen 12,7; Ex 3,2 u.ö. in Gen.

[6] H.-J. Klauck, a.a.O. 109.

[7] Was die Heilungs- und Heilserfahrung (vgl. z.B. 1 Sam 2,6) bildlich im Sinn der Errettung aus der Machtsphäre des Todes bei schwerer Krankheit oder drohender Hinrichtung ver-stand, traf für die Apokalyptik im wörtlichen Verständnis zu.

nach aufzuweisen, daß das Geschick Jesu, sein Leiden und Sterben, zu denen untrennbar die Auferstehung gehört, nach Gottes vorher gefaßtem Plan erfolgt war.

Vorausgesetzt ist bei dieser Überlegung die Überzeugung, daß in der Geschichte Israels wie in der Jesu der eine und selbe Gott handelt. Auch für die Urgemeinde gab es wie für das Judentum keinen anderen. Die Leidensgeschichte Jesu steht auf dieser Basis und argumentiert von ihr aus. Sie erzählt im Rückgriff auf die Schrift, was mit Jesus geschehen war. Eine weitere Voraussetzung verband sich mit der soeben genannten. Die Ereignisse des zweiten Jh. v. Chr., die sich als existenzbedrohend für das Judentum, das nach den Traditionen des Volkes Jahwes lebte, erwiesen, führten zu der Überzeugung, daß die Endzeit angebrochen sei. In ihr würde Gott sein Volk, die Gemeinschaft der Frommen, die einzelnen Gerechten in den kommenden Äon hinein retten. Man suchte Trost, Anweisung und Bestätigung in den heiligen Schriften und fand all dies in entsprechender Auslegung der Texte. Nicht nur die Gemeinde von Qumran[8], sondern auch andere Kreise wie etwa jene, die bei der Übersetzung in die Septuaginta ihre Vorstellungen einbrachten[9], waren der Überzeugung, daß die heiligen Schriften von der Endzeit sprechen. Das war offensichtlich der Fall, wo über das Ende geredet, ja es sogar geschildert wird wie im Buch Daniel. Aber auch Gerichts- und Heilsankündigungen, die sich nicht erfüllt hatten, waren so zu verstehen. Hat nicht der Herr zu Habakuk gesagt: »Schreib nieder, was du siehst, schreib es deutlich auf die Tafeln, damit man es mühelos lesen kann. Denn erst zu der bestimmten Zeit trifft ein, was du siehst; aber es drängt zum Ende und ist keine Täuschung« (Hab 2,2f.).[10]

So gesehen mußte man damit rechnen, daß die Heilige Schrift insgesamt von der Endzeit im voraus Zeugnis gebe, daß sie eschatologisch zu verstehen sei. Die Auferstehung von den Toten aber zählte zur Endzeit. Wenn nun Jesus von den Toten auferweckt worden war, dann war die Endzeit bereits da. Beides zusammengenommen bedeutete für die Urgemeinde und noch mehr für die ntl Autoren, daß die heiligen Schriften, recht verstanden, von dem Geschick Jesu sprachen. So konnte mit ihrer Hilfe erwiesen und dargetan werden, daß alles, was mit Jesus geschah, vorab sein Leiden, sein Tod und seine Auferstehung, dem kundgegebenen Willen Gottes entsprach. Diese Auffassung ergab sich »mit Notwendigkeit aus den gegebenen Voraussetzungen, nämlich dem hermeneuti-

---

[8] In ihren Pescharim und in ihren eigenen Schriften.

[9] Vgl. J. Schaper, Der Septuaginta-Psalter als Dokument jüdischer Eschatologie, in: M. Hengel – A.M. Schwemer (Hrsg.), Die Septuaginta zwischen Judentum und Christentum (WUNT 72), Tübingen 1994, 38-61, der Ps 15(16),9f.; 55(56),9; 58(59),13-14; 59(60),9f.; 86(87),5;109(110),3 untersucht und feststellt, daß hier eine eschatologische Erwartung in der Septuaginta zum Ausdruck kommt.

[10] Es ist sicher kein Zufall, daß in Qumran ein Habakuk-Kommentar geschrieben wurde. In Hab 2,2f. schien geradezu die Anweisung gegeben zu sein, nun zu sagen, wie sich das Prophetenwort auf die Endzeit bezieht.

schen Grundsatz, daß die Schrift von der Endzeit redet, auf die sie gerichtet ist, sowie dem Glaubenssatz, daß die Totenauferstehung zur Endzeit gehöre, und schließlich und entscheidend der Erfahrung des Auferstandenen«[11].

Es muß, wie sich in der Forschung zur Passionsgeschichte gezeigt hat, einen frühen, lange vor den Evangelien entstandenen Bericht gegeben haben. »Ist man doch weithin, ja fast einhellig der Annahme, daß ein Urbericht vom Leiden und Sterben Jesu sehr hohen Alters den Passionsüberlieferungen unserer Evangelien zugrunde liegt.«[12] Die Ansichten über seinen Umfang sind verschieden; er kann nicht mehr mit Sicherheit rekonstruiert werden. Aber der Bezug auf die Schrift(en) ist bereits gegeben. »Die Deutung geschieht von Ostern her. Die Leidenspsalmen, insbesondere Psalm 22, kamen mit ihrer Struktur von Klage und Dank, Erniedrigung und Erhöhung dieser Deutung entgegen«.[13] In den Evangelien wird die Beziehung zu atl Texten und Stellen ausgebaut. Manche Elemente oder auch Szenen der Darstellung dürften bei aller Orts-, Personen- und Ereignistreue zu den historischen Vorgängen[14], die mit dem Urbericht festgehalten werden, aus dem Schriftbezug gestaltet worden sein. Mit Hilfe der Schrift konnte in unterschiedlicher Akzentsetzung durch bewußte Zeichnung des Hintergrunds, Anspielung und Zitat weitere theologische Deutung eingebracht werden: Jesu Leiden und Tod erfolgte stellvertretend für die Menschen; sein Tod ist ein Opfer, ein Sterben als Messias und »davidischer König«, ein eschatologisches Ereignis.[15]

Die Erarbeitung der mit der Auferstehung schließenden Leidensgeschichte und die hinter diesem Unternehmen stehenden Grundüberzeugungen von der Bedeutung und dem Sinn der heiligen Schriften des Volkes Jahwes führten zu einer weitreichenden Konsequenz. Wenn galt, daß die Schrift von der Endzeit redete und daß mit Jesu Auferstehung die Endzeit angebrochen war, dann war auch Jesu ganzes Leben von der Schrift her zu verstehen. Ähnliches ergab sich folglich für seine Gemeinde, die nun in der Endzeit lebte. Was ihr gegeben war, was sie selbst war und darstellte, mußte ebenfalls in der Schrift vorherverkündet und begründet sein. Sie sprach von ihr als dem endzeitlichen Volk Gottes. Sie ist maßgebende Heilige Schrift, wenn es darum geht, sein Wesen, seinen Bestand und seine Aufgaben zu erfassen. Ihre Verwendung weitet sich aus. Sie ist nicht auf das Jesus-Ereignis beschränkt; sie muß für alles her-

---

[11] T. Holtz, Zur Interpretation des Alten Testaments im Neuen Testament: ThLZ 99, 1974, 19-32, 28.

[12] J. Gnilka, Das Evangelium nach Markus (Mk 8,27-16,20) (EKK II/2), Zürich u.a. 1979, 217. Siehe dort zum Aufriß und zur Erörterung des Umfangs dieses Urberichts 217f. 348ff.

[13] J. Gnilka, a.a.O. 349.

[14] Siehe dazu R. Pesch, Das Markusevangelium 2. Teil (HthKNT II/2), Freiburg 1977, 20ff.; J. Gnilka, a.a.O. 217f.

[15] Siehe im einzelnen J. Schreiner, »Er trat für die Schuldigen ein und wurde durchbohrt«: Klerusblatt 70, 1990,169-172.

angezogen werden, was mit diesem Ereignis von Gott in Gang gesetzt worden ist.

Andererseits wird die eschatologische Deutung der Schrift für die Art ihrer Verwendung wichtig. »Man muß dabei nur bedenken, daß auch Vorstellungen und Theologumena, die erst das Judentum, noch nicht aber das Alte Testament selbst entwickelt und ausgearbeitet hat, für das Verstehen der Zeit des Neuen Testaments durchaus schriftgemäß waren, da sie« wegen des endzeitlichen Ansatzes »für dieses nichts anderes als durch die Mittel der zeitgenössischen Schriftexegese gewonnene Auslegung des Alten Testaments waren«[16]. Es stellt also für die ntl Autoren kein Problem dar, wenn sie die Schrift in der Fassung der Septuaginta anziehen oder zitieren, wenn sie Schrifttexte in rabbinischer Auslegung aufnehmen und zur Anwendung bringen. »Steht die axiomatische Gewißheit, daß die Geschichte Jesu die Schrift zu ihrem Ziel bringt, am begründenden Anfang« und vermochte gerade sie die »schöpferische Kraft zu entfalten, mit der das Alte Testament in seiner Breite und Vielfalt herangezogen wurde«[17], so wird der auf diese Grundüberzeugung aufbauende Einzelbeweis, besonders im Blick auf judenchristliche Gemeinde, zunehmend wichtig.

Geht man von der mit der Auferstehungsbotschaft verbundenen Leidensgeschichte Jesu aus, insofern sich in ihr die ursprüngliche Verkündigung der Urgemeinde entfaltete, mußte es folgerichtig dazu kommen, daß Leben und Botschaft Jesu ebenfalls Gegenstand des zeugnisgebenden Wortes wurden. Es mußte gezeigt werden, daß auch diese dem Willen Gottes entsprachen. Wiederum mußte auf die heiligen Schriften zurückgegriffen werden. Es mag sein, daß dies in Etappen geschah, indem man zunächst die Leidensgeschichte rückblickend in die Verkündigung Jesu durch seine Leidensweissagungen verlängerte[18], dann aber auch einbezog, was insgesamt über sein Wirken und seine Lehre zu sagen war, angefangen von seiner Taufe durch Johannes (Mk 1,9-11). Aber auch das, was ihr vorausging, wird unter das ankündigende Schriftwort gestellt: Nach der Überschrift über das Evangelium (Mk 1,1) folgt sofort das Schriftzitat (Mal 3,1; Jes 40,3). So wird das ganze Evangelium, und schon der erste Beginn, unter die Thematik gestellt: Erfüllung dessen, was die Schrift über Jesus, den Christus, vorherverkündigt hat. Mt und Lk gehen noch weiter in die Anfänge zurück und bieten je in ihrer eigenen Art die Kindheitsgeschichte Jesu. Dabei machen auch sie deutlich, daß im Kommen Jesu in diese Welt sich die Schrift erfüllte.

---

[16] T. Holtz, a.a.O. 23.

[17] T. Holtz, Das Alte Testament und das Bekenntnis der frühen Gemeinde zu Jesus Christus, in: ders., Geschichte und Theologie des Urchristentums. Gesammelte Aufsätze (WUNT 57), Tübingen 1991, 92-105, 102.

[18] R. Pesch, Das Markusevangelium, nimmt an, daß bereits die vormarkinische Leidensgeschichte mit Mk 8,27 begann, vgl. die Übersicht über ihren Aufbau S. 15.

Die Erfüllung der Schrift wird in unterschiedlichem Maß mit dem Wort
»erfüllen« (und dem entsprechenden Schriftzitat) angesprochen[19] zu einem wichtigen Thema der Evangelien. Es hat seinen Ursprung sicherlich
in der Leidensgeschichte, vgl. Mk 14,49, »damit die Schrift in Erfüllung
geht«[20], und weitet sich von da her auf das ganze Evangelium aus und
auch auf die ganze Schrift, vgl. »Alles muß in Erfüllung gehen, was im
Gesetz des Mose, bei den Propheten und in den Psalmen über mich gesagt ist« (V. 44) im Kontext von Lk 24,44-49. Mt hat dieses Thema besonders akzentuiert, um Jesus als den von Gott gesandten Messias zu erweisen.[21] Lk spricht von der Erfüllung der Schrift, wo Jesus am Beginn
seiner öffentlichen Tätigkeit in Nazareth aus der Schrift vorliest und sie
interpretiert (4,21) und wo Jesus den Emmaus-Jüngern die Augen für das
Verständnis der Schrift öffnet (24,27).[22] In der rechten, von Christus her
bestimmten Auslegung wird sichtbar, daß und wie die Schrift sich erfüllt
hat. Auch die Apg unterbaut mit Schriftzitaten[23] die Verkündigung des
Christus-Ereignisses. Aber auch die Heidenmission wird mit Hinweisen
aus der Schrift gestützt[24], wobei wohl der Einfluß paulinischer Argumentationsweise in Rechnung zu stellen ist.
Paulus selber sah sich veranlaßt, gegenüber den Gemeinden in Galatien,
Korinth und Rom besonders auf das Zeugnis der Schrift zurückzugrei-
fen. Im Gal mußte er gegen »judaisierende Judenchristen«[25] aus der
Schrift zeigen[26], daß der Glaube an Jesus, nicht das Gesetz, den Christen
die Rettung bringt. Denn er sieht sich berufen, »das Evangelium Gottes
zu verkündigen, das er durch die Propheten im voraus verheißen hat in
den heiligen Schriften« (Röm 1,1f.). Aber in den Korintherbriefen und
besonders im Röm, wo er der römischen Christengemeinde vor einer ge-
planten Romreise seine Lehre darlegen will, zieht er die Schrift heran, um
die christliche Existenz der Gemeinde und des einzelnen darzutun und
als schriftgemäß zu begründen. Zitate mit und ohne Zitationsformel,
Übernahme von Aussagen größeren oder geringen Umfangs, Anspielungen und Assoziationen bringen die Autorität der Schrift argumentativ ins
Spiel. Im Röm sind bei den Ausführungen über die Treue Gottes angesichts der Sünden der Menschen (3,1-20), die Glaubensgerechtigkeit
(4,1-25), die eschatologische Rettung Israels und die Berufung der Hei-

---

[19] Siehe diesen Begriff bei Mt 1,22; 2,10.17.23; 4,14; 8,17; 12,17; 13,35; 21,4; 26,54.56; 27,9; Mk
14,49; 15,28; Lk 1,20; 4,21; 9,31; 24,44; Joh 12,38; 15,25; 18,9; 13,18; 17,12; 19,24.36.

[20] Das gilt angesichts 1 Kor 15,3 auch dann, wenn Mk 14,49b nicht von Markus stammt. Zu
dieser Auffassung vgl. J. Gnilka, a.a.O. 267, und den aus Lk 22,37 übernommenen Vers Mk
15,28.

[21] Mt 1,22; 2,10.17.23; 4,14. Auch 8,17; 12,17; 13,35; 21,4; 26,54.56; 27,9 stehen in dieser Reihe.

[22] Apg 3,18; 13,27 schließen sich dieser Sicht an.

[23] Apg 2,16f.21.25-28.34f.; 4,11.24-26; 8,32f. Auch die Rede des Stephanus, die die Heilsgeschichte darlegt, vgl. Paulus Apg 13,16-41; 17,2-31, läuft darauf hinaus.

[24] Vgl. Apg 13,47; 15,15-18.

[25] W. Egger, Galaterbrief (NEB), Würzburg 1985, 8.

[26] Siehe Gal 3,6-18; 4,21-31.

den (9-11) die Zitate und die Schriftbezüge besonders zahlreich und dicht. Die Schrift gibt für Paulus das entscheidende Zeugnis. Sie legitimiert für ihn den neuen Weg in Christus, den er aufzeigen muß.[27]

1 Petr kommt mit Paulus darin überein, daß auch er das Wesen und den Lebensvollzug der Gemeinde mit Schriftworten beschreibt.[28] Hebr führt, was Paulus bereits streckenweise unternommen hat, über den ganzen Brief hin durch. Er spricht mit Zitaten der Schrift in Übernahme ihrer Aussagen, Worte und Vorstellungen aus, was er, dies alles interpretierend, über Christus, den Sohn, den ewigen Hohenpriester, und über den Weg des Glaubens zu sagen hat. Möglicherweise hat »der Verfasser teilweise bereits vorhandene Sammlungen alttestamentlicher Belegstellen für bestimmte dogmatische Aussagen (Testimoniensammlungen) benutzt«[29].

In einer eigenen Weise wertet und verwendet die Apk die heiligen Schriften. »Nicht ein einziges Mal wird ein alttestamentlicher Text ausdrücklich zitiert. Statt dessen sind Sprach- und Bilderwelt des Johannes in umfassender Weise von alttestamentlicher Tradition gesättigt.« Es ist auffällig, »daß fast alle Bilder der Schrift entnommen sind. Dahinter steht offensichtlich die gleiche uneingeschränkte Anerkennung des Alten Testaments als Gotteswort wie in den anderen neutestamentlichen Schriften«. Es ist bezeichnend, daß der christliche Seher der Apk »seine Botschaft den Empfängern seiner Schreiben in ganz eigenständiger Weise verständlich« machen kann. »Daß dies gelingt, ist nicht anders zu erklären, als daß auch für die christlichen Gemeinden in Kleinasien trotz ihrer großenteils heidenchristlichen Herkunft das Alte Testament die geistige Welt bildete, in der sie lebten, auf das hin sie angesprochen werden konnten, ihre Heilige Schrift, in der sie auch den Schlüssel für das Verständnis ihrer gegenwärtigen Situation suchten und fanden.«[30] Das gilt auch für die Adressaten und Empfänger aller ntl Schriften, die zunehmend aus dem Heidentum zum Glauben an Christus kamen. Gewiß wird das AT in unterschiedlichem Maß in den ntl Büchern herangezogen.[31] »Diese Unterschiede beweisen aber nichts für die grundsätzliche Stellung der betreffenden Schriften zum AT, sondern sind durch den literarischen Charakter und die Zielsetzung der Schriften bestimmt.«[32]

---

[27] Vgl. Röm 1,16f.; 11,33; 1 Kor 4,17; 13,33.

[28] Siehe 1 Petr 2,1-10; 1,23f.; 2,21-25; 3,8-12.

[29] H. Graf Reventlow, Epochen der Bibelauslegung. Band I: Vom Alten Testament bis Origenes, München 1990, 81.

[30] H. Graf Reventlow, a.a.O. 93-98.

[31] »Die Verteilung der at Zitate auf die nt Schriften ist ungleich (von den Synoptikern hat das Mt Ev die meisten Zitate; bei Paulus finden sich ausdrückliche Zitate nur in Röm, 1.2 Kor, Gal; das Joh Ev hat relativ wenige Zitate; Hebr bewegt sich anhand zahlreicher Zitate voran; dagegen fehlen Zitate in Tit, Jud, 1-3 Joh völlig, und die Apk redet ständig in at Sprache, ohne ein direktes Zitat zu bringen)«, so W.G. Kümmel, Art. Schriftauslegung III. Im Urchristentum, in: RGG[3] V 1517-1520, 1518.

[32] W.G. Kümmel, a.a.O. 1518.

3. Jesus und die heiligen Schriften Israels

Jede Rückfrage nach Jesus muß ihren Weg über das NT nehmen, so auch diese: Welche Haltung hat Jesus selbst gegenüber den schon damals als heilige, den Willen und das Wort Gottes bezeugende Schriften seines Volkes eingenommen? Die Suche nach einer Antwort muß sich also mit dem Zeugnis befassen, welches das NT von Jesus ablegt. Da das NT das Neue, das sich mit Jesus ereignet hat und gekommen ist, einerseits herausstellen, andererseits aber ebenso aufzeigen will, daß den Schriften gemäß dies alles erfolgte, ist dieser Gang durch die Evangelien, die Jesu Leben und Handeln darstellen und somit auch von seiner Einstellung zu den heiligen Schriften sprechen müssen, nicht einfach. Hinzu kommt, daß sich auch die Absetzbewegung des frühen Christentums in den Evangelien widerspiegelt, wenn möglich gar in Jesusworten. Dennoch läßt sich aufs Ganze gesehen, was die grundsätzliche Einstellung und Haltung Jesu betrifft, ein zuverlässiges Bild gewinnen. Nirgends ist im NT auch nur eine Andeutung zu erkennen, daß Jesus die Torah, die Propheten und die Psalmen – mit diesen drei Begriffen wurden wohl damals die verbindlichen heiligen Schriften umschrieben – abgelehnt, sie nicht als Wort Gottes anerkannt hätte.[33] Positiv formuliert: Jesu Interpretation seiner Bibel geht von der Anerkennung des Kanons der heiligen Bücher, die vom Hauptstrom des Judentums seiner Tage akzeptiert waren, und von dessen gefestigter Überzeugung aus, daß diese Schriften, richtig verstanden, die Aussage des Geistes Gottes durch glaubwürdige Propheten waren.[34]

Das Problem zeigt sich am deutlichsten wohl in der Bergpredigt des Mt-Ev, in den sogenannten Antithesen, die Jesus hier verkündet (5,17-48), besser überschrieben mit »Die größere Gerechtigkeit nach der Weisung Jesu«[35]. Eingeleitet wird dieser Abschnitt mit dem Wort: »Denkt nicht, ich sei gekommen, um das Gesetz und die Propheten aufzuheben. Ich bin nicht gekommen, um aufzuheben, sondern um zu erfüllen« (V. 17). Jesus ist nicht gekommen, Gesetz und Propheten auszulöschen, zu zerstören, wie es wörtlich heißt. »Erfüllen« kann in zweifachem Sinn verstanden werden: Jesus erfüllt die im Alten Bund gegebenen Verheißungen Gottes, in ihm und durch ihn werden sie Wirklichkeit. Es kann aber auch besagen, daß der in der göttlichen Weisung kundgegebene Wille Gottes voll und ganz getan wird.[36] Unter dieser zweiten Bedeutung steht, was die folgenden sechs Weisungen Jesu im Blick auf die Torah und die damalige jüdische Interpretation ausführen. Die Einkleidung in die spezifische Form der Gegenüberstellung (»Ihr habt gehört ... ich aber sage euch«)

---

[33] Das hat mit Recht für die Einstellung gegenüber der Torah betont: E.E. Ellis, The Old Testament in Early Christianity: Canon and Interpretation in the Light of Modern Research (WUNT 54), Tübingen 1991, 138.

[34] So E.E. Ellis, a.a.O. 138.

[35] R. Schnackenburg, Matthäusevangelium 1,1-16,20 (NEB), Würzburg 1983, 51.

[36] R. Schnackenburg, a.a.O. 51f.: »Bei Mt sonst nicht bezeugt, doch s. Gal 5,14; Röm 13,8 ... Mt will vielleicht beides in dem schillernden Ausdruck verbinden.«

wird teilweise auf den Evangelisten zurückgehen.[37] »An der inhaltlichen Herkunft von Jesus ist nicht zu zweifeln«[38], auch da nicht, wo Parallelen bei Lk fehlen und die Formgebung durch die judenchristliche Gemeinde oder durch den Evangelisten vermutet wird.

Versteht man den Begriff »Antithese« im Hinblick auf die angezogenen Texte der Torah im Sinn des Gegenteils dessen, was in ihnen ausgesagt ist, ist er sachlich falsch und sollte aufgegeben werden.[39] Jesus verlangt nirgends, auch in der Bergpredigt nicht, das Gegenteil von dem, was die Torah gebietet. Die Probe ist leicht zu machen, wenn man die entnommenen Sätze ins Gegenteil setzt.[40] Zudem wird im AT nirgends geboten, die Frau aus der Ehe zu entlassen (Dtn 24,1), sondern es wird angeordnet für den Fall, daß dies geschieht, nach der Rechtsform, die damals galt, zu verfahren. Beim Talionsgesetz (»Auge um Auge und Zahn für Zahn« Mt 5,38) handelt es sich schon bei der ältesten Fassung (Ex 21,23-25) um eine Maßgabe zur Rechtsprechung: Der Schaden muß angemessen wieder gutgemacht werden. »Der Kontext bestätigt nur das talionische Prinzip als rechtsgültig, setzt aber die Talion von Körperverletzungen durch Ersatzleistungen außer Kraft.«[41] Und die von Mt als Kontrast hinzugefügte Formulierung »und deinen Feind hassen« »steht nirgends im AT, auch nicht in rabbinischen Texten (höchstens: die Übeltäter hassen)«[42]. Vielmehr geht das Gebot, den Fremden zu lieben (Lev 19,34) mit dem Hinweis auf die ägyptische Knechtschaft schon in Richtung Feindesliebe. »Der matthäische Jesus stellt, wie vor allem die Überschrift in 5,17-20 unmißverständlich klar macht, mit den sogenannten Antithesen ›die Tora und die Propheten‹ gerade nicht in Frage, sondern bringt sie zu ihrer eigentlichen, von Gott gewollten Intention.«[43] Er nimmt zu jüdischen Auslegungen von wichtigen Geboten der Torah Stellung. Dabei stützt er seine Aussagen nicht, wie das dort üblich war, mit Schriftzitaten ab, sondern redet in freier Vollmacht. Sein Anliegen ist es, den letztgültigen Willen Gottes zu verkünden. So bringt er das Gesetz zur Erfüllung, das die Argumentationsbasis seiner eigenen weiterführenden Auslegung bildet.

---

[37] J. Gnilka, Das Matthäusevangelium 1. Teil (HthKNT I/1), Freiburg 1986, 199: »Wir kamen zu dem Ergebnis, daß die ersten beiden Antithesen vor-mt sind, ja, auf Jesus zurückgeführt werden dürfen. Die antithetische Einkleidung von Antithese 3-6 geht auf das Konto von Mt-R.«

[38] R. Schnackenburg, a.a.O. 52.

[39] Vgl. E. Zenger, Das erste Testament. Die jüdische Bibel und die Christen, Düsseldorf 1991, 104.

[40] »Du sollst nicht töten« (Ex 20,13; Dtn 5,17); »du sollst nicht die Ehe brechen« (Ex 20,14; Dtn 5,18); »du sollst keinen Meineid schwören« (Lev 19,12); »du sollst deinen Nächsten lieben« (Lev 19,18).

[41] G. Braulik, Deuteronomium II 16,18-34,12 (NEB), Würzburg 1992, 144. Vgl. M. Noth, Das zweite Buch Mose. Exodus (ATD 5), Göttingen ⁴1968, 147.

[42] R. Schnackenburg, a.a.O. 60.

[43] H. Frankemölle, Die sogenannten Antithesen des Matthäus Mt 5,21ff. Hebt Matthäus für Christen das »Alte« Testament auf? Von der Macht der Vorurteile, in: H. Frankemölle (Hrsg.), Die Bibel. Das bekannte Buch – das fremde Buch, Paderborn 1994, 61-92, 85.

Jesus, wie die synoptischen Evangelien ihn darstellen, bejaht auch in der Frage nach dem größten Gebot[44] und in der nach dem Tun, das notwendig ist, um das ewige Leben zu erlangen[45], die in den heiligen Schriften Israels überlieferte Torah. Er setzt allerdings einen eindeutigen Schwerpunkt und verbindet nicht nur das Gebot der Gottesliebe und das der Nächstenliebe, sondern stellt sie nebeneinander und interpretiert sie dadurch neu. Er zitiert Dtn 6,4f. und Lev 19,18. Auch anderwärts zitiert der synoptische Jesus selbst die Heilige Schrift.[46] »Bei seinem Selbstverständnis und in seiner Reich-Gottes-Verkündigung ging er von der mit seinen Volksgenossen geteilten Erwartung aus, daß sich die Ankündigungen der alttestamentlichen Propheten in der Endzeit erfüllen würden. Wie die Leute von Qumran sah er die Endzeit jetzt als gekommen; er bezog die prophetische Botschaft auf sich selbst.«[47] Gewiß ist es schwierig, von den Aussagen der Evangelien auf Jesus selbst zurückzuschließen. Aber man wird sagen dürfen, »daß erstens das Alte Testament für Jesus unbedingt Gottes Zeugnis ist, daß aber zweitens Jesus dem Alten Testament mit souveräner Freiheit des Verstehens gegenüberstand«; sein Tun und Sagen ergibt die gültige Auslegung der Heiligen Schrift.[48] Die Evangelisten durften sich also berechtigt sehen, Jesus, sein Wort und sein Handeln, sein Leben und seinen Weg als Zeugnis für die Geltung der Heiligen Schrift (Gesetz, Propheten und Psalmen) in Anspruch zu nehmen. In seinem Geist mußte sie von denen verstanden werden, die seine Jünger sein wollten. Und an der bleibenden Gültigkeit der heiligen Schriften des Alten Gottesvolkes war im Sinn Jesu festzuhalten.

4. Zur Einheit der beiden Testamente

Sowohl für Jesus als auch für die ntl Autoren und damit für das NT ist also das AT Heilige Schrift. In den Jahrzehnten nach Jesu Tod und Auferstehung erfolgte zunächst und fortlaufend die Verkündigung von Jesu Wort und Tat durch die, welche an ihn glaubten. Dabei wurde, wie besonders an der Leidensgeschichte deutlich wird, der Rückgriff auf die heiligen Schriften vorgenommen. Wohl schon bald empfand man das Bedürfnis aufzuzeichnen, was verkündet wurde. Neben einer bereits vormarkinischen Leidensgeschichte wurden Worte Jesu gesammelt und aufgeschrieben, die sogenannte Spruchquelle (Logienquelle).[49] Mk wurde als

[44] Mk 12,28-34; Mt 22,34-40; Lk 10,25-28.
[45] Mk 10,17-20; Mt 19,16-20; Lk 18,18-20.
[46] Vgl. Lk 4,17f. mit Jes 61,1f.; Mk 4,12 und Jes 6,9f; Mk 7,6f. und Jes 29,13; Mk 8,18 und Jes 5,21; Mk 10,6-8 und Gen 1,27; 2,24; Mk 11,17 und Jes 56,7; Jer 7,11; Mk 12,36 und Ps 109(110), 1; Mk 14,62 und Dan 7,13; Ps 109(110),1; Mk 15,34 und Ps 22(23), 2.
[47] H. Graf Reventlow, Epochen der Schriftauslegung I 59.
[48] T. Holtz, Interpretation des Alten Testaments 90f.
[49] Siehe dazu den Überblick bei W. Werbeck, Art. Evangelien, synoptische, in: RGG³ II 753-769.

erstes Evangelium verfaßt; die beiden anderen Synoptiker, die weithin Mk folgten, Redestoff aus der Logienquelle übernahmen und Sondergut aus mündlicher Überlieferung brachten, und schließlich Joh kamen hinzu. Man wird nicht sagen können, daß diese und auch die folgenden ntl Autoren ihre Werke als heilige Schriften intendierten und bewußt als solche schrieben. Zu sehr war ihnen die Schrift (Gesetz, Propheten und Psalmen bzw. Schriften) Autorität, die das, was sie niederschrieben, stützte und begründete. Allerdings sollte man nicht übersehen, daß die Worte, aber auch Leben und Leiden mit Auferstehung Jesu als des großen Propheten (Lk 7,16; Mt 21,11) angesichts der Prophetenbücher und der Mose-Überlieferung (vgl. Dtn 18,18) von Anfang an ein besonderes Gewicht hatten. Stand er nicht sogar, durch die Auferstehung in seinem Wort und Leben als der einzig Gerechte ausgewiesen von Gott, mit seiner vollmächtigen Interpretation des Willens Gottes und seiner endzeitlichen Reich-Gottes-Botschaft über allen bisherigen Propheten? Ihm und seiner Verkündigung mußte also ebenso von Gott gegebene Autorität zukommen, wie die heiligen Schriften Israels sie besaßen.

Jesu Botschaft aber lebte in der apostolischen Verkündigung, zu der er seine dazu auserwählten Jünger beauftragt hatte, weiter. Diese war von ihm autorisiert. Und wenn sie schriftlich niedergelegt wurde, besaß sie Geltung in seinem, nun auch weitergeführten und interpretierten Wort. »Auch noch im beginnenden nachapostolischen Zeitalter werden die Worte des Herrn neben die ›Schrift‹ gestellt (1 Clem 13,1f.; 46,2f.7f.), und die Apostel erscheinen als die Vermittler der Gebote des Herrn (2 Petr 3,2; IgnMag 7,1). Sowenig hier auf Schriften als neue Normen verwiesen wird, so deutlich treten noch gegen die Mitte des 2. Jh.s ›die Apostel‹ neben ›die Bücher‹ (2 Clem 14,2).« Und es »ergab« sich dann »früher oder später die Notwendigkeit, die neuen Normen des ›Herrn‹ und der ›Apostel‹ ebenfalls in Schriften zu suchen. Und so finden wir denn auch um die Mitte des 2. Jh.s die ersten Anzeichen einer neuen ›Heiligen Schrift‹. Jesusworte werden jetzt wie atl Zitate als ›Schrift‹ angeführt (Barn 4,14; 2 Clem 2,4; 13,4), und auf ›die Briefe des Paulus‹ wird wegen der ›ihm gegebenen Weisheit‹ hingewiesen, und dabei werden diese Briefe ›den übrigen Schriften‹ an die Seite gestellt, ohne daß deutlich würde, was in diese ›Schriften‹ eingerechnet werden soll (2 Petr 3,15f.). Wenn so Evangelienschriften als ›Schrift‹ angeführt und Apostelschriften als Autorität zitiert werden, mußte es zur Bildung eines neuen Kanon aus Evangelien und Apostelschriften kommen.«[50] Man darf sicherlich sagen, daß die Entstehung des NT auch in formaler Hinsicht nicht ohne die heiligen Schriften des Volkes Jahwes zu denken ist. Nachdem die Kundgabe Gottes in Wort und Tat, die in der Geschichte Israels erfolgt war, in schriftlicher Bezeugung zugänglich und damit auch späteren Generationen erfahrbar war,

---

[50] W.G. Kümmel, Art. Bibel II B Sammlung und Kanonisierung des NT, in RGG³ I 1131-1138, 1132.

sollte und mußte es mit der endzeitlichen Offenbarung Gottes in Jesus, dem Christus, ebenso sein. Auch diese Ausrichtung und Zielsetzung verbindet die beiden Testamente. Dabei liegt die Priorität beim AT.

Ebenso verhält es sich in literarischer Hinsicht. Daß das AT vorangeht und Evangelien wie Apostelschriften die direkte und enge Verbindung mit den heiligen Schriften des Volkes Jahwes suchen, wird in den aus ihnen geschöpften Zitaten deutlich. Man hat die mit einer Einleitungsformel versehenen Zitate ausgezählt[51] und eine eindrucksvolle Liste der in unterschiedlichem Umfang zitierten atl Bücher erstellt.[52] Bedenkt man, daß diese Zitate nicht an beliebigen Stellen, sondern bei theologisch bedeutenden und argumentativ wichtigen eingebracht werden, tritt auch die enge Verbindung in Inhalt und Themen zwischen den beiden Testamenten in den Blick. Besonders Paulus hat hier unübersehbare Linien zu den Schriften Israels gezogen. »In den echten Paulusbriefen (Röm; 1 und 2 Kor; Gal; Phil; 1 Thess; Phlm) finden sich« mit oder ohne formale Einleitung »etwa 90 Zitate aus dem Alten Testament«, die ihm dazu dienen »seine Position bei den Empfängern seiner Briefe und in Auseinandersetzung mit den Gegnern durch die unangefochtene Autorität der Bibel zu begründen«[53]. Wenn manche Bücher des AT kaum oder nicht zitiert werden, besagt dies keine Abwertung. Viele ntl Ausdrücke übernehmen Formulierungen auch aus solchen Teilen des AT.[54] Ntl Autoren sprechen weithin in der Diktion der ihnen vertrauten heiligen Schriften.

Noch enger sind die beiden Testamente durch den einen und selben Gott verbunden, von dem sie je in ihrer Weise Zeugnis geben. Es kann nach dem NT kein Zweifel darüber bestehen, daß der Gott Israels der Gott und Vater Jesu Christi ist. Jesus selber steht in all seinem Wirken auf dieser Basis. Allenthalben bezeugt er dies, wo immer er von Gott spricht, dessen in den atl Schriften im Wort gezeichnetes Bild er voraussetzt, nicht ohne jeweils bestimmte Züge zu betonen. Im Johannes-Evangelium macht er seine Beziehung zu diesem einen Gott in der dort geführten Auseinandersetzung mit den Juden zum Thema (vgl. Joh 8-10). Nicht anders sehen und bezeugen es die ntl Autoren: Es ist der eine und gleiche Gott, der sich im Alten wie im Neuen Bund offenbart und damit auch den Grund für die bleibende Bedeutung des AT legt. »Wenn deshalb das

---

[51] M. Hengel, Die Septuaginta als »christliche Schriftensammlung«, ihre Vorgeschichte und das Problem ihres Kanons (Mit R. Deinees), in: M. Hengel – A.M. Schwemer (Hrsg.), Die Septuaginta (WUNT 72), Tübingen 1994, 182-284, 265, verweist auf das atl Stellenverzeichnis in der 25. Auflage des Novum Testamentum graece von E. Nestle, wo sich ein rascher und guter Überblick gewinnen läßt.

[52] M. Hengel, a.a.O. 265, zeichnet »folgendes Bild: Psalmen 55; Jesaja 45; Dtn 41 (davon jedoch 14mal Dekalog und Liebesgebot); Ex 23 (10mal Dekalog); Kleine Propheten 21; Gen 16; Lev 14 (7mal 19,18); Jer 9; Prov 4; Ez, Dan, Num, 2 Sam je 2 Zitate; Hiob, Jos, 1 Kön je 1 Zitat«.

[53] H. Graf Reventlow, Epochen der Schriftauslegung I 63f.

[54] Sie sind in der genannten Ausgabe des NT von E. Nestle vielfach mit Randverweisen angezeigt oder auch im Druckbild des griechischen Bibeltextes hervorgehoben.

Neue Testament von Verheißung spricht und dabei auf die Verheißungen in verschiedenen Teilen des Alten Testaments hinweist, die in Christus und seiner Kirche erfüllt sind, so geht es nicht nur darum, für die Ereignisse des Neuen Testaments Vorhersagen im Alten zu finden, sondern es geht darum, das Ganze des Alten Testaments als den Anfang eines Werkes Gottes zu verstehen, das seine Vollendung in Christus und seiner Kirche findet. Und gerade um die göttliche Absicht, die in Christus und seiner Kirche sich vollendet, als Ganzes zu verstehen, ist das Alte Testament entscheidend wichtig.«[55] Es handelt stets der eine und gleiche Gott. Die Einheit der beiden Testamente »ist deshalb eine Einheit in Gott«[56]. Seit den frühesten Tagen der Kirche haben die Christen geglaubt und bekräftigt, daß die Bücher beider Testamente, des Alten und des Neuen, die Grunddokumente ihres Glaubens seien und daß durch sie Gott zu seinem Volk gesprochen hat und fortfährt, zu ihm zu sprechen.[57]

In der Tat konfrontiert das AT »in einer Massivität mit der unauslotbaren Wirklichkeit Gottes, der der Vater Jesu Christi ist, die die Anerkennung – oder deren Verweigerung – des« Gottseins Gottes »erzwingt und die übliche Flucht in ein vermeintlich christliches Gottesbild abschneidet«[58]. Es wird auch vom AT her sichtbar, was die Kirche nach dem NT »behauptet, wenn sie bekennt«: Jesus Christus ist wahrer Gott. »Das volle Christusbekenntnis verweist uns also gerade in das Alte Testament, und das Alte Testament wird unmittelbar zur Anrede, weil es den Gott bezeugt, der in Jesus Christus uns begegnet.«[59] Das große Thema des AT, Gott, schlägt also im NT voll durch. Aber auch die damit zusammenhängenden wesentlichen theologischen Aussagen des NT werden bereits im AT getroffen, im NT übernommen oder vorausgesetzt, so daß ebenfalls hierin eine enge Verbindung beider Testamente besteht. »Wendet man gegen diese Unablösbarkeit des Alten Testamentes vom Christusgeschehen dessen Fremdheit, ›Unverständlichkeit‹ oder auch Aufgehobenheit, so weist das darauf zurück, daß man dessen, was in Jesus Christus geschah, noch gar nicht ansichtig geworden ist. Wie aber sollte man die Dimensionen dieses Geschehens auch nur von ferne in den Blick bekommen, wenn man sich nicht von dem Alten Testament belehren läßt über Heiligkeit, Eifer und Ehre und damit den Namen Gottes, über Abfall und Untreue des Menschen, über dessen vermeintliche Selbständigkeit und faktische Ohnmacht (Jes 7,18), über Gottes Treue und Freiheit und des Menschen Verstricktheit in Irrtum und Lüge?«[60]

---

[55] J.D. Smart, Hermeneutische Probleme der Schriftauslegung, Heidelberg 1965, 76.
[56] J.D. Smart a.a.O. 81.
[57] So D.L. Baker, Two Testaments. One Bible. A Study of the Theological Relationship between the Old and New Testaments, ²1991, 267.
[58] K. Schwarzwäller, Das Verhältnis Altes Testament – Neues Testament im Lichte der gegenwärtigen Bestimmungen: EvTh 29, 1969, 281-307, 303f.
[59] K. Schwarzwäller, a.a.O. 304.
[60] K. Schwarzwäller, Das Alte Testament in Christus (ThSt 84), 1966, 56f.

Grundlegend für die Zusammengehörigkeit der beiden Testamente in der einen Bibel ist, wie sich bei allen theologischen Einzelthemen zeigt, der »Monotheismus mit allen Implikationen für das Gottes-, Welt- und Daseinsverständnis, Schöpfungsglaube, Gebetsfrömmigkeit«[61]. Auf Einzelheiten und auch auf zentrale theologische Begriffe, wie etwa »Bund«[62], kann hier nicht eingegangen werden. Doch folgende Grundkomponenten für den Zusammenhang der beiden Testamente seien hier herausgestellt: »1. das Gottesverständnis: Gott, alleinige Macht, ist personhaft sittlicher Wille; 2. das Menschenverständnis: der Mensch, Geschöpf Gottes, ist seiner Natur nach im Widerstreit gegen Gottes Willen; 3. das Verhältnis von Gott und Mensch: die von Gott gemeinte Lebensgemeinschaft kann nie durch den Menschen, sondern allein durch Gott realisiert werden und wird durch Gottes richtendes und erlösendes Tun Wirklichkeit.«[63] In vielem also »setzt« das NT »das Alte Testament voraus. Seine Sprache wurde dort geprägt, seine Bilderwelt dort ausgebildet, sein Erfahrungsschatz dort gesammelt. Auf vieles wird in den neuen Texten nur angespielt, es wird als bekannt nur aufgegriffen, oder es muß als selbstverständlich gar nicht erwähnt werden«[64]. Man darf nach alledem sagen, daß der Sinnzusammenhang zwischen AT und NT nicht »zugunsten eines Prinzips der Zusammenhanglosigkeit« aufgegeben werden darf. »Ein vom Alten Testament getrenntes Neues Testament ist aber in sich selbst aufgehoben, weil es seinem eigenen Anspruch nach nur durch diese Einheit besteht.«[65] Auf der anderen Seite darf natürlich auch das Neue, das im NT gegeben ist und ihm gegenüber dem AT die Daseinsberechtigung gibt, nicht übersehen werden. Die Frage ist dabei, ob dieses Neue im Sinne eines Gegensatzes oder einer teilweisen Verschiedenheit zu verstehen ist. Das NT setzt eigene Akzente in der Botschaft von dem einen Gott, die es übernimmt und weiterführt. Diese sind gebündelt und zu ihrer Eigenständigkeit in all dem gebracht, was über Jesus, den Christus, zu sagen ist. Während im AT der Messias kein Hauptthema der Theologie ist, läuft im NT alles auf das Christusereignis zu und wird in seinem Licht gesehen. Das und was damit für Gottes Volk, alle Menschen und die Welt gegeben ist, ist das Neue am Neuen Testament. Es führt in neuer Weise fort, was in den heiligen Schriften des Volkes Jahwes über Gott, Welt und Menschen gesagt ist.

---

[61] A.H.J. Gunneweg, Religion oder Offenbarung. Zum hermeneutischen Problem des Alten Testaments: ZThK 74, 1977, 151-178, 177.

[62] Siehe dazu E. Kutsch, Von der Aktualität alttestamentlicher Aussagen für das Verständnis des Neuen Testaments: ZThK 74, 1977, 273-290.

[63] F. Baumgärtel, Das Offenbarungszeugnis des Alten Testaments im Lichte der religionsgeschichtlich-vergleichenden Forschung: ZThK 64, 1967, 393-422, 394.

[64] N. Lohfink, Eine Bibel – Zwei Testamente, in: Chr. Dohmen – Th. Söding (Hrsg.), Eine Bibel – Zwei Testamente (UTB 1893), Paderborn 1995, 71-81, 76.

[65] Joseph Cardinal Ratzinger, Schriftauslegung im Widerstreit. Zur Frage nach Grundlagen und Weg der Exegese heute, in: ders., Schriftauslegung im Widerstreit (QD 117) Freiburg 1989, 15-44, 40.

Aber auch dies ist bei Überlegungen bezüglich der Einheit der beiden Testamente zu bedenken: »Es gibt kein vor dem Neuen Testament abgeschlossenes Altes Testament, es gibt« für den Christen »keine vor dem Neuen Testament abgeschlossene Offenbarung. Wir sehen vielmehr, daß das Alte Testament in einem langen Prozeß gewachsen und geworden ist, der sich schließlich auch als Kanonisierungsprozeß greifen läßt.«[66] Das Neue, das vom NT her auf die Schriften Israels einwirkt, schlägt sich auch in der Reihenfolge der atl Bücher nieder: Die Propheten erhalten jetzt ihren Platz nach den »geschichtlichen Büchern« und den »weisheitlichen« Schriften und werden als Ankündigung der neuen, in Christus Wirklichkeit gewordenen Heilsereignisse verstanden. »Das Neue Testament bringt also das Alte Testament als solches überhaupt erst hervor, indem es selbst als das non plus ultra an das Ende und damit an das Ziel der biblischen Traditionsbildung tritt und alles Vorhergehende, nämlich das sogenannte Alte Testament, zum Abschluß bringt. Wir haben es nur mit einem einzigen Werdeprozeß biblischer Tradition zu tun.«[67]

So stellen sich vom Neuen her, das das NT im Blick auf die heiligen Schriften Israels in die Einheit der Bibel einbringt, zwei Fragen: Wie ist der Werdeprozeß biblischer Tradition im AT allem Anschein nach erfolgt? Muß das AT vom NT her verstanden werden? Der ersten Frage wenden wir uns nunmehr zu.

V. Entstehung im Verbund von Texten und Schriften

Wenn sich beim Lesen des AT der Eindruck aufdrängt, der bereits durch das üblicherweise beigegebene Inhaltsverzeichnis bestätigt wird, daß es eine Sammlung verschiedener Schriften ist, so wird die Wahrnehmung textlicher Uneinheitlichkeit beim näheren Eingehen auf die einzelnen in ihm versammelten Bücher noch verstärkt. Die meisten von ihnen sind offensichtlich nicht aus einem Guß. Sie haben also eine Entstehungsgeschichte. Will man das AT verstehen, kann man diese nicht außer acht lassen.[1] Es geht vielmehr, da das Ganze und sein Werden im Blick stehen darum, wieso es überhaupt entstehen konnte und wie sich der Impuls zur Entstehung auf den Werdeprozeß auswirkte. Es muß nämlich einen Anlaß gegeben haben, der dazu drängte, Texte zu verfassen und so zu gestalten, wie sie heute vorliegen, und dabei eine Linie einzuhalten, die es ermöglichte, alle diese Texte schließlich zusammenzufassen, so daß in der

---

[66] H. Gese, Das biblische Schriftverständnis, in: ders., Zur biblischen Theologie. Alttestamentliche Vorträge (BEvTh 78), München 1977, 9-30, 11.

[67] H. Gese, a.a.O.11.

[1] Das ist Sache der atl Einleitungswissenschaft, auf deren einschlägige Werke hier verwiesen werden darf.

Bildung eines Kanons das AT entstand. Dieser Impuls muß im AT selber festzustellen und bezeugt sein; andernfalls würde eine Entstehungstheorie an das AT bzw. , wenn diese dann auf das NT ausgeweitet wird, an die Bibel herangetragen. Dies jedoch würde das Verstehen eher behindern als fördern.

Der aufmerksame Leser, der immer wieder fragt, wovon im AT im Grunde und stets die Rede ist und welches Interesse die Texte ständig leitet und begleitet, sucht nicht vergebens. Oft und auf weite Strecken hin in aller Klarheit und Eindeutigkeit, zuweilen aber auch nur hintergründig, doch im Zusammenspiel mit anderen Schriften nicht zu übersehen[2], kommt das Generalthema zu Wort, hat bestimmende und leitende Funktion. Von ihm her und in Richtung auf seine Bezeugung ist gesagt, was die Texte aussagen und darstellen. Es hindert ihre vielfältige Besonderheit nicht, sondern fordert sie geradezu heraus, schützt recht verstanden ihre Eigenart und ermöglicht zugleich ihre Weiterentwicklung. Das Generalthema des AT wird zum Anlaß für die Entstehung des AT, ja der ganzen Bibel.

1. Der bestimmende, entscheidende und fortwirkende Impuls

Sobald im ersten biblischen Buch der Name Jahwe auftaucht, ist das Signal gegeben. Es wird verstärkt und in eine eindeutige Richtung gelenkt, wenn der Name Israel zum ersten Mal genannt wird.[3] Es geht also um Jahwe, den Gott Israels, und um sein Volk. Das ist das Generalthema[4], das über das ganze AT hin in vielfältiger Weise behandelt wird. Man hat es in der stets gültigen Formel und ihren verschiedenen Abwandlungen zusammengefaßt: Jahwe ist unser, Israels, Gott, und wir sind sein Volk.[5] Dies muß nicht immerzu ausgesprochen und wiederholt werden; es ist stets präsent. Das AT formuliert das Generalthema erzählend an der Stelle, wo es in Wort und Tat Jahwes seinen Ursprung hat, in der Ankündigung der Befreiung aus der ägyptischen Knechtschaft, die Gott seinem Volk zuteil werden läßt, durch Jahwe selber (Ex 3,7): »Ich habe das Elend meines Volkes in Ägypten gesehen.« Er selbst bezeichnet die Israeliten als sein »Volk«, wobei das hebräische Wort (ʿam) eine enge Beziehung ausdrückt, wie sie unter Verwandten herrscht. In diese Verbindung, die bleiben soll und wird, holt er Israel. Und er sagt an, was er für sein Volk tun und mit ihm machen wird.

---

[2] Hier ist z.B. an das Hohelied, auch an Kohelet, Ijob und Spr sowie an Tob, sofern hier Einzelschicksale in den Blick gerückt sind, zu denken.

[3] Von Jahwe wird zum ersten Mal in der Bibel Gen 2,4, von Israel Gen 32,29 gesprochen.

[4] Das ist es eigentlich auch, wie sich allerdings erst an späterer Stelle eindeutig herausstellt, von Anfang an, im heutigen Zusammenhang nach einem Blick auf die Entstehung der Welt als Schöpfung Gottes.

[5] Siehe dazu J. Schreiner, Theologie des Alten Testaments (Ergänzungsband 1 zur NEB.AT), Würzburg 1995.

Diesen Vorgang hat nach dem Zeugnis des AT Mose am brennenden Dornstrauch erlebt und davon den Israeliten berichtet. Der geschichtliche Hintergrund ist die Flucht derer, die von Mose angesprochen waren, aus der Unterdrückung durch den Pharao. Daß es ihnen im Namen Jahwes gelungen ist zu fliehen, war das Zeichen für die aktive und wirksame Zuwendung dieses Gottes zu ihnen. Daß es ihnen dann gelang, wieder unter seinem Namen, in Palästina einzudringen, sich dort festzusetzen und andere Sippen und Stämme in ihren Verband einzugliedern, gab ihnen die Gewißheit, Jahwe habe auf Dauer, ja für immer sich mit ihnen verbunden. Um sich dessen stets zu vergewissern, hielt Israel die Ereignisse, die es als Werk seines Gottes verstehen mußte, in seiner Überlieferung fest, brachte sie im Lauf der Zeit in schriftliche Form, bewahrte die Texte, veränderte sie oder faßte auch die alte Überlieferung neu ins Wort und gab ihr wiederum schriftliche Gestalt.

Es blieb nicht bei der Aufzeichnung und schriftlichen Ausgestaltung der alten Tradition von den Ursprüngen des Jahwevolkes. Wie seine Schriften ausweisen, macht Israel im Glauben die Erfahrung, daß sein Gott nicht von ihm ließ, sondern über die Geschichte hin an dem festhielt, was er am Anfang kundgetan hatte: Ich bin euer Gott, ihr seid mein Volk. Hatte Jahwes Volk das Wirken seines Gottes erlebt und war ihm sein Wort durch berufene Sprecher verkündet worden, wurde beides auch fernerhin festgehalten und zu gegebener Zeit schriftlich aufgezeichnet. Es handelte sich nämlich um den gleichen Gott und dasselbe Volk. Was immer er tat und sagte, war von Bedeutung für Israel. Man vergegenwärtigte es sich in den folgenden Zeiten[6], um daraus für die eigene jetzige Situation zu lernen. Aufgeschrieben wurde das, was im Blick auf Jahwe wichtig war, nicht um der bloßen Dokumentation willen und damit das schriftliche Zeugnis in Archiven abgelegt würde. Archivmaterial gab es auch, etwa die »Chronik der Könige von Juda und Israel«[7], auf die in den Königsbüchern häufig verwiesen wird. Für Israels Leben aber war wichtig, was im Hinblick auf Jahwe und aus der Sicht des Gottes, der sich in einer bestimmten Weise am Anfang der Geschichte seines Volkes kundgetan hatte, zu sagen war. So wurden die Texte gestaltet, die dann in ihrem Verbund und Zusammenspiel die heiligen Schriften Israels wurden.

2. Traditionsbildung und Niederschrift

Als sich Israel in Kanaan festsetzte und formierte, herrschte dort bereits eine rege Schreibkultur. »Vor allem hatte das mesopotamische Keilschriftwesen während der Mittel- und Spätbronzezeit in allen kanaanäischen Stadtstaaten seine Bildungszentren.«[8] Jerusalem aber war ein sol-

---

[6] Siehe unten: Zu Interpretation und Fortschreibung S. 94–100. 209–211.
[7] 1 Kön 14,19.29; 15,7.23.31 u.ö.
[8] H. Haag, Art. *kātab*, in: ThWAT IV 385–397, 389 mit Verweis auf H. Tadmor, in: IEJ 27, 1977, 98–102.

cher Stadtstaat, bevor die Stadt von David erobert wurde. Es ist anzunehmen, daß nach Festigung der Herrschaft unter Salomo und im Bezug auf die beiden vereinigten Königreiche nicht nur die herrschende Dynastie ihren Anspruch formulierte und begründete[9], wie es anderwärts im Alten Orient in Königstexten auch geschah, sondern auch den Anspruch Israels auf das Land gegenüber den Vorbewohnern. Hier läßt sich »der Sitz im Leben« einer alten, auch bereits schriftlich niedergelegten Tradition denken, die den Besitz des Landes und die Herrschaft in ihm auf die Verheißung und das Wirken Jahwes zurückführte.[10]

Fragt man das AT selbst nach seiner Bezeugung für die Aufzeichnung von Überlieferungen des Volkes Jahwes, wird man, was den Pentateuch anbelangt, in dtn Zeit fündig: Auf Anordnung Jahwes macht Mose einen schriftlichen Bericht über die Amalekiterschlacht (Ex 17,14), alle Worte Jahwes (Ex 24,4;34,28) und die Lagerstationen auf dem Weg durch die Wüste (Num 33,2). Er schreibt die Torah auf (Dtn 31,9), die dann alle sieben Jahre vorgelesen werden soll, und das Moselied (Dtn 31,22). In Jos 8,32 wird von einer Abschrift des Gesetzes des Mose gesprochen. In dtn Sicht ist es sogar Jahwe selbst, der den Dekalog[11], die Bundesurkunde aufschreibt und ihren Inhalt damit, wie es ein Großkönig gegenüber seinem Vasallen tut, vorschreibt. Ja, er hat nach 2 Kön 17,37 »die Satzungen und Gebräuche, das Gesetz und die Gebote« selber für Israel niedergeschrieben. So wird die Torah, wie es in den atl Gesetzeskorpora tatsächlich geschieht, Jahwe zugeschrieben. Was für Israel gilt, ist sein schriftlich festgehaltener Wille. Zeitlich ist diese Auffassung mittels Mose in die Anfänge Israels, an den Sinai, nach der Herausführung aus Ägypten vor die Landnahme gesetzt. Nach dtr Sicht brachte Israel das Gesetz und die alte Überlieferung von der Befreiung aus der Knechtschaft, die mit der Torah als Vorgabe notwendig verbunden ist[12], schon in schriftlicher Fassung in das Land der Verheißung mit.

Teilweise zeitlich früher sind Hinweise auf die Niederschrift von Prophetenworten anzusetzen, die sich in Prophetenbüchern finden. Es war auch anderwärts[13] üblich, Prophetenworte aufzuzeichnen für diejenigen, an die sie sich richteten. Jesaja wird zum Schreiben aufgefordert (8,1; 30,8), »damit es für künftige Zeiten auf immer bezeugt ist«. Habakuk erhält vom Herrn den Befehl: »Schreib nieder, was du siehst« (2,2). Jeremia schreibt im Auftrag Jahwes (36,2), seine bisherige Verkündigung auf eine

---

9 Vgl. die Grundform der »Geschichte von Davids Aufstieg und Thronnachfolge« in 1 Sam 16–2 Kön 2*, die sich auf die Darstellung der wesentlichen Vorgänge und der wichtigen Schritte auf dem Weg Davids zum Königtum beschränkt haben dürfte.

10 Dafür kommen Texte in Frage, die dem sogenannten Jahwisten zugewiesen werden.

11 Ex 31,18; Dtn 4,13; 5,22; 9,10; 10,4.

12 Vgl. nur den Vorspruch zum Dekalog: Ex 20,2; Dtn 5,6.

13 So in Mari, gelegen am mittleren Eufrat, im 18. Jh. v. Chr. Siehe die ausgewählten Beispiele bei W. Beyerlin, Religionsgeschichtliches Textbuch zum Alten Testament (ATD Ergänzungsreihe 1), Göttingen 1975, 146-152.

Buchrolle, die dann öffentlich vor dem Volk und anschließend vor dem König und seinen Ministern verlesen wird. Ezechiel muß in seiner Berufungsvision eine Buchrolle essen (2,8f.; 3,1-3), die mit Klagen, Seufzen und Weherufen beschrieben war. Diese Mitteilungen bezeugen, auch wenn sie teilweise nachträglich in die Prophetentexte eingefügt sein mögen, daß man Aufzeichnungen von Prophetenworten kannte und sie mit den Propheten selbst in Verbindung brachte.[14]

Es ist anzunehmen, daß diese auch selbst Worte und Visionserfahrungen schriftlich festgehalten haben oder durch ihre Anhänger aufschreiben ließen. Wahrscheinlich hat Ezechiel, wie die genaue Datierung mancher Visionen und Wortverkündigungen anzeigt, Aufzeichnungen über seine Gesichte und Worte gemacht.[15] Bei Hosea darf man vermuten, daß »kleinere Zusammenstellung(en?) von Sprucheinheiten noch während der Wirkungszeit des Propheten«[16] vorgenommen wurden, und für die Überlieferung der Botschaft des Amos ist wohl anzunehmen, daß die »Schaffung der Einheit von Visions- und Fremdbericht, vielleicht noch zu Lebzeiten des Amos«, doch »auf jeden Fall noch im 8. Jh.« und die Sammlung der Amosworte, »die im Kap. 4 (V. 12) abbricht«, wahrscheinlich »nicht allzulange nach dem Auftreten des Amos« erfolgte.[17] Unverkennbar ist jedenfalls ein frühes Interesse, Widerfahrnisse und Worte der Propheten nicht nur in mündlicher Rede, sondern in schriftlicher Form festzuhalten. »Durch die Niederschrift wird das von den Hörern verachtete Prophetenwort für die Zukunft aufbewahrt und behält seine Bedeutung über den Augenblick der mündlichen Verkündigung hinaus.«[18]

Allerdings ist mit der Aufzeichnung der Prophetensprüche die Sache nicht erledigt. »Von den israelitischen Prophetenworten haben wir auf ganz andere Weise« als in Mari »Kenntnis erhalten. Sie wurden systematisch gesammelt, tradiert und ausgelegt. Das ist primär die singuläre Seite der alttestamentlichen Prophetie: das auf den ersten Blick unverständliche Faktum, daß die Worte der Propheten, nachdem sie dem oder den Adressaten gegenüber ausgesprochen waren, nicht als abgetan galten, nicht – wie in Mari – sozusagen in Akten abgeheftet wurden, sondern mündlich und schriftlich weitertradiert wurden mit dem Anspruch, auch für andere, spätere Adressaten gültig zu sein«[19]. Dieser Anspruch kommt nicht von ungefähr. Er ergibt sich, wie die Prophetenschriften allenthalben betonen, daraus, daß es Worte Jahwes sind, die hier überliefert wer-

[14] Auch Jer 25,13; 30,2; 45,1; 51,60.

[15] Siehe W. Zimmerli, Ezechiel 1. Teilband 1-24 (BK.AT XIII/1), Neukirchen 1969, 12*-23*, zu diesem Problem.

[16] I. Willi-Plein, Vorformen der Schriftexegese innerhalb des Alten Testaments (BZAW 123), Berlin 1971, 252.

[17] I. Willi-Plein, a.a.O. 62.

[18] H. Haag, Art. kātab 392.

[19] J. Jeremias, »Ich bin wie ein Löwe für Efraim« (Hos 5,14). Aktualität und Allgemeingültigkeit im prophetischen Reden von Gott – am Beispiel von Hos 5,8-14, in: SBS 100, Stuttgart 1981, 75-95, 78f.

den. Sie sind bleibend wichtig, weil Jahwe der Gott Israels ist und bleibt und weil sie Worte an sein Volk sind. Sie stehen innerhalb des Generalthemas, das Jahwe so formuliert: »Ich, Jahwe, euer Gott, und ihr, Israel, mein Volk.«[20] Sie sind ebenso unvergessen wie die Taten, die der Herr vollbracht hat, insbesondere dann, wenn sie sich erfüllt haben oder als bisher unerfüllte Ankündigungen noch ausstehen.

Weisheitliche Aussprüche, insbesondere Sprichwörter, wurden naturgemäß mündlich weitergegeben. Spr 22,20 aber sagt der Weisheitslehrer zu seinem Schüler: »Habe ich nicht dreißig Sätze für dich aufgeschrieben als wissenswerte Ratschläge?« Und die wahren Worte Kohelets wurden »sorgfältig aufgeschrieben« (12,10). Das Buch Ijob muß seiner ganzen Anlage nach und als Wiedergabe subtiler Diskussion und Beweisführung in schriftlicher Form verfaßt sein. Weisheitsschriften hatten, wie bereits gesagt, in Israels Umwelt eine alte Tradition.

Was aber die Weisheitsbücher in das Gesamt des AT führte, war ihre Ausrichtung auf Jahwe, mochte sie auch wie im Sprichwörterbuch nur in einigen Passagen mit der Nennung des Gottesnamens verdeutlicht oder wie bei Kohelet später ausdrücklich nachgetragen oder wie beim Hohenlied erst durch Interpretation gewonnen sein. Im Grunde ging es für Israel bei allen Aussagen über Welt und Menschen immer auch um Jahwe, den Schöpfer und Herrn alles dessen, was existierte, und um den Bezug auf sein Volk. Was in seinem Sinn war und in die Beziehung zu ihm eingeordnet werden konnte, war wert, durch Aufschreiben bewahrt zu werden. Von vornherein auf Aufzeichnung abgestellt ist die »Geschichtsschreibung« des AT. Mündliche Traditionsbildung wird auch hier vorausgehen. Aber die sogenannten atl Geschichtswerke (das deuteronomistische: Dtn 1-3;29-34*, Jos – 2 Kön und das chronistische: 1.2 Chr und wohl auch Esra, Neh) sind als Schriften entstanden.[21] Den Anlaß, die Geschichte Israels unter der Führung und dem Gebot Jahwes darzustellen, gab wohl Dtn 6,20ff.[22] In dtn/dtr Zeit drängten Kreise, die Jahwe treu waren und seinem Wort gehorsam sein wollten, auf schriftliche Festlegung der alten Traditionen, wie sie diese verstanden, und projizierten die Verschriftung, so weit möglich, auf die von ihnen erhöhte Gestalt des Mose.[23] In seinem, in ihrem Geist wurde auch das deuteronomistische Geschichtswerk verfaßt.

---

[20] Siehe Ex 10,2; Lev 18,2 u.o. und die ab Ex 3,7 häufige Anrede Jahwes »mein Volk«. Vgl. Lev 26,12, negativ im Gerichtswort Hos 1,9.

[21] Noch mehr gilt dies für die beiden Makkabäerbücher. Das 2. stellt sich selbst als Auszug aus dem größeren Werk des Jason von Cyrene (2,23) dar.

[22] Siehe dazu J. Schreiner, Geschichtsdeutung im Alten Testament, in: ders., Der eine Gott Israels, Würzburg 1997, 100-112.

[23] Siehe oben S. 32 ff.

3. Der Einfluß der Torah auf die schriftliche Überlieferung

Wer dieses Werk näher betrachtet und sich eingehender mit ihm befaßt, wird nicht übersehen, daß er darin auf Texte stößt, die ihn nach Inhalt und Diktion an das Deuteronomium erinnern, mit dem er begonnen hat. Ein Beispiel sei angeführt. In 2 Kön 17 wird die Eroberung Samarias und das Ende des Reiches Israel kurz dargestellt. Dann folgt ein ausführlicher Kommentar: »Das geschah, weil die Israeliten sich gegen den Herrn, ihren Gott, versündigten, der sie aus Ägypten, aus der Gewalt des Pharao, des Königs von Ägypten, heraufgeführt hatte. Sie verehrten andere Götter, ahmten die Bräuche der Völker nach, die der Herr vor den Israeliten vertrieben hatte« (V. 7f.). Sie folgten nicht seinem Wort: »Achtet auf meine Befehle und meine Gebote, genau nach dem Gesetz, das ich euren Vätern ... gegeben habe« (V. 13). »Doch sie wollten nicht hören, sondern versteiften ihren Nacken wie ihre Väter, die nicht auf den Herrn, ihren Gott, vertrauten. Sie verwarfen seine Gebote und den Bund, den er mit ihren Vätern geschlossen hatte« (V. 14f.). Besonders der Götzendienst und die Nachahmung der fremden Völker in deren Kult und Gebräuchen werden als Ursache des Unheils scharf herausgestellt. Auf die Weisung Gottes wird nachdrücklich hingewiesen, aber auch auf die Befreiung aus der ägyptischen Knechtschaft. Auf die Widersetzlichkeit Israels in der Wüste[24] wird angespielt. Die Rolle der Propheten, die als Mahner zur Erfüllung der Torah und als Warner vor deren Mißachtung angesehen werden, wird hervorgehoben (V. 13). Schon vor der Landnahme hatte Josua in seinen beiden Abschiedsreden (Jos 23f.) eindringlich gemahnt, »alles zu beachten und zu tun, was im Gesetzbuch des Mose geschrieben steht« (23,6) und den Bund für das Volk mit Jahwe geschlossen (24,25). Und als auch für das Reich Juda der Verlust des Landes bereits bedrohlich nahegerückt war, ließ König Joschija »alle Worte des Bundesbuches, das im Haus des Herrn gefunden worden war, vorlesen«, und ganz im Sinne des Deuteronomiums »schloß er vor dem Herrn diesen Bund: Er wolle dem Herrn folgen, auf seine Gebote, Satzungen und Gesetze von ganzem Herzen und ganzer Seele achten und die Vorschriften des Bundes halten, die in diesem Buch niedergeschrieben sind« (2 Kön 23,2f.). Die Torah bestimmt weithin, auch wenn nicht eigens auf sie hingewiesen wird, was über die Zeit der Richter und Könige Israels niedergeschrieben und wie sie dabei bewertet wurde.

Nicht nur in der Sicht des dtr Geschichtswerkes stehen die Propheten im Dienst der Torah. Auch die Prophetenbücher machen darauf aufmerksam. Am Ende des Buches Maleachi steht die prophetische Mahnung als Jahwewort: »Denkt an das Gesetz meines Knechtes Mose; am Horeb habe ich ihm Satzung und Recht übergeben, die für ganz Israel gelten« (Mal 3,22). Und nach Jer 11,3ff. spricht der Prophet, wie es Mose kaum besser könnte: »So spricht der Herr, der Gott Israels: Verflucht der

---

[24] Vgl. Dtn 9,9-10,11; Num 13f.

Mensch, der nicht hört auf die Worte dieses Bundes, die ich euren Vätern aufgetragen habe, als ich sie aus Ägypten herausführte, aus dem Schmelzofen des Eisens: Hört auf meine Stimme, und handelt in allem nach meinen Geboten; dann werdet ihr mein Volk sein, und ich will euer Gott sein. Nur so kann ich den Eid halten, den ich euren Vätern geschworen habe: ihnen ein Land zu geben, in dem Milch und Honig fließen, wie ihr es heute habt.« Jeremia stimmt nach V. 5 diesem Auftrag und seinem Inhalt ausdrücklich zu. Selbst prophetische Zukunftsschau wird von der Torah her entworfen: »Das wird der Bund sein, den ich nach diesen Tagen mit dem Haus Israel schließe – Spruch des Herrn: Ich lege mein Gesetz in sie hinein und schreibe es auf ihr Herz. Ich werde ihr Gott sein, und sie werden mein Volk sein« (Jer 31,33).[25] Auch bei der Niederschrift der prophetischen Verkündigung hat die Torah eingewirkt. Ohne ihren Einfluß wäre sie in der uns vorliegenden Form nicht zustandegekommen. Und man darf sich die Frage stellen, ob sie in dieser schriftlichen Ausgestaltung prophetischer Botschaft überhaupt verfaßt worden wäre, hätte nicht zu einem maßgeblichen Teil die Torah das Interesse geleitet.

Einmal auf solche Verbindungslinien und Zusammenhänge aufmerksam geworden, wird der Leser des AT auch bei dem dritten Teil, den »Schriften«, nach ihnen fragen. Das Anliegen der Weisheitslehre ist es nicht, den Menschen in den Problemen und Fragen der Lebensgestaltung mit dem Gebot Gottes zu antworten. Die Weisheit argumentiert mit der menschlichen Erfahrung und ihren Ergebnissen. Aber auch hier übt die Torah ihren Einfluß aus. Spr 10,8 stellt fest: »Verständiger Sinn nimmt die Gebote an.« Denn »wer Ehrfurcht hat vor dem Gebot, bleibt unversehrt« (13,13) und »wer (Gottes) Gebot bewahrt, bewahrt sein Leben« (19,16).[26] Verstärkt sind die Hinweise auf das Gesetz des Herrn bei Sir.[27] Das zweite Nachwort zu Koh mahnt am Ende aller Erörterungen über die Vergeblichkeit menschlichen Tuns, das nicht in rechter Weise und damit sinnvoll ausfüllt, was Gott an zu füllender Zeit vorgegeben hat: »Fürchte Gott und achte auf seine Gebote. Das allein hat jeder Mensch nötig« (12,13). Ps 1 empfiehlt das Psalmenbuch als Lebenslehre für den Gerechten, »der Freude hat an der Weisung des Herrn« – »über seine Weisung nachsinnt bei Tag und bei Nacht«[28]. Und Ps 19 und 119 singen das Lob dieser Weisung des Herrn, der Torah. Ps 78 bedenkt unter dem Blickwinkel der Gottesweisung die frühe Geschichte Israels. Das Buch der Weisheit Salomos widmet den zweiten Teil dieser Schrift der Befreiung aus der ägyptischen Knechtschaft.

---

[25] Andere dtn klingende Stellen aus den Prophetenbüchern könnten angeführt werden, z.B. Jer 1,17; Am 2,4.10; 3,2; Mi 6,8.

[26] Spr 19,16 liest sich wie eine Fortführung der Mahnung von Dtn 30,15f.

[27] Siehe Sir 17,11; 24,23; 39,8; 41,8; 45,5.17;49,4.

[28] E. Zenger, in: F.-L. Hossfeld – E. Zenger, Die Psalmen. Psalm 1-50 (NEB), Würzburg 1993, 45. Ps 1,2 erinnert an Jos 1,7f.

Allem Anschein nach hat also die Torah in ihrer Darstellung ursprünglicher Zuwendung Jahwes zu Israel, seiner Rettungstat, die sein Volk schuf, und der Weisung des Herrn eine Rolle bei der Aufnahme der Texte in die heiligen Schriften Israels und damit beim Zustandekommen des AT gespielt. Abfassung in ihrem Geist, deutliche Bezugnahme und Erinnerung an sie zeigen einen unterschiedlichen Bezug der Texte und Schriften, die mit ihr verbunden wurden, zu ihr. Die Bezugnahme ist anscheinend nicht lediglich einseitig, von den angeschlossenen Texten zur Torah hin erfolgt. Auch im Pentateuch gibt es Texte, die die Vorordnung der Torah anzeigen. »Kündigt sich in Ex 33,7-11 der Vorrang der Gesetzesoffenbarung vor dem Tempelkult an, so hier« in Num 11,4-12,8 »der Vorrang der Tora vor der Prophetie bzw. deren Zuordnung zur Tora«[29]. Und in Dtn 34,10-12 erhebt der Autor »Mose und seine Tora zum Urbild und Maßstab aller wahren Prophetie«[30]. Schließlich wird durch den Bericht über den Tod Moses (Dtn 34,1-9) nicht nur das Signal für die Abgrenzung des Pentateuch gesetzt, sondern auch die Torah im Sinne des ersten und grundlegenden Kanonteils hervorgehoben. Sie wird »zum theologischen Fixpunkt und wirkt auf die anderen, sich herausbildenden Literaturkorpora«[31]. Das AT verdankt sich in entscheidender Weise der Wirkkraft der Torah, die in dtn Theologie in stets gültiger Bezeugung und Darstellung ursprungshaft das Generalthema ausgeführt hat: Jahwe, unser Gott; wir, sein Volk.

4. Ausgestaltung und Anbindung durch Nachinterpretation

Was über die Rolle der Torah bei der Entstehung des AT zu sagen war, legt die Vermutung nahe, daß Texte nachträglich ausgestaltet wurden. Das ist tatsächlich der Fall, wie zahlreiche Texte bei genauerem Hinsehen zu verstehen gaben. Vielleicht geht man, um diesem Phänomen auf die Spur zu kommen, am besten von der prophetischen Verkündigung aus. Als Jona von Jahwe nach Ninive gesandt wird, hält er dort nicht lange Reden, sondern ruft aus: »Noch vierzig Tage und Ninive ist zerstört« (Jona 3,4). Der Botenspruch ist kurz, inhaltsschwer, direkt und eindeutig, daher wirkungsvoll. Gewiß ist das Jonawort von extremer Kürze. Es fehlt die Begründung für die Ankündigung; sie ist im Prophetenwort oft beigegeben, so daß Schelte und Drohung miteinander verbunden sind.[32]

---

[29] A.H.J. Gunneweg, Das Gesetz und die Propheten. Eine Auslegung von Ex 33,7-11; Num 11,4-12,8; Dtn 31,14f.; 34,10: ZAW 102, 1990, 169-180, 177.

[30] A.H.J. Gunneweg, a.a.O. 180.

[31] Chr. Dohmen – M. Oeming, Biblischer Kanon: Warum und wozu? (QD 137), Freiburg 1992, 65ff. 94.

[32] Am 1,3-2,3 bietet eine ganze Reihe solcher Schelt- und Drohworte, die Verfehlung und Strafe verknüpfen. Es können auch mehrere Verfehlungen genannt werden (wie bei Israel 2,6-8) und die Strafe kann ausgemalt werden (2,13-16). Eingeschoben ist hier ein Ausblick auf das heilvolle Tun Jahwes (2,9-11) und Israels Reaktion (V. 12) – eine typische Nachinterpretation.

Lange Darlegungen stehen im Verdacht, daß sie Prophetensprüche zum Anlaß nehmen, weitere Überlegungen anzustellen. So ist z.B. Jeremia von Jahwe in den Tempel gesandt, um dessen Zerstörung wegen der groben Fehlhaltung des Volkes, das dort den Schutz des Herrn sucht, obwohl es seinen Willen mißachtet, anzusagen (Jer 7). Eine Mahnrede, wie sie der heutige Text bietet, lag nicht im Auftrag des Propheten. Man sieht dies an dem zweiten Bericht (Jer 26), der von dem Auftritt Jeremias im Tempel überliefert ist. Denn das Volk geht nicht etwa auf die Mahnrede ein, wehrt sich nicht dagegen und weist sie nicht zurück, sondern hält Jeremia vor: »Warum weissagst du im Namen des Herrn: Wie Schilo wird es diesem Haus gehen, und diese Stadt wird verwüstet und entvölkert werden (26,9)?« Das ist der Grund für die scharfe Reaktion, in der man den Tod des Propheten fordert. Ein Autor, der von dtn Theologie beeinflußt ist und für den die Verbannung nach Babel (7,15) die gegenwärtige und daher größere Strafe ist, nützt die Tempelrede, um die Bedingungen zu nennen, unter denen Jahwe (wieder) in Jerusalem, »in dem Land, das ich euren Vätern gegeben habe für ewige Zeiten« zugegen sein will (V. 7).[33] Der Interpret, der seine Worte in den Text schrieb, verfuhr auch an anderer Stelle in ähnlicher Weise. Er entwickelt einen Predigtstil, der im Aufweis der Alternative, die gutes und schlechtes Verhalten und dessen jeweilige Folgen gegenüberstellt, zum rechten Tun anleiten will.[34]

In unterschiedlichem Maß, meist aber in nicht geringem Umfang haben Prophetenworte eine derartige Nachinterpretation erfahren. Sie wird vielfach daran kenntlich, daß der überlieferte Text Anliegen vertritt, die nicht im ursprünglichen Auftrag eines Propheten, der eine Botschaft des Herrn für eine bestimmte Situation zu vermitteln hatte, lagen. Die Prophetenworte »erfuhren dann im Prozeß der Überlieferung immer wieder eine aktualisierende Auslegung«, die in den Text hineingeschrieben und »die erst mit der Kanonbildung von der Überlieferung abgetrennt wurde, um sich seitdem in Exegesen, Kommentaren und dergleichen niederzuschlagen«[35].

Auch in anderen Texten wurden nachträgliche Einschübe untergebracht, die den Duktus, unter dem der betreffende Text begonnen hat und der dann wieder aufgenommen wird, verlassen und andere, später und für bestimmte Gruppen wichtige Aspekte einbringen. Als Beispiel mag hier Ex 3-5 dienen. Mose erhält am brennenden Dornbusch, nachdem er von Jahwe über dessen Plan, sein Volk aus Ägypten heraus- und in ein schönes Land hinaufzuführen, informiert wurde (3,7.8a), den Auftrag, dies den Ältesten mitzuteilen (3,16.17a), mit ihnen zum Pharao zu gehen und die Freilassung des Volkes zu verlangen (3,18). Das geschieht auch

---

[33] Vgl. J. Schreiner, Jeremia 1-25,14 (NEB), Würzburg 1981, 56ff.
[34] W. Thiel, Die deuteronomistische Redaktion von Jeremia 1-25 (WMANT 41), Neukirchen 1973, 290-300. Er spricht bei Jer 7,1-15; 22,1-5; 17,19-27 von Alternativpredigt.
[35] J. Jeremias, »Ich bin wie ein Löwe für Efraim« 79. Die Nachinterpretation im Buch Ezechiel hat W. Zimmerli, Ezechiel 1. und 2. Teilband Neukirchen 1969, herauszuarbeiten versucht.

(5,1ff.). In diesen Erzählzusammenhang, der einer Botenbeauftragung entspricht, werden eine ganze Reihe von Anliegen eingebracht und textlich thematisiert, die nachträglich verschiedenen Autoren und Verfasserkreisen wichtig erschienen: die Erhöhung der Gestalt des Mose, der nun die Israeliten herauführen soll (3,9f.), seine Legitimation (3,10-12;4,1-12: hier schon in den beiden Zeichenwundern mit Blick auf die später erzählten ägyptischen Plagen), die Mitteilung und Deutung des Namens Jahwe, der doch bereits bekannt war (3,13-15), die Einführung Aarons (4,12-17.27-5,1), die dunkle Szene der Beschneidung des Mose (4,24ff.), die Beschreibung des verheißenen Landes (3,8.17), die Mitteilung, daß »Israel« nicht mit leeren Händen aus Ägypten weggehen wird (3,21f.). Wenn es in Ex 3-5 um die Befreiung der »Israeliten« aus der ägyptischen Knechtschaft durch Jahwe geht, ist all dies zweitrangig. Späteren aber war es wichtig, aus unterschiedlichen Beweggründen und zu verschiedenen Zeiten in einen älteren Text einzubringen, was ihn heute füllt.

Naturgemäß kann man bei einer Sammlung von Sprichwörtern kaum sagen, welche von ihnen später zugesetzt wurden. Es scheint aber so, daß thematische Ausführungen, die zu ganzen Lehrreden ausgebaut wurden, wie Kommentare beigegeben wurden, unter deren Anleitung man dann die folgenden Einzelsprüche lesen soll.[36] Denn atl Weisheit äußert sich, wie aus dem späten Sirach-Buch zu erkennen ist, zunehmend in längeren thematischen Ausführungen. Hier konnten Interpretationen und Anwendungen von Sprichwörtern erfolgen.

Am meisten drängt sich wohl der begründete Eindruck, daß Interpretation am Werk war und die Texte ausgestaltet hat, beim prophetischen Schrifttum auf. Von einem eindringenden Studium her ist anscheinend die folgende Einschätzung gewonnen: »Ein wesentlicher, vielleicht der überwiegende Teil der alttestamentlichen Literatur, ist seinem literarischen Charakter nach sekundäre Bezugnahme auf älteres Gut. Es gibt also bereits innerhalb der biblischen Literatur das, was man im allgemeinsten Sinne Auslegung nennen könnte. Die Nachgeschichte biblischer Texte hat ihre Wurzeln selbst in biblischen Texten; der Kanon enthält bereits Zeugnisse für die quasi kanonische Geltung bezeugten Wortes.«[37]

Vom Phänomen der Nachinterpretation kleineren oder auch größeren Ausmaßes in atl Texten relativiert sich das Problem der Anonymität und Pseudonymität.[38] Moderne Literaturbetrachtung legt großen Wert auf die Feststellung des wirklichen Verfassers. Die Autoren, die ihre Interpretation in die atl Texte hineinschrieben, dachten anders. Ihnen war es darum zu tun, daß die alte Überlieferung, mochte sie unter einem bestimmten Namen stehen oder nicht, für ihre eigene Zeit und in diese hinein sprach. Sie selber treten hinter ihrem Anliegen zurück, das ihnen geradezu ver-

---

[36] Dies scheint beim Buch der Sprichwörter (Spr 1-9 gegenüber 10-29) der Fall zu sein.

[37] I. Willi-Plein, Vorformen der Schriftexegese innerhalb des Alten Testaments S. 2.

[38] E.J. Schnabel, Der biblische Kanon und das Phänomen der Pseudonymität: Jahrbuch für evangelikale Theologie 3, 1989, 59-96, untersucht es im Hinblick auf Täuschung.

wehrte, ihren eigenen Namen als Zeichen von Verfasserschaft einzubringen.

»Man könnte sich nun fragen, warum wird in diesem Traditionsweg das Alte nicht abgestoßen und durch das Neue ersetzt, sondern im Gegenteil das Alte bewahrt und nur in ein neues Licht gestellt.«[39] Offensichtlich war es unverzichtbar, weil es in seiner Weise Bezeugung des Handelns Jahwes in Tat und Wort und daher auch grundlegend war, so daß man immer wieder darauf zurückgreifen mußte.

5. Fortschreibung im Alten Testament

Die in alte Texte hineingeschriebene oder ihnen beigefügte Nachinterpretation war eine willkommene und wirkungsvolle Möglichkeit, »das gegebene Prophetenwort« und andere schon schriftlich festgelegte Überlieferung »für die eigene Zeit verstehbar zu machen, sei es durch eigenständige Weiterführung oder Entfaltung in den großen, im engeren Sinne theologischen Einschüben, sei es durch geringfügige Erläuterungen des unverständlich Gewordenen, Korrektur des wirklich oder scheinbar Beschädigten, Wiedergewinnung und Erhaltung des zeitweise Verlorenen und dessen, was einst zu seiner Ersetzung diente«[40].

Es gibt im AT noch eine weitere Verfahrensweise, alte, schon schriftlich gefaßte Überlieferung für die jeweilige Gegenwart und Situation fruchtbar zu machen. Man kann sie treffend mit dem Stichwort »Fortschreibung« bezeichnen, wenn auch vielleicht eine scharfe Abgrenzung gegenüber der Nachinterpretation nicht immer möglich ist. Auslegung älteren Materials ist auch sie, wobei allerdings der Schwerpunkt der Zielrichtung und des Bemühens auf der Anwendung und Verwendung liegt. Es handelt sich um die Abfassung kleinerer – hier ist die formale Berührung mit der in Texte eingefügten Interpretation am ehesten gegeben – oder größerer Textgefüge bis hin zu ganzen Buchteilen, die aus vorliegendem schriftlichem Material schöpfen. Sie nehmen daraus signifikante Begriffe, bestimmende Formulierungen, ahmen die dortige Diktion nach, achten sehr wohl auf das Sinngefüge, geben ihm aber in ihrem Zusammenhang einen neuen Inhalt und Bezug.

Eine solche Fortschreibung ist sicherlich Jer 32,16-33,26. Der umfangreiche Text ist zudem nicht in einem Zug entstanden, sondern nach und nach weitergeschrieben worden. Denn die Anliegen der einzelnen Abschnitte sind sehr verschieden, und 33,14-28 fehlt in der Septuaginta, der alten griechischen Übersetzung, stand also noch nicht in dem hebräischen Text, den ihre Übersetzer vor sich hatten. Das Gebet Jeremias (32,16-25), der sich wundert, warum ihm der Herr geboten hat, einen Acker zu kaufen

---

[39] H. Gese, Das biblische Schriftverständnis, in: ders., Zur biblischen Theologie. Alttestamentliche Vorträge (BEvTh 78), München 1977, 9-30, 17.

[40] I. Willi-Plein, Vorformen der Schriftexegese innerhalb des Alten Testaments 254.

(V. 25), obwohl es ihm Jahwe bereits (V. 15) mitgeteilt hat, schöpft seinen Inhalt und seine Formulierungen aus dem dtr Geschichtswerk.[41] Der nächste Abschnitt, die Gerichtsbegründung im Jahwewort (V. 26-35), verfährt ebenso. Es folgt eine Verheißung der Heimkehr Israels (V. 38-44), in der Stellen aus Dtn, Jes, Ez und anscheinend auch aus Jeremiatexten verwendet werden, wobei V. 42-44 auf V. 15 zurückgreifen und ihn auslegen, die Drohung von Jer 6,19 («ich bringe Unheil über dieses Volk») und die Formel nachexilischer Heilansage («das Geschick wenden«[42]) aufnehmen und in diesen Rahmen den Kommentar zu V. 15 stellen.

Der Abschnitt 33,1-11 gibt sich mit der Wendung »zum zweitenmal« selbst als Nachtrag zu erkennen. Er beginnt mit einer Doxologie, die Schöpfungsaussagen aufgreift[43] und an die Doxologien im Amosbuch erinnert. Die Aufforderung »rufe zu mir, so will ich dir antworten« ist der Psalmensprache entnommen in V. 3.[44] Das »Große und Unzugängliche« (V. 3), das Jahwe mitteilen wird, bezieht sich auf Jerusalem.[45] Es liegt jetzt verödet da, weil man, wie der Autor unter Aufnahme von Jes 22,10 sagt, Häuser abgerissen hat, um die Festungsanlagen zu verstärken. In nachexilischer rückblickender Gerichtstheologie werden (V. 4f.) übliche Gerichtsankündigungen zusammengestellt, in V. 6-9 solche der Heilszusage. Dtn 26,19 wird V. 9 aufgenommen, um Jerusalems Heil zu kennzeichnen. Nach Jer 7,34 verstummen wegen des Strafgerichts Gottes »Jubelruf und Freudenruf, der Ruf des Bräutigams und der Ruf der Braut«. Das wird nun korrigiert (V. 11) und zugleich werden diese Rufe mit Zitat aus Ps 106,1; 107,1 in den kultischen Dank umgedeutet: »Dankt dem Herrn der Heere; denn der Herr ist gütig; denn seine Huld währt ewig.«

In 33,12-26 ist eine wiederholt ansetzende Fortschreibung festzustellen. V. 12f. nimmt das Stichwort »Vieh« aus 33,10 auf, greift in der Beschreibung des Landes auf Jer 17,26 zurück und erinnert am Ende an Ez 20,37, einen Brauch zum Zählen der Schafe, der auch Lev 27,32 bezeugt ist. V. 14ff. interpretiert Jer 23,5f., wobei der Name »Jahwe ist unsere Gerechtigkeit« nicht auf den Davidssproß, sondern auf Jerusalem bezogen wird. V. 17f. wird das Heilswort an David[46] zitiert: »Nie soll es dir (David) an einem Nachkommen fehlen, der auf dem Thron des Hauses Israel sitzt.« Dieses Heilswort wird auf die levitischen Priester übertragen, so daß die dauernde besondere Stellung des Hohenpriesters hervorgehoben ist, der alle Tage den Opferkult zu vollziehen hat und an der Spitze des Volkes

---

[41] Siehe die Randverweise in J. Schreiner, Jeremia II 25,15-52 (NEB), Würzburg 1984, 194f., auch dort S. 184-200.

[42] Dtn 30,3; Ez 16,53; Hos 6,11; Am 9,14 u.ö.

[43] Vgl. Am 4,13. Es sind nur die Stichworte »machen« und »formen« angegeben.

[44] Vgl. Ps 4,2; 17,6; 22,3; 86,7; 119,149; Jona 2,3.

[45] Diese Wortverbindung findet sich nur Jos 14,12, vgl. auch Dtn 1,28; 3,5; 9,1; 28,59, von den Städten in Kanaan gesagt. Auf Jerusalem ist auch »sie« (im hebräischen Text) in den Schöpfungsaussagen bezogen.

[46] 1 Kön 2,4; 8,25; 9,5.

steht. V. 19-22 greift der Autor Gen 1,4; 8,22 auf, wobei er den Noach-Bund als einen Bund mit Tag und Nacht interpretiert, erinnert an den ewigen Bund Gottes mit David (2 Sam 23,5) und überträgt die darin gemachten Zusagen auf einen Bund mit den levitischen Priestern: Mit Aaron und seinen Nachkommen hat Gott nach Num 18,19 einen ewigen »Salzbund«, mit Pinhas (Num 25,12f.) einen Friedensbund geschlossen. »Ihm und seinen Nachkommen wird der Bund eines ewigen Priestertums zuteil« (V. 13). Diese Bundeszusagen werden aufrechterhalten, mehr noch: Auch die Dimension des Abrahambundes wird mit hineingenommen: Wie die Sterne am Himmel und der Sand am Ufer des Meeres (Gen 15,5; 22,17) sollen die Nachkommen Davids und der Leviten sein (V. 22). Schließlich werden in V. 23-26 unter Einbeziehung von Jer 31,35f. diese Heilszusagen fortgeschrieben und mit dem Hinweis auf die Erwählung und die nicht vollzogene Verwerfung der beiden Stammesverbände bzw. Sippen, Israels und Judas[47], bzw. des Volkes und des Königs, Israels und Davids versehen. Die im Text gewählte Bezeichnung »Sippe« läßt beide Deutungen nicht nur zu, sondern bindet sie aneinander, worauf der Schlußvers hinausläuft, der die dtn Formel »Samen Abrahams, Isaaks und Jakobs« zu den Sippenhäuptern bringt. Messianische Erwartung ist in diesen letzten Abschnitt hineingeschrieben, der von den levitischen Priestern nichts mehr sagt.

Die Fortschreibung[48] setzt bei den Autoren eine gute Kenntnis der schriftlich vorliegenden Überlieferung, Gespür für die Fragen der Zeit und Fähigkeit zur Deutung des Überlieferten voraus. Man darf[49] »an einen engeren Kreis professioneller Tradenten« denken, »die das prophetische literarische Textgut in der Abfolge auswendig beherrschen und in diesem Wissen redaktionelle Bezugnahmen herstellen und rezipieren können«. Diese Autoren sind aber nicht nur in der schriftlichen Prophetenüberlieferung zu Hause, sondern, wie die Bezugnahmen zeigen, ebenso in der Torah und im dtr Geschichtswerk, die spätesten wohl bereits in dem gesamten, ihnen zugänglichen Material der heiligen Schriften. »Daß hier professionelle Theologen schreiben, ist angesichts der umfassenden Detailkenntnis der gesamten maßgeblichen Schriftenüberlieferung und der Fähigkeit zu deren kohärenter Verarbeitung keine Frage.«[50]

---

[47] Israel ist erwählt 1 Kön 3,8, Juda Ps 78,68. Israel ist verworfen 2 Kön 17,20; Jer 31,37, Juda Jer 14,19. David ist erwählt 1 Kön 8,16; 11,34; Ps 78,70. Der Gesalbte (der König) ist verworfen Ps 89,39.

[48] Über dieses Phänomen im AT hat vor allem O.H. Steck Untersuchungen angestellt. Vgl. besonders: ders., Studien zu Tritojesaja (BZAW 203), Berlin/New York 1991; ders., Der Abschluß der Prophetie im Alten Testament (Bibl. Theol. Studien 17), Neukirchen 1991; ders., Prophetische Prophetenauslegung, in: H.F. Geißer u.a. (Hrsg.), Wahrheit der Schrift – Wahrheit der Auslegung, Zürich 1993, 198-244; ders., Das apokryphe Baruchbuch. Studien zu Rezeption und Konzentration »kanonischer« Überlieferung (FRLANT 160), Göttingen 1993.

[49] O.H. Steck, Studien zu Tritojesaja 275.

[50] O.H. Steck, Das apokryphe Baruchbuch 306.

Man kann sie sicherlich als Schriftgelehrte bezeichnen. Wenn sie fort-schreibend an Prophetenbüchern gearbeitet haben, darf man gewiß von ihrem Ansatz und dem uns vorliegenden Ergebnis her von »schriftge-lehrter Prophetie« sprechen.[51] Die Nachgeschichte atl Texte, die sich in-nerhalb des AT niedergeschlagen hat, läßt uns erkennen, »in welchem Maße die Späteren sich von dem älteren Gotteswort angesprochen fan-den«[52]. Die geschriebenen Überlieferungen sind »Maßstab und Perspek-tive für das Selbstverständnis Israels aus seiner Vergangenheit für seine Gegenwart und seine Zukunft«.[53]

Durch Interpretation und Fortschreibung zeigt schon das AT, daß die überlieferten Texte nicht vergangen sind, sondern ihre Bedeutung behal-ten, jedoch auf neue Situationen anzuwenden sind.

6. Die griechische Übersetzung des Alten Testaments (Septuaginta) als Interpretation

Die Septuaginta als älteste Übertragung des hebräischen AT wäre ledig-lich in die vielen, seitdem vorgenommenen Übersetzungen in andere Sprachen und damit als spätere außerbiblische Kommentierung einzustu-fen, wenn sie nicht selbst mit den deuterokanonischen Schriften und als Schrift bzw. Schriftensammlung, aus dem die ntl Autoren schöpften, zum Gesamt der Bibel wesentlich beigetragen hätte. Die deuterokanonischen Bücher sind, ausgenommen 2 Makk und Weish, selbst Übersetzungen ei-nes hebräischen bzw. aramäischen Originals. Sie bringen also die jewei-lige Art der Wiedergabe, die immer auch Interpretation ist, in den kano-nischen Text des weiteren Bibelkanons ein. Und was die ntl Texte anbe-langt, ist ebenfalls die Frage von nicht geringem Gewicht, inwiefern und inwieweit die Septuaginta Auslegung des AT oder im AT ist.

Als Übersetzung ist sie Übertragung in eine andere Sprache, in eine an-dere Zeit und einen anderen Lebensraum. Schon die Vorstellung, diese Übersetzung sei eine wörtliche Wiedergabe, so daß das, was sich diesem angenommenen Maßstab nicht fügt, fehlerhaft oder beliebiger und daher unberechtigter Freiheit zu verdanken sei, trifft den Sachverhalt nicht. Denn bereits die Wiedergabe eines hebräischen Wortes durch ein grie-chisches bewirkt eine mehr oder weniger starke Umsetzung des Begriffs-inhalts, läßt Konnotationen zurücktreten oder verschwinden und fügt andere, verwandte oder neue, hinzu.[54] So wird *torah*, mit nomos über-

---

[51] So B. Zapff, Schriftgelehrte Prophetie – Jes 13 und die Komposition des Jesajabuches. Ein Beitrag zur Erforschung des Jesajabuches (FzB 74), Würzburg 1995.

[52] H.W. Hertzberg, Die Nachgeschichte alttestamentlicher Texte innerhalb des Alten Testa-ments, in: ders., Beiträge zur Traditionsgeschichte und Theologie des Alten Testaments, Göttingen 1962, 69-80, 79.

[53] O.H. Steck, Der Abschluß der Prophetie 169.

[54] Siehe die zahlreichen Beiträge, die G. Bertram im ThWNT zu diesem Problem geleistet hat; J. Schreiner, Hermeneutische Leitlinien in der Septuaginta, in: O. Loretz – W. Strolz (Hrsg.), Die hermeneutische Frage in der Theologie, Freiburg 1968, 356-394.

setzt, »jetzt – in Analogie zum hellenistischen Verständnis des Rechts und wohl auch teilweise von ihm beeinflußt – als Gesetzbuch verstanden«, also »als eine Sammlung von Vorschriften, die das gesamte Leben eines Juden regeln sollen«[55]. Das ist eine Umsetzung des hebräischen Begriffs, die nicht ohne Folgen für das Verständnis und die Beurteilung der Weisung des Herrn im Alten Bund durch die ntl Gemeinde blieb.

Aber die Übersetzer, denen wir die Septuaginta verdanken, gaben sich nicht damit zufrieden, für ein hebräisches Wort ein griechisches zu wählen, sie legten den Text, den sie übertrugen, sehr oft bewußt aus. Dabei verfuhren sie keineswegs nach Belieben. Sie verfolgten eine schon im hebräischen Text angelegte und von hier aus weitergeführte Tradition des Verstehens[56] und griffen anscheinend auch auf bereits übersetzte Bücher wie den vermutlich zuerst übersetzten Pentateuch zurück.[57] Abweichungen vom hebräischen Text »lassen sich vielfach als bewußte Auslegung erkennen, die in dieser frühen Zeit noch nicht von einer verbindlichen und deshalb unveränderten Textgestaltung der Bibel ausging«[58]. Andererseits nahmen die Übersetzer Rücksicht auf ihre hellenistisch geprägte Umwelt und die in ihr lebenden Juden.[59] Hier ging es nicht nur darum, Fachwörter, Gebräuche und Anschauungen, die dort bekannt waren, wo es anging und sinnvoll erschien, in die Wiedergabe einzubringen. Es wurde auch auf philosophische und theologische Auffassungen Rücksicht genommen, wie z.B. bei der Wiedergabe des »ich bin, welcher ich bin« in Ex 3,14 mit »ich bin der Seiende« oder des *tohu wabohu* »wüst und wirr«[60] in Gen 1,2 mit »unsichtbar« und »ungestaltet«[61]. Es zeigen sich auch bestimmte theologische Trends im übersetzten Text, so unter anderem eine eschatologische und messianische Ausrichtung.[62] Und es gibt Interpretationen, die zum Midrasch[63] tendieren.

[55] H. Graf Reventlow, Epochen der Schriftauslegung I 29.

[56] Vgl. dazu R. Hanhart, Die Übersetzung der Septuaginta im Licht ihr vorgegebener und auf ihr gründender Tradition, in: S.E. Balentine – J. Barton, Language, Theology and the Bible FS J. Barr, Oxford 1994, 81-112.

[57] Dies dürfte der Fall sein bei Jes 42,13, wo die Septuaginta wie in Ex 15,3 statt »Jahwe ist ein Kriegsmann« liest »er zerbricht den (die) Krieg(e)«. In der Tat kämpft Jahwe Ex 15 nicht mit dem Pharao, sondern vernichtet seine Kriegsmacht, vgl. 15,7 »er vernichtet die Hochmütigen«. Zudem gibt es im AT die Tradition, daß Jahwe den Kriegen ein Ende setzt und die Bogen zerbricht (Ps 46,10, vgl. Ps 76,4).

[58] H. Graf Reventlow, Epochen der Schriftauslegung I 31.

[59] So hat J. Ziegler, Untersuchungen zur Septuaginta des Buches Isaias (AA XII/3), Münster 1934, den alexandrinischen Hintergrund dieser Übersetzung herausgearbeitet.

[60] So die Einheitsübersetzung.

[61] Siehe J. Schreiner, Thora in griechischem Gewand: Dekalog und Bundesbuch (Ex 20-23), in: FS J. Maier (BBB 88), Frankfurt/M. 1993,33-55.

[62] Eine solche hat J. Schaper, Der Septuaginta-Psalter als Dokument jüdischer Eschatologie, in: M. Hengel – A.M. Schwemer (Hrsg.), Die Septuaginta zwischen Judentum und Christentum (WUNT 72), Tübingen 1994, 38-61, herausgearbeitet.

[63] Die aktualisierende, auf die jeweilige Gegenwart bezogene Auslegung der Schrift, Midrasch in diesem weiteren Sinne, findet man ansatzweise schon in der Bibel selbst, nämlich die In-

«All dies heisst freilich nicht, dass Übersetzer, die frei oder paraphrasierend arbeiteten, weniger bibeltreu gewesen wären. Für sie führte solche Treue allerdings zu einem anderen Ansatz. Sorgfältiges Hören auf die implizierten Aussagen der Hebräischen Bibel brachte die Übersetzer oft dazu, die Inhalte in kleineren oder größeren Einzelheiten zu verändern durch Paraphrase, Aktualisierung und Exegese.»[64] Allerdings kann der jeweilige theologische Zugang zu ihrer Bibel nicht übersehen werden. Die Art der Wiedergabe fällt bei den einzelnen Büchern oder auch Teilen von ihnen unterschiedlich aus. »Auf diese Weise zeigen auch Übersetzer, die den Text der Hebräischen Bibel aktualisierten, indem sie auf zeitgenössische Gebräuche und Vorstellungen Bezug nehmen, und Übersetzer, die in grossem Ausmass midraschartige Übertragungen einfügten, ihren theologischen Zugang zur Hebräischen Bibel, die nach ihrer Ansicht diese Elemente auch in ihrer griechischen Fassung enthalten sollte.»[65] Die ntl Autoren machten also nicht etwas völlig Neues, wenn sie mit ihrem besonderen Zugang an die heiligen Schriften herantraten. Und die Kirche tut nichts Außergewöhnliches, wenn sie zu ihrer jeweiligen Zeit Zugänge zur Bibel sucht und praktiziert. Allerdings kann sie diese nicht in den Bibeltext hineinschreiben. Der Kanon, den sie festgestellt hat, verwehrt dies.

Die Übersetzer der Septuaginta, die noch nicht in dieser Weise festgelegt waren, konnten ihre Auslegung in den Text einbringen. Sie stehen »hierbei in gewissem Sinn in der Tradition der Nachinterpretation, die bereits bei der Komposition der heiligen Bücher Israels am Werk war«[66]. »Die Autoren des Neuen Testaments betrachteten weithin die Septuaginta als die für sie autoritative Heilige Schrift. Sie ist es, aus der sie zumeist ihre Zitate nehmen. Ihre Aussagen sind es, die sie zur theologischen Argumentation an entscheidenden Stellen heranzogen.« Und »wo neutestamentliche Autoren bei ihren Zitaten bewußt den hebräischen Urtext berücksichtigen, schlägt dies insgesamt kaum zu Buche«[67]. So ist die Hochschätzung der Septuaginta in den frühen christlichen Jahrhunderten verständlich, wie sie etwa Augustinus[68] zum Ausdruck bringt: »Aber wo nicht der Irrtum eines Abschreibers vorliegt, muß geglaubt werden, daß

---

terpretation bestimmter Verse oder auch Bücher in späteren biblischen Schriften. Vgl. zum Begriff J. Maier – P. Schäfer, Kleines Lexikon des Judentums, Stuttgart 1981, 211.

[64] E. Tov, Die Septuaginta in ihrem theologischen und traditionsgeschichtlichen Verhältnis zur hebräischen Bibel, in: M. Klopfenstein u.a. (Hrsg.), Mitte der Schrift?, Bern 1987, 237-265, 264.

[65] E. Tov, a.a.O. 264f.

[66] J. Schreiner, Thora in griechischem Gewand 55.

[67] H.H. Hübner, Biblische Theologie des Neuen Testaments. Band 1 Prolegomena, Göttingen 1990, 63f.

[68] De civitate Dei, Buch 15, Kapitel 14. Übersetzung nach H. Hanhart, Textgeschichtliche Probleme der LXX von ihrer Entstehung bis Origenes in: M. Hengel – A.M. Schwemer (Hrsg.), Die Septuaginta zwischen Judentum und Christentum (WUNT 72), Tübingen 1994, 1-19, 18f.

sie (sc die 70 Übersetzer) dort, wo der Sinn der Wahrheit entspricht und die Wahrheit verkündet, vom göttlichen Geist bewegt, nicht nach der Weise von Interpreten (Übersetzern), sondern in der Freiheit von Prophezeienden etwas (vom hebräischen Original) Abweichendes sagen wollten. Darum haben sich die Apostel in ihrer Autorität, wenn sie sich auf die Schriften berufen, mit Recht nicht nur der hebräischen, sondern auch ihrer, der Zeugnisse der Siebzig, bedient.« Vom NT her gesehen, besitzt die Septuaginta Gewicht innerhalb der Heiligen Schrift, nicht nur in der Bezeugung ihrer hebräischen Vorlage, sondern auch in ihren theologischen Aussagen.

7. Das Neue Testament als Interpretation und Fortschreibung?

Diese Frage stellt sich nicht einfachhin nur wegen der Tatsache, daß AT und NT in der christlichen Bibel sozusagen zu einem Buch vereinigt sind. Sie wird auch vom AT erhoben, das dem NT zeitlich und inhaltlich voraus- und vorangeht. Denn es hat sich gezeigt[69], daß eine enge Verbindung der beiden Testamente besteht, eine immer wieder geknüpfte und aufs Ganze gesehen durchgängige Beziehung des späteren zum früheren. Dies legt Überlegungen nahe, ob man bei der Abfassung der ntl Schriften die heiligen Schriften Israels nach der Art der inneralttestamentlichen Interpretation und Fortschreibung verfaßt, das AT im NT also fortgeschrieben hat. Es geht um die Art und Intensität der Zuordnung des NT zum AT und damit um den maßgeblichen Ansatz für ein christliches Verstehen des AT.

Für Jesus, die Apostel und die Urkirche bildeten die heiligen Schriften Israels die bleibende Urkunde des von Gott geschenkten und von den Menschen zu akzeptierenden Heils, das nun in Christus zur Vollendung kommen sollte. Letzteres fand seinen Niederschlag im NT. So »erhielt das Alte Testament zunächst noch einmal einen letzten Zuwachs: das Neue Testament in seinen«, das Christusereignis darstellenden Büchern.[70] »Die neutestamentlichen Erzählungen über Jesus sind so intensiv und detailliert aus der Bibel Israels heraus gestaltet, daß Jesu Leben und Sterben insgesamt als ›schriftgemäß‹ präsentiert wird.«[71] Ntl Hymnen[72] wie auch das Vaterunser[73] schöpfen aus dem AT, besonders aus seiner Gebetsspra-

---

[69] Siehe oben S. 78-83.

[70] N. Lohfink, Die Irrtumslosigkeit, in: ders., Das Siegeslied am Schilfmeer. Christliche Auseinandersetzungen mit dem Alten Testament, Frankfurt am Main, ²1966, 44-80, 62.

[71] E. Zenger, Thesen zu einer Hermeneutik des Ersten Testaments nach Auschwitz, in: Chr. Dohmen – Th. Söding (Hrsg.), Eine Bibel – Zwei Testamente (UTB 1893), Paderborn 1995, 143-158, 149.

[72] So das Magnificat (Lk 1,46-55), das Benedictus (Lk 1,68-79) und die Lobgesänge der Heilsgemeinde (Apk 15,3f.; 19,3.7), vgl. die Randverweise der NEB.NT.

[73] Siehe E. Zenger, »Daß alles Fleisch den Namen seiner Heiligung segne« (Ps 145,21). Die Komposition Ps 145-150 als Anstoß zu einer jüdisch-christlichen Psalmenhermeneutik: BZ NF 41, 1997, 1-27, 2-14.

che. Der Apostel Paulus spricht in seinen Briefen weithin aus den Gedanken und Vorstellungen, in der Sprache des AT und mit Zitaten aus ihm.

Sicherlich ist das chronistische Geschichtswerk in 1.2 Chr eine Fortschreibung der Bücher Gen – 2 Kön, wobei die ganze Geschichtsdarstellung bis hin zu König Saul in Stammbäume gefaßt ist. Das Matthäus-Evangelium verfährt ähnlich, wenn es an seinen Anfang den Stammbaum Jesu, von Abraham hergeleitet, stellt.[74] Deutlich wird hier der Anschluß an die heiligen Schriften Israels gesucht und verwirklicht. Mt und Lk bieten jeweils eine Kindheitsgeschichte Jesu (Mt 1f.; Lk 1f.). Sie markieren damit gemäß atl Verfahrensweise, daß nun eine neue Epoche in der Geschichte Gottes mit seinem Volk anbricht. Denn auch die Kindheitsgeschichte Moses (Ex 2) und Samuels (1 Sam 1-3) bezeichnen jeweils den Beginn einer neuen Epoche in der Geschichte Israels, die Jahwe herauf-führt. Eine Fortschreibung der visionären Prophetie und der apokalyptischen Schau des AT darf man wohl die Apokalypse des Johannes im NT nennen, die beinahe durchgehend in Bildern und Worten des AT redet. »Der Seher Johannes stellt sich in eine Reihe mit den Propheten und Empfängern des Gotteswortes aus alttestamentlicher Zeit, an deren Visionen seine eigenen anknüpfen. So wird eine Kontinuität der neuen, christlichen Botschaft mit der an das alte Gottesvolk ergangenen unmittelbar in Anspruch genommen.«[75] In gewisser Weise kann man auch Hebr als eine Fortschreibung der Priester- und Opfertheologie des AT bezeichnen. Er nimmt, soweit sie seinem Ziel und Anliegen dienen, die dort gemachten Aussagen auf und führt sie auf den Hohenpriester Jesus Christus und sein Opfer weiter.

Dabei verwenden, wie bereits gesagt, die ntl Autoren die Heilige Schrift Israels zumeist schon in der interpretierenden Übersetzung der Septuaginta. Gewiß wird man das nicht von allen sagen können, aber von Paulus gilt doch, daß er sich so in eine Interpretationslinie hineinstellt. Die griechische Bibel wurde aber auch insofern für die Beziehung des NT zum AT von Bedeutung, als sie Bücher enthält, die gewissermaßen im Übergang stehen. Tob und Jud, die das Leben und Handeln von typisch Gerechten darstellen, kommen ohne lange Wiederholung der Heilsgeschichte an ihrem Anfang aus; sie setzen mit der Person ein, die den Willen Gottes lebt und, wie Judit, im Auftrag Gottes unter Einsatz des eigenen Lebens handelt. Erinnert sei auch an das Buch der Weisheit, in dem die Heilsgeschichte ganz unter Gottes Weisheit gestellt und als ihr Werk gesehen und dargestellt wird. Anregungen für die Gestaltung der Christusbotschaft konnten von solchen Verfahrensweisen ausgehen.

Schließlich waren die atl Bücher geeignet, in einer bestimmten Reihenfolge gelesen, auf das Christusereignis hinzuführen, so daß es als eine

---

[74] Lk 3,23-38 geht in umgekehrter Reihenfolge von Jesus Christus zu Adam zurück.
[75] H. Graf Reventlow, Epochen der Schriftauslegung I 93.

Weiterführung atl Heilszuwendung und Heilsverheißung erscheint. Die Reihenfolge im christlichen Kanon, bei dem die Propheten am Ende des AT stehen, ist das Ergebnis der im AT angelegten und letztlich tragenden messianisch-eschatologischen Erwartung.[76] Auch die Torah, die bei der Entstehung der hebräischen Bibel die entscheidende Rolle spielt und in der griechischen Bibel am Anfang stehenbleibt, wird in die interpretierende Fortführung einbezogen. »Einerseits ist das in der alttestamentlichen Offenbarungsgeschichte selbst vorbereitet«[77], so daß eine neue Deutung und Anwendung in den Blick gerückt wird. »Andererseits verliert das Gesetz im N.T., auch bei Paulus, nie seine fundamentale Gültigkeit, im Gegenteil, ist doch das sühnende Opfer Christi, des unter das Gesetz gestellten Sohnes, die Erfüllung des Gesetzes. Durch die Erfüllung des Gesetzes geschieht die Erlösung, das Evangelium ist die Erfüllung des Gesetzes«[78], sozusagen seine Fortschreibung, doch nicht Fortschreibung in der Weise des AT in anwendender Neufassung atl Texte und Themen, sondern mit neuem Ansatz aus der Perspektive der Erscheinung des Reiches Gottes in Christus. Dieses Neue mußte mit Hilfe des Alten geschrieben werden.

---

[76] Die große Mehrzahl der Kirchenväter des Ostens und Westens folgt der Anordnung, die auch der Codex Vaticanus (Cod. B) bezeugt: historische, poetische, prophetische Bücher. Einer der Gründe für diese Reihenfolge der Kanonteile in der griechischen Bibel war sicherlich der, daß die Propheten den Evangelien unmittelbar vorangehen sollten, so H.B. Swete – R.S. Ottley – H.St.J. Thackeray, An Introduction to the Old Testament in Greek, Cambridge 1914, 201f.

[77] H. Gese, Die dreifache Gestaltwerdung des Alten Testaments, in: M. Klopfenstein u.a. (Hrsg.), Mitte der Schrift? 299-328, 327. Gese verweist auf das Wort vom Neuen Bund, auf Ps 50, auf Jes 25.

[78] H. Gese, a.a.O. 328.

B
Das maßgebende Profil

I. Wort Gottes

Mitten im ersten Satz des AT steht das Wort Gott. Das ist kein Zufall. Denn die Mitte dieses, aus vielen verschiedenen Schriften zusammengestellten Buchs[1] und sein Zusammenhalt ist Gott. Von ihm ist ständig und in erster Linie die Rede.[2] Auch da, wo er in einer Schrift oder einem Textgefüge recht selten oder gar nicht eigens genannt wird, steht er doch unübersehbar im Hintergrund als der Bestimmende, von dem alles Sein seinen Ursprung nimmt und ohne dessen Mitwirkung oder Zulassung nichts geschieht. Dieses Buch will Botschaft von Gott sein. So beginnt es. Und was auch immer in der durch die Überlieferung unterschiedlich gestalteten Reihenfolge der Einzelschriften an seinem Ende steht, Gott ist auch hier präsent und keine Nebensache, sondern mitten in Text und Aussage.

Doch dieser Sachverhalt ist noch nicht das eigentlich Bezeichnende des Sammelwerks, das wir Altes Testament nennen. Über Gott reden mancherlei Bücher der Alten Welt und der Literatur bis heute. Würde man das AT selber fragen, wie es sich versteht, so würde es wohl antworten: als Wort Gottes. Dieser Begriff kann allerdings unterschiedlich verstanden werden: im wörtlichen und im übertragenen Sinn, als direkte oder umschreibende Aussage, konkret oder bildhaft, weit oder eng gefaßt. Es ist also beim AT selber nachzufragen, wie in ihm dieser Ausdruck »Wort Gottes«[3] aufgefaßt und was mit ihm verbunden wird.

1. Anrede Jahwes

»Daß Gott spricht, ist dem AT durchgehende Selbstverständlichkeit; wo er schweigt, ist irgend etwas gestört.«[4] Die Vorstellung, daß Gott zu Menschen redet, teilt Israel mit seiner Umwelt. Hier reden die Götter miteinander, auch zu den Menschen und schöpferisch zur entstehenden Welt. Eine dies durchdenkende Worttheologie war bei den Nachbarn des Jahwevolkes vorhanden; sie scheint im Alten Ägypten ausgeprägter gewesen zu sein als im Zweistromland.[5] Es gab Israeliten wie den König Ahasja (2 Kön 1,2), die mit dieser altorientalischen Anschauung, daß jeder Gott zu Menschen sprechen könne, vertraut waren und danach han-

---

[1] Mit Recht sagt H. Hübner, Biblische Theologie des Neuen Testaments, Band 1 Prolegomena, Göttingen 1990, 149: »Es zeigte sich, daß Gott die Mitte des Alten Testaments ist, nämlich als der Jahwäh Israels und, im prinzipiellen Ansatz jedenfalls, als der Jahwäh der ganzen Menschheit, der ganzen Welt.«

[2] Diesem Sachverhalt hat eine »Theologie des AT«, der Versuch, die Botschaft des AT nachzuzeichnen, in erster Linie zu entsprechen, siehe J. Schreiner, Theologie des Alten Testaments, Ergänzungsband 1 zum Alten Testament (NEB), Würzburg 1995.

[3] »Wort Jahwes« im AT 242mal, so G. Gerleman, Art. *dābār* Wort, in: THAT I 433-443, 439. »Wort (eines) Gottes« ist selten bezeugt (Ri 3,20; 1 Sam 9,27; 1 Kön 12,22).

[4] H.H. Schmid, Art. *'mr* sagen, in: THAT I 211-216, 214.

[5] Siehe dazu Bergmann und Lutzmann, Art. *dābār*, in: ThWAT II 92-101.

delten. Sie fragten jenen Gott um einen Bescheid an, dessen Wort ihnen als besonders zuverlässig und wirksam[6] erschien. Ahasja schickte Boten mit einer Anfrage zu »Beelzebul, dem Gott von Ekron«, um einen Bescheid von ihm einholen zu lassen.

Hier aber macht das AT einen wichtigen und weittragenden Unterschied. Es teilt die Auffassung und Überzeugung, daß die Gottheit zu den Menschen spricht. Aber in ihm redet nur Jahwe, der Gott Israels. Nach seinem Zeugnis tut dies nicht auch irgendeine oder jede beliebige Gottheit. Jahwe redet zu Menschen, spricht zu der zu erschaffenden Welt, die durch sein Wort ins Dasein tritt (Gen 1). Er spricht auch zu sich selber[7]; denn er hat keinen göttlichen Partner oder Konkurrenten, mit dem er sich besprechen, austauschen oder auseinandersetzen könnte. Nach dem AT redet Jahwe sein Volk und bestimmte Menschen in ihm an. Es teilt Worte allein von ihm und von keiner anderen Gottheit mit. Das AT weiß sehr wohl, daß die Völker in Israels Umgebung ihre Götter und Göttinnen haben, und kennt auch ihre Namen, von denen es einige nennt, manche, wie den kanaanäischen Baal, sogar häufig. Aber keinem von ihnen wird im AT das Wort gegeben; es wird auch nicht mitgeteilt, daß einer geredet habe. Im Gegenteil, es wird entschieden bestritten, daß sich die Gottheiten, verächtlich als Götzen bezeichnet, überhaupt äußern können. »Die Götzen der Völker sind nur Silber und Gold, ein Machwerk von Menschenhand. Sie haben einen Mund und reden nicht, Augen und sehen nicht; sie haben Ohren und hören nicht; mit ihren Händen können sie nicht greifen, mit den Füßen nicht gehen, sie bringen keinen Laut hervor aus ihrer Kehle« (Ps 115,4-7). Hier ist die Grundüberzeugung, die das AT in seiner uns überlieferten, vorliegenden Gestalt vertritt, polemisch zugespitzt. Das zeigt der folgende Vers: »Die sie gemacht haben, sollen ihrem Machwerk gleichen, alle, die den Götzen vertrauen« (V. 8). Hinter diesen Äußerungen steht der Glaube, daß es nur einen einzigen Gott, Jahwe, den Gott Israels, gibt. Dieser Glaube hatte gewiß einen langen Weg der Entwicklung und Entfaltung durchgemacht, bis er sich in der Zeit des babylonischen Exils[8] in dieser Klarheit äußerte.[9] Für das AT ist die Tatsache, daß nur Jahwe zu den Menschen redet, ein Zeichen dafür, daß er allein Gott ist.[10] In seinem Reden tut er sich kund. In seinem Wort,

---

6 Z.B. Gen 1,26; 8,21; 11,6; 18,17.
7 Siehe L. Dürr, Die Wertung des göttlichen Wortes im Alten Testament und im antiken Orient, Leipzig 1938.
8 Klar bezeugt bei Jes 43,10f.; 44,6-8; Dtn 4,35, im dtr Geschichtswerk (Dtn – 2 Kön) vorausgesetzt und in der Priesterschrift, wie sie im Pentateuch überliefert ist, eine Selbstverständlichkeit.
9 Vgl. zu diesem Thema auch J. Schreiner, Theologie des Alten Testaments: Kap. »Jahwe, der einzige Gott.«
10 Bei Jes 41,21-29; 44,9-20 wird die Nichtigkeit der anderen Götter daran demonstriert, daß sie weder die Vergangenheit deuten noch die Zukunft voraussagen noch sich selbst verteidigen können, sondern stumm bleiben müssen, als Zeichen ihrer Hilflosigkeit, Unwirksamkeit und Nichtexistenz gesehen.

das häufig auch wörtlich zitiert wird, offenbart Gott nach dem AT, was er den Menschen zu sagen hat. Er teilt seinen Willen mit. Er offenbart sich selbst. Dabei trägt er nicht Theorien vor, sondern redet die Menschen an und nimmt so im Wort Kontakt mit ihnen auf. Auch wenn sein Wort Grundsätzliches erörtert, bleibt es Anrede.[11] »Gott vermag so zu reden, daß er verstanden werden kann. Gott äußert sich, Gott gibt sich und seinen Willen und sein Tun kund. In seinem Reden erschließt er sich dem angesprochenen Gegenüber.«[12]

2. Wort an die Patriarchen

Geht man mit der zeitlichen Reihenfolge, die das AT bietet, hat Gott im Raum erfahrbarer Ereignisse irdischer Wirklichkeit als erste die Erzväter Israels angesprochen. »Bereits der Gott der Väter ist ›ein Gott, dem man vertraut, weil man von ihm angeredet worden ist. Es ist ein Gott, der einem sagt, daß er einen führt‹.«[13] An Abraham, den Stammvater Israels (Gen 12,1), dann an Isaak (26,2) und Jakob (28,13) richtet er sein Wort. Und er spricht wiederholt zu den Patriarchen.[14] In den Mitteilungen über Gottes Anrede an die Väter dürften sich alte Traditionen niedergeschlagen haben, die Israels Vorfahren mit den Sippen und Großfamilien, die in vorstaatlicher Zeit im gleichen geographischen Raum lebten, teilte. Der Gott der Familie, »Gott meines Vaters« genannt, richtete sein Wort an das Familienhaupt, um Zuspruch und Anweisung zu geben. Dessen bedurften die Familien und auch die einzelnen Familienmitglieder, besonders in schwierigen Situationen. Er aber führte, schützte und rettete sie durch sein Wort. In Ihm war er ihnen nahe. Er erwartete und verlangte aber auch, daß sie darauf hörten und ihm folgten.[15]

So spricht Gott – es ist kein anderer als Jahwe – zu Abraham: »Zieh weg aus deinem Land, aus deiner Verwandtschaft und aus deinem Vaterhaus in das Land, das ich dir zeigen werde. Ich werde dich zu einem großen Volk machen, dich segnen und deinen Namen groß machen. Ein Segen sollst du sein. Ich will segnen, die dich segnen; wer dich verwünscht, den will ich verfluchen. Durch dich sollen alle Geschlechter der Erde Segen erlangen« (Gen 12,1-3). Das erste Wort, das im AT an Abraham ergeht, ist Anweisung und Verheißung. Über die Patriarchengeschichte hin setzt sich dieses Reden Gottes fort, wobei auch Zusage und Weisung voneinander getrennt ergehen können, der Nachdruck, aufs Ganze gesehen, auf

---

[11] Zu Recht hat W. Zimmerli für seine Studie über das Wort Gottes den Titel gewählt: Das Alte Testament als Anrede.

[12] Wagner, Art. *'āmar*, in: ThWAT I 353-373, 361.

[13] W.H. Schmidt, Art. *dābār*, in: ThWAT II 101-133, 126.

[14] Vgl. Gen 13,14; 15,1.9.13; 17,1 u.ö. Zu Hagar Gen 16,13.

[15] Vgl. J. Schreiner, Abraham, Isaak und Jakob. Israels Deutung der Väterzeit, in: ders. (Hrsg.), Wort und Botschaft des Alten Testaments Würzburg ³1969. 73-86, bes. 83ff.; ders., Theologie des Alten Testaments 40ff.

der Verheißung liegt, die Weisung nicht immer im Augenblick in Sinn und Ziel einsichtig ist, aber doch im nachhinein in ihrer heilvollen Komponente erfahrbar wird.[16]

Das AT ist der Auffassung, daß Israel an der Väterzeit und in ihr gelernt hat, was das Wort Gottes ist, wie Gott damit umgeht und was es für den Menschen bedeutet. Das zeigt sich in der Erzählung vom brennenden Dornbusch (Ex 3f.). Jahwe, der sich dann als der allein mächtige Gott zeigen wird (Ex 7,1-11,10), begegnet Mose wie einem der Erzväter, die gleich anderen Sippenhäuptern auf der Suche nach Land waren, in dem sie bleiben konnten, und die mit ihren Familien aus der Unterdrückung befreit werden mußten.[17] Er stellt sich als »der Gott deines Vaters, der Gott Abrahams, der Gott Isaaks und der Gott Jakobs« vor (V. 6). Damit kann und soll Mose in der Logik der alten Tradition wissen, daß Gott zu ihm spricht, ihn anredet, ihm Anweisung und Zuspruch zu geben bereit ist. Jahwe spricht dann auch sogleich von Rettung und Landgabe, und Mose wundert sich nicht darüber, daß er angeredet wird und eine solche Botschaft hört. Es wird heute heftig darüber diskutiert, wann diese Tradition und jene über die Erzväter Israels niedergeschrieben wurden.[18] Aber darum geht es in unserem Zusammenhang nicht, sondern um die Auffassung des AT. Es vertritt die Überzeugung, daß Jahwe zuerst zu den Vätern gesprochen hat. Und in der Weise, wie er es getan hat, sieht das AT wichtige und bleibende Züge seiner Rede. Sie ist, wie gesagt, Anweisung und Zuspruch. Die Verheißung wird sich erfüllen, wo, wann und wie Gott will. Das befehlende Wort des Herrn muß beachtet werden. Ihm ist Folge zu leisten. Auch dies wird in den Patriarchenerzählungen, in der Sendung des Mose und in der Darstellung der ägyptischen Plagen deutlich gemacht. Wer das AT von seinem Anfang her in der Reihenfolge seiner Schriften liest, ist darauf vorbereitet, das Wort Jahwes bei den Propheten in seiner Bedeutsamkeit, seinem Anspruch und Zuspruch zu begreifen.[19]

3. Gebietendes Wort: Weisung Gottes

Nachdem das AT Gottes Wort an die Patriarchen und an Mose, der hierbei zunächst wie einer von ihnen als ein Anführer einer landlosen und unterdrückten Sippe gezeichnet ist, dargestellt hat, führt es den Leser nicht

---

[16] Das extreme Beispiel ist sicherlich Gen 22 Isaaks gebotene, aber dann erlassene und zum Heil gewendete Opferung.

[17] Vgl. Gen 12,10-20; 13; 20; 21,22-34; 26; 31; 46,1-47,12.

[18] Daß es eine vordeuteronomische, schon festgefügte und formulierte Überlieferung gab, ist kaum zu widerlegen. Sie hebt sich deutlich von der dtn-dtr und der priesterschriftlichen ab. Siehe auch, was S. 86 zum Jahwisten gesagt ist.

[19] Die Entstehung des AT in seinen Einzelschriften, Schichten und Texten geht allerdings einen anderen Weg als den, welchen der Leser vom AT geführt wird. Die Entstehungsgeschichte nach Möglichkeit zu erkennen, sie zu verfolgen und nachzuzeichnen, ist für das Verstehen des AT unabdingbar. Wir folgen hier in unseren Überlegungen zum Wort Gottes dem Weg, den das AT führt.

sofort zu den Propheten. Mose wird als Gesetzgeber vorgestellt, der jedoch nicht aus persönlichen Überlegungen und eigener Vollmacht Anweisungen gibt, sondern das gebietende Wort Jahwes übermittelt. Ein umfangreicher Teil des AT ist diesem Vorgang und dem weisenden Wort des Herrn, dem »Gesetz«, gewidmet (Ex 19 – Dtn 32). Es beginnt mit den »Zehn Worten«[20], dem Dekalog (Ex 20,1-17), die Jahwe selber zu »der vollzähligen Versammlung« Israels spricht (Dtn 5,22). Es sind die Worte, mit denen »Jahwe seinen Bund mit Israel stiftet und bewahrt: das Wort seiner Weisung«[21]. Nach Dtn 5 ist es die Urkunde des Bundes Jahwes mit seinem Volk. Das deuteronomische Gesetz (Dtn 12-26) ist die Auslegung und Entfaltung dieses Grundgesetzes durch Mose im Auftrag und unter der Anrede Jahwes.[22] Da der Dekalog auch nach Ex 20, an den Anfang aller Weisungen des Herrn, die im Pentateuch versammelt sind, übertragen wurde, darf man im Sinne des AT sagen: »Die Mitte und Quelle aller Weisungen sind der Dekalog als das Ganze des Willens Jahwes für sein Volk und als die Summe des göttlichen Rechtswillens (Ex 20,1ff.; 34.1ff.). Seine Entfaltung und Anwendung findet sich dann in anderen Weisungen, z.B. im Bundesbuch (Ex 21-23) oder in den Sinaigesetzen (Ex 25,1-31,18 und 35,1-39,43). Sie sind die Auslegung des über Israel offenbar gewordenen Rechtswillens Jahwes. Dieses Verständnis erkennt also die grundsätzliche Fülle und Offenheit der Worte Jahwes, die es nicht nur erlauben, sondern gebieten, sie in jeder neuen Situation Israels nach ihren Weisungen zu befragen.«[23]

Im Dtn ist die Worttheologie, sofern sie die Weisung des Herrn betrifft, sicherlich am meisten entwickelt. Hier kann ein einzelnes Gebot (15,15) als »Wort«, können die vielen Gebote als »Worte« bezeichnet werden (28,14). Auch die gesamte Gottesweisung, die ihm beigefügten Verheißungen und Drohungen eingeschlossen, wird das Wort genannt, auf welches Mose das Volk verpflichtet (4,2). »Die ganze, im Bunde Israel zugesprochene, ihm von Jahwe nahegebrachte, in Mund und Herz gelegte Offenbarung des göttlichen Rechtswillens (30,14) gilt somit als Wort. »Im Bereich der deuteronomistischen Erzählung verschlingen sich die beiden Aussageströme. Wort Gottes ist sowohl die dauernd im Volke gegenwärtige Forderung des Gebotes als auch die je neu im Prophetenwort«, von dem sogleich die Rede sein muß, »die Geschichte treffende und gestaltende Verkündigung«[24].

Es liegt in der Natur der Sache, daß Rechtsnormen festgehalten werden, um in gleichen oder ähnlichen Fällen Anwendung zu finden. Darum wer-

---

[20] Ex 34,28; Dtn 4,13; 10,4, eine dtr Formulierung.

[21] H. Schlier, Art. Wort II. Biblisch, in: Handbuch theologischer Grundbegriffe II, München 1963, 845-867, 847.

[22] Dies hat G. Braulik, Die Abfolge der Gesetze in Deuteronomium 12-26 und der Dekalog, in: ders., Studien zur Theologie des Deuteronomiums (SBAB 2), Stuttgart 1988, 231-255, im Vergleich der dtn Gesetze mit dem Dekalog herausgearbeitet.

[23] H. Schlier, a.a.O. 848.

[24] W. Zimmerli, Art. Wort Gottes, I. Im AT in: RGG³ VI 1809-1812, 1810.

den sie seit frühen Zeiten aufgezeichnet, damit sie zur Rechtsfindung bereitstehen.[25] Das geschah auch mit der Weisung Jahwes, mit seinen Rechtsvorschriften, Gesetzen und Geboten. Von besonderer Dignität war nach dtn Theologie der Dekalog. Es sind »die Worte des Bundes« (Ex 34,28). Jahwe selbst schreibt daher die »Zehn Worte« auf steinerne Tafeln[26], bzw. Mose erhält den Befehl, sie aufzuschreiben (Ex 34,27f.). Er schreibt die (dtn) Weisung auf und gebietet den Priestern, sie alle sieben Jahre am Laubhüttenfest ganz Israel vorzulesen (Dtn 31,9f.). Das weisende Wort Gottes liegt also schriftlich vor. Nicht nur der König kann und soll darin lesen (Dtn 17,18), auch der fromme Israelit hat es vor Augen (Ps 1; 119).

Gottes weisendes Wort wird in ein(e) Buch(rolle) geschrieben, doch nicht allein die Rechtsfragen regelnden Sätze und die Gebote, sondern auch die damit verbundenen Verheißungen und Drohungen und ebenfalls Erzählungen, die darlegen, wie es zur Kundgabe und zur Aufzeichnung der Weisung Jahwes kam. Bezeichnend ist der Eingang des Deuteronomiums (1,1): »Das sind die Worte, die Mose vor ganz Israel gesprochen hat«. Es folgen aber dann Erzählungen (1-3) über den Weg des Volkes vom Horeb zu den Steppen Moabs, thematisch orientierte Geschichtsrückblicke (9,9-10,11) und Ausblicke in die Zukunft (31,1-9). Wort Gottes wird hier und dann auch fortan im weiten Sinn gefaßt. Es ist nicht nur die Rede Jahwes und sein durch Mose übermitteltes Wort, sondern zu ihm gehört auch, was über die Taten des Herrn an Israel im direkten Eingreifen in die Geschichte oder in seiner Lenkung der Ereignisse durch seine führende Hand zu berichten ist. So kann sich in dtr Sicht das in ihrem Geist geschriebene Geschichtswerk (Jos – 2 Kön) anschließen. Auch sein Inhalt ist in dieser weitgespannten Sinngebung »Wort Gottes«.

4. Anrede Gottes an Israel durch die Propheten

Eine dritte Komponente, die für die Auffassung vom Wort Gottes im AT und für seine Schriftwerdung von weitreichender, wenn nicht ausschlaggebender Bedeutung wurde, ergibt sich und kommt aus der Prophetie. Sie prägte den Begriff »Wort Jahwes«[27]. Mit wenigen Ausnahmen meint »Wort Jahwes« eine bestimmte Art des göttlichen Redens, nämlich Jahwes Wort an die Propheten und sein Wort, das diese an die Menschen ihrer Zeit im Volk des Herrn richten. Es fällt auf, daß sich dieser Begriff bei den älteren Schriftpropheten kaum findet, abgesehen von den Buchüberschriften.[28] Anscheinend wird er bei den Propheten der Exilszeit häufig verwendet, was darauf hindeuten dürfte, daß er erst in der Refle-

---

[25] Vgl. nur aus dem Zweistromland den Codex Hammurapi (1792-1750).

[26] Ex 32,16; 34,1; Dtn 4,13; 5,22; 10,2.4.

[27] Zur Streuung des Begriffs im AT siehe G. Gerleman, Art. *dābār* Wort, in: THAT I 433-443, 439f.; W.H. Schmidt, Art. *dābār* 118ff.

[28] So W.H. Schmidt, a.a.O. 120.

xion über die prophetische Botschaft eine größere Rolle spielt. Darauf weist wohl auch die Formel »Das Wort des Herrn erging an«[29], die sogenannte Wortereignisformel, hin. Sie behauptet und bekräftigt, daß der betreffende Prophet tatsächlich Jahwes Wort verkündigen konnte und ausgesprochen hat, weil er es zuvor von seinem Gott empfangen hatte. Die Propheten haben eher die sogenannte Botenspruchformel (»So hat Jahwe gesprochen«) verwendet, wenn sie einen Ausspruch als direkte Äußerung Gottes bezeichnen wollten, die sie mitteilen müssen. So werden auch Schelte und Drohung, welche, im Auftrag und Namen Jahwes vorgetragen, die prophetische Botschaft der vorexilischen Zeit füllen, durch die Propheten selbst und durch die spätere Reflexion als Wort des Gottes Israels ausgewiesen.

Schwieriger ist es mit den Verheißungen, die durch Prophetenmund verkündet werden. Ob sie im Auftrag und Namen Jahwes ausgesprochen werden, ist angesichts einer Heilsprophetie, die Heil verkündet, wo kein Heil ist (Jer 6,14) und »immerzu denen, die das Wort des Herrn verachten« – gemeint ist das richtende und strafende Wort – sagen: »Das Heil ist euch sicher« (23,17), zu beurteilen. Die Verkündigung falscher Propheten wurde nicht als Jahwewort festgehalten und hat keinen Niederschlag im AT gefunden, es sei denn, um entlarvt und widerlegt zu werden (Jer 28). Die Botschaft der Gerichtspropheten aber blieb als erfülltes Gotteswort erhalten. Auf ihrem Hintergrund[30] konnte auch die Heilszusage, die tatsächlich von Jahwe herkam, als sein Wort herausgestellt und festgehalten werden. Für beides, das Gerichts- und das Heilswort, das von Jahwe ausgeht, gilt: »Das Wort unseres Gottes bleibt in Ewigkeit« (Jes 40,8). Es wird sich, drohend oder verheißend, erfüllen.

Darum wird das Prophetenwort nicht nur im Gedächtnis derer, die es hörten, bewahrt, sondern auch aufgezeichnet als gegebene Warnung und Zusage, als Zeugnis für den Ernst der Forderung und für die Beständigkeit der Verheißungen Gottes. Doch es ist nach dem Ausweis des AT nicht lediglich die spätere, dokumentarische Bezeugung der festgestellten Wirksamkeit des Gotteswortes, die veranlaßte, es aufzuschreiben. Gewiß sind die Propheten gesandt, zum Volk zu reden[31] und zu sagen[32], was ihnen aufgetragen ist. Der Befehl des Herrn, es niederzuschreiben, ergeht aber schon an die Propheten selbst. Zwar wird man Jes 8,16 bildlich von der Bewahrung der Botschaft bei den Jüngern Jesajas verstehen.[33] Aber Jes 30,8 erhält der Prophet den Befehl, »es auf eine Tafel zu schreiben«, »damit es für künftige Zeiten auf immer bezeugt ist«. Dem Propheten Je-

---

[29] Wörtlich: »Und es ward (es geschah) das Wort Jahwes an.« Bernhardt, Art. *hājāh*, in: ThWAT II 393-408, 406, sieht in dieser Ausdrucksweise auch eine inhaltliche Nuancierung: »Gottes Wort an die Propheten ist mehr als Rede. Es ist ein Wort, das geschieht.«

[30] Darauf weist Jes 40,1f. zu Beginn der Verkündigung Deuterojesajas hin.

[31] Jer 9,21; Ez 3,1; 12,23; 14,4 u.ö.

[32] 2 Sam 7,8; Jes 7,4; Jer 29,24; 36,29; 45,4; Ez 11,5; 12,10.11 u.ö.

[33] Vgl. H. Wildberger, Jesaja 1. Teilband Jesaja 1-12 (BK.AT X/1), Neukirchen 1972, 344.

remia wird von Jahwe gesagt: »Nimm dir eine Buchrolle und schreib darauf alle Worte, die ich zu dir über Israel und Juda und über alle Völker gesprochen habe, seitdem ich zu dir rede von den Tagen Joschijas an bis heute« (Jer 36,2). Und als König Jojakim die Rolle verbrennt, muß Jeremia eine neue mit demselben Inhalt schreiben (V. 28). Auch wenn man Jer 36 als ein Werk der Nachinterpretation betrachtet, kommt doch die im AT vorhandene Überzeugung zum Ausdruck, daß die Propheten Worte Jahwes aufgezeichnet haben. Habakuk wird vom Herrn beauftragt, niederzuschreiben, was er in seiner Vision sieht: Es kommt, auch wenn es sich verzögert, und bleibt nicht aus (2,2f.).

Prophetenwort besaß eine in ihm liegende wirksame Macht, die es, einmal ausgesprochen, jederzeit entfalten konnte. Jahwe konnte es zu einer verzehrenden Feuerglut (Jer 5,14) und zu einem Hammer machen, der Felsen zerschmettert (Jer 23,29), kann durch es töten (Hos 6,5). Und niemand vermag zu sagen, wann es als Drohung und nicht zu überhörende Mahnung wie auch als Heil wirkende Verheißung seinen ihm mitgegebenen Auftrag (Jes 55,11) erfüllt hat. Deshalb ist es schriftlich aufzubewahren.

Diese Auffassung teilte Israel mit seinen Nachbarn; sie ist auch die Grundlage für die Aufnahme der prophetischen Botschaft in die heiligen Schriften des Jahwevolkes. Daß prophetische Botschaft aufgezeichnet wurde, ist in der Tat keineswegs ungewöhnlich und nicht nur in Israel anzutreffen. »Unter den Tausenden von Briefen der Archive von Mari«, gelegen am mittleren Eufrat, heute Tell Hariri, »aus der Regierungszeit Zimrilims«, eines Zeitgenossen des Hammurapi (1792-1750), »findet sich auch eine Reihe von Texten, die erstmalig echte babylonische Prophetensprüche bezeugen«. Was diese Propheten kundgaben, »galt als so wichtig, daß darüber in jedem Fall von einiger Bedeutung an den König zu berichten und der Inhalt der Prophetie durch eine bestimmte Zeremonie zu ›beeiden‹ war. Dieser Inhalt reicht von Mahnungen zu höherer Achtung vor dem verkündigenden Gott oder zu besserer Ausstattung seines Heiligtums über Erinnerungen an fällige Opfer sowie politische Ratschläge und Warnungen bis zu klaren Heilsweissagungen betreffs militärischer Unternehmungen des Königs«. Dabei wird aufgeschrieben, was der betreffende Prophet gesagt, wo und wann er geredet und von welchem Gott er die Botschaft erhalten hat.[34]

«Obwohl beim Vergleich von biblischer Prophetie und solcher in Mari größte Vorsicht angebracht ist (man bedenke den geographischen und zeitlichen Abstand und die polytheistische Religion von Mari), finden sich hier die hervorstechendsten Analogien.«[35] Vor allem bezeugen die in den Archiven entdeckten Texte, daß es nicht ungewöhnlich war, prophetische Verkündigung aufzuzeichnen und nach Empfänger, Ort, Zeit und

[34] W. Beyerlin, Religionsgeschichtliches Textbuch zum Alten Testament (ATD Ergänzungsreihe 1), Göttingen 1975, 146ff. Siehe die dort zitierten Texte.
[35] J.-G. Heintz, Art. Mari, in: NBL II 708-713, 712.

Adressaten zu dokumentieren. So hat man auch in Israel verfahren, möglicherweise am königlichen Hof, eher und sicherlich bei den Anhängern und »Schülern« der sogenannten Schriftpropheten.

Diese »Prophetenjünger« haben dann die ursprünglich wie in Mari nur kurzen, mündlich vorgetragenen Aussprüche ihrer Meister, die unschwer im Gedächtnis zu behalten waren, ergänzt. Sie haben die Angaben zur Entstehungssituation des Prophetenwortes nicht selten zu ganzen Erzählungen ausgestaltet. Es konnte aber auch sein, daß die Propheten selbst, wie gesagt, den Auftrag verspürten oder auch das Bedürfnis hatten, ihre Botschaft niederzuschreiben oder aufzeichnen zu lassen. Ob mündlich oder (teilweise) schriftlich formuliert, die prophetische Verkündigung wurde kommentiert und den Fragen und Bedürfnissen späterer Anhänger und Übermittler entsprechend angereichert. Es erfolgte eine »Fortschreibung«[36], die zugleich eine »Nachinterpretation« ist. Nun wird in der schriftlichen Überlieferung wie auch in der Bewertung nicht mehr zwischen dem ursprünglichen Wort des Propheten und dem, was Ergänzer hinzugetan haben, unterschieden. Beides zusammen gilt als Gotteswort.

Eine weitere Komponente tritt hinzu. Propheten haben Zeichenhandlungen vollbracht[37], mit denen sie ihre Botschaft unterstreichen wollten. Sie treten oft auch an die Stelle des gesprochenen Wortes, stellen das anzusagende Geschehen symbolisch dar und bewirkten es. Häufig werden sie dann noch in prophetischer Rede und nicht selten im aufgetragenen Jahwewort gedeutet, ins Wort übersetzt. Es ist nicht verwunderlich, daß die Zeichenhandlungen kraft der beigegebenen Interpretation und schon wegen ihres Verkündigungscharakters zum ergangenen Gotteswort gerechnet werden. Ihre Darstellung und Beschreibung gehört zum Wort Jahwes, das überliefert wird. So enthalten die Prophetenbücher schließlich nach Herkunft und literarischer Art unterschiedliche Aufzeichnungen. Alle gelten als Wort des Herrn, des Gottes Israels, ohne daß bezüglich dieser Wertung graduelle Unterschiede gemacht würden. Darum können ganze Prophetenschriften unter die Überschrift gestellt werden: »Das Wort des Herrn, das erging an.«[38] Oder es wird alles, was im Jeremiabuch auch an Erzählungen steht, jene über die Ablehnung und Mißhandlung des Propheten nicht ausgenommen, überschrieben mit »die Worte Jeremias« (1,1), wobei man nachträglich unter Verwendung der Wortereignisformel (V. 2) betonte, daß seine Worte Jahwes Wort sind. Auch die Taten, die er im Auftrag des Herrn vollbringt, und die Wider-

---

[36] Diesen Begriff verwendet W. Zimmerli, Ezechiel 1. Teilband Ezechiel 1-24 (BK.AT XIII/1), Neukirchen 1969, 106*. Der Terminus wird vielfach in der Prophetenforschung gebraucht. Zimmerli spricht auch in seinem Ezechiel-Kommentar immer wieder von »Nachinterpretation«.

[37] Siehe 1 Kön 11,29-40; Jes 20; Jer 13,1-14; 27,2; 32,7-15; Ez 4,1-17; 12,1-16; 21,23-37; 24,1-14; 37,15-28.

[38] Hos 1,1; Joel 1,1; Jona 1,1; Zef 1,1; Hag 1,1; Mal 1,1.

fahrnisse, die dem Propheten bei seiner Verkündigung zustoßen, sind »Worte« und daher im weiteren und doch eigentlichen Sinn Jahwewort. Anscheinend spielt bei der Bewertung der Bücher, welche die Geschichte Israels von der Landnahme bis zum Ende der Königszeit darstellen, dem dtr Geschichtswerk (Jos – 2 Kön), diese bei den Prophetenbüchern feststellbare Auffassung von Gottes Wort eine Rolle. Darauf scheint die Bezeichnung im jüdischen Kanon als »Frühere Propheten« hinzuweisen. Tatsächlich treten hier eine Reihe von Propheten auf, die das Wort des Herrn verkünden und in seinem Auftrag Taten vollbringen.[39] Selbst Mose (Dtn 18,15; 34,10ff.) wird in ihre Reihe einbezogen.

5. Jahwewort und Geschichte

Das AT ist nicht nur eine Sammlung von Gottesworten, die durch die Sprecher und Boten Jahwes kundgetan werden und mit Erzählungen über die Umstände ihrer Verkündigung verbunden sind. »Will man darstellen, was das Alte Testament als Ganzes von Gott sagt, muß man von dem ausgehen, was es selbst sein will und was für jeden erkennbar ist: ›Das Alte Testament erzählt eine Geschichte‹ (G.v. Rad).«[40] So gesehen, könnte man es auch als ein »Geschichtsbuch« bezeichnen, in das die Worte Jahwes jeweils an ihrem Ort und zu ihrer Zeit eingebaut sind. »Aus den 39 Schriften des AT«, gezählt nach der hebräischen Bibel, »befassen sich 15 Bücher ganz oder zum großen Teil mit ›Geschichte‹ (Gen; Ex; Num; Dtn; Jos; Ri; 1/2 Sam; 1/2 Kön; Est; Esr; Neh; 1/2 Chr). Auch in den Büchern Ruth, Jona und Daniel geht es vorwiegend um geschichtliche Dinge. Psalmen und Klgl nehmen auf die Geschichte JHWHs mit seinem Volk Bezug, und die Propheten sind mit ihrer Botschaft eng in die Geschichte hineinverflochten.«[41] Schaut man auf die deuterokanonischen Bücher, so stellen auch sie »Geschichte« dar (in Jud; Tob; 1/2 Makk, teilweise in Bar und sogar in Sir 42-50). »Einen so breiten Raum nehmen geschichtliche Themen in keiner anderen religiösen Literatur ein.«[42]
Allerdings muß man den Begriff »Geschichte«, auf das AT angewendet, recht verstehen. Es bietet keine Geschichte im Sinn einer möglichst objektiven Dokumentation vergangener Ereignisse als Produkt menschlichen Agierens und Reagierens, ihrer innerweltlichen Ursachen und Wirkungen. Das AT erzählt ein Geschehen, das sich zwischen Gott und der Welt als Schöpfung, der Menschheit und darin besonders Israels sowie dem einzelnen abspielt.[43] Es stellt dies alles so dar, wie es sich in der gläu-

---

[39] Samuel, Natan, Ahija von Schilo, Elija, Elischa u.a. sogar Jesaja.
[40] C. Westermann, Theologie des Alten Testaments in Grundzügen (ATD Ergänzungsreihe 6), Göttingen 1978, 5.
[41] H.D. Preuß, Theologie des Alten Testaments, Band 1, Stuttgart 1991, 239f.
[42] K. Koch, Art. Geschichte / Geschichtsschreibung/Geschichtsphilosophie, II AT, in: TRE 12, 569-586, 572.
[43] Darauf weist mit Recht C. Westermann, a.a.O. 5-10, hin.

bigen Erfahrung zu erkennen gab. Diese fußt nach dem Aufweis, den das AT selber gibt, auf der Begegnung, die Jahwe dem Volk Israel am Beginn seiner Geschichte zuteil werden ließ und die er im Lauf der Jahrhunderte je neu und auch anders aktualisierte.

Dabei hat das Wort des Herrn eine wichtige und wirksame Funktion. Die Macht dieses Wortes zeigt sich darin, daß es »jeweils den richtenden und heilenden Willen Jahwes in der Geschichte verkündet und aufbietet. Es eröffnet die Zukunft Jahwes für Israel im Ansagen und Herbeiführen des um des angesagten Heiles willen richtenden Geschehens«[44]. Es setzt Geschehen in Gang; es schafft die im Sinn des AT verstandene »Geschichte«. Mit ihm wird der Prophet »ausreißen und niederreißen, vernichten und einreißen, aufbauen und einpflanzen« (Jer 1,10). Eine bewußt eingewobene theologische Linie stellt im dtr Geschichtswerk die das Geschehen bewirkende Macht des Gotteswortes heraus: Was Propheten im Auftrag Jahwes verkünden, geschieht. Das Wort wird Geschehen.[45] Beide, Wort und Geschehen, sind eng miteinander verbunden, so daß sie, wo immer diese Beziehung aufscheint, nicht zu trennen sind.

Man darf sagen, »daß ein in jeder Hinsicht und bis in die subtilsten Lebensäußerungen hinein geschichtlich bedingtes Geschehen hier das Feld der Wirksamkeit des Gotteswortes ist«[46]. »Erfährt so Israel Jahwes Handeln als Bekräftigung seines Wortes, das es ausfüllt, so erweist sich dieses Handeln für Israel selbst wieder als Wort, das um so dringender zum ›Glauben‹, d.h. zum gelassenen Raumgeben dem im Lichte des Wortes und in der Kraft seines Wortes begegnenden ›Werk‹ Jahwes, und zur ›Umkehr‹, d.h. zur neuen Erfüllung des Gottesrechtes und Gottesbundes, auffordert. Das ist immer wieder in den prophetischen Mahnungen und Warnungen deutlich, die mit den Ansagen verknüpft sind und die auf eine Antwort Israels auf die das Wort Jahwes vollziehenden Geschehnisse zielen.«[47] Als Wirklichkeit gewordenes Wort muß daher das vom Gotteswort in Gang gesetzte Geschehen mündlich und dann schriftlich wie das Prophetenwort bewahrt werden. Denn dieses geschehene Jahwewort ist nicht rückwärts gewandt, sondern als bleibende Mahnung und Warnung auf Zukunft ausgerichtet. So gesehen kann sicherlich formuliert werden: »Geschichte ist für die Prophetie das gezielte Gespräch des Herrn der Zukunft mit Israel.«[48]

Das AT geht noch einen Schritt in der Bewertung der Geschichte als eines Geschehens, das von Jahwe herkommt, weiter. Oder wohl zutreffen-

---

[44] H. Schlier, a.a.O. 852.

[45] G. von Rad, Die deuteronomistische Geschichtstheologie in den Königsbüchern, in: ders., Gesammelte Studien zum Alten Testament (ThB 8), München 1958, 189-204, hat dies herausgearbeitet. Er stellt Weissagung und Erfüllung einander gegenüber.

[46] M. Noth, Geschichte und Gotteswort im Alten Testament, in: ders., Gesammelte Studien zum Alten Testament (ThB 6), München 1960, 230-247, 245.

[47] H. Schlier, a.a.O. 853.

[48] So H.W. Wolff, Das Geschichtsverständnis der alttestamentlichen Prophetie, in: ders., Gesammelte Studien zum Alten Testament (ThB 22), München 1964, 289-307, 293.

der gesagt, es hat diese Einschätzung schon vollzogen, bevor in ihm Propheten aufgetreten sind. Jahwes Volk hat nach dem Zeugnis seiner alten Überlieferung erlebt, daß der Herr sich in seinem Handeln ihm zuwendet und es darin anspricht. Gewiß ist das dtr Geschichtswerk daran interessiert, die heilvollen Taten Gottes (die Erwählung der Davidsdynastie und die Erbauung des Ortes göttlicher Gegenwart im Volk)[49] zuerst als Verheißung in Prophetenmund zu legen. Und ebenso gibt es sich Mühe, den Untergang der beiden Staaten Israel und Juda im voraus in prophetischer Drohung als Strafe Jahwes angekündigt zu sehen.[50] Dabei wird bereits durch die Prophetengestalt des Mose das dann in der folgenden Zeit vielfältig drohende Unheil angesagt (Dtn 28,15-68). Unter dem Eindruck der erlebten Macht des Prophetenwortes wird diese Einschätzung vorgenommen und besteht sie zu Recht. Aber Jahwe hat schon mit seiner Tat der Herausführung aus Ägypten sein Volk angesprochen. Und er hat es nach der Erfahrung und Überzeugung Israels weiterhin getan. Eine scharfe Trennung macht die Sprache des AT zwischen »Wort« und »Angelegenheit, Vorfall, Begebenheit« nicht; all dies kann mit *dābār* bezeichnet werden, das zuerst und zunächst Wort bedeutet.[51] So mag denn das Geschehen, in dem Jahwes Handeln erkennbar wurde, in seinem Anredecharakter leichter erfaßbar gewesen sein. Nichts geschah ohne Jahwe oder an ihm vorbei. Er war in atl Sicht von Anfang an der einzige Gott, mit dem es Israel zu tun hatte. Jegliches Geschehen, welches sein Volk anging, war eine Äußerung von seiner Seite, ob es nun Israel direkt betraf oder sich in seinem Umkreis abspielte und das Volk des Herrn von daher tangierte. »In dieser Weise hat das atl. Israel Geschichte erfahren und gedeutet. Es war nicht an Geschichte an sich interessiert, sondern weil sich JHWH ihm von dorther erschlossen hatte«.[52] Er äußert sich nicht nur in ihr, sondern auch durch sie, die er lenkt und die er sich nach seinen Plänen und seinem Willen abspielen läßt. »Daß in der Geschichte JHWH handelt, ist für die Frommen des AT und das atl. Zeugnis unbestritten, daß JHWH in ihr spricht ebenfalls. Wort und Tat sind (wie im und als *dābār)* zusammengebunden. So wird man atl. sagen müssen, daß JHWH auch durch Geschichte spricht.«[53]

Doch diese Anrede versänke in die Vergangenheit und ins Vergessen hinein, wäre sie nicht durch die Aufzeichnung des mit Blick auf Jahwe erfahrenen Geschehens ins Wort gesetzt worden. Das ereignete sich in der »Geschichtsschreibung« Israels. Und auch dieses Wort wurde Schrift. Es

---

[49] Beides wird 2 Sam 7 von Natan ausgesprochen.

[50] »Der Herr warnte Israel und Juda durch alle seine Propheten, durch alle Seher. Schließlich verstieß der Herr Israel von sich, wie er es durch seine Knechte, die Propheten, angedroht hatte« (2 Kön 17,13.23). Für Juda läßt der Herr durch seine Knechte, die Propheten, zur Zeit des Königs Manasse den Untergang ankündigen (2 Kön 22,10-16).

[51] G. Gerleman, Art. *dābār* Wort, in: THAT I 433-443, 437.

[52] H.D. Preuß, a.a.O. 243.

[53] H.D. Preuß, a.a.O. 245.

bleibt als lebendiges Zeugnis für Gottes Handeln, seinen Willen, seine Heilszuwendung, seine Forderung wie auch als Ermutigung, Mahnung und Warnung stehen. Insofern gelten auch die »geschichtlichen« Bücher des AT in den erzählenden und berichtenden Texten als Gottes Wort. »Deckt und bietet das Wort Jahwes sein jeweiliges und endgültiges Handeln als die Zukunft Israels auf, so ist es als solches ein Erweis des Herrschertums Jahwes. Er hat sein Volk und die Völker mit seinem Wort in der Hand.«[54] »Geschichtsschreibung« in Israel wurde zu einem wesentlichen und unverzichtbaren Teil des AT als Wort Gottes.

6. Gottes Wort und die Weisheit

Anders scheint es mit der Weisheitsliteratur zu sein. »Weisheit ist die Fähigkeit, ein bestimmtes Ziel zu erkennen und die Mittel zu finden, es zu erreichen«[55]. Die Erfahrung, die ein verständiger Mensch bei diesem Bemühen macht, bringt er ins Wort, tunlichst in einprägsame Sprüche, die mündlich und dann auch schriftlich weiterüberliefert werden. Man reflektiert auch, aber wohl erst in weisheitlich bestimmten Schulen, über größere Zusammenhänge menschlichen Bemühens oder Strebens in Form von Gedichten und Abhandlungen. Der Mensch formuliert von seinen Einsichten her, was er festgestellt hat und weitergeben möchte. Äußerungen der so gewonnenen Weisheit sind Menschenwort. Ist das AT Gotteswort, scheinen Weisheitstexte nicht hineinzupassen.

Von ihrer Entstehung her und in ihren Zielen richtete sich die Weisheitslehre »an das Individuum und nicht an das Volk, der diesseitig-empirische Charakter ihrer Ratschläge unterschied sie grundlegend von den Jahwe-Geboten, und ihre Geschichtslosigkeit ließ keine Berührung mit den theologischen Komplexen in Israel aufkommen«[56]. »Die israelitisch-jüdische Weisheitsliteratur nimmt innerhalb des AT insofern eine Sonderstellung ein, als sie in ihren Hauptschriften, Proverbien (Sprüche Salomos), Hiob und Qohelet (Prediger Salomo), ein allgemein menschliches Gepräge trägt. Die konstituierenden Elemente für das Verhältnis Israels zu seinem Gott, Erwählung, Bund und Gesetz, werden hier nirgends erwähnt.«[57] Darum kann man in einem Grundriß der Theologie das AT, wie er von der Geschichte den rettenden, segnenden, richtenden und sich erbarmenden Gott sowie die Antwort des Menschen auf dieses Tun Gottes zum Thema macht, formulieren: »Die Weisheit hat in diesem Grundgefüge einer alttestamentlichen Theologie keinen Ort, weil sie ursprünglich eigentlich nicht ein Geschehen zwischen Gott und Mensch

---

[54] H. Schlier, a.a.O. 854, der dies als »eines der großen Themen« Deuterojesajas bezeichnet.
[55] P. Heinisch, Theologie des Alten Testaments (HSAT Ergänzungsband 1), Bonn 1940, 78.
[56] H. Gese, Art. Weisheit, in: RGG³ VI 1574-1577, 1576.
[57] J. Fichtner, Zum Problem Glaube und Geschichte in der israelitisch-jüdischen Weisheitsliteratur, in: ders., Gottes Weisheit (ATh II/3), Stuttgart 1965, 9-17, 9.

zum Gegenstand hat; die Weisheit in ihrem Frühstadium ist überwiegend profan.«[58]

Aber es konnte nicht ausbleiben, daß das Bemühen der Weisheitslehrer um Erklärung und Bewältigung der Vorgänge und Zusammenhänge in Welt und Menschenleben wie auch die Schlußfolgerungen, die man aus gemachten Beobachtungen zog, mit der Erfahrung, die Israel mit Jahwe gemacht hatte, und mit dem Glauben an ihn in Verbindung gebracht wurden. Gewiß hat die israelitische Weisheit mit der des Alten Orients vieles gemeinsam. Aber es ist anzunehmen, daß sie bereits bei ihren älteren Vertretern, die im AT zu Wort kommen, »ihr spezifisches Gepräge trägt, durch das sie sich von der außerisraelitischen Weisheit unterscheidet; sie kennt nur einen Gott, den sie Jahwe nennt, den Schöpfer und Vergelter, dem man vertrauen kann; und dieser Gott ist heilig und gerecht«[59]. Das ist im einzelnen nicht mit Regelmäßigkeit nachzuweisen. Soweit jedoch die weisheitlichen Lehren in das AT eingegangen sind, ist ihr grundsätzlich säkularer Charakter nicht in der Art ihrer Darbietung nahegelegt.[60] Vielmehr wird Kritik an der Richtigkeit und der Möglichkeit menschlicher Einsichten und Schlußfolgerungen laut. Schon die ältere Spruchweisheit ist sich dessen bewußt, daß der Mensch, auf sich gestellt, nicht alles verstehen und richtig beurteilen kann. Sie scheut sich nicht, »gelegentlich Antinomien zu formulieren und unaufgelöst stehen zu lassen«[61]. Einen großen Angriff auf die Zuverlässigkeit weisheitlichen Denkens und Schlußfolgerns unternimmt, wenn auch erst wohl in hellenistischer Zeit, Kohelet. Er verbleibt in innerweltlicher Argumentation. Erst das zweite Nachwort (12,12-14) hebt seine Kritik in die theologische Beurteilung und so in eine von Gott her zukommende Botschaft. Das Buch Ijob greift einen wichtigen erkenntnisleitenden Grundsatz der Weisheitslehre auf: den Tun-Ergehen-Zusammenhang. Ihn formuliert, auf den leidenden Ijob zugespitzt, Elifas geradezu klassisch: »Wohin ich schaue: Wer Unrecht pflugt, wer Unheil sät, der erntet es auch« (4,8). Die Diskussion geht, bei all den verschiedenen geäußerten Aspekten, darüber, ob auch Jahwe an diesen weisheitlichen Grundsatz gebunden sei. In der Gottesrede legt der Herr selber (38,1-41,26) dar, daß er völlig frei ist und daß er den Tun-Ergehen-Zusammenhang in Gang setzt. Er läßt die Tatfolge nach einer Tat des Menschen, das Ergehen nach einem gezeigten Verhalten eintreten. Er kann auch davon absehen, wenn Bekehrung oder Fürbitte für den Schuldigen sprechen, verletzt dabei aber nie seine Gerechtigkeit. Seine Weisheit, die ihn in all seinem Tun begleitet, leitet ihn auch hierbei.

Denn »im Vordergrund der Betrachtungen über die Weisheit stand die alte und stets gültige Lehre, daß nur Gott die Weisheit im höchsten Grad

[58] C. Westermann, Theologie des Alten Testaments 7.
[59] J. Fichtner, Zum Problem Glaube und Geschichte 10.
[60] Vgl. auch O. Plöger, Sprüche Salomos (Proverbia) (BK.AT XVII), Neukirchen 1984, XXXV.
[61] G. von Rad, Theologie des Alten Testaments I 420, der Spr 17,27f; 26,4f zitiert.

besitzt, wie am besten seine wohlgeordnete Schöpfung zeigt (Jer 10,12; Spr 3,19; Ps 104,24 u.ö.). Ohne ihn und außer ihm gibt es schlechthin keine echte Weisheit. Daraus folgt, daß kein Mensch von sich aus Weisheit finden kann und nur Gott allein den Weg zu ihr kennt (Job 28,23; Bar 3,32)«[62]. Was ein Weisheitslehrer an richtigen Einsichten gewinnt und als gültigen Rat auszusprechen vermag, geht daher nicht an Jahwe vorbei, sondern ist letztlich durch ihn ermöglicht.

Sind die ethischen Anweisungen, wie sie besonders in den Sprichwörtern zum Ausdruck gebracht werden, weithin aus der allgemeinen altorientalischen Unterweisung geschöpft, so sind sie doch in ihrer Begründung und Motivierung oft mit dem Willen Jahwes verbunden. Er weiß, welches Tun und Verhalten sinnvoll, richtig und heilbringend ist. So konnte der Schritt nicht ausbleiben, das »Gesetz« Jahwes insgesamt als eine Gabe seiner Weisheit zu bewerten: Israel wird aufgefordert, auf es zu achten und es zu halten. Denn darin »besteht eure Weisheit und Einsicht in den Augen der Völker« (Dtn 4,6). Schließlich wird in späterer Zeit die Weisheit ausdrücklich mit der mosaischen Torah identifiziert (Sir 24; Bar 4,1). Sie ist »das Buch des Bundes«, »das Gesetz des Mose« (24,23). Der wiederholte Hinweis auf Gesetz und Gebot bei Sirach zeigt, »wieweit tatsächlich Weisheit und Gesetz ineinsgesetzt sind«[63]. Und als »Anfang« der Weisheit gilt die Gottesfurcht[64], der tätig gelebte Erweis echter Religiosität.

Man spricht bei diesem fortschreitenden Einbau der Weisheit in wichtige Bereiche israelitischer Überlieferung sicherlich zu Recht von einer Theologisierung der Weisheit, insofern sie immer stärker in Jahwes Schöpfungswerk und Weisung wirksam gesehen wird. Doch auch in seinem geschichtlichen Handeln läßt Gott seine Weisheit zum Zuge kommen. Er verleiht nicht nur einem König, der ihn darum bittet, wie es Salomo getan hat, ein weises und verständiges Herz (1 Kön 3,12), er wendet auch den weisheitlichen Grundsatz vom Tun-Ergehen-Zusammenhang an, wie bereits das dtr Geschichtswerk demonstriert. Die Chronik macht diesen Grundsatz zu einem leitenden Prinzip ihrer Darstellung, so daß weisheitliches Denken wohl zunehmend in der Darbietung der Heilsgeschichte eine Rolle spielt. Sirach greift für seine weisheitliche Beweisführung auf Beispiele aus der Geschichte zurück (16,6-10) und führt im Lob der Väter (44-50) die vorbildlichen Gestalten Israels vor Augen: »Von ihrer Weisheit erzählt die Gemeinde, ihr Lob verkündet das versammelte Volk« (44,15). Sie sind die wahren Weisen. »Auch in der Weisheit spielt die Geschichte eine beträchtliche Rolle.« Denn »von Kap. 10 ab rückt die Geschichte in das helle Licht der Betrachtung. Sie wird zur Illustration des Satzes verwendet, ›daß die Weisheit Menschen hindurch-

---

[62] V. Hamp, Art. Weisheit I. Biblisch, in: Handbuch theologischer Grundbegriffe II, München 1963, 800-803, 802.

[63] J. Fichtner, a.a.O. 11.

[64] Spr 1,7; 9,10; Ps 111,10; Sir 1,14.

rettet‹.« Und »in der großen Vergleichung 11,2-14 und Kap. 16-19 tritt Gott an die Stelle der Weisheit«[65], so daß er und seine Weisheit in der Rettung des Volkes aus Ägypten gleichermaßen handeln. Die Theologisierung ist zu Ende gebracht. Dabei nähert sich die Weisheit dem »Geist« und dem »Wort« als Wirkmächten Gottes.[66]

Auch die weisheitlichen Texte des AT werden daher als Anrede Gottes verstanden. Sie sagen auf eine andere Weise und zum Teil in einer speziellen Thematik, was Gott seinem Volk kundtun will. Daß sie dabei Israels Überlieferungen nicht preisgeben, ist noch am späten Buch der Weisheit zu beobachten. »Der Verfasser, der mitten in der Welt des Hellenismus steht und davon angeregt einzelne biblische Vorstellungen weiterentwickelt, hat aufs Ganze gesehen von dem Glauben seiner Väter nichts abgebrochen: Gott ist ihm der allmächtige Schöpfer, der alleinige Verehrung und Gerechtigkeit durch das Gesetz fordert und dem Beter mit der Weisheit Gottwohlgefälligkeit und Unsterblichkeit (!) verleiht; er hat als Gott aller Völker Israel erwählt, es geleitet und stets errettet und ihm das ›Licht des Gesetzes‹ für alle Völker gegeben.«[67] Wenn die Weisheit so als »eine Antwort des mit bestimmten Welterfahrungen konfrontierten Jahweglaubens«[68] und zugleich in enger Verbindung mit Jahwe auftritt, darf sie als »Offenbarungsmittlerin«[69] gelten. Dann steht sie tatsächlich nahe dem Wort Gottes.

«Aus dem Schatze des Wortes hat die jüdische Gemeinde auf Grund des im Pentateuch verfaßten, von den Frommen geglaubten Bekenntnisses gelebt. Aber mit der Kanonisierung nicht nur des Gesetzes, sondern auch der Propheten gilt das schriftlich gebundene Wort auch der Prophetensammlung als kanonisch, wozu schließlich die Sammlung der Hagiographen getreten ist.«[70] »Das NT zitiert das AT entweder als ›Schrift‹ oder als ›Wort‹.« Die Formeln, die das Zitat als Wort einführen, »zeigen, daß Gott selbst als der im Schriftwort Sprechende feststeht; nur daß diese Erkenntnis nicht eine die menschlichen Subjekte ausschließende Theorie ist«[71]. Im engen und im weiteren Sinn sind die heiligen Schriften Israels für die ntl Autoren »Wort Gottes«. Sie selber geben genügende, allerdings unterschiedlich starke Hinweise darauf, daß sie so verstanden werden wollen.

[65] J. Fichtner, a.a.O. 12.
[66] Vgl. Spr 3,19; Ps 33,9; ferner Gen 1,2; Sir 24,2, auch Weish 18,14f.
[67] J. Fichtner, Weisheit Salomos (HAT II/6), Tübingen 1938, 8.
[68] G. von Rad, Weisheit in Israel, Neukirchen 1970, 390.
[69] H. Gese, Art. Weisheit 1576.
[70] Procksch, Art. legō C. »Wort Gottes« im AT, in: ThWNT IV 89-100, 100.
[71] Kittel, Art. legō D. »Wort« und »Reden« im NT, in: ThWNT IV 100-147, 110f.

Es fragt sich nun, welcher Art diese Hinweise sind und welche Vorstellungen über die Mitteilung Gottes das AT enthält. Denn es kann keinem, der darin liest, verborgen bleiben, daß die einzelnen Bücher und auch die in ihnen enthaltenen Texte nach Stil, literarischer Art und Anliegen verschieden sind. Der Leser stößt allenthalben auf menschliche Rede, die schriftlich festgehalten ist. Er ist in der Lage, Autoren zu unterscheiden, die hier reden und schreiben. Wenn das AT sich als Gotteswort im engen und weiteren Sinn versteht, dann steht dahinter offensichtlich die Auffassung, daß Gott sich bestimmter Menschen bedient, um auszusagen und aufzuschreiben, was er kundgeben will. Sie sehen sich als seine Boten. Sie wußten sich dazu angeregt, aufzuzeichnen, was von ihm her zu sagen war.

Der Leser des AT wird mit dieser allgemeinen Schlußfolgerung, zu der er sich veranlaßt sehen muß, nicht allein gelassen. Die atl Schriften bzw. ihre Autoren äußern sich zu dieser Frage. Gewiß tun es nicht alle. Jeder, der dazu Stellung nimmt, spricht aus seiner Erfahrung und oft aus seinem persönlichen Erleben. Andere schließen sich als Interpreten von Gottesworten an, ohne dies eigens zu sagen, in der Überzeugung, daß Jahwes Wort, einmal verkündet, auch für spätere Zeiten Bedeutung hat (vgl. Hab 2,2f.): Es muß also in seinem Sinn sein, dies auch im Text, wo die Situation es verlangt, deutlich zu machen. Allen ist die Überzeugung gemeinsam, daß nicht irgendeine Gottheit sich äußert, sondern Jahwe. Es ist sein Wort. Da er der alleinige Gott ist, darf man sagen: Gottes Wort.

1. Kennzeichnung als Jahwes Wort

Es war bereits davon die Rede[1], daß sich in den prophetischen Büchern der bezeichnende Satz findet: »So hat Jahwe gesprochen«, auf den dann in wörtlichem Zitat die Gottesrede folgt. Die Propheten bekennen damit, daß sie die Rede des Herrn so vernommen haben, wie sie diese nun verkünden. Es ist so, als spreche Jahwe selbst. Vorgang und Formel sind dem Brauch der Botensendung entlehnt, für den Gen 32,4-6 ein Beispiel bietet: »Jakob sandte Boten vor sich her zu seinem Bruder Esau nach Seïr, in das Gebiet von Edom. Er trug ihnen auf: Ihr sollt Esau, meinem Herrn, sagen: So spricht dein Knecht Jakob.« Dann folgt die Rede Jakobs wörtlich, wie er sie den Boten gesagt hat. Sie wird durch die Botenspruchformel eingeleitet. Oft wird die Rede geschlossen mit der Bemerkung »hat Jahwe gesagt«[2].

Oder es wird die Formel an ihr Ende gesetzt »Ausspruch Jahwes«[3]. Diese Jahwe-Spruch-Formel stellt »eine solenne Bekräftigung der Gewißheit

---

[1] Siehe zu den einschlägigen Formeln oben unter I (S. 111).
[2] Jes 22,14; 54,8.10; Am 1,8; Hag 2,7.9; Mal 1.6 u.ö.
[3] *neum jhwh* im AT 367mal, siehe D. Vetter, Art. *neum* Ausspruch, in: THAT II 1-3.

dar, daß im Prophetenspruch Jahwe selbst Israel entgegentritt«[4]. Sie wird auch von Autoren verwendet, die überlieferte Prophetenworte ergänzen oder neue hinzufügen; sie taucht dann »in Sprucheinleitungen und als Zwischenformel« auf.[5] »Manchmal erweist sich die JHWH-Spruchformel dadurch als original, daß sie im Zusammenhang unentbehrlich ist, weil man sonst nicht wüßte, wer eigentlich spricht. Hier und da scheint es sogar Eigentümlichkeit prophetischer Diktion zu sein, daß sie, um fragendes Interesse zu wecken, mit ungewissem Subjekt beginnt, worauf die JHWH-Spruchformel Klarheit gibt.«[6]

Die Wortereignisformel will bezeugen, daß Jahwe sein Wort dem Propheten tatsächlich mitgeteilt hat. Sie scheint ihren »Sitz im Leben« in der Auseinandersetzung mit den falschen Propheten zu haben. Nach Ausweis des AT war Jeremia der erste, der die Formel gebrauchte; er beginnt damit seinen Berufungsbericht: »Das Wort des Herrn erging an mich« (1,4). Sie wird in seinem Buch öfter verwendet[7] und erscheint sehr häufig bei Ez.[8] Die Redaktion der Prophetenbücher hat die Wortereignisformel übernommen und besonders bei Ez, aber auch bei Jer eingesetzt, um die Herkunft des Prophetenwortes zu betonen. Sie mußte vor allem dann als naheliegend erscheinen, wenn der Prophet von Jahwe angesprochen wird, wie dies geradezu durchgehend bei Ezechiel der Fall ist. Die Formel wird redaktionell zur Überschrift, wobei an die Stelle des Adressaten »an mich« der Name des Propheten tritt.[9] Die Wortereignisformel bezeichnet mit dem Verbum *hājāh* (sein, werden) ein Geschehen, das von Gott ausgeht und zu dem Boten hingelangt, damit er weitergebe, was bei ihm angekommen ist. Auch in der sprachlichen Besonderheit, die es dann bei der Weitergabe unverkennbar annimmt, ist und bleibt es Gottes Wort. Wenn die Formel, wofür ihre Anwendung 1 Kön 6,11 im Bericht vom Tempelbau zur Einführung eines Gotteswortes an Salomo spricht, von der Theologie aufgenommen worden ist, könnte in ihr noch »eine inhaltliche Nuancierung« mitschwingen: »Gottes Wort an die Propheten ist mehr als Rede. Es ist ein Wort, das geschieht«, und zwar »im geschichtlichen Handeln Gottes. Deshalb ist die Zusammengehörigkeit von Ankündigung und Vollzug das Kriterium für die Echtheit der prophetischen Rede. Ein Prophetenwort kann nicht von Gott sein, wenn das Angekündigte nicht eintrifft« (vgl. Dtn 18,22). Nach dtr Auffassung wird ein echtes Gotteswort ganz gewiß geschehen (1 Kön 13,32).[10] Doch damit ist die Frage nach der Zuverlässigkeit des Wortes Gottes im AT angeschnitten, die uns noch beschäftigen muß.

[4] H.-W. Wolff, Dodekapropheton 2 Joel und Amos (BK.AT XIV/2), Neukirchen 1969, 174, zur Verwendung der Formel im Amosbuch.

[5] D. Vetter, a.a.O. 2.

[6] Eising, Art. *nᵉum*, in: ThWAT V 119-123, 121.

[7] Jer 1,11.13; 2,1; 13.3.8; 16,1; 18,5; 24,4; 25,3; 32,6.

[8] Ez 3,16; 6,1; 7,1; 11,14 u.o.

[9] In Jer 11,1; 18,1 u.o. Hos 1,1; Joel 1,1; Jona 1,1; Mi 1,1; Zef 1,1; Hag 1,1; Sach 1,1.

[10] Bernhardt, Art. *hājāh*, in: ThWAT II 393-408. 405f.

2. Empfang des Wortes Gottes

Mit der Wortereignisformel ist noch nichts darüber ausgesagt, wie das Gotteswort zu den Boten gelangt, die es zu verkünden haben. Das AT spricht auch darüber, allerdings nicht so, daß man seine Äußerungen in moderne psychologische Begriffe übertragen könnte. Es verwendet für den Vorgang, in dem das Wort Gottes dem Propheten zukommt, die Begriffe »sehen« und »hören«. Propheten sagen ausdrücklich, daß sie hören, was Jahwe ihnen mitteilt[11] und daß sie vom Herrn zum Hören aufgefordert werden.[12] Er läßt den Propheten sein Wort hören (Jer 18,2). Gerade die letztgenannte Stelle zeigt, daß es sich um einen Vorgang handeln muß, der sich im Inneren des Propheten abspielt. Das Aufnehmen einer Rede geschieht eben im Hören. Über die Art, wie der Wortempfang sich vollzieht, ist mit dem Begriff »hören« nichts ausgesagt. Betont ist nur, daß das Wort wirklich vernommen wurde.

Häufiger wird, wenn es um die Mitteilung Gottes an den Propheten geht, von einem »Sehen« gesprochen. Es scheint, als solle damit auf das Geheimnisvolle des Wortempfangs hingewiesen werden. Zwei Begriffe werden gebraucht: ḥāzāh (schauen) und rā'āh (sehen). Der erste dürfte aus der Umwelt Israels übernommen und auf die Prophetengestalten übertragen worden sein, die vor den Schriftpropheten in Israel lebten und wirkten. Man nannte sie »Schauende«, so Gad, den Propheten Davids (2 Sam 24,11), und zusammenfassend, wobei möglicherweise besonders an Elija und Elischa gedacht ist, alle Propheten des Nordreichs (2 Kön 17,13). Auch Amos wird vom Oberpriester in Bet-El so bezeichnet (Am 7,12). Samuel aber nennt man »Seher«[13]. Vom Begriff her wäre zu erwarten, daß der Schauende eine Vision sieht. Jes 2,1 aber sagt: »Das Wort, das Jesaja schaute.«[14] Dann folgt keine Visionsschilderung, sondern ein Text über die künftige Wallfahrt der Völker zum Zion »am Ende der Tage«. Die Frage drängt sich also auf: Was ist gemeint, wenn einem Nabi ein Schauen zugeschrieben wird? »Was wird empfangen? Die Antwort ist eindeutig: Kein Bild, sondern ein Wort von Gott.«[15] Bei einer »Schauung« handelt es sich anscheinend auch nicht um einen Traum, in dem an einzelne Weisung von Gott ergeht. Denn nirgends »wird eine Gotteserscheinung oder ein zu deutendes Bild erwähnt«[16].

Elifas, der die bekannte, von ihm akzentuierte weisheitliche Lehre vom Tun-Ergehen-Zusammenhang in den Rang eines prophetischen Wortempfangs erheben will, gibt eine Beschreibung dessen, was dabei vor sich

---

[11] Jes 6,8; 21,10; Ez 1,28; 2,2; 3,17; 33,7; 43,6.
[12] Ez 2,8; 3,10; 40,4; 44,5.
[13] 1 Sam 9,9.10.11.18; 1 Chr 9,22; 26,28; 29,29; 2 Chr 16,7.10 kennt einen Seher Hanani.
[14] Ähnlich in den später überarbeiteten Überschriften Am 1,1; Mi 1,1.
[15] So Jepsen, Art. ḥāzāh, in: ThWAT II 822-835, 825, der auf Gen 15,1; 1 Sam 3,1; 2 Sam 7,4.17; Ps 89,20; Ijob 4,13; Hos 12,11; Jes 2,1 verweist.
[16] Jepsen, a.a.O. 826. Zu Wesen und Bedeutung des Traums siehe Ottoson, Art. ḥālam, in: ThWAT II 991-998.

geht (Ijob 4,12-16). »Es geht um Offenbarung des Wortes, aber unter geheimnisvollen Umständen. Ein Tiefschlaf« tritt ein, »während dessen Furcht und Zittern ihn packen; er spürt eine Hand, er sieht etwas und erkennt es nicht, und in der Stille hört er eine Stimme«. Darauf kommt es bei all den eigenartigen Begleitumständen an. Die Schilderung will bewirken, daß die Schauung »vom Traum unterschieden wird, daß es um Wortoffenbarung geht«[17]. Doch die Grenzen sind anscheinend nicht immer scharf gezogen. »Daß gerade die Nacht zur Zeit der Offenbarung wird, steht wohl im Zusammenhang mit dem Faktum, daß sie die Zeit des Traumes ist, der ganz aus der Bewußtlosigkeit des Menschen aufsteigt und so entsprechend dem allgemeinen Bewußtsein Wirklichkeiten offenbar macht, die jenseits aller menschlichen Manipulation liegen und daher eine besondere Affinität zum Göttlichen aufweisen.«[18] Es ist eine Situation, in der Gottes Wort ankommen kann.

Doch auch das allgemeine Wort »sehen« (*rā'āh*) wird zur Bezeichnung und Darstellung des prophetischen Wortempfangs verwendet. Es weist häufig auf eine Vision hin, die dem Propheten zuteil wird[19] und mit der eine Audition, ein Vernehmen des göttlichen Wortes, verbunden ist. »Sehen« wird wohl auch deshalb in Verbindung mit dem Empfang des Gotteswortes durch die Propheten gebraucht, weil das Verbum ein weites und reichhaltiges Spektrum von Bedeutungen assoziiert.[20] Im Sehen der Propheten ist wohl besonders das Erkennen und Erleben angesprochen. Sie sehen vielfach natürlich vorkommende Konstellationen, die ihnen dann in und zu einem Wort Gottes gedeutet werden.[21] So läßt der Herr das Wort sehen, das sein Bote zu verkünden hat.[22] Aber es werden ihnen auch Visionen, Bilder geheimnisvoller Zustände und Vorgänge zuteil, die dann ins Wort umgesetzt werden.[23] Es geht »darum, daß der/ oder das Verhüllte im Ereignis der Enthüllung vom Menschen gesehen und erkannt wird«. Und es zeigt sich, »daß der Inhalt der Erscheinung nun nicht mehr die Erscheinung selbst, sondern die Ankündigung ist. Gott erscheint als der Sprechende«.[24] Unverkennbar ist dies bei den Visionen, in denen der Herr seinem Propheten natürliche Dinge oder Vorgänge sehen läßt und dabei sein Wort zu erkennen gibt oder mitteilt.

Von Visionen und von Träumen reden auch die falschen Propheten, mit deren angeblichem Wortempfang sich vor allem Jer 23,9-32 aueinandersetzt. Betont die Wortereignisformel, daß die wahren Propheten Jahwes

---

[17] Jepsen, a.a.O. 826.
[18] Stiglmair, Art. *lajil/lajlah*, in: ThWAT IV 552-562, 561.
[19] Jes 6,1; Ez 1,1.4.15.27f. und oft bei Ez.
[20] Siehe die Darstellung bei Fuhs, Art. *rā'āh*, in: ThWAT VII 225-266, 232-242.
[21] Dies widerfährt Bileam: Num 24,1f.17.20f. Siehe Ez 8; 11,1; Am 7,8; 8,2; Jer 1,11.13; Sach 2,1.5; 4,2; 5,1f. 5.9; 6,1.8.
[22] Jer 38,21; vgl. Jes 24,1; Ez 11,25; Am 7,1.4.7; Sach 2,3.
[23] Besonders dem Propheten Ezechiel und dem Apokalyptiker Daniel (siehe Dan 8-10).
[24] R. Knierim, Offenbarung im Alten Testament, in: FS G. von Rad, München 1971, 206-235, 216f.

wirklich sein Wort verkünden, so fügt der Jeremiatext einen weiteren Aspekt hinzu: Die Propheten, die der Herr nicht gesandt hat, »betören euch nur; sie verkünden Visionen, die aus ihrem eigenen Herzen stammen, nicht aus dem Mund des Herrn« (V. 16). »Hätten sie an meiner Ratsversammlung teilgenommen, so könnten sie meinem Volk meine Worte verkünden« (V. 22). Hier wird eine Art der Audition angesprochen, die das zuverlässige Vertrautsein mit den Plänen und Absichten Gottes hervorhebt. Die wirklich seine Boten sind, wurden vom Herrn selber damit vertraut gemacht.

Micha, der Sohn Jimlas, hat eine einschlägige Vision (1 Kön 22,19-22); er berichtet von ihr nach dem Aufmerksamkeitsruf: »Höre das Wort des Herrn.« Jahwe berät sich mit »dem ganzen Heer des Himmels zu seiner Rechten und zur Linken«. Allerdings steht sein Plan schon fest, den er lediglich bekanntgibt; es geht nur um die Ausführung. Micha vernimmt, was Jahwe geplant hat, und »sieht«, erlebt in der Vision, wie es zur Ausführung kommt. Auch Deuterojesaja scheint auf einen Vorgang in der göttlichen Ratsversammlung anzuspielen, in der die Grundlage der nunmehr auszurichtenden Botschaft von Gott klargestellt und auch ein Sprecher, der nun demgemäß verkünden soll, bestimmt wird. Er beginnt sogleich, seinen Auftrag auszuführen (Jes 40,1-11). Da es sich um eine Heilsbotschaft handelt, welche die Falschpropheten gerne von sich aus erfanden, ist der Hinweis auf die himmlische Ratsversammlung angebracht: Die nun folgende Verkündigung gründet in dem, was dort zur Sprache gekommen ist. Sie ist also zuverlässig Gottes Wort.

Auch Micha, Sohn des Jimla, hat es mit falschen Heilspropheten zu tun (1 Kön 22,10ff.). Seine Vision (V. 19-23) dient der Auseinandersetzung mit ihnen.[25] Auch hier ist Bezug auf die Ratsversammlung Jahwes genommen. Das Besondere ist hier, daß in der Beratung, die geschildert wird, »der Geist« auftritt und dann im Auftrag des Herrn tätig wird. »Er will im Munde von Ahabs (›seiner‹, nicht Jahwes! V. 22) Propheten zum ›Lügengeist‹ werden, d.h. durch sie ›Trug‹ verkünden und so den König verblenden, daß er den Feldzug unternimmt und sich damit selbst den Tod bereitet«. Der Geist ist hier in seinem Handeln an den falschen Propheten »Instrument des Vernichtungswillens Jahwes«[26].

3. Unter der Wirkung des Geistes Gottes

Dieser Sicht von der Tätigkeit des Geistes Gottes, wie sie Micha, Sohn Jimlas, visionär erlebt und beschreibt, geht sicherlich die Anschauung voraus, daß der Gottesgeist bei und in Propheten wirkt. Er war in den Sehern wirksam, die ihre Orakelsprüche kundgaben, wie es von Bileam er-

---

[25] Zum Text (22,5-28a), der sich dieser Thematik widmet, und seinen Schichten siehe E. Würthwein, Die Bücher der Könige 1. Kön. 17 – 2. Kön. 25 (ATD 11,2), Göttingen 1984, 257-262. Nach Würthwein gehören V. 19-22 der jüngsten Schicht an.

[26] E. Würthwein, a.a.O. 260.

zählt wird (Num 24,2). Saul erlebte, daß der Geist eine ekstatische Prophetenschar, die als Nebiim bezeichnet werden, in prophetische Verzückung versetzte. Er selbst wurde von ihr betroffen, so daß die Leute sagten: »Ist auch Saul unter den Propheten?« (1 Sam 10,10f.). Elija besitzt den Geist, den er auch auf Elischa übertragen kann (2 Kön 2,9f.). Aber bei beiden wirkt er in Machttaten und wird nicht direkt mit ihrem Aussprechen prophetischer Worte in Verbindung gebracht, auch nicht 2 Kön 3,15, wo die Hand des Herrn über Elischa kommt. Vermutlich haben sich die Heilspropheten in der Nachfolge der Nebiim auf den in ihnen angeblich tätigen Geist berufen. Und das dtr Geschichtswerk wollte von Elija und Elischa den Verdacht fernhalten, als seien auch sie diesen Falschpropheten zuzurechnen.

Die Schriftpropheten berufen sich mit Ausnahme Ezechiels nicht auf den Geist als Quelle ihres prophetischen Wortes. Hosea (9,7) kommt auf den Geistbesitz nur in einem Schimpfwort, das ihm nachgerufen wird und das er zitiert, zu sprechen: »Ein Dummkopf ist der Prophet! Ein Verrückter der Geistesmann.« Seine Hörer stellen ihn mit einem der ekstatischen Propheten gleich, um seine Verkündigung abzulehnen. Die Schriftpropheten empfangen das Wort Gottes dadurch, daß Jahwe zu ihnen spricht. Ezechiel aber wird nicht nur in seiner Berufungsvision (2,2; 3,14), sondern auch bei seinen visionären Erlebnissen, bei denen an ihn das Wort des Herrn ergeht, vom Geist ergriffen.[27] Er berichtet von einem Wortempfang, der ihm durch den Gottesgeist zukommt: »Da überfiel mich der Geist des Herrn, und er sagte zu mir: Sag: So spricht der Herr Jahwe« (11,5). An die Botenspruchformel schließt sich wörtlich an, was der Herr kundgetan haben will. »In der nachexilischen Zeit entwickelt sich dann die Vorstellung vom Geist als Medium der Offenbarung.«[28]

Tritojesaja sagt: »Der Geist des Herrn Jahwe ist auf mir; denn der Herr hat mich gesalbt. Er hat mich gesandt, damit ich den Armen eine frohe Botschaft bringe« (Jes 61,1). Der Prophet Micha weiß sich (3,8) mit Kraft, mit Eifer für das Recht und mit Mut erfüllt, um Israel seine Vergehen und Sünden vorzuhalten. Ein späterer Zusatz deutet die Kraft als den Geist des Herrn, der in dem Propheten bei seiner Unheilsverkündigung wirkt. Im chr Geschichtswerk bestimmt der Geist des Herrn Menschen, eine von Gott kommende Botschaft zu überbringen: Asarja, den Sohn Odeds (2 Chr 15,1), Micha, den Sohn Jimlas (18,23), Jahasiel (20,14), Secharja, den Sohn des Priesters Jojada (24,20). In seinem Bußgebet bekennt Nehemia (Neh 9,30): »Viele Jahre hast du mit ihnen Geduld gehabt, hast sie gewarnt durch deinen Geist, durch deine Propheten.« Mose, der dem Volk Jahwes das Gesetz übermittelte, sieht sich Dtn 18,18 als Prophet, dem der Herr seine Worte in den Mund legt. Er hat den Geist Gottes, und als dieser auf die Ältesten übertragen wird, geraten diese in prophetische Ver-

---

[27] Ez 3,12.14; 8,3; 11,1.5.24; 37,1; 43,5.
[28] Tengström, Art. *rwh*, in: ThWAT VI 385-418, 416.

zückung (Num 11). Neh 9,20 und Jes 63,11 spielen auf dieses Ereignis an: Auch Mose, der Gesetzgeber, sprach wie die Propheten durch den Geist Gottes.

Schließlich werden auch David und Salomo, die als Könige mit dem Geist des Herrn begabt sind, mit dem Gottesgeist, der durch die Propheten spricht, in Verbindung gebracht. Die »letzten Worte Davids« (2 Sam 23, 1-7), die über Herrscherpflicht und über die Zukunft der Davidsdynastie reden, werden auf Eingebung des Gottesgeistes zurückgeführt: »Der Geist des Herrn sprach durch mich, sein Wort war auf meiner Zunge« (V. 2). Die allgemein gefaßte und in V. 3 erst auf die »letzten Worte« angewendete Aussage konnte auf ähnliche Aussprüche Davids, wie es die Psalmen sind, bezogen werden. Salomo hatte von Jahwe ein weises und verständiges Herz erhalten (1 Kön 3,12). In ihm war die Weisheit Gottes (V. 28). Darum wird das Buch der Sprichwörter auf ihn zurückgeführt (Spr 1,1). Kohelet schlüpft in seine Gestalt (1,1.12) wie auch der Verfasser des Hohenliedes (1,1), der Salomos Namen öfter erwähnt[29], und der Autor von Weisheit tut dasselbe (7,7), ohne den Namen zu nennen. Er sieht den Geist im weisen Salomo wirken, wenn er mit Anspielung auf 1 Kön 3,12 sagt: »Ich betete, und es wurde mir Klugheit gegeben; ich flehte, und der Geist der Weisheit kam zu mir« (7,7). In seiner Sicht ist der Geist das Wesen der Weisheit (7,23ff.), die »Freunde Gottes« wie Abraham (Jes 41,8) »und Propheten schafft« (V. 27). Auch in dem weisen Seher Daniel ist »der Geist heiliger Götter« (4,5; 5,11) wie Nebukadnezzar und Belschazzar als Nichtisraeliten formulieren. Nach dem weisen Sirach hat selbst der Schriftgelehrte, als den ihn sein Enkel im Vorwort darstellt, den Gottesgeist: »Wenn Gott, der Höchste, es will, wird er mit dem Geist der Einsicht erfüllt: Er bringt eigene Weisheitsworte hervor, und im Gebet preist er den Herrn« (Sir 39,6). Die hier geschilderte Geistbegabung wird offenbar nicht jedem Schriftgelehrten zuteil, sondern nur demjenigen, dem Gottes freie Gnade sie schenkt.[30]

4. Von Gott inspiriert

So wird im AT zunehmend darauf hingewiesen, daß der Geist Gottes bei der Verkündigung des Gotteswortes und bei der Schriftwerdung alles dessen, was im engen und weiteren Sinn dazugehört, eine, wenn nicht die entscheidende Rolle spielt. Noch wird keine entsprechende zusammenfassende generelle Aussage formuliert. Aber sie bahnt sich an. Sie wird dann im NT versucht. Mt 22,43 sagt Jesus, daß David »im Geist« den Messias »Herrn« nennt, in Ps 110,1. Apg 1,20 aber werden Ps 69,26; 109,8 als Schriftwort zitiert, »das der Heilige Geist durch den Mund Davids im

---

[29] Hld 1,5; 3,7.9.11; 8,11.
[30] H. Stadelmann, Ben Sira als Schriftgelehrter (WUNT II 6), Tübingen 1980, 233f.

voraus gesprochen hat«[31]. Und Hebr 3,7 wird Ps 95,7-11, ohne daß auf David verwiesen würde, mit den Worten eingeführt: »Darum beherzigt, was der Heilige Geist sagt.« In der Verfahrensweise dieser drei ntl Schriftstellen läßt sich noch die Entwicklung der Vorstellung von einer Wirkung des Heiligen Geistes zeigen. Sie verläuft von der Auffassung, daß der Gottesgeist in den Propheten, als welcher auch David gilt, wirkt hin zu der Anschauung, daß die heiligen Schriften das Werk des Heiligen Geistes sind. »Die Einführungsformel eines Schriftwortes ›wie der Heilige Geist sagt‹ ist auch im Rabbinat nicht selten.«[32] Denn »als Geist der Inspiration kommt der heilige Geist überall da in Betracht, wo er mit der Entstehung der Schrift oder ihrer einzelnen Teile in Verbindung gebracht wird«[33].

Diese Sicht ist 2 Tim 3,16 vorausgesetzt, wenn über die heiligen Schriften Israels gesagt wird: »Jede von Gott eingegebene Schrift ist auch nützlich zur Belehrung, zur Widerlegung, zur Besserung, zur Erziehung in der Gerechtigkeit.« Hier wird im griechischen Text das seltene Wort theopneustos verwendet, das im Lateinischen mit divinitus inspirata übersetzt wird und so den Fachterminus »Inspiration« (der Heiligen Schrift) liefert. Er bezieht sich hier auf das AT. »Das Urteil des Apostels über das Alte Testament in 3,15-17 ist das klarste, was in den neutestamentlichen Schriften über diese Frage gesagt ist. Beides ist Gemeingut des gesamten Neuen Testaments: 1. die Überzeugung, daß das alttestamentliche Schriftwort durch Gottes Geist gewirkt, inspiriertes Gotteswort ist, und 2. die Gewißheit, daß erst das christozentrische und christusgläubige Verständnis des Alten Testaments seine Tiefe erschließt und es zum Werkzeug der Heiligung macht.«[34] Auf den erstgenannten Aspekt kommt es hier in unserem Zusammenhang an.

Auch 2 Petr 1,20f. hat die heiligen Schriften Israels vor sich, wenn der Apostel mahnt: »Keine Weissagung der Schrift darf eigenmächtig ausgelegt werden; denn niemals wurde eine Weissagung ausgesprochen, weil ein Mensch es wollte, sondern vom Heiligen Geist getrieben haben Menschen im Auftrag Gottes geredet.« »Getrieben«, wörtlich: »getragen« (pheromenoi) wird mit »inspirati« übersetzt, ein Zeichen dafür, daß sich bereits eine Inspirations-Theologie herausgebildet hat. Diesem ntl Brief ist die rechte Auslegung der Heiligen Schrift ein vordringliches Anliegen. Dazu stellt er zuerst fest: »Die einst gesprochene und dann niedergeschriebene Prophetie ist wie die atl Schrift überhaupt vom Geist getragen und kommt von Gott her. Dies ist die Inspirationslehre des Briefes. Es ist die Inspirationslehre des ganzen NT (Mk 12,36; Apg 3,21; 2 Tim 3,16).

---

[31] Apg 4,25 wird Ps 2,1f mit Hilfe des Zusatzes »durch den Heiligen Geist« ebenso gewertet, vgl. E. Haenchen, Die Apostelgeschichte (KeKNT [13]III), Göttingen 1961, 124.184f.
[32] O. Michel, Der Brief an die Hebräer (KeKNT [12]XIII), Göttingen 1966, 186.
[33] Strack – Billerbeck, Kommentar zum Neuen Testament aus Talmud und Midrasch II, München 1924, 134.
[34] J. Jeremias, Die Briefe an Timotheus und Titus (NTD IV), Göttingen 1968, 1-68, 55.

Ebenso ist es die Überzeugung des AT, daß Gott durch den Geist die prophetische Botschaft wirkt (Zach 7,12).«[35]

5. Inspirationslehre und Altes Testament

Es ist nicht zu übersehen, daß die atl Aussagen über die Wirkung Gottes und seines Geistes bei der Entstehung der heiligen Schriften anregten und geradezu verlangten, weitergedacht und zu einer Zusammenschau entwickelt zu werden. Das zeigen die soeben angeführten ntl Stellen. »Hinsichtlich der Auffassung der Inspiration des Alten Testaments weist das Neue Testament gewisse Unterschiede auf. Es spiegelt sich nämlich im Neuen Testament die verschiedene Ausprägung wider, die das Inspirationsdogma im palästinischen und im hellenistischen Judentum gewonnen hatte: während man in Palästina die Mitwirkung der menschlichen Werkzeuge Gottes in Rechnung setzte, neigte die Diaspora (Philo) einer starren Verbalinspiration zu, die in ihnen nur den willenlosen Griffel des Geistes sah«.[36] Das hellenistische Judentum war allem Anschein nach von der platonischen Lehre beeinflußt, daß bei einer »göttlichen Begeisterung« der Verstand des Menschen ausgetrieben und durch den »göttlichen Geist« ersetzt werde, eine Anschauung, der auch Philo bezüglich der atl Prophetie folgte.[37] Diese Auffassung schlägt sich in der Sicht vom Werden der atl Bücher nieder. Denn »nach Philo sind alle Verfasser alttestamentlicher Schriften Propheten«[38]. Während nämlich nach Apg 1,16; 4,25, auch Mt 22,43, David unter der Wirkung des Heiligen Geistes spricht, ist dieser es nach Hebr 3,7 selbst, der das Psalmwort aussagt.

Diese beiden Positionen, die Verbalinspiration, in der die atl und dann folglich auch die ntl Verfasser der Heiligen Schrift rein mechanisch wiedergaben, was ihnen der Heilige Geist eingab, und die sogenannte Realinspiration, in der die Hagiographen bei Einwirkung des Gottesgeistes mit Verstand, Willen und ihren Fähigkeiten die Texte und Bücher niederschrieben, bestimmte die Diskussion über die Inspiration fortan. Sie soll und kann hier nicht nachgezeichnet werden.[39] Sie lief in katholischer Theologie unter der Fragestellung: Wie ist die Einwirkung Gottes bzw. des Heiligen Geistes zu verstehen, und welchen Anteil haben Gott und die menschlichen Autoren an der Entstehung der Heiligen Schrift? Die Diskussion entzündete sich (vornehmlich) am AT oder nahm immer wie-

---

[35] K.H. Schelkle, Die Petrusbriefe. Der Judasbrief (HthKNT XIII/2), Freiburg 1961, 201.

[36] J. Jeremias, a.a.O. 55.

[37] So A. Bea, Art. Inspiration, in: LThK² V, 703-711, 703.

[38] Schweizer, in: ThWNT VI 453.

[39] Siehe die kurzgefaßte Übersicht bei A. Bea, a.a.O.; H. Gabel, Inspirationsverständnis im Wandel. Theologische Neuorientierung im Umfeld des Zweiten Vatikanischen Konzils, Mainz 1991; F. Martin, Pour une théologie de la lettre. L'inspiration des Ecritures (Cogitatio Fidei 193), Paris 1996, und dazu E. Nodet, De l'inspiration de l'Ecriture: RB 104, 1997, 237-274.

der auf es Bezug. Das Problem, vor dem eine theologisch genaue Erfassung dessen, was Inspiration ist, steht, wurde verschärft, je mehr man in Naturwissenschaft und Geschichtsforschung zu Ergebnissen kam, die mit dem, was in der Bibel, insbesondere im AT, dargestellt und berichtet wurde, nicht übereinstimmte und auch nicht in Einklang zu bringen war. Man versuchte, den göttlichen und menschlichen Anteil an der Heiligen Schrift genau zu bestimmen, kam aber dadurch in noch größere Schwierigkeiten. Das Wesen der Inspiration bestehe »in der Erleuchtung des Verstandes, in der Bewegung des Willens und im Beistand bei der Ausführung«. Der Blick war auf den Autor gerichtet: Gott galt als der eigentliche Autor, der biblische Schriftsteller als der werkzeugliche Autor.[40] Am AT war inzwischen deutlich geworden, daß dessen einzelne Schriften meist nicht von einem einzigen Verfasser stammten, sondern das Werk verschiedener Autoren waren, die zudem oft in ihren Aussagen nicht übereinstimmten. Der Blick mußte also auf die Bücher gerichtet werden.

Das geschah denn auch, wobei die Erforschung der literarischen Arten, die in den biblischen Schriften zur Anwendung kommen, eine Umorientierung weg von der die Wertung bestimmenden Verfasserpersönlichkeit[41] hin zum schriftlich vorliegenden Werk mit sich brachte.[42] Folglich konnte man sachgerechter, weil dem biblischen Befund näher, die Inspiration der Schrift so umschreiben: »Jedes biblische Buch ist nach Inhalt und Form bestimmt vom Willen Gottes, der sich des Hagiographen so bedient, daß dieser das und nur das schreibt, was Gott will, und so, wie Gott es will.«[43] Die psychologische Sicht ist an die zweite Stelle gerückt: »Der Hagiograph ist aber nicht ein bloß mechanisches Werkzeug, das nach ›Diktat‹ schriebe, sondern Gott wirkt auf ihn so ein, daß er mit voller Einsicht, freiem Willen und völligem Gebrauch seiner individuellen Anlagen und Kräfte das niederschreibt, was Gott will und wie Gott es will.«[44] Ob die Verfasser allerdings im AT immer mit voller Einsicht in das, was Gott will, schreiben, ist nicht sicher. Die Tatsache, daß in der Fortschreibung oft uminterpretiert wird, spricht nicht dafür. Darum ist auch und vor allem zu fragen, was die Absicht Gottes war, als er die biblischen Bücher entstehen ließ.

Um das Ziel, das Gott mit der Inspiration der Heiligen Schrift verfolgte, zu erkunden, muß sie ganz, AT und NT, in den Blick genommen werden, gelten doch alle ihre Bücher als inspiriert.[45] Es muß ferner bedacht wer-

---

[40] H. Gabel, a.a.O. 55, zur neuscholastischen Interpretation, die sich in den Bibel-Enzykliken ausgewirkt hat.

[41] Ein Beispiel dafür bietet B. Duhm in seinem Buch »Israels Propheten« (²1922) wie auch in seinen Kommentaren zu Jesaja (⁴1922) und Jeremia (1901).

[42] In der Enzyklika »Divino afflante Spiritu« (1943) wird dies sichtbar.

[43] A. Bea, Art. Inspiration 705.

[44] A. Bea, a.a.O. 705.

[45] Darauf weist N. Lohfink, Die Irrtumslosigkeit, in: ders., Das Siegeslied am Schilfmeer, Frankfurt am Main ²1965, 44-80, hin.

den, daß die Bibel nicht irgendwo im freien Raum schriftstellerischen Wirkens steht, sondern das Buch der Kirche ist. Von ihr her läßt sich aus systematisch-theologischer Sicht sagen: »Indem Gott mit absolutem, formal prädestinierendem heilsgeschichtlichem und eschatologischem Willen die Urkirche und damit eben ihre konstitutiven Elemente will und schafft, will und schafft er die Schrift derart, daß er ihr sie inspirierender Urheber wird.« Dann ist die Schriftinspiration »einfach die Kirchenurheberschaft Gottes, insofern diese sich gerade auf jenes konstitutive Element der Urkirche als solcher bezieht, das eben die Schrift ist«[46]. Ohne Zweifel liegt bei dieser Einbindung der Schriftinspiration der Nachdruck auf dem NT. Das AT tritt völlig zurück und hat nur den Stellenwert des Vorläufigen. Doch die Urgemeinde und die inspirierten ntl Autoren waren der Auffassung, daß die Gemeinde Jesu Christi durch die Schrift, das AT, legitimiert wird. Darum sollte man eher formulieren, daß die Schriftinspiration »mit der Konstituierung der Heilsgemeinde (Israel – Kirche) zu tun« hat.[47] Wenn im Zusammenhang mit dem Kirchenbezug der Christusbezug der Schriftinspiration stärker akzentuiert wird, ist zu sagen, daß das Christusereignis im NT ebenfalls von der Schrift her gedeutet wird.[48]

Es ist gewiß richtig und angebracht, bei der Schriftinspiration auf die Heilsgemeinde zu verweisen. Doch sie ist nur Mittel zum Ziel, das Gott mit seiner Offenbarung verfolgt. Dies ist das Heil der Menschheit, zunächst seines Volkes Israel, aber mit ihm und durch es aller Menschen. Das wird im AT verkündet und verheißen, im NT als in Christus gegeben und zu verwirklichen kundgetan. Das Zweite Vatikanische Konzil hat darauf abgehoben. In der »Konstitution über die göttliche Offenbarung« sagt es, daß die inspirierten Verfasser lehren, was »Gott um unseres Heiles willen in heiligen Schriften aufgezeichnet haben wollte« (III,11). Das ist eine umfassende und zugleich offene Formulierung, die den Blick auf den Inhalt der Heiligen Schrift lenkt und dieser Sicht unterordnet, was die bisherige Inspirationslehre über die Einwirkung des Heiligen Geistes dementsprechend formuliert hat, daß nämlich die heiligen Schriften »Gott zum Urheber haben und als solche der Kirche übergeben sind. Zur Abfassung der Heiligen Bücher hat Gott Menschen erwählt, die ihm durch den Gebrauch ihrer eigenen Fähigkeiten und Kräfte dazu dienen sollten, all das und nur das, was er – in ihnen und durch sie wirksam – geschrieben haben wollte, als echte Verfasser schriftlich zu überliefern« (III,11). Das AT, das die Mitwirkung Gottes beim Werden der heiligen Bücher recht verschieden beschreibt, gewährt Raum, um Vorstellungen zu entwickeln, wie man die göttliche Urheberschaft mit einem allgemein zutreffenden Ausdruck fassen kann. Es plädiert aber auch für Offenheit

---

[46] So die These K. Rahners nach H. Gabel, a.a.O. 135.

[47] So mit Recht H. Gabel, a.a.O. 182, unter Hinweis auf die Autoren, die im Anschluß an K. Rahner die Schriftinspiration stärker in den sozial-ekklesialen Kontext einbinden.

[48] Siehe oben Kap. A IV.

hinsichtlich der Art des Mitwirkens Gottes, der auf verschiedene Weise den entscheidenden Einfluß auf die Verfasser nehmen kann. Wichtig ist dem AT, wozu der Geist Gottes die von ihm in Dienst genommenen Menschen befähigt. »Der Geist öffnet die Augen für das Wirken Gottes; er befähigt dazu, Geschichte als Gottes Geschichte mit den Menschen zu deuten; er ist sozusagen der ›Interpret‹ der heilsgeschichtlichen Selbstmitteilung Gottes; er bringt gewissermaßen das Ereignis der personalen Zuwendung Gottes ›ins Wort‹[49].« Das bezeugt das AT in vielfältiger Weise. Im NT wird diese Anschauung bewußt vorausgesetzt und aufgenommen. Man darf in dieser wesentlichen und grundlegenden Vorstellung den entscheidenden Beitrag des AT zur Inspirationslehre sehen. »Am Ende der atl Entwicklung steht also das Bewußtsein: Der Geist hat die Aufgabe, Gottes Zuwendung in Geschichte und Schöpfung ›ins Wort zu bringen‹.«[50] Er ermöglicht auch eine rechte Bewertung dessen, was in der Heiligen Schrift gesagt wird.

III. WAHR UND ZUVERLÄSSIG

Wenn Gott spricht, dann steht er hinter seinem Wort. Und wenn und insofern er der einzige Gott ist, verbürgt er es mit absoluter Autorität. Dabei geht es nicht um irgendwelche Mitteilungen, sondern vor allem um Aussagen über ihn selber und in deren Licht über Menschen und Welt, Himmel und Erde, Geschichte und Zukunft.[1] Im Hinblick auf die »Ich-bin-Worte«[2] und die Rede Gottes im Ich-Stil, die sich im AT finden, darf man, recht verstanden, wohl sagen, daß es die objektivierte Form »des Sich-aus-Sagens des Ichs Gottes« sei. »Im Alten Testament ist also der sich aussprechende Jahwäh präsent, der sich mitteilende, sich offenbarende, sich offenbar machende Jahwäh.«[3] Daher stellt sich die Frage nach der Wahrheit und Zuverlässigkeit dessen, was Israel in seinen heiligen Schriften überliefert hat.

1. Gott als Urheber der Heiligen Schrift

Bei der Beschäftigung mit der soeben aufgeworfenen Frage ist es angebracht, zunächst zu vernehmen, was das AT dazu sagt. Das Volk des Herrn wird in ihm immer wieder aufgefordert, das Wort Gottes zu hören

[49] H. Gabel, a.a.O. 317.
[50] H. Gabel, a.a.O. 318.

[1] In J. Schreiner, Theologie des Alten Testaments (Ergänzungsband 1 zur NEB AT), Würzburg 1995, ist versucht worden, von diesem Ansatz her atl Theologie darzustellen.
[2] »Ich bin Jahwe«, häufig in der Priesterschrift, bei den Propheten der Exilszeit, vor allem bei Ezechiel.
[3] H. Hübner, Biblische Theologie des Neuen Testaments. Band 1 Prolegomena, Göttingen 1990, 149.

und anzunehmen. Ausdrücklich geschieht das durch Mose und die Propheten, insbesondere durch den Aufmerksamkeitsruf »hör(t)«[4], einschlußweise in allem, was zu seiner Belehrung geschrieben ist. Das Gotteswort muß also Qualitäten haben, die eine Annahme als sinnvoll und unabweisbar erscheinen lassen. Der fragende Blick richtet sich dabei zuerst auf den, der da spricht, auf Jahwe.

Hier kommt die Erfahrung Israels ins Spiel. Das Volk hat erlebt, daß sich die Ankündigung Jahwes durch Mose, er werde es nun aus der Knechtschaft retten und in das Land der Verheißung führen, verwirklichte. Es war kein leeres Wort. Jahwe hatte bewiesen, daß man sich auf ihn verlassen konnte. Die nämliche Erfahrung machte Israel immer wieder im Lauf seiner Geschichte, und dies nicht nur bei den göttlichen Zusagen, sondern auch bei Droh- und Gerichtsworten, die Jahwe durch seine Boten kundgab. An diesen zeigte sich, daß der Herr die Menschen kennt, alle, ohne Ausnahme, ihr Denken, Reden und Tun.[5] »Du allein kennst die Herzen aller Menschen«, sagt der weise Salomo (1 Kön 8,39). Gott läßt dem Großkönig Sanherib mitteilen: »Ich weiß, ob du ruhst, ob du gehst oder kommst, ob du dich gegen mich auflehnst« (2 Kön 19,27). Die Bedrängten, die sich in den Psalmen an ihn wenden, brauchen ihm ihre Not nicht erst nahezubringen; er weiß davon, bevor sie ihn daran erinnern. Jahwe weiß im voraus, wie sich jemand entscheiden wird (Ex 3,19). Vor diesem allwissenden Gott bekennt der Psalmist: »Herr, du hast mich erforscht und du kennst mich. Ob ich sitze oder stehe, du weißt von mir. Von fern erkennst du meine Gedanken. Ob ich gehe oder ruhe, es ist dir bekannt, du bist vertraut mit allen meinen Wegen. Noch liegt mir das Wort nicht auf der Zunge – du, Herr, kennst es bereits« (Ps 139,1-4). Auch die ganze Schöpfung kennt er umfassend und genau. Denn »er hat die Erde geschaffen durch seine Kraft, den Erdkreis gegründet durch seine Weisheit, durch seine Einsicht den Himmel ausgespannt« (Jer 10,12). Er kennt den Weg zur Weisheit und ihren Ort (Ijob 28,23), sie stammt von ihm. »Aus seinem Mund kommen Erkenntnis und Einsicht« (Spr 2,6). Jer 29,23 stellt er fest: »Ich bin der Wissende.« Bei Gott gibt es keinen Mangel an Wissen und Kenntnis.

Mit seinem allumfassenden Wissen verbindet sich die Zuverlässigkeit Gottes. Wenn er sich seinem Volk zugewendet hat, hält er daran fest und läßt dies auch den einzelnen verspüren.[6] Schild und Schutz ist seine Zuverlässigkeit (Ps 91,4). In der sogenannten Huldformel wird mit Nachdruck am Ende die Verläßlichkeit des Herrn, in der alle seine für den Menschen heilbringenden Eigenschaften festgemacht sind, gerühmt: »Du aber, Herr, bist ein barmherziger und gnädiger Gott, du bist langmütig, reich an Huld und Treue« (Ps 86,15). Er ist der treue Gott (Dtn 7,9). »Die Treue des Herrn währt in Ewigkeit« (Ps 117,2).

[4] Dtn 4,1; 5,1; 6,4; 1 Kön 22,19; Jes 1,10; 7,13 u.ö.
[5] Gen 20,6; 22,12; Ex 4,14; Dtn 31,21 u.ö.
[6] Ps 25,5.10; 31,6; 54,7; 69,14.

2. Eigenschaften des Wortes Gottes

Die Treue, die Gott in seinem Handeln beweist, zeigt er auch in seinem Wort. »Gott ist kein Mensch, der lügt, kein Menschenkind, das etwas bereut. Spricht er etwas und tut es dann nicht, sagt er etwas und hält es dann nicht?« (Num 23,19). Diese Feststellung steht in der Prophetie des Bileam, die Israels Größe als Folge der heilvollen Zusage des Herrn rühmt. In der Theologie des Davidsbundes spricht sich die messianische Hoffnung, die auch nach der Zeit des AT nicht unterging, sondern sich nur wandelte, im Jahwewort so aus: »Ich entziehe ihm nicht meine Huld, breche ihm nicht die Treue. Meinen Bund werde ich nicht entweihen; was meine Lippen gesprochen haben, will ich nicht ändern. Eines habe ich geschworen, so wahr ich heilig bin, und niemals werde ich David belügen« (Ps 89,34ff.). Obwohl die Davididen Jahwe untreu werden, ist er doch bereit, an seinem verheißenden Wort festzuhalten.

Abgesehen vom Einzelfall kommt es zu allgemeinen Aussagen über die Eigenschaften des göttlichen Wortes. Probleme hatte Israel mit der Zuverlässigkeit des prophetischen Wortes, insbesondere mit der Heilsprophetie. Die Frage war, ob Jahwe dieses aus Prophetenmund kommende Wort wirklich gesprochen hat. An der Übereinstimmung bei den Verkündern und den Empfängern mit den sittlichen Forderungen des Gottes Israels, die er in seinen Taten kundgemacht hatte, und an der Verwirklichung des Wortes konnte man sehen, ob das Wort von Jahwe kam oder nicht.[7] Bei Ezechiel fügt der Herr seinem Wort deshalb öfter die bekräftigende Aussage hinzu: »Ich habe geredet«[8] oder »Ich habe geredet und tue es«[9] und »Sie sollen wissen, daß ich, der Herr, geredet habe« (Ez 17,21). Und wenn das Wort eintrifft, »werden sie erkennen, daß ich Jahwe bin«[10]. Der Herr verweist auf seine Macht, aber auch auf seine Zuverlässigkeit. Bei Sach 13,3, einem späten Text, »tritt als dogmatisches Kriterium die Übereinstimmung mit der schriftlichen Überlieferung auf«, in einem »Verwerfungsurteil über jeden inspiratorischen Prophetismus überhaupt«[11].

Insbesondere ist hier (siehe V. 2 die Ablehnung der Götzenbilder) an die Torah gedacht. Sie ist das Wort Gottes, dessen Eigenschaften in Ps 119 und 19 gepriesen werden, wie die verwendete dtn Begrifflichkeit ausweist: Jahwes Wort ist Wahrheit. Seine Urteile und Entscheidungen sind gerecht, richtig und gut. Seine Weisung ist wunderbar und zuverlässig. Dies sind auch seine Gebote; sie kennen keine Schranken. Jahwes Verheißung zeigt seine heilvolle Gerechtigkeit auf ewig. Seine Worte sind rein und lauter, eine Leuchte auf dem Lebensweg. Sie spenden Leben und

---

[7] Vgl. die Diskussion bei Jer 23, die Vorwürfe Jer 2,26; 5,31; 6,13f.; Mi 3,5f. und Dtn 18,20; 1 Kön 17,24.

[8] Ez 5,13.17; 12,25; 13,7 u.ö.

[9] Ez 12,25.28; 17,24; 22,14; 37,14.

[10] Die sogenannte Erkenntnisformel ist typisch für das Buch Ezechiel.

[11] M.A. Klopfenstein, Art. *šqr* täuschen, in: THAT II 1010-1019, 1016.

Freude. Die Vorschriften des Herrn sind wie Berater. Seine gerechten Urteile haben auf ewig Bestand. Jahwes Wort, das hier in verschiedenen Begriffen auf die Torah bezogen ist, bleibt ewig; sein Wesen ist Wahrheit.[12] Mit dieser Aussage, die in Ps 119,160 getroffen wird, ist das Stichwort gegeben, um das sich die Inspirationslehre immer wieder bewegte und auf das sie sich mehr und mehr zuspitzte.

3. Der Versuch, die Wahrheit der Heiligen Schrift formal zu bestimmen

Liest man den Ps 119 und versteht man dabei »Wort« Gottes und die dort verwendeten synonymen Begriffe allgemein vom Inhalt der Heiligen Schrift, scheint der Sachverhalt klar zu sein: Die Bibel tritt selbst für ihre Wahrheit ein, behauptet sie und verkündet damit ihre Autorität. Wenn das so ist, muß man ihre Aussagen als wahr annehmen und an ihnen festhalten. Doch so einfach liegen die Dinge bekanntlich nicht. Seit sich mit dem Beginn der Neuzeit das Weltbild radikal änderte, die Naturwissenschaft ihre umwälzenden Entdeckungen machte und die Geschichtswissenschaft ihre neuen Erkenntnisse über die biblische Zeit formulierte, stellte sich das Problem mit aller Schärfe. Nach allem, was man erkannt hatte und als objektiv gegebene Sachverhalte anerkennen mußte, enthielt die Bibel reichlich Aussagen, die mit der Wirklichkeit nicht übereinstimmten. Dieses Urteil traf besonders das AT, dessen Weltbild im NT übernommen und dessen Geschichtsverständnis dort vorausgesetzt wurde.

Die katholische Kirche versuchte, aus systematisch theologischer Blickrichtung zu antworten: Es besteht kein Zweifel darüber, daß Gott absolut gut und integer und, was sein Erkennen und Wissen betrifft, fraglos allwissend ist. Er kann nicht lügen oder täuschen. Darum muß wahr sein, was er sagt. An der Wahrheit der Heiligen Schrift ist also festzuhalten; man darf sie nicht in Frage stellen. »Wahrheit« wurde dabei im Sinn der neuscholastischen Theologie verstanden. Sie orientierte sich bei der Bestimmung dieses vieldeutigen Begriffs[13] an der mittelalterlichen Definition, welche die »Wahrheit als Übereinstimmung (bzw. Angleichung) von Ding (bzw. Wirklichkeit oder Sachverhalt) und Verstand (bzw. Urteil oder Aussage)« bestimmt[14]. So wird ein sach- und satzhaftes Verständnis zugrundegelegt, wenn über die Wahrheit der Heiligen Schrift diskutiert wird. »Nach der traditionellen Definition ist Wahrheit im wesentlichen eine Eigenschaft von Erkenntnissen, Aussagen, Behauptungen

---

[12] Vgl. auch J. Schreiner, Leben nach der Weisung des Herrn. Eine Auslegung des Ps 119, in: ders., Leben nach der Weisung Gottes, Würzburg 1992, 379-402.

[13] Siehe dazu die Überblicksreferate von G. Gawlick, Art. Wahrheit II. Philosophisch, in: RGG³ VI 1518-1525; P. Engelhardt, Art. Wahrheit in der Geschichte der Philosophie und Theologie, in: LThK² X, 914-920.

[14] G. Gawlick, a.a.O. 1520, in einer inhaltlichen Umschreibung der Formel »veritas est adaequatio rei et intellectus«, die auch Thomas von Aquin bietet.

und Sätzen. Diese Eigenschaft besteht in der Übereinstimmung bzw. Korrespondenz zwischen der Aussage und der ausgesagten Tatsache. Dahinter steht die plausible Annahme, daß wir mit Hilfe von Aussagen Behauptungen über die Beschaffenheit der Wirklichkeit aufstellen.«[15] Wenn Gott der Autor der Heiligen Schrift ist, trägt er auch die Verantwortung für das, was in ihr geschrieben steht. So kam man zu der Feststellung: So sehr ist es fern, daß mit der göttlichen Inspiration irgendein Irrtum verbunden sein könnte, daß sie durch sich selbst jeden Irrtum ausschließt, sondern ihn so notwendig ausschließt und von sich weist, wie es notwendig ist, daß Gott, die höchste Wahrheit, der Urheber überhaupt keines Irrtums ist.[16] Wahrheit wird hier als Gegensatz zum Irrtum verstanden, der weit gefaßt ist und jede Aussage umfaßt, die nicht mit der vorfindlichen Wirklichkeit übereinstimmt. Damit war, ohne daß die Texte selbst befragt wurden, ein Problem geschaffen, das auf die Weise, wie es formuliert und angegangen wurde, nicht gelöst werden konnte.

4. Das Problem der Irrtumslosigkeit und das Alte Testament

Betrachtet man die oben angegebene, im Hinblick auf die göttliche Inspiration der Heiligen Schrift formulierte Bestimmung des Wahrheitsbegriffs, muß wohl gesagt werden: »All das Große, was von der Bibel ausgesagt wird und in der Gegenwart aufrecht erhalten werden soll, wird nicht eigentlich aus ihr selbst entnommen und an ihrem Selbstverständnis erhärtet, sondern es wird von außen über sie ausgesagt.«[17] Es sollte sich aber zeigen, daß es notwendig war, die Gegebenheiten der Bibel, insbesondere des AT, zur Kenntnis zu nehmen und daraus zu lernen.
Es war leicht, Beispiele aus der Bibel dafür zu sammeln, daß ihre Aussagen und Angaben nicht mit der objektiven Wirklichkeit übereinstimmen, angefangen von der Rede über die Erschaffung der Welt in ihren ersten Kapiteln bis hin zu der Geschichtsdarstellung des Buches Daniel. Das Weltbild des AT insgesamt wie auch Einzelheiten ihrer Naturbeobachtung stimmen nicht mit den Ergebnissen der Naturwissenschaft überein. Um solchen Schwierigkeiten zu entgehen, wurde versucht, Unterscheidungen im Begriff der Irrtumslosigkeit und des Umfangs der Inspiration vorzunehmen. Doch es hilft hier nicht, zwischen subjektivem und objektivem Irrtum oder zwischen irrigen und unrichtigen Aussagen zu differenzieren. Es bleibt die Tatsache der fehlenden Übereinstimmung mit den gesicherten Erkenntnissen der Natur- und Geschichtswissenschaft. Auch

---

[15] A. Kreiner, Die Relevanz der Wahrheitsfrage für die Schriftauslegung, in: Theologie als gegenwärtige Schriftauslegung (ZThK Beiheft 9), Tübingen 1995, 46-64, 46.

[16] So die Enzyklika »Spiritus Paraclitus« (15.9.1920) nach dem Vorgang verschiedener Konzile und mit Bezug auf die Enzyklika »Providentissimus Deus« (18.11.1893), siehe EB² Nr. 452 und 125.

[17] K.G. Steck, Das römische Lehramt und die Heilige Schrift: Theol. Existenz heute 107, München 1963, 26.

der Versuch, Texte und Aussagen, die angeblich »nebenbei gesagt« seien oder die religiöse Wahrheiten bzw. Glauben und Sitte nicht beträfen, vom Inspiriertsein auszunehmen oder das inspirierte Wort auf das, was tatsächlich in der Schrift behauptet werde, einzuschränken, mußte mißlingen.[18] Wer ist imstande, hier die Grenzen zu ziehen?

Das AT selber lehrt, einen anderen und besseren Weg zu gehen. Es stellt die Frage nach der Irrtumslosigkeit Gottes nicht. Gott ist der Wissende. Der Mensch kann irren, täuschen und lügen. Irrtum wird aus atl Sicht anscheinend nur dort theologisch relevant, wo es sich um menschliche Verfehlungen handelt.[19] Daß Menschen die Wirklichkeit nicht richtig oder nur mangelhaft erkennen, ist Israel und damit auch dem AT geläufig. Ihm ist ebenso vertraut, daß Gott sein Wort durch Menschen spricht und seine Botschaft also in menschlicher Sprache und Bedingtheit mitteilt. Es hat seine Zeit gedauert, bis diese Tatsachen richtig eingeschätzt und für die Lehre von der göttlichen Inspiration der Heiligen Schrift fruchtbar gemacht wurden: Gott hat sich bei der Entstehung der Bibel der Menschen, ihrer Anschauungen und Redeweise bedient.[20]

Das AT selbst will nicht im Sinn einer allumfassenden Irrtumslosigkeit, welche jede Aussage über Natur und Geschichte einschließt, verstanden sein. Da stehen z. B. zwei »Schöpfungsberichte« (Gen 1 und 2), welche die Erschaffung der Welt und des Menschen verschieden beschreiben. Die Landnahme Israels wird in Ri 1 anders vorgestellt als im Buch Josua. Das dtr und das chr Geschichtswerk stellen die Geschichte Israels unterschiedlich dar, und dies nicht in einigen nebensächlichen Einzelzügen, sondern grundsätzlich, aus anderer Blickrichtung und Zielsetzung. Es gibt darüber hinaus auch gegensätzlich formulierte theologische Stellungnahmen. Sie wurden nicht miteinander verrechnet. Die Rede über Gott und sein Handeln ist oft für menschliches Begreifen nur in Gegensätzen auszudrücken. Bei der Geschichte des Jahwevolkes geht es offensichtlich darum, nicht die bloßen historischen Fakten mitzuteilen, sondern sie im Licht des Glaubens an den Gott Israels zu interpretieren.[21] Das will freilich nicht heißen, daß das Dargebotene keinen geschichtlichen Wert besäße. Altorientalische Texte, die im übrigen auch nicht frei von Ausdeutungen zu Ehren von Königen und ihren Gottheiten sind, bestätigen und klären hier manches. So erweist sich das AT als notwendiges und wirksames Korrektiv in der Lehre von der Irrtumslosigkeit der Hei-

---

[18] Vgl. die Bemerkungen bei I. de la Potterie, La vérité de la Sainte Ecriture et l'Histoire du salut d'après la Constitution dogmatique »Dei Verbum«: NRT 88, 1966, 149-169, 150-153; A. Kreiner, a.a.O. 54-59.

[19] R. Knierim, Art. *sgg sich versehen*, in: THAT II 869-872.

[20] In der Enzyklika »Divino afflante Spiritu« (30.9.1943), siehe EB² Nr. 558-560, seitdem in den kirchlichen Verlautbarungen und auch vom Zweiten Vatikanischen Konzil in »Dei Verbum« wiederholt.

[21] J.R. Smart, Hermeneutische Probleme der Schriftauslegung, Heidelberg 1965, 158ff., weist mit Recht darauf hin, daß in beiden Testamenten das Ereignis stets ein interpretiertes ist.

ligen Schrift. Es plädiert aber nicht für eine völlige Ablehnung oder eine beliebige Bestimmung dessen, was unter dem Stichwort »ohne Irrtum« gemeint sein könnte. Das AT sagt klar, daß das Wort Gottes, das es übermittelt, zuverlässig und also wahr ist. Es lenkt selbst auf die Frage hin, worin denn nun die Wahrheit des Gotteswortes besteht.

5. Wahrheit um unseres Heiles willen

Orientiert man sich an der Schrift, vor allem und zunächst am AT, so erhebt sich die Forderung, positiv auszusagen, was Gott mit der Bibel erreichen will. Das Zweite Vatikanische Konzil stand vor dieser Aufgabe, hatte sich doch durch die Forschung zur Bibel seit der Entdeckung und Auswertung altorientalischer Texte und archäologischer Befunde gezeigt, daß eine bloße Behauptung der Irrtumslosigkeit nicht genügte, sondern eher zu einer nicht haltbaren Einschätzung der Heiligen Schrift und zu Mißverständnissen bezüglich ihrer Zielsetzung führte. Nach intensiver Beratung und Diskussion[22] bestimmte das Konzil, daß »von den Büchern der Heiligen Schrift zu bekennen« ist, »daß sie sicher, getreu und ohne Irrtum die Wahrheit lehren, die Gott um unseres Heiles willen in den heiligen Schriften aufgezeichnet haben wollte«[23].

Der Nachdruck in dieser Formulierung liegt zweifellos auf dem Wort »Wahrheit«, das in zweifacher Weise näher bestimmt wird: Sie wird in den heiligen Schriften »sicher und getreu« dargeboten, und sie ist »Wahrheit um unseres Heiles willen«. Damit ist der Ausdruck »ohne Irrtum« ins Positive gewendet, das in ihm steckende Anliegen gewahrt und die Anregung gegeben, nach der so umschriebenen Wahrheit zu suchen. »Mehr und mehr wurde der Bezug der Schrift auf die Heilsoffenbarung bewußt – dies mit der schärferen Erarbeitung der Lehre von der Offenbarung, ihrer Übermittlung in den ersten beiden Kapiteln der Konstitution.« Und »»Wahrheit um unseres Heiles willen aufzeichnen zu lassen« wird nicht bloß hier, sondern in der ganzen Konstitution als Ziel der Entstehung der Schrift und ihrer Inspiration erklärt«[24]. Gewiß kann man für das Wort »Wahrheit« den Begriff »Offenbarung« setzen[25], aber es ist bedeutsam, daß der Konzilstext von der »Wahrheit« spricht.

Er greift damit auf das AT zurück, dessen Aussage über das Wort Gottes er hier aufnimmt: Es ist Wahrheit, zuverlässig. Von Irrtum braucht dabei nicht geredet zu werden. Es ist sicher und treu. Unsicherheit und Täu-

---

[22] Siehe dazu A. Grillmeier, Die Wahrheit der Heiligen Schrift und ihre Erschließung. Zum dritten Kapitel der Dogmatischen Konstitution »Dei Verbum« des Vaticanum II: ThPh 41, 1960, 161-187; ders., Kommentar zum dritten Kapitel von »Dei Verbum«, in: LThK², Das Zweite Vatikanische Konzil. Kommentare Teil II, Freiburg 1967, 528-558.

[23] »Dei Verbum« Nr. 11.

[24] A. Grillmeier, Kommentar 546f.

[25] Darauf weist hin I. de la Potterie, a.a.O. 163f.; ders., La vérité de l'Ecriture et l'herméneutique biblique: Revue Théologique de Louvain 18, 1987, 171-186, 178.

schung kommen nicht in Frage.[26] Zugleich wird wiederum, auch wenn dies nicht ausdrücklich vermerkt ist, mit der näheren Bestimmung »um unseres Heiles willen« zum Inhalt der Wahrheit auf das AT zurückgegriffen. Insgesamt ist das AT eine Botschaft vom Heil, das Gott seinem Volk geschenkt hat und weiterhin schenken will, wobei in der Heilsverheißung die Völker einbezogen sind. Auch wenn die Propheten im AT das Strafgericht des Herrn für den Abfall von ihm und die Mißachtung seines geoffenbarten Willens ansagen und das erlebte Unheil als sein strafendes Handeln deuten, bleibt das Ziel doch das Heil derer, die sich retten lassen, ja eigentlich aller Menschen.

Diese Absicht Gottes wird bereits in den Schöpfungserzählungen sichtbar. Sie wirkt in der Zeit der Väter wie am Beginn der Geschichte Israels. Der Prophet der Exilszeit verkündet sie nach der Zerstörung Jerusalems in der Babylonischen Gefangenschaft neu: Israel wird vom Herrn für immer errettet (Jes 45,17). Es muß sich allerdings den Vorwurf gefallen lassen: »Hättest du doch auf mich geachtet, dein Heil wäre wie ein Strom« (48,18). Doch Gott spricht bei Jer 29,11 das Wort, das die Ziele seines Handelns gegenüber seinem Volk umreißt: »Ich, ich kenne meine Pläne, die ich für euch habe – Spruch des Herrn –, Pläne des Heils und nicht des Unheils; denn ich will euch eine Zukunft und eine Hoffnung geben.« »Ich selbst bringe euch das Heil« (Jes 46,13). Nach dtr Theologie sind die Propheten Mahner zur Umkehr[27], die das Volk für eine erneute Entgegennahme der Heilszuwendung Gottes fähig machen soll. Auch in der Drangsal der Endzeit wird der Herr sein Volk retten (Dan 12,1). Er ist das Heil vom Anfang bis zum Ende. Das letzte Buch des AT lenkt noch einmal den Blick auf die große Heilstat Gottes, die Befreiung aus der unheilvollen Unterdrückung in Ägypten, und kommentiert sie ausführlich (Weish 11,15-19,22), um die auch jetzt in der Heilszuwendung wirkende Macht des Herrn herauszustellen. Der Schlußsatz ist ein Bekenntnis zum heilswilligen Gott: »In allem hast du, Herr, dein Volk groß gemacht und verherrlicht; du hast es nicht im Stich gelassen, sondern bist ihm immer und überall beigestanden« (19,22). So kann das atl Gottesvolk auch in einer Klage über die Verwüstung des Heiligtums sprechen: »Doch Gott ist mein König von alters her, Taten des Heils vollbringend auf Erden« (Ps 74,12). Das Heilswirken wird in dieser Gottesprädikation geradezu als die entscheidende Tätigkeit Gottes gepriesen. Aber sein Heil soll nicht nur Israel, sondern allen Menschen zugute kommen, wie er Jes 45,22 sagt und begründet: »denn ich bin Gott, und sonst niemand«.

Diese Ausrichtung der Kundgabe Gottes in Wort und Tat auf das Heil der Menschen wird im NT vorausgesetzt, so daß nun die besondere Heilszuwendung in Jesus Christus das alles bestimmende Thema sein kann. Insgesamt ist also »um unseres Heiles willen« für die Bibel das umfassende

---

[26] In allen drei Begriffen »sicher, treu, Wahrheit« kommt das atl Wort 'mn zum Tragen.

[27] Dies drückt die sogenannte Unermüdlichkeitsformel aus, derzufolge »der Herr immer wieder alle seine Knechte, die Propheten, zu euch (Israel) gesandt« hat (Jer 25,4).

und spezifische Leitmotiv für die in ihr wirkende göttliche Inspiration. Die heiligen Schriften halten im geschriebenen Wort fest, was Gott, sich offenbarend, getan hat und verlautbaren ließ. Es wurde überlegt und auch auf dem Konzil debattiert[28], ob man nicht besser von »Heilswahrheiten«, die Gott in den heiligen Schriften aufgezeichnet haben wollte, sprechen solle. Man hat mit Recht davon Abstand genommen. Denn »in der Bibel werden nicht nur Heilswahrheiten als ›Materialobjekt‹ mitgeteilt, sondern ›Heilswahrheit mitzuteilen‹ ist das durchgängige Formalobjekt der Heiligen Schrift. Auch die sogenannten profanen Wahrheiten oder Berichte erhalten somit einen Heilsbezug. Sie werden nur ausgewählt und berichtet nicht als inhaltliche Heilswahrheit, sondern als Medium der Heilsmitteilung«[29]. Vom AT her gesehen ist zu sagen: Es bietet nicht einfach satzhaft geformte Wahrheiten nach Art eines Lehrbuchs dogmatischer Sätze, sondern Erzählungen, Berichte und Darlegungen, in denen die heilbringenden Wahrheiten überliefert sind. Die Texte sind immer wieder daraufhin zu befragen. Das geschieht bereits im AT, etwa wenn Daniel über die Bedeutung des Wortes von den 70 Jahren (Jer 25,11f.) nachdenkt (Dan 9,2), oder in der Nachinterpretation und Fortschreibung atl Texte. Das NT führt auf seine Weise diese »Wahrheitsfindung« fort. Auch weiterhin kann und darf die gläubige Gemeinde Heilswahrheiten wieder und neu in der Bibel entdecken, gemäß ihrem vom Heiligen Geist geleiteten Glaubensverständnis.

Schließlich wird noch auf eine dritte Weise in bezug auf das AT das Problem der Irrtumslosigkeit entschärft. Es wird mit Nennung wichtiger Stationen auf die Heilsgeschichte (Art. 14) verwiesen. Das Konzil spricht von oeconomia salutis (Heilsökonomie) im Sinn einer planvollen Anordnung und Durchführung und vermeidet so eine bloß historische Sicht und den Anschein, als wolle es zu der viel diskutierten Frage Stellung nehmen, ob das AT Heilsgeschichte sei und nicht auch oder vielmehr tatsächlich Unheilsgeschichte. Natürlich schaut der Konzilstext vom NT her auf das AT und gewinnt auf diese Weise die Aussage, daß das, was im AT »um unseres Heiles willen« gesagt und niedergeschrieben ist, vorbereitenden Charakter hat. Im Gesamt der Bibel vertritt das AT in mancherlei Hinsicht in der Tat einen zeitbedingten, vorbereitenden, unvollständigen Standpunkt, der seine »Erfüllung«, also seine Vervollständigung und Vervollkommnung im NT gefunden hat.[30]

Im AT selbst finden wir eine doppelte Strategie: Einerseits gibt es die durchtragende Linie, die man mit Fakten bzw. Begriffen andeuten kann, wie z.B. Erwählung, Bund, grundlegende Offenbarung Gottes am Sinai, Königtum Jahwes. Andererseits aber sind auch Brüche in der Bewertung,

---

[28] A. Grillmeier, Kommentar 549; ders., Die Wahrheit 168-175.

[29] So A. Grillmeier, Kommentar 549, mit Bezug auf P. Grelot, La Bible Parole de Dieu, Paris 1965, 81.

[30] So S. Mowinckel, The Old Testament as Word of God, Oxford 1960, 29, der bei seinem Urteil vom ntl christlichen Standpunkt ausgeht.

menschlichen Handelns bzw. göttlicher Vorschriften festzustellen, z.B. bei der Beurteilung Jakobs (in Gen und Hos 12,3.8), der Revolution Jehus (2 Kön 10 und Hos 1,4), der Höhenheiligtümer Israels (im dtr Geschichtswerk)[31], des Kultes in Dan (Ri 18 und 1 Kön 12,29).[32] »So lehrt also die Schrift auch ›die Heilswahrheit‹ nur zeitbedingt ›zuverlässig‹, getreu und ohne Irrtum, denn die Zeitbedingtheit bezieht sich nicht nur auf das physikalische Weltbild der Genesis oder die geschichtliche Vorstellung von der Landnahme unter Josua.«[33] Im AT zeichnet sich in der Geschichte Israels die Heilsgeschichte ab, in der es Anfänge durch Gott gibt, wiederholtes Widerstreben und Versagen durch Menschen, erneute Fortführung und Neuansätze durch Gott, die auch und schließlich in die göttliche Verheißung hineingestellt werden und darin für ein größeres Heilshandeln Gottes offen bleiben. »Auch heute noch spricht Gott zu uns durch die Schriften des Alten Bundes und läßt uns das Heilshandeln Gottes am pilgernden Gottesvolk auch des Neuen Bundes verstehen.«[34]

6. Sinngebung in biblischen Texten

Mit dem soeben Gesagten hängt ein Fragenkomplex zusammen, der hauptsächlich das AT betrifft. Es geht um die Frage, ob und inwieweit ein nachträgliches Verständnis biblischer, besonders atl Texte schon in ihnen selbst angelegt oder mitgegeben ist. Es ist das Problem der »Schriftsinne«[35]. »Es ist letztendlich das Faktum der rezipierten Heiligen Schrift, das nach besonderen Auslegungen verlangt, um den neuen Kontext des übernommenen Textes sichtbar werden zu lassen. Intention dieser Auslegung ist also die Aktualisierung, die Anwendung des überlieferten Textes auf die eigene Situation. So kommt es dazu, daß man mit den Mitteln der antiken Rhetorik, die auch der Bibel nicht fremd sind, verborgene oder tiefere Sinne herausarbeitet und so die Bedeutsamkeit und Geltung für die eigene Situation erweisen kann.«[36]
Wenn die Bibel als Wort Gottes gilt und angenommen wird, kommt es bei diesem Verfahren darauf an, plausibel zu machen und festzustellen, daß diese Sinngebungen schon im überlieferten Text stecken und daraus zu erheben sind. Man geht dabei von dem Gedanken aus, daß Gott als Urheber der Heiligen Schrift mehr an Sinngebung in sie hineingelegt haben kann, als der bloße Wortlaut zunächst aussagt.

[31] Vgl. 1 Sam 9,12ff.; 1 Kön 3,2-15 und dazu die immer wiederholte Feststellung bei der Kritik an den Königen, daß die Höhen nicht abgeschafft wurden.

[32] Vgl. S. Mowinckel, a.a.O. 39ff.

[33] H. Kruse, Die Zuverlässigkeit der Heiligen Schrift. Exegeten zwischen Dogma und Wissenschaft: ZKTh 90, 1968, 22-39, 33.

[34] E. Stakemeier, Die Konzilskonstitution über die göttliche Offenbarung: Konfessionskundliche und kontroverstheologische Studien 18, ²1967, 242.

[35] Siehe dazu den Überblick von J. Schildenberger, Art. Schriftsinne, in: LThK² IX, 491ff.

[36] Chr. Dohmen – G. Stemberger, Hermeneutik der Jüdischen Bibel und des Alten Testaments (Kohlhammer Studienbücher Theologie 12), Stuttgart 1996, 161f.

Die Anfänge solchen Denkens liegen bereits in der Bibel. Nachinterpretation und Fortschreibung gehen im Grunde von solchen Gedanken aus, wenn sie biblische Texte mit ihren Auslegungen und Anwendungen auf neue Situationen anreichern. Ein deutliches Beispiel für die Annahme, daß Bibeltexte mehr enthalten, als sie aktuell an ihrer Stelle aussagen, bietet Dan 9 mit seiner Deutung der siebzig Jahre von Jer 25,11f.: »Der geistbegabte Ausleger« erlangt »eine tiefere Erkenntnis eines Textes, als dem ursprünglichen Empfänger der Botschaft zuteil wurde. Der Prophet wird dabei zum Mittler von Worten, die er selbst nicht (voll) versteht, zum bloßen Werkzeug. Die Auslegung wird hier zum Wesentlichen: Sie wird nicht einfach gleichberechtigter Partner des Textes, sondern bekommt im Grunde das letzte Wort«[37]. Sofern derartige Erkenntnis eines Vollsinns innerhalb der Heiligen Schrift steht, wird sie durch die göttliche Inspiration abgedeckt, zum Problem wird sie, sobald es sich um spätere Exegese handelt.

»Als erster christlicher Exeget gibt Origenes eine systematische Darlegung über die Schriftsinne«[38], die er gemäß seiner Auffassung von der Schriftinspiration vom Geist Gottes in die Texte hineingelegt sieht. »Origenes unterscheidet im Anschluß an die platonische Trichotomie einen dreifachen Schriftsinn, den somatischen (= buchstäblichen, historisch-grammatischen), den psychischen (= moralischen) und den pneumatischen (= allegorisch-mystischen). Sein Inspirationsbegriff«, in dem er die Ansicht vertritt, daß der Schrifttext dem menschlichen Autor von Gott wörtlich diktiert worden sei (strenge Verbalinspiration), »zwang ihn, seine Zuflucht zur allegorischen Methode in der Exegese zu nehmen, um auf diese Weise den ›höheren und geistigen Sinn‹ der Hl. Schrift zu erforschen.[39] Allegorie, im hellenistischen Raum vielfach bei der Interpretation alter Überlieferungen und Texte in Rechnung gestellt, meint »eine Aussage oder Darstellung, die anderes, das nicht unmittelbar bezeichnet ist, mit vergegenwärtigt«[40] bzw. daß der Text »einen tieferen Sinn als den buchstäblichen oder unmittelbaren hat«[41]. Origenes war mit der Allegorese durch das Bildungszentrum Alexandrien, in dem sie auch von jüdischer Seite (Philo) angewendet wurde, vertraut, wie übrigens auch die sogenannte Exegetenschule von Antiochien es war. Er war der Meinung: »Die einfachen Gläubigen erbaut der körperliche (somatische) oder geschichtliche Schriftsinn, die Fortgeschrittenen der seelische (psychische), die Vollkommenen der geistige (pneumatische) Schriftsinn.«[42]

Die Theorie vom dreifachen Schriftsinn wurde für die Interpretation der Bibel weithin übernommen und teilweise zum vierfachen ausgebaut.[43]

---

[37] Chr. Dohmen – G. Stemberger, a.a.O. 29.
[38] J. Schildenberger, a.a.O. 491.
[39] B. Altaner, Patrologie, Freiburg [6]1958, 182.
[40] G. Siewerth, Art. Allegorie, in: LThK[2] I, 342f., 342.
[41] C.M. Edsman, Art. Allegorie I. Religionsgeschichtlich, in: RGG[3] I 238.
[42] J. Schildenberger, a.a.O. 491.
[43] Siehe den Überblick bei J. Schildenberger, a.a.O.

Letztere wird in dem Merkvers festgehalten: »Der Buchstabe lehrt das Geschehene; was zu glauben ist, die Allegorie; der moralische Sinn, was zu tun ist; wohin zu streben ist, die Anagogie.«[44] Durch den »Buchstaben« der Schrift wird Geschichte erzählt. In der Allegorie kann das ganze AT als prophetische Vorausschau des NT aufgefaßt werden. Der moralische oder tropologische Sinn bringt Erkenntnis für das sittliche Handeln. Der anagogische Sinn führt die Aussagen der Bibel über das NT hinaus in die Eschatologie und zeigt den Inhalt christlicher Hoffnung auf.

Im Grunde stehen sich bei diesen Einteilungen der Wortsinn und ein höherer Sinn gegenüber. So wird auch und vor allem wohl heute die These von einem zweifachen Schriftsinn, dem Literalsinn und dem Vollsinn (sensus plenior) vertreten, wobei in unterschiedlicher Weise der oben genannte zweite und dritte Sinn dem ersten und vierten zugeordnet werden. Die These von einem schon in der Schrift, vor allem im AT selbst angelegten sensus plenior (Vollsinn) neben oder in dem Wortsinn wird unterschiedlich beurteilt und diskutiert, was hier nicht darzustellen ist.[45] Es ist das Problem, daß eine Glaubensgemeinschaft die für sie maßgebenden überlieferten Texte entsprechend ihrer eigenen Situation zu verstehen sucht und versteht. Das Judentum stand vor diesem aus seinem Glaubensbewußtsein entspringenden Anspruch wie auch und mehr noch die sich im NT äußernde Gemeinde Christi und die Kirche der folgenden Jahrhunderte. Schaut man auf die ntl Autoren, besonders Paulus und Matthäus, so zeigt sich, daß es für sie »atl Texte gibt, die, im Lichte ihrer ntl Erfüllung gesehen, einen ›tieferen‹, d.h. umfassenderen, christlich gesprochen, übernatürlichen Sinn bekommen, als den atl Verfassern bewußt sein konnte, und in solchen Fällen kann man auch zugeben, daß der von den atl Autoren oder doch von Gott selbst intendierte Sinn ihrer Worte schon auf der Linie zu deren christlichem Vollsinn liegt«[46]. Bei den frühen christlichen Exegeten (Clemens, Origenes, Epiphanius) zeigt sich, auch im Blick auf das NT, daß »die frühe Exegese einer bestimmten Methode folgt, die vom Glaubensverständnis aus an den Text herantritt, nicht vom Text aus die Glaubensregeln aufbaut«[47]. Da die Kirche die heiligen Schriften Israels von Jesus her als AT übernommen hat, ist es legitim und für den Glaubenden im Sinn des Urhebers des AT, daß sie über das NT und von ihrem Glaubensverständnis her Zugang zum AT und entsprechende Interpretation sucht.

---

[44] So die Übersetzung von Chr. Dohmen, a.a.O. 162, der diese Schriftsinne ihrem Inhalt nach näher beschreibt (161-166). Der lateinische Merkvers lautet: Littera gesta docet, quid credas allegoria, moralis quid agas, quo tendas anagogia.

[45] Siehe dazu J. Coppens, Das Problem der Schriftsinne: Concilium 3, 1967, 831-838; T. Fabiny, The Literal Sense and the Sensus Plenior Revisited: Hermeneia 61, 1991, 9-23.

[46] J. Schmid, Die alttestamentlichen Zitate bei Paulus und die Theorie vom sensus plenior: BZ NF 3, 1959, 161-173, 173.

[47] M. Mees, Die frühe Rezeptionsgeschichte des Johannesevangeliums. Am Beispiel von Textüberlieferung und Väterexegese (FzB 72), Würzburg 1994, 218f.

C
Zugänge zum Alten Testament

Wenn das AT sich als Wort Gottes präsentiert, will es zu Menschen sprechen. Das ist in der Tat der Fall. Es ist Anrede Gottes, wie sich an den eben zitierten Formeln zeigt, welche die ihnen folgenden Texte als Gotteswort ausweisen. Man könnte nun meinen, es seien nur die Menschen angesprochen, denen das Wort damals, als es erging, verkündet bzw. dann schriftlich übergeben wurde. Israel und mit und nach ihm die ntl Gemeinde waren nicht dieser Auffassung. Sie betrachteten das im AT übermittelte Gotteswort auch als an alle kommenden Generationen gerichtet. Das AT selbst gibt zu erkennen, daß es nicht nur zu den damaligen ersten Hörern und Lesern sprechen möchte. Israel, wann und wo immer es lebt, ist und bleibt angesprochen.

Das AT ist zudem nicht wie ein Buch, das zu einem bestimmten Ende führt und eben damit endet, nachdem es sein Thema konsequent, folgerichtig und vollständig abgehandelt hat. Es bleibt in beider Hinsicht, inhaltlich und formal, offen. In dieser Offenheit sperrt es sich nicht gegen eine Weiterführung und gibt Menschen, die nicht seiner eigenen Zeit angehören, Zugang zu dem, was sein Ziel ist und was es zu sagen hat. Denn es spricht zu den Menschen und über sie, über ihr Sein und Sollen, ihre Fragen und Probleme, Gefährdung und Schuld, Hoffnung und Glück. Und es redet nicht abstrakt theoretisch, sondern lebensnah.

Zugleich aber besteht das AT auf seiner grundlegenden Botschaft und wehrt sich auf diese Weise gegen Versuche, es in einer Interpretation auszudeuten, die seinen Aussagen zuwiderläuft. Aber es gibt Menschen, die sich mit ihm ernsthaft befassen wollen, die Möglichkeit, ihm zu begegnen und es zu verstehen.

I. OHNE FESTGESCHRIEBENEN ABSCHLUSS

1. Die hebräische Bibel

Als eine Sammlung von Schriften besitzt das AT buchtechnisch weder einen Anfang noch einen Abschluß. Abgeschlossen in dieser Hinsicht wäre es, wenn ein entsprechender Vermerk beigefügt wäre. Er fehlt, und auch der Text selber gibt nirgends einen Hinweis darauf, welche Schriften denn nun zu ihm gehören. Weil es eine Schriftensammlung darstellt, ist es auch nicht sinnvoll, nach seiner literarischen und inhaltlichen Mitte zu fragen. Erst der Kanon brachte einen Abschluß und setzte die Zahl wie auch die Reihenfolge der im AT enthaltenen heiligen Schriften fest.[1]

Man könnte nun vielleicht meinen, es sei, um einen formalen und inhaltlichen Abschluß herzustellen, nur erforderlich gewesen, eine als Abschlußphänomen geeignete Schrift an das Ende der atl Sammlung zu stellen. Aber welche könnte diese Funktion übernehmen und als Abschluß göttlicher Offenbarung, die das AT doch zweifellos bieten will, gelten?

---

[1] Siehe zum Kanon des AT oben A II/2.

147

Schaut man auf die hebräische Bibel, könnte etwa an das Buch Daniel, falls es tatsächlich in der Reihenfolge der Schriften zeitlich an letzter Stelle steht, gedacht werden. Es hat jedoch ein offenes Ende. Trotz seiner Zahlenspekulation über das Kommen des Neuen Äon und des Reiches Gottes weist es in eine unbestimmte Zukunft hinaus. »Am Ende der Tage« (Dan 12,13), in einer nicht bestimmbaren Zukunft, wird es geschehen. Gottes Wirken bleibt offen. Der Seher Daniel muß es akzeptieren; er wird das Ende nicht erleben.

Folgt man den heutigen Ausgaben der hebräischen Bibel, bieten sich die Bücher der Chronik für die Frage nach einem Abschluß an. Sie stehen bei ihnen am Ende der Biblia Hebraica. Man mag sie als »kanonisches Abschlußphänomen«[2] betrachten und werten, einen formalen und inhaltlichen Abschluß stellen sie nicht dar. In den drei Teilen der hebräischen Bibel steht die Torah in der Reihenfolge der »fünf Bücher Mose« stets naturgemäß am Anfang. Es folgen die »früheren Propheten« (Jos, Ri, 1 und 2 Sam, 1 und 2 Kön). Bei den »späteren Propheten« schwankt die Reihenfolge insofern, als Jes (nach der in Palästina beheimateten) an erster oder (gemäß der im babylonischen Judentum üblichen Auffassung) an dritter Stelle plaziert ist. »Von fast verwirrender Mannigfaltigkeit aber ist – wiederum weithin durch die Differenzen zwischen babylonisch-jüdischer und palästinensisch-jüdischer Gelehrsamkeit bedingt – die Überlieferung hinsichtlich der Folge der einzelnen Bücher des dritten Teils«[3] des Kanons, der »Schriften«. Was die Chronik anbelangt, kann sie am Schluß stehen, »aber auch die erste Stelle einnehmen«[4]. So verfährt der Babylonische Talmud bei seiner Aufzählung, offensichtlich der Tradition des babylonischen Judentums entsprechend.[5] Überdies führt die Darstellung der Geschichte Israels, wie sie die Chronikbücher bieten, nicht zu einem Schluß und nicht einmal zum Ende einer Epoche. In 2 Chr 36,22-23 wird ein mündlicher und schriftlicher Befehl des Perserkönigs Kyrus mitgeteilt, der die nach Babylonien verschleppten und dort wohnenden Judäer anweist, nach Jerusalem hinaufzuziehen. Das Leben und die Geschichte des Volkes Jahwes soll im Land Israel weitergehen. Die Chronikbücher sprechen an ihrem Ende vom »Beginn der Wiederherstellung Israels«[6]. Darüber aber reden die Bücher Esra und Nehemia, die den sogenannten »Kyrus-Erlaß« aufgreifen (Esra 1,1ff) und von dieser Wiederherstellung berichten. Wie immer man zu der »seit einigen Jahrzehnten heftig umstrittenen«[7] Hypothese eines »chronistischen Geschichts-

---

[2]   So G. Steins, Die Chronik als kanonisches Abschlußphänomen. Studien zur Entstehung und Theologie von 1/2 Chronik (BBB 93), Weinheim 1995.
[3]   O. Eissfeldt, Einleitung in das Alte Testament, Tübingen ³1964, 772.
[4]   »So steht im Codex L« (Leningradensis, dem die BHK und BHS folgen) und anderen Codizes, »palästinensischer Tradition entsprechend, die Chronik am Anfang der Schriften«, O. Eissfeldt, a.a.O. 599.772.
[5]   Siehe Baba batra 14b.
[6]   So sind die beiden Verse in der Einheitsübersetzung überschrieben.
[7]   G. Steins, Die Bücher der Chronik, in: E. Zenger (Hrsg.), Einleitung in das Alte Testament

werks« steht, sachlich folgen Esra und Nehemia auf das, was die Chronikbücher erzählen. Doch auch wenn Nehemia am Schluß der hebräischen Bibel stünde, wäre ein Abschluß nicht erreicht. Diese Schrift endet als Tätigkeitsbericht des Statthalters in Juda. Es erübrigt sich zu fragen, welches Buch aus der Reihe der »Schriften« einen formalen und inhaltlichen Abschluß der hebräischen Bibel bilden könnte. Das Judentum war offenbar nicht daran interessiert, einen solchen mit einer bestimmten Reihenfolge zu gewinnen oder ihn mit Anfügung eines entsprechenden Textes herzustellen. Erst in der Bildung des Kanons wurde der Bestand der jüdischen Bibel festgelegt. Hier aber ging es um Aufnahme oder Ausschluß bestimmter Schriften, nicht aber darum, Offenbarung Gottes abschließend festzulegen.

2. Die Bibel der ntl Autoren und der ersten christlichen Gemeinden

Die Kanonbildung, wie sie von jüdischer Seite erfolgte, sollte sicherlich in erster Linie der Umschreibung und Bewahrung der eigenen Identität dienen. Sie war dadurch und damit auch eine Antwort auf die Herausforderung durch das sich ablösende und eigenständig werdende Christentum. Die Entscheidungen, die zu treffen waren, kamen, wie die einschlägige jüdische Überlieferung bezeugt, aus dem Selbstverständnis des palästinischen Judentums, das die Katastrophe von 70 n. Chr. überlebt hatte.[8] Zur Zeit Jesu und des NT gab es auch im Land Israel Gruppen, welche Schriften hoch schätzten, die dann nicht in den Kanon der jüdischen Bibel aufgenommen wurden. Die Bibliothek der Gemeinschaft von Qumran gibt davon ein beredtes Zeugnis[9], wie in unserem Zusammenhang nicht weiter auszuführen ist. Ebenso kann hier die Frage unerörtert bleiben, ob diese zusätzlichen Schriften als heilige angesehen wurden und welche es waren. Denn unser Blick richtet sich auf das entstehende Christentum. Und hierbei ist das hellenistische Judentum ins Auge zu fassen mit seiner ins Griechische übersetzten Sammlung heiliger Schriften.

Das pharisäisch-rabbinische Judentum, das hinter der Kanonbildung stand und sie vollzog, nahm nur hebräische Schriften in seine Bibel auf, dabei aber wohl nur solche, die nach der Überlieferung bis zur Zeit Esras entstanden waren, wobei für den Kanonteil »Schriften« besonders die Zuweisung an David und Salomo[10] zum Tragen kam. Die Verfasser der ntl Schriften zitierten nicht nur Stellen aus den in der hebräischen Bibel ste-

(Kohlhammer Studienbücher 1,1), Stuttgart 1995, 165-174, 168: »Die neuere Forschung neigt mehrheitlich dazu, ... die Gemeinsamkeiten mit ›offenen‹ Modellen ... zu erklären, entweder durch die Annahme zweier Werke eines Autors oder eines Verfasserkreises oder durch literarische Abhängigkeit (...) und nachträgliche redaktionelle Angleichungen.«

[8] Siehe die Vorgänge, die in der sogenannten Synode von Jamnia geortet sind.
[9] Siehe dazu J. Maier, Die Qumran-Essener: Die Texte vom Toten Meer, 3 Bände (UTB 1862, 1863, 1916), München 1995, 1996.
[10] David als Autor der Psalmen, Salomon als Verfasser von Spr, Koh, Hld.

henden Büchern und diese meist nach der griechischen Übersetzung, sondern auch aus anderen, den deuterokanonischen, Schriften und darüber hinaus.[11] Man darf dies, auch wenn es sich bei den Apokryphen meist nur um Anspielungen handelt, als ein Zeichen dafür werten, daß die Kanongrenze noch offen war. Als das Christentum bald, bereits mit Paulus, in die hellenistische Welt hinausgetreten war, orientierte es sich, was die Zahl und die Textgestalt der heiligen Schriften, seiner Bibel, betraf, besonders an der Synagoge von Alexandrien,[12] das auch für die Christen ein erstes und bedeutendes Bildungszentrum wurde. Auch in der Reihenfolge der Schriften innerhalb der griechischen Bibel (Septuaginta) herrschte eine große Vielfalt, wobei der Pentateuch immer den Anfang machte.[13] Es fällt auf, daß die deuterokanonischen Bücher berücksichtigt und auch apokryphe Schriften in unterschiedlicher Weise zur Heiligen Schrift des AT hinzugezählt werden.

Auch innerhalb der Einzelschriften war manches im Fluß, wie sich bei einem Vergleich des griechischen mit dem hebräischen Text zeigt.[14] Die in Qumran gefundenen Bibeltexte fügten weiteres Beweismaterial für die Existenz unterschiedlicher Textfassungen hinzu. Die Nachinterpretationen und die Fortschreibungen innerhalb der Schriften konnten nur deshalb geschehen, weil der Text, einmal geschrieben, nicht als ein abgeschlossenes, nie mehr veränderbares Ganzes galt. Erst die Masoreten, jüdische Gelehrte mehrerer Jahrhunderte seit 70 n. Chr., haben in langer Arbeit den Text der hebräischen Bibel bis in alle Einzelheiten festgelegt[15], der nunmehr unveränderbar war. Doch die hebräische Bibel als solche war durch die Abgrenzung und Festlegung des Kanons am Ende des ersten Jahrhunderts n. Chr. in ihrem Umfang festgeschrieben.

3. Anknüpfende Weiterführung

Mit diesem verfügten Abschluß war das Bewußtsein, daß die nunmehr bestehende Bibel von ihrem Werden und ihrer Anlage her »offen« war und aus sich heraus keinen formalen und inhaltlichen Abschluß gefunden hatte, nicht verschwunden. Es stellte sich vielmehr die Frage, ob und wie eine Weiterführung dessen, was sie enthielt und dem Volk Gottes vermitteln wollte, möglich und sinnvoll sei. Denn die Zeiten änderten sich immer wieder, und die Verhältnisse, unter denen Israel leben mußte, verlangten neu zu gewinnende Antworten, die jetzt jedoch den biblischen

---

[11] Nestle-Aland, Novum Testamentum Graece, Stuttgart [26]1986, führt in »Loci citati vel allegati« deuterokanonische und apokryphe Schriften auf.

[12] H.B. Swete – R.R. Ottley – H.St. Thackeray, An Introduction to the Old Testament in Greek, Cambridge 1914, 197.

[13] Siehe die Listen, die H.B. Swete, a.a.O. 198-214, nach den alten Handschriften und aus Texten von Kirchenvätern zusammengestellt hat.

[14] Vgl. die Angaben bei H.B. Swete, a.a.O. 265-314.

[15] Siehe B. Ognibeni, Art. Masora/Masoreten, in: NBL II 727-729.

Schriften nicht mehr eingefügt oder beigegeben werden konnten. Sie mußten als Interpretation der Bibel auftreten.

Die Fortschreibung war, wie bereits öfter gesagt werden mußte, ein gängiges Verfahren. Nur war jetzt ein deutlicher Einschnitt zwischen Text und Auslegung zu machen. Für das Judentum ging es dabei in erster Linie um die Anwendung der Torah. Jetzt »treten Text und Deutung wenigstens formal auseinander: Der Text bleibt erhalten, die Deutungen wechseln, in ihnen spiegeln sich die jeweils vertretenen Tendenzen und die jeweiligen neuen Anforderungen. Da aber die rechte Deutung umstritten war, wurde zum Teil auch für die Deutung nach Möglichkeit die Autorität der Offenbarung in Anspruch genommen«[16].

Das geschah, vereinfachend und schematisch dargestellt, von zwei, voneinander theoretisch verschiedenen, aber miteinander im Ziel und in der Wirkung verbundenen Ansätzen her: »(1) Nach der einen Ansicht enthält die schriftliche Torah alle nur erdenkbaren nötigen Regelungen und Weisungen zumindest implizit; sie brauchen nur abgeleitet zu werden. Das brachte allerdings die Frage nach den Kriterien für den Prozeß solcher Ableitungen mit sich. (2) Nach der anderen, mit der ersten aber nicht konkurrierenden Ansicht wurde Mose am Sinai neben der schriftlichen Torah auch eine nur mündlich überlieferte Torah offenbart, die erst eine sach- und situationsgemäße Anwendung der fixierten Gesetze ermöglicht. Die prophetischen Schriften und die übrigen heiligen Schriften (die ›Hagiographen‹) enthalten im Grund keine neuen Offenbarungen, sondern nur Anwendungen zur rechten Erfüllung des Gotteswillens.«[17]

Die Auslegungen, die vorgenommen wurden, waren zum Teil naturgemäß nicht nur verschieden und bisweilen kontrovers, sondern auch zahlreich und unübersichtlich, so daß sich das Bedürfnis regte, sie zu sichten, auszuwählen, zusammenzufassen und schließlich auch schriftlich festzuhalten. So entstand die Mischna, »das außerhalb der Tora entwickelte, mündlich tradierte Gewohnheitsrecht des nachexilischen Judentums« neben »der schriftlich überlieferten Tora«, das im 2. Jahrhundert n. Chr. aufgezeichnet wurde.[18] Die Mischna wurde von da an »zur Grundlage der weiteren halachischen Diskussion«, der Erörterungen über Recht und Gesetz; »man sah in ihr die fixierte ›mündliche Torah‹ der Sinaioffenbarung und achtete sie darum kaum minder als die ›schriftliche Torah‹«[19]. Ergänzungen, Gemara genannt, wurden notwendig, besonders bei neu auftretenden aktuellen Problemen. Sie wurden wiederum geordnet und schriftlich fixiert. Sie gingen zusammen mit der Mischna in den Talmud ein. Mischna und Gemara bilden zusammen, und mit weiteren Ergänzungen versehen, den Talmud (»Lernen, Lehre«). Seine Entstehung vollzog sich in zwei Bereichen, in den jüdischen Zentren Palästinas (im

---

[16] J. Maier, Das Judentum von der biblischen Zeit bis zur Moderne, München 1973, 138.
[17] J. Maier, a.a.O. 139.
[18] E. Groß, Art. Mischna, in: RGG³ IV 966-968, 966.
[19] J. Maier, Das Judentum 304.

3. und 4. Jahrhundert) und Babyloniens (3.-6. Jahrhundert).[20] Dem Talmud kommt »kanonische Geltung« zu, der babylonische genießt größere Wertschätzung als der palästinensische.

Für das Judentum ist die hebräische Bibel in ihrem festgelegten Umfang die Heilige Schrift. Es ist wohl zugespitzt formuliert, wenn man sagt: Der Jude hält »die Halacha in Mischna und Talmud für die selbstverständliche Fortsetzung von Tora, Nᵉvi'im, Kᵉtuvim, und das so sehr, daß der historische Eigensinn des Alten Testamentes jenseits dieser Traditionslinie nahezu belanglos wird«[21]. Jedenfalls aber bezeugt der Talmud auf seine Weise die Offenheit der hebräischen Bibel für spätere Ergänzungen. Er wendet sich als in ihrem »Innersten«, in der Torah, anknüpfende Weiterführung aber auch gegen eine Trennung von Bibel und Talmud in jüdischer Überlieferung. Die hebräische Bibel bleibt Heilige Schrift des Judentums; es hat diese niemals aufgegeben. Auf sie geht und weist stets alle spätere ergänzende Interpretation zurück.

4. Anschließende Fortsetzung

Anders verfuhr das im ersten Jahrhundert entstehende und sich formierende Christentum. Die sich in apostolischer Verkündigung bildenden Gemeinden hatten die damals noch nicht endgültig mit einer Kanon-Entscheidung festgelegte Bibel mit den Juden gemeinsam. Sie brauchten diese nicht erst in einem formellen Akt übernehmen. Auch die späteren Kanon-Entscheidungen in der Kirche sind keine Beschlüsse zur Übernahme der Bibel. Sie stellen fest und grenzen den Umfang der Sammlung der heiligen Schriften Israels, welche auch die der Kirche waren, ab.

Bald traten auch die ntl Bücher hinzu, ebenfalls als heilige Schriften für die christlichen Gemeinden und in ihnen gewertet. Von da an gab es ein Altes Testament. Denn genau genommen können die heiligen Schriften Israels nur im Gesamt der christlichen Bibel so genannt werden. Sie wurden so bezeichnet, um sie von den ntl Schriften abzuheben. Denn das Christus-Ereignis bildete in seiner Einmaligkeit ein so einzigartig neues Geschehen, daß die von ihm berichtenden und sich mit ihm befassenden Schriften als eine eigene Sammlung einen besonderen Namen beanspruchten: Neues Testament.

Das NT versteht sich, zumindest in den Evangelien, denen sich die Apostelgeschichte als zweiter Teil des lukanischen Doppelwerkes anschließt, als eine Fortführung des Alten Testaments. Das aller Wahrscheinlichkeit nach älteste Evangelium (Markus) knüpft (1,1-3) an das Buch des Propheten Jesaja (40,3) und an das nicht genannte Maleachibuch (3,1) an: »Es begann, wie es bei dem Propheten Jesaja steht« (V. 2). Lukas, der die

---

[20] Diese und weitere Informationen gibt in seinem Überblick E.L. Dietrich, Art. Talmud, in: RGG³ V 607ff.

[21] K. Koch, Der doppelte Ausgang des Alten Testamentes in Judentum und Christentum, in: Jahrbuch für biblische Theologie 6, 1991, 215-242, 215.

Kindheitsgeschichte des Täufers und Jesu (1,5-2,52) dem Auftreten des Johannes vorschaltet, fügt in diese Vorgeschichte zwei Gebete, die ganz aus atl Texten schöpfen, das Magnificat (1,46-55) und das Benedictus (1,68-79), ein, um auch hier die Anbindung an das AT zu tätigen. Matthäus geht noch weiter in die Geschichte Israels, in die Heilsgeschichte des Volkes Gottes zurück. Er beginnt sein Evangelium mit Abraham und führt von dem Erzvater mit einem Stammbaum zu Jesus hin. Sein Verfahren erinnert an 1 Chr, wo der Verfasser mit Stammbäumen (1-9), bei Adam beginnend, zu David und damit zu der Darstellung des davidischen Königtums, dessen Werk und Schicksal der Tempel Jahwes ist, hinführt. Johannes schließlich greift am weitesten in das AT zurück. Er knüpft (1,3.10) an den ersten »Schöpfungsbericht« an, um allerdings damit die Präexistenz des »Wortes«, das in Jesus Christus »Fleisch geworden ist«, auszusagen. Und der Hebräerbrief, welcher der Worttheologie des Johannesevangeliums nicht ferne steht (1,2f.), schließt die Verkündigung Jesu an die der Propheten an: »Viele Male und auf vielerlei Weise hat Gott einst zu den Vätern gesprochen durch die Propheten, in dieser Endzeit aber hat er zu uns gesprochen durch den Sohn« (1,1f.). Das NT gibt sich gerade in seiner Botschaft von Jesus als Fortsetzung atl Verkündigung. Das AT wird nicht als das abgeschlossene Zeugnis göttlicher Offenbarung oder gar als etwas Fremdes angesehen. Es wird bei dem und für das, was nunmehr über den sich offenbarenden Gott und von ihm her zu verkünden ist, vorausgesetzt und als daraufhin offen betrachtet.

Es war kein Zufall und auch keine willkürliche Entscheidung, daß sich die ntl Autoren und die frühe Christenheit der Sammlung der heiligen Schriften Israels in griechischer Sprache zuwandten. Die christliche Botschaft trat schon zur Zeit der Apostel in die hellenistische Welt ein und fand dort ihre weiterwirkende, verbindliche und bleibende Aussage. Die griechische Bibel war daher naturgemäß die Vorgabe, der man folgte und an die man sich anschloß. Sie war ohne festen Abschluß. Zu ihr wurden auch Bücher gerechnet, die keine Aufnahme in die hebräische Bibel gefunden hatten, aber allem Anschein nach der christlichen Verkündigung dienlich waren: So stellen z.B. Judit die personifizierte Rettung, Tobit die Bewährung des einzelnen in einer heidnischen Welt, die beiden Makkabäerbücher in der Zeit der Verfolgung den Widerstand im Vertrauen auf die göttliche Hilfe, die Treue zu Gott und den Glauben an die Auferstehung, das Buch Baruch das Leben des Gottesvolkes in der Diaspora dar. Jesus Sirach zeigt, wie sich Treue zum Glauben mit der Bewältigung aktueller Probleme der Zeit verbinden läßt. Und das Buch der Weisheit spricht über das jenseitige Los der Guten und der Bösen, sieht Gott in seiner Allmacht, Gerechtigkeit und Barmherzigkeit wirken und die aus dem Wesen Gottes hervorgehende Weisheit und über sie Geist und Wort eng mit Gott verbunden. Alle diese Themen, die in den deuterokanonischen Büchern behandelt und akzentuiert werden, waren der christlichen Verkündigung nicht fremd. Da sie zugleich, wenn auch in recht unterschiedlicher Weise, in griechischer Sprache und mit Öffnung für die hellenistische Gedankenwelt vorgetragen wurden, waren sie willkommen, konnten sie doch als Hinführung auf die Botschaft des Christentums verstanden werden. Es ist auch aus dieser Sicht durchaus sinnvoll, daß diese Schriften ihren Platz im AT einnehmen. Auch wenn dieser in den Handschriften der Septuaginta[22] und somit in den Druckausgaben schwankt, ihre Funktion, auf die ntl Botschaft hinzulenken, bleibt erhalten.

5. Für Zugänge offen

Daß das AT für Zugänge offen ist, gilt in erster Linie hinsichtlich des NT. Die »Übernahme des Alten Testaments durch das Neue müßte dann fragwürdig erscheinen, wenn, wie fälschlich gerne angenommen, das Neue Testament zu einem fertigen und in sich abgeschlossenen Alten Testament hinzugetreten« wäre. »Aber die neutestamentliche Traditionsbildung setzt zu einem Zeitpunkt ein, an dem die alttestamentliche noch keinen definitiven Abschluß erreicht hat, und das heißt nichts anderes, als daß wir es mit einem ununterbrochenen Traditionsbildungsprozeß zu tun haben, bei dem man höchstens die neutestamentliche Tradition anzweifeln kann.«[23] Erkennt man sie aber an, muß man nicht nur »von einer Einheit der biblischen Traditionsbildung ausgehen«[24], sondern auch fragen, wo und in welchen ihrer Aussagen die ntl Autoren bei der Bildung ihrer eigenen Tradition Zugang zu den heiligen Schriften Israels gefunden haben, um diese ihre Botschaft mit deren Hilfe zu formulieren.

Im Grunde gibt es drei Sichtweisen, das AT zu verstehen. »Die eine behauptet, das Alte Testament könne nur als Dokument seiner Volksreligion in Analogie zu den benachbarten altorientalischen Kulten verstanden werden« – eine modern-wissenschaftliche These –, »die andere: seine Eigenart werde nur erfaßt in seinem geschichtlichen Zusammenhang mit Spätjudentum und Synagoge, wo es ja auch als Kanon konzipiert sei; die dritte: das Neue Testament sei der gewiesene Kontext, der erst den Gesamtsinn des Alten Testaments aufdecke«[25]. Vom AT her gesehen, haben die zweite und dritte jeweils ihr Recht. Denn die altorientalische Umwelt bietet zwar zahlreiche Verstehenshilfen, aber in Verrechnung mit ihr läßt sich die Sinngebung und Eigenart des AT, das einen einzigen Gott als Schöpfer, gebietenden Herrn und Retter in Vergangenheit, Gegenwart und Zukunft verkündet, nicht erfassen. Wohl aber finden sich im AT theologische Linien, die auf eine Weiterführung bzw. Fortsetzung angelegt sind. »Die jüngeren Schichten der alttestamentlichen Sammlung lassen im Blick auf Ethik und Eschatologie zwei gegenläufige Tendenzen er-

---

[22] Siehe H.B. Swete, a.a.O. 198-214.
[23] H. Gese, Über die biblische Einheit, in: Chr. Dohmen – Th. Söding (Hrsg.), Eine Bibel – Zwei Testamente (UTB 1893), 1995, 35-44, 37.
[24] So H. Gese, a.a.O. 37.
[25] H.W. Wolff, Zur Hermeneutik des Alten Testaments: EvTh 16, 1956, 337-370, 341.

kennen«, die jeweils aufgegriffen wurden. Am Ausgang des Alten Testaments zeigt sich einerseits eine »anwachsende gesetzesbetonende Tendenz«, andererseits eine, welche »die eschatologischen Verheißungen mehr und mehr« ausbaut, was »eine nicht aufhebbare Spannung zwischen Tora und Profetie« zur Folge hat.[26] Es bestand die Möglichkeit, der einen oder der anderen Tendenz zu folgen. Das Judentum entschied sich für die Torah.

Es kann kaum zweifelhaft sein, daß die ntl Autoren auf die genannte andere Linie der atl Botschaft zugehen und von ihr her argumentieren, auf die messianisch-eschatologische. Sie macht gewiß nicht die theologische Hauptströmung im AT aus; aber sie ist vorhanden und wird bisweilen akzentuiert, besonders in den prophetischen Heilserwartungen und auch in der beginnenden Apokalyptik. Infolge dieser Aufnahme wird weder »im Neuen Testament das Alte als das in irgendeinem Sinn erst nachträglich einzuschränkende oder umzuinterpretierende Offenbarungs- und Glaubenszeugnis gesehen, an das es darum künstlich anzuknüpfen gilt, noch sieht sich das Neue Testament überhaupt in der Situation einer neuen und zweiten Offenbarungsgeschichte, die von der alten und ersten« abgetrennt ist. »Niemals wird im Neuen Testament das Alte abweisend oder seine Gültigkeit anzweifelnd zitiert.«[27] Vom Standpunkt des NT geurteilt, sind die atl »Zukunftsschilderungen nur der Erwartung und Hoffnung gegeben. Mit ihnen bleibt das AT seinem Wesen nach unabgeschlossen und offen auf die neue höhere Offenbarungsstufe durch Christus in der Fülle der Zeit im NT hingerichtet«[28].

«Aus diesem sachlichen Grund ist die Aufnahme des Alten Testaments in die Verkündigung der christlichen Kirche notwendig.« Und »wenn der sachliche Zusammenhang, der zwischen den beiden Testamenten besteht, explizit gemacht werden soll, so kann das Alte Testament nur auf das Neue Testament hin, nicht von ihm her exegesiert werden. Nicht nur, weil es so dem Gang der Geschichte entspricht, sondern weil es so der Struktur des christlichen Glaubens gemäß ist«[29]. Dabei ist jedoch zu bedenken, daß jeder, der an das AT herantritt, mit seinem Vorverständnis kommt. Der Christ geht an das AT, vorgeprägt durch seine christliche Grundeinstellung, heran. Er sollte sich dessen bewußt sein, damit er, wenn er verstehen will, was das AT sagt, nicht von vornherein die ntl Deutung ins Spiel bringt und sich so den Zugang zum atl Teil seiner Bibel erschwert oder verbaut. Zugang aber gewährt ihm das AT, weil es für die Fortsetzung durch die christliche Botschaft offen ist. Zugang ermög-

[26] K. Koch, a.a.O. 226.230.232.
[27] H. Gese, Über die biblische Einheit 36.
[28] H. Groß, Zur Offenbarungsentwicklung im Alten Testament, in: Die religiöse und theologische Bedeutung des Alten Testaments (Studien und Berichte der Katholischen Akademie in Bayern 33), Würzburg, 137-162, 161.
[29] E. Würthwein, Vom Verstehen des Alten Testaments, in: ders., Wort und Existenz. Studien zum AT, 1970, 9-27, 25.

licht es darüber hinaus jedem, dem das, was das AT darlegt und verkündet, Anliegen und Frage ist.

II. Vom Neuen Testament beansprucht und gedeutet

Es ist möglich und geschieht sicherlich auch, daß sich jemand aus Interesse an der Literatur der Alten Welt mit den Schriften des Alten Israel befaßt. Er mag dabei besonders an der Kultur, der Geschichte oder der Religion dieses Volkes interessiert sein. Er kann diese Texte zur Hand nehmen, um Einblick in die Welt des Alten Orients zu gewinnen, wie sie sich aus der Sicht der Bevölkerung Palästinas im Jahrtausend vor der Zeitenwende darstellt. Nimmt er als Christ aus religiösem und christlich bestimmtem Engagement das AT – und das sind für ihn die im ersten Teil seiner Bibel versammelten Bücher – zur Hand, dann läßt er sich vom NT heranführen und sucht von da her Zugang. In Verbindung damit erhofft sich dieser Leser auch Hilfen zum Verstehen.

1. Zugang über das Neue Testament

Die Glaubenswelt des Christen ist naturgemäß zuerst und zunächst durch die Botschaft des NT geprägt und gefüllt. Dies festzustellen, ist keine Abwertung des AT. Denn das NT gäbe es formal und inhaltlich nicht ohne das AT.[1] Wenn das so ist, muß es für den Christen als unerläßlich erscheinen, Zugang zum AT zu suchen, um zu erfahren, was das AT selbst zu sagen hat, und dadurch auch die Botschaft des NT besser zu verstehen. Denn »Jesus Christus wird nur recht bekannt in der Anerkennung dessen, daß er der Messias Israels ist«. Und »beide Testamente stehen in einem spezifischen Verhältnis wechselseitiger Erklärung«[2], in welcher der atl Part nicht vernachlässigt oder übergangen werden darf. Wird dies beachtet, besteht nicht die Gefahr, daß das Selbstverständnis atl Texte ignoriert wird. Und es kann nicht behauptet werden, der Zugang über das NT zum AT sei strikt abzulehnen. Er ist vielmehr hilfreich, weil er von vornherein eine Einstellung verursacht und für die Betrachtung des AT mitgibt, die es als Teil unseres Kanons wertet und annimmt.

Dann versucht man das AT nicht in eine allgemeine Theorie und Theologie der Religionen einzuordnen, wogegen sich die ntl Sicht des AT sperrt.[3] Es wird dann auch klar, was das grundsätzliche hermeneutische Problem für die Kirche angesichts der beiden Testamente ist. »Das hermeneutische Problem besteht also nicht darin, ob die junge Kirche berechtigt oder auch gut beraten war, das Alte Testament zu übernehmen;

---

[1] Siehe zum Verhältnis AT:NT oben S. 68-83.

[2] K. Schwarzwäller, Das Verhältnis Altes Testament – Neues Testament im Lichte der gegenwärtigen Bestimmungen: EvTh 29, 1969, 281-307, 284.

[3] So mit Recht. H.D. Preuß, Das Alte Testament in christlicher Predigt, Stuttgart 1984, 21f.

sie besaß es immer schon und von allem Anfang an als ihre Heilige Schrift. Die Frage lautet vielmehr, ob es möglich und nötig war, das überkommene Erbe des Alten Testaments weiterhin beizubehalten, oder ob es nicht besser gewesen wäre, es denen zu überlassen«[4], welchen es zuerst gehört. Markion machte bekanntlich um 150 den Versuch und damit die Probe. Heraus kam ein verkürztes Evangelium, das einen wesentlichen Teil des ntl Kerygmas verlor. Um nicht ihre eigene Botschaft zu verkürzen oder zu verlieren, muß die Kirche immer wieder den Zugang zum AT vom NT her versuchen. Andererseits gilt auch: »Ohne den Zusammenhang mit dem NT und ohne den Ausgangspunkt vom NT her ist das AT für uns nur schwer relevant zu machen. Das AT ist erst durch das NT ›Erbe‹ (Gunneweg) auch der Christen geworden.«[5] Um es als solches zu begreifen und zu würdigen, ist es notwendig, vom NT her auf es zuzugehen. »Erbe« kann hier nicht meinen, daß dem Judentum seine heiligen Schriften durch das NT genommen und den Christen gegeben wären. »Erbe« ist als vermittelte Teilhabe zu verstehen, die berechtigt und verpflichtet.

Wenn die Kirche vom NT her auf das AT zugeht, lernt sie ein wichtiges hermeneutisches Prinzip tiefer zu erfassen, das ihr hilft, das Wort Gottes in seiner Eigenart zu verstehen. Die Bedingtheit, die menschliche Erfahrung, auch Gotteserfahrung, und Sprache an sich tragen, wird besonders im AT sichtbar. Es ist der Sachverhalt, daß in Vorstellungen, Ausdrucksmöglichkeiten und mit Bezug auf die Anliegen der Menschen einer bestimmten Zeit gesprochen wird. Sie sind es, die reden und schreiben, nicht eine abstrakte göttliche Kraft, der Wort für Wort diktierende Gottesgeist. Gott läßt sich auf diese Verfahrensweise ein. Man spricht in einem Fachbegriff von der »Herablassung« Gottes[6], einem Ausdruck, den man gewöhnlich zunächst auf die Menschwerdung des göttlichen Wortes (Joh 1), auf den Sohn Gottes, der »sich selbst erniedrigte und gehorsam wurde bis zum Tod, bis zum Tod am Kreuz« (Phil 2,8), bezieht. Kommt man aus dieser Sicht zum AT, so bringt man eine wichtige Perspektive mit, um es als Offenbarung Gottes zu begreifen. Es sollte aber dabei nicht übersehen werden, daß damit nicht etwa an das AT herangetragen wird, was ihm fremd ist. Nach ihm steigt Gott herab (Ex 3,8; 19,20), um sich zu offenbaren und seine große Rettungstat zu vollbringen. Wer also so vom NT aus an das AT herantritt, kann mit einem erweiterten und vertieften Verstehen zum NT zurückkehren.

»Verstehen aber ist ein wesenhaft geschichtlicher Vorgang, wenn es zutrifft, daß alles Leben nicht anders als geschichtlich ist«. Es ist die »Kon-

---

[4] A.H.J. Gunneweg, Vom Verstehen des Alten Testaments. Eine Hermeneutik (ATD Ergänzungsreihe 5), Göttingen ²1988, 14.

[5] H.D. Preuß, a.a.O. 22.

[6] Vgl. dazu F. Dreyfus, La condescendance divine (synkatabasis) comme principe herméneutique de l'Ancien Testament dans la tradition juive et dans la tradition chrétienne; VT. S 36, 1983, 96-107.

frontation sich wandelnder geschichtlicher Situation mit dem überkommenen Text, den der Verstehende sich aneignen will«[7]. Um diese Aneignung aber ist es den ntl Autoren zu tun. Sie führen nicht einfach zu den atl Texten hin, sie nutzen sie für ihre eigene Lage. Damit jedoch werden die Texte des AT auch »verwandelt, weil in eine neue Geschichte transponiert«. Der Text »verliert und gewinnt zugleich bei diesem Vorgang. Er verliert das konkrete geschichtliche Gewand seiner ursprünglichen Situation, gewinnt aber eine neue geschichtliche Gestalt hinzu, die der ursprünglichen kongruent ist, sofern es sich um gelungenes, gültiges Verstehen handelt: Dieses stellt nicht eine identische Reproduktion des Textes dar, sondern seine Transformation in eine neue Geschichte, die sich mit ihm verbindet«[8]. Dies ist zu bedenken, wenn der Zugang vom NT her zu den atl Texten genommen wird. Will man diesen in ihrer ursprünglichen Aussage und Bedeutung begegnen, darf das ntl Verstehen nicht die hermeneutische Leitlinie sein.

Andererseits aber muß man einem transponierten Verständnis für den ntl Bereich sein Recht lassen. Die ntl Autoren verfahren im Grunde wie jüdische Gruppierungen. Denn »mit seinen Gesprächspartnern aus dem zeitgenössischen Judentum und den frühchristlichen Gemeinden hat Paulus die Auffassung gemeinsam, daß die Schrift für die Gegenwart bestimmt ist«[9]. Hier »wird deutlich, daß Paulus die charakteristischen Auslegungen seiner jüdisch-hellenistischen Umwelt gut vertraut sind und er auf ihren methodischen Wegen auch ein Stück mitgeht«[10]. In geradezu extremer Weise hat die Gemeinde von Qumran die heiligen Schriften auf ihre Zeit und Situation angewendet. Die »Auslegung des Bibeltextes auf die unmittelbare Gegenwart geht so weit, daß die Qumranessener der Meinung waren, die alttestamentlichen Propheten hätten keine Botschaft für ihre eigene Zeit gehabt, vielmehr seien alle ihre Aussagen ausschließlich für die qumranessenische Gegenwart bestimmt«[11]. In dieser Verfahrensweise führt die Qumrangemeinde die Methode der Fortschreibung von Texten, die sich bereits im AT findet, fort, mit dem Unterschied allerdings, daß die Auslegung nicht mehr in den Bibeltext hineingeschrieben, sondern jeweils in Zitat und Interpretation in einer eigenen Schrift festgehalten wird.[12] Was schon im AT begonnen hat, wird in verschiede-

---

[7] Tr. Holtz, Das Alte Testament und das Bekenntnis der frühen Gemeinde zu Jesus Christus, in: ders., Geschichte und Theologie des Urchristentums. Gesammelte Aufsätze. Tübingen 1991, 92-105, 103f.

[8] Tr. Holtz, a.a.O. 104.

[9] Vgl. 1 Kor 9,10; 10,11; Röm 4,23f; 15,4.

[10] H. Graf Reventlow, Epochen der Schriftauslegung. Band I: Vom Alten Testament bis Origenes, München 1990, 63.67.

[11] H.J. Fabry, Methoden der Schriftauslegung in den Qumran-Schriften, in: G. Schöllgen – C. Scholten (Hrsg.), Stimuli. Exegese und ihre Hermeneutik in Antike und Christentum. FS E. Dassmann (Jahrbuch für Antike und Christentum. Ergänzungsband 23), Münster 1996, 18-33, 21.

[12] Man nennt diese Art von Bibelauslegung nach der in ihr verwendeten Formel, welche die Interpretation einleitet und vom Bibeltext abhebt: Pescher.

ner Weise und Dichte fortgesetzt. Gewiß sind die ntl Autoren weniger an den Interpretationsmethoden selbst als an den Ergebnissen ihrer Auslegung interessiert.[13] Doch ist es nicht nur für das Verständnis des NT, sondern auch für das des AT von Bedeutung zu erkunden, wie das AT mit dem Interpretationsproblem umgeht. Der Zugang vom NT her macht auf diese Fragestellung aufmerksam. Vorab aber ist zu erfragen, wie die ntl Autoren auf das AT zugehen.

2. Verheißung – Erfüllung

»Die urchristliche Gemeinde lebt in der Überzeugung, daß sich in ihrer Zeit – d.h. im Auftreten Jesu Christi, in seinem Tod und in seiner Auferstehung und ebenso in ihrer eigenen Existenz und ihren Schicksalen – die Weissagungen des Alten Testaments erfüllt haben oder, soweit die Erfüllung noch aussteht, sich demnächst erfüllen werden mit der Parusie Christi.«[14] Sie lernt allerdings rasch und weiß dann, wie dies auch bekanntlich bei Paulus der Fall ist, daß die Wiederkunft des Herrn sich verzögern und damit auch die Erfüllung hinausschieben wird. Sie hatte nach ihrem eigenen Zeugnis nicht den Eindruck, daß die Weissagung sich im Scheitern der alttestamentlich-jüdischen Geschichte in der Geschichte der neutestamentlichen Gemeinde erfüllt habe.[15] Man kann nicht die Geschichte Israels mit dem AT ineinssetzen. Weder das AT noch das NT behaupten, daß das in die Zukunft weisende atl Gotteswort oder gar das Wirken Gottes in der Geschichte gescheitert sei.

«Das an sich richtige Deutungsschema von Weissagung und Erfüllung kann in die Irre führen. Dabei werden in der späteren Neuzeit nicht mehr nur einzelne Worte und Ereignisse als Weissagung auf Jesus Christus und das Endgeschehen hin ausgelegt, sondern die Geschichte des alttestamentlichen Gottesvolkes wird als ganze vom Telos der Geschichte, Jesus Christus her als Weissagung daraufhin verstanden. Auch hier droht die Gefahr, daß das Alte Testament zur bloßen religionsgeschichtlichen Vorhalle, zur Andeutung und zur entwicklungsgeschichtlichen Vorbedingung des Neuen Testaments herabsinkt.«[16]

Die ntl Autoren haben, wie bereits gesagt[17], ein ganz anderes Anliegen: Sie wollen mit Hilfe des AT zeigen, ja nachweisen, daß Jesus Christus, seine Worte und Taten, sein Weg und sein Geschick dem Willen Gottes entspricht. In ihm hat sich Gottes verheißendes Wort erfüllt. Die ntl

[13] S.E. Balentine, The Interpretation of the Old Testament in the New Testament: Southwestern Journal of Theology 23, 1981, 41-57, 56 f.

[14] R. Bultmann, Weissagung und Erfüllung, in: C. Westermann (Hrsg.), Probleme alttestamentlicher Hermeneutik. Aufsätze zum Verstehen des Alten Testaments (ThB 11), München 1960, 28-53, 28.

[15] Wie R. Bultmann, a.a.O. 50, meint.

[16] K. Lehmann, Das Alte Testament in seiner Bedeutung für Leben und Lehre der Kirche heute. TrThZ 98, 1989, 161-170, 164.

[17] Siehe oben S. 70 f.

Schriften, insbesondere die Evangelien, und diese in unterschiedlichem Maße, machen dies bei Zitation und Verwendung atl Texte durch die Erfüllungsformeln sichtbar.[18] Das AT wird vorwiegend als Prophetie gesehen, die in Christus an ihr Ziel gekommen ist. Nicht nur prophetische Texte werden dabei herangezogen, sondern auch andere Schriftstellen, die in diesem Sinn verstanden werden können. Doch nicht das ganze AT wird unter die Kategorie »Verheißung – Erfüllung« gestellt. Sie ist ein, aber nicht das Thema in der Bibel, wenn auch ein wichtiges. Das AT ist durch die Anwendung dieses Deuteschemas nicht in seiner Bedeutung erledigt, zumal die Verheißung erst von der Erfüllung her erkannt wird. Es spricht und behält seine eigene Sprache und Aussage.[19] Sicherlich, »in erster Linie las man das Alte Testament als Verheißung dessen, was tatsächlich zur Entstehung der Kirche geführt hat, und man tat es in der Gewißheit, daß das Alte Testament in besonderer Weise für die christliche Kirche geschrieben worden sei«[20].

Paulus macht in 2 Kor 1,18-20 wie nebenbei und darum wie mit einer Selbstverständlichkeit, die seine Argumentation unterbaut, darauf aufmerksam, daß die Verheißungen Gottes nicht einfachhin in Christus alle erfüllt sind: »Denn für Gottes Verheißungen, so viele es gibt, ist in ihm (in Christus) das Ja« (V. 20); »in ihm ist das ›Ja‹ erschienen« (V. 19). Christus ist nicht schlechthin die Erfüllung aller im AT niedergelegten Verheißungen Gottes, so viele und wichtige sich auch in ihm erfüllt haben. Er ist ihre Bestätigung und Bekräftigung.[21] Der Apostel unterstreicht dieses Verständnis, indem er auf Gottes Treue (V. 18) hinweist und durch das Wort »Amen«, das die in Christus gegebene und verbürgte Zuverlässigkeit Gottes ins Spiel bringt: »deshalb auch durch ihn das Amen Gott zur Verherrlichung durch uns« (V. 20). Die Gemeinde bekennt sich zum Ja der göttlichen Verheißungen, das Christus ist. »Dies ist das menschliche Ja zu dem göttlichen Ja, das in Christus erschienen ist, und es ist selbst zugleich durch Christus gewirkt.«[22] Mit Recht spricht man von einem Überschuß an Verheißungen Gottes[23] im AT, die durch die ntl Wirklichkeit (noch) nicht erfüllt sind. Daran darf in diesem Zusammenhang erinnert werden.

Der Apostel spricht in seinen Briefen oft von den Verheißungen Gottes und meint damit nichts anderes als die göttlichen Zusagen, die das AT enthält oder die er in ihm findet. Er folgt darin, wie ebenfalls bereits gesagt, der Verfahrensweise der urchristlichen Verkündigung (vgl. 1 Kor

---

[18] Siehe A IV Anm. 19, S. 74.
[19] R.L. Lucas, Considerations of Method in Old Testament Hermeneutics: The Dunwoodic Review 6, 1966, 7-66, 42 f.
[20] J.D. Smart, Hermeneutische Probleme der Schriftauslegung, Heidelberg 1965, 75.
[21] So wird »Ja« auch in der Septuaginta verwendet: Gen 17,19; 42,21; Ijob 19,4; 27,8; Jes 48,7. Vgl. auch E. Zenger, Das Erste Testament zwischen Erfüllung und Verheißung, in: K. Richter – B. Kranemann (Hrsg.), Christologie der Liturgie (QD 159), Freiburg 1995, 31-56, 53.
[22] H.-D. Wendland, Die Briefe an die Korinther (NTD 3), Göttingen 1968, 171.
[23] Vgl. z.B. Jes 2,1-5; 11,6ff.

15,4), die auch und zuvor schon im zeitgenössischen Judentum angewendet wurde. Es fragt sich nun, woher dieses Deuteschema, das Verheißung und Erfüllung, bzw. Weissagung und Erfüllung oder, allgemeiner gesagt, Ansage und Verwirklichung, einander gegenüberstellt, den biblischen Bereich betreffend, seinen Ursprung hat. Er liegt im AT, in dem dieses Schema eine wichtige und die Ereignisse theologisch deutende Rolle spielt.

In einer kaum zu übersehenden Weise wird diese Deutekategorie im dtr Geschichtswerk angewendet.[24] Hier findet sich ein »System von prophetischen Weissagungen und genau vermerkten Erfüllungen, das über das Werk des Dtr. ausgebreitet ist«[25]. Wahrscheinlich konnte der dtr Autor dabei an Prophetenworte, die in Erzählungen oder als Einzelsprüche überliefert wurden, anknüpfen. Aber er hat selbst auch das Schema Ansage und Verwirklichung für den Einzelfall konstruiert und in den Text eingebracht, um zu erweisen, daß bestimmte Ereignisse, die eingetreten waren, nicht zufällig geschehen, sondern von Israels Gott angekündigt oder angedroht waren.[26] Der dtr Verfasser, dessen Grunderfahrung und theologische These es ist, daß sich Jahwes im dtn Gesetz verankertes (Dtn 28) und von den Propheten verkündetes Wort in der Geschichte Israels erfüllt hat, geht hier von der von ihm festgestellten Erfüllung aus und findet rückschauend Ansage, Weissagung, Drohung und Verheißung. Die ntl Autoren handeln nicht gegen ihre Heilige Schrift, wenn sie die Kategorie Verheißung und Erfüllung großzügig anwenden. Überdies fügt sich in die dtr Verfahrensweise das in der Bibel durchtragende Thema Heilsgeschichte als »ein Geschichtslauf, der durch fortgesetzt hineingegebenes richtendes und rettendes Jahwewort gestaltet und auf eine Erfüllung hin bewegt wird«[27]. Ihm sind auch die ntl Autoren verpflichtet.

Gottes Wort bewegt die Geschichte. Das ist auch die Auffassung, die in den Patriarchenerzählungen vertreten wird und sie in der großen durchgehenden Linie verbindet. Es ist verheißendes Wort, das an die Väter Israels ergeht. Nachkommen und Landbesitz sagt ihnen der »Gott der Väter«, als der sich Jahwe ihnen offenbart, zu. Von den göttlichen Zusagen wäre nicht zu berichten, wenn nicht Erfüllung geschehen wäre. Von ihr, die durch die Errichtung des gesamtisraelitischen Königtums eingetreten war, schaut Israel in den alten Überlieferungen in die Zeit davor zurück. Das Leitmotiv für die Darstellung der Väterzeit ist die genannte Verheißung Gottes. Die entgegenstehenden Hindernisse werden geschildert,

---

[24] G. von Rad, Die deuteronomistische Geschichtstheologie in den Königsbüchern, in: ders., Gesammelte Studien zum Alten Testament (ThB 8), München 1958, 189-204, hat darauf hingewiesen und ihre Verwendung an den entsprechenden Texten gezeigt.

[25] G. von Rad, a.a.O. 192. Er stellt S. 193ff 11 Weissagungen und Erfüllungen einander gegenüber.

[26] So wird z.B., worauf G. von Rad, a.a.O. 196, aufmerksam macht, drei verschiedenen Königen dieselbe Unheilsprophetie zuteil: 1 Kön 14,10.15; 16,4; 2 Kön 21,13.

[27] G. von Rad, a.a.O. 204.

die Möglichkeiten ihrer Verwirklichung angedeutet. Die Verheißung selbst bleibt bestehen, wird bekräftigt und angereichert. »Israel begreift darin nicht nur seinen Landbesitz, sondern auch sein Leben in der Fülle eines Volkes als verwirklichte Verheißung.«[28] Damit nicht genug. Der Einstieg in die Geschichte der Väter (Gen 12,1-3), der dem Jahwisten zugeschrieben wird, spannt die Verheißung weit über Israel hinaus: Allen Geschlechtern, die mit Israel in Verbindung treten, wird der Segen Jahwes zugesagt.

In anderer Weise weitet die Priesterschrift die göttliche Zusage aus: Zu Abraham sagt Jahwe: »Dir und deinen Nachkommen werde ich Gott sein« (Gen 17,7). Diese Zusage, die eine besondere Gottesbeziehung in dem vom Herrn gewährten Bund meint, ist mitten zwischen die Mehrungs- und die Landverheißung gesetzt. Sie bildet den tragenden Grund und das Zentrum aller Verheißungen Gottes. Sie trägt und stützt auch dann noch die beiden mit ihr genannten Zusagen, wenn die Größe des Volkes und der Landbesitz bedroht oder nicht mehr gegeben sind. Die Priesterschrift, verfaßt im Babylonischen Exil, steht in einer solchen Situation. Sie hält an der Verheißung Gottes fest. Für sie gilt in besonderer Weise, was die Vätergeschichte auch schon in ihren älteren Traditionen lehrt: »Wer von Verheißung-Erfüllung redet, weiß von Verhüllung und notvollem Warten, er weiß vom Gehen und nicht nur vom Stehen, weiß von Ruf und nicht nur von Schau. Die Geschichte bekommt ein Gefälle auf noch Ausstehendes hin. Aber ein Gefälle, das nicht nur durch dumpf treibende Kräfte bestimmt ist, sondern unter klarem Worte steht.«[29]

Ein solches Jahwewort, das jedoch durch seine Formulierung auffällt, wird dem Patriarchen Abraham zuteil. Der Herr spricht zu ihm: »Ich bin Jahwe, der dich aus Ur in Chaldäa herausgeführt hat, um dir dieses Land zu eigen zu geben« (Gen 15,7). Dieses Gotteswort erinnert an die Begebenheit am brennenden Dornbusch, wo Mose von Jahwe, der sich ebenfalls vorstellt, angesprochen und ihm verheißen wird, daß er sein Volk aus Ägypten herausführen und ihm ein großes und weites Land geben werde (Ex 3). Unter dieser großen Verheißung stehen die Anfänge des Volkes Israel. Unter sie ist auch die Zeit der Väter gerückt. Den Weg zu ihrer Erfüllung zeichnet der Pentateuch. Der Sinai- bzw. Horebbund schaut bereits auf eine Teilerfüllung zurück: Die Bundesurkunde, der Dekalog, beginnt mit den Worten: »Ich bin Jahwe, dein Gott, der dich aus Ägypten herausgeführt hat, aus dem Sklavenhaus.«[30] Das Dtn, Moserede an der Schwelle des Gelobten Landes, versetzt sich in die Zeit der unmittelbar bevorstehenden Vollerfüllung. Dabei erinnert es an die Zusage, die der Herr bereits den Vätern gegeben hat[31] und bindet so die Väterverheißung

---

[28] W. Zimmerli, Verheißung und Erfüllung, in: C. Westermann (Hrsg.), Probleme alttestamentlicher Hermeneutik (ThB 11), München 1960, 69-101, 72.

[29] W. Zimmerli, a.a.O. 77.

[30] Ex 20,2; Dtn 5,6.

[31] Dtn 1,8.21.35; 4,1.31; 6,10.18.23 u.ö.

rückschauend in die Landverheißung an Israel, die nun verwirklicht wird, ein.

Das Buch Josua meldet ihre volle Erfüllung. Josua kann dem Volk sagen, »daß von all den Zusagen, die der Herr, euer Gott, euch gegeben hat, keine einzige hinfällig geworden ist; alle sind sie eingetroffen, keine einzige ist hinfällig geworden« (Jos 23,14). Der dtr Autor will demnach dazu auffordern, die Geschichte Israels unter dem Spannungsbogen von Verheißung und Erfüllung zu sehen. Salomo wiederholt bei der Tempelweihe die Einschätzung, die Josua in den Mund gelegt ist (1 Kön 8,56). Unter diesen Spannungsbogen stellt der dtr Verfasser sein Werk. Es entspricht seiner Intention, wenn man das AT unter diesem Leitgedanken liest. Denn er fügt hinzu:»wie aber bisher jede Zusage, die der Herr, euer Gott, euch gegeben hat, eingetroffen ist, so wird der Herr, euer Gott, künftig jede Drohung gegen euch verwirklichen« (Jos 23,15). Er denkt zunächst wohl an die Drohungen, die Dtn 28 enthält.

Aber im dtr Geschichtswerk sind auch die Unheilsankündigungen gemeint, die durch Propheten im Namen Jahwes ausgesprochen wurden. So sagt z.B. Jehu, das Wort Josuas aufnehmend:»Erkennt also, daß keine der Drohungen unerfüllt bleibt, die der Herr gegen das Haus Ahab gesprochen hat. Der Herr hat getan, was er durch seinen Knecht Elija verkündet hat« (2 Kön 10,10). Ansage im Gotteswort und Verwirklichung durch Gott ist die Leitlinie der prophetischen Bücher. Sie ist in ihnen nicht einlinig auf Unheil ausgerichtet. Die Verheißung fehlt nicht, wenn sie auch meist nur verhalten den vorexilischen Propheten zugeschrieben ist. Kräftige Töne schlägt sie an, und in leuchtenden Farben malt sie im Exil und nach ihm in den Worten der Sprecher Jahwes. Im Rahmen von Ansage und Verwirklichung, Verheißung und Erfüllung verkünden die Propheten »nicht wahrsagerisch ein kommendes Etwas, sondern den kommenden Ihn, wie er tötet, wie er zum Leben ruft«[32]. Israels Gott, der Gott der ganzen Bibel, stellt sich, faßbar für die Erfahrung und das Erkennen der Menschen, vor allem als der dar, der ansagt, droht, verheißt und verwirklicht, was er in seinem Wort kundgetan hat. Dabei behält er seine volle Freiheit, Drohungen zurückzunehmen, Verheißungen neu zu fassen und auszuweiten, diese auch auf ferne Zukunft hin auszusprechen.

Vielleicht ist es gerade die mit der Nathan-Verheißung (2 Sam 7) aufkommende, mit Bileam (Num 24) in die Wüstenzeit rückprojizierte Ankündigung eines Königs und in der Zeichnung der Gestalt Abrahams in Gen 12,1-3 angedeutete Verheißung eines messianischen Segensmittlers, die große Wandlungen durchmachte vom glanzvollen Herrscher[33] zum gerechten Hirten (Jer 23,1-8), zum demütigen und armen Friedenskönig (Sach 9,8f), an der deutlich wird, wie wandlungsfähig göttliche Verheißungen sind. Eine »Möglichkeit, das ›Ja‹ mit dem ›Aber‹ oder ›So

---

[32] W. Zimmerli, a.a.O. 85.
[33] 2 Sam 7; Ps 2; 72; 89; 132.

nicht‹ zu verbinden«[34], gibt es bereits im AT. Wenn das NT auch in dieser Weise, allerdings weit intensiver und ausgreifender, bei der Verkündigung einer neuen Heilswirklichkeit verfährt, beansprucht es nicht eine neue Freiheit und eine grundsätzliche Ungebundenheit. Das AT wird vom NT »nicht unter einem ihm von außen aufgenötigten, sondern ihm selbst eigentümlichen Aspekt betrachtet«. Damit verbindet sich der andere Aspekt von »der Unabgeschlossenheit, Offenheit dem Hoffnungscharakter, genauer der Ankündigung und Erwartung von Zukünftigem«[35].

Die Zukunftserwartung, die in den Verheißungen Gottes angeregt wird und lebendig ist, geht zu einem guten Teil weit in nicht absehbare kommende Zeiten hinaus. Die Formeln »es wird geschehen, an jenem Tag, am Ende der Tage wird es geschehen« zeigen dies an. Allein in Gottes Macht, der verwirklichen kann, was er ankündigt, stehen Verheißungen, die immer noch auf ihre Erfüllung warten[36], z.B. Frieden und Heil für die Völker[37], Anerkennung des einen Gottes durch alle (Jes 45,6.23), Beendigung von Krieg, Streit und Unrechttun (Jes 2,2-4; 11,6f), Vernichtung des Todes (Jes 25,8). Manche werden sich erst im Eschaton, am Ende der Zeiten erfüllen. Auch das NT schaut noch nach ihrer Verwirklichung aus, wie es auch selber die Erwartung nährt, daß an allen Menschen und jedem einzelnen geschieht, was Jesus durch Wort, Leben und Erlösungstat wirkt und in Aussicht stellt.

Das NT im einzelnen und als ganzes weist eindringlich auf die Kategorie Verheißung-Erfüllung als Hilfe zum Verstehen dessen hin, was Gott getan hat und tun wird. Es ordnet damit das Geschehen, von dem es zu berichten hat, dem Gesamt des auf das Heil der Menschen, der Welt ausgerichteten Wirkens Gottes ein. Es führt mit dieser Kategorie aber auch zum AT und verhilft dazu, diesen Teil der Bibel besser zu verstehen. Weil und insofern es Wort Gottes sein will, ist es Ankündigung und Verheißung. Weder diese noch die Erfüllungen können in ein festes System, auch nicht in eines der genauen Entsprechung gebracht werden. Gottes Wort ergeht bei aller Zuverlässigkeit in der freien Verfügung Gottes. Und auch seine Verwirklichung enthält jeweils neue Ankündigungen. Der Herr wird sie auftauchen lassen, wann es nach seinem Plan Zeit dafür ist. Ein wichtiges Merkmal aber tragen die im AT gemeldeten Erfüllungen an sich. Sie sind nicht in einen geschichtslosen Raum hinaus verlagert. »Sie sind Erfüllungen an und im geschichtlichen Volk Israel oder den Völkern, die es mit ihm zu tun haben. Diese Erfüllungen sind immer wieder Geschehnis gewordener Gotteswille. So ist denn die Frage nach weiteren Erfüllungen auch immer wieder die noch dringlichere Frage nach dem wei-

---

[34] W.H. Schmidt, Ansätze zum Verstehen des Alten Testaments: EvTh 47, 1987, 436-459, 438.
[35] W. H. Schmidt, a.a.O. 438.
[36] So W.H. Schmidt, a.a.O. 442.
[37] Sach 9,10, vgl. Jes 42,1-4; 49,1-6.

teren, nach dem letztlichen Willen Jahwes.«[38] So ist das AT für weitere Erfüllung und Verheißung offen. Es hält sich, es hält die Menschen offen für einen Gott, der selbst eine, nein die Verheißung ist. Nicht ohne Bedacht ist die sogenannte Bundesformel im verheißenden Gotteswort für Gegenwart und Zukunft geöffnet: »Ich bin (werde sein) euer Gott; ihr seid (werdet sein) mein Volk.« Sie enthält als Verheißung und Erfüllung wie in einer Kurzformel die Summe der biblischen Botschaft. Sie ist zentral für beide Testamente.

3. Typologie, Analogie

Wenn im NT auf atl Texte verwiesen wird, stehen einige Male das Wort Typos, um diese in ihrer Beziehung und Bedeutung für Aussagen des NT zu kennzeichnen, und der Begriff Antitypos, um ntl Sachverhalte als bestimmten atl entsprechend zu deklarieren. Öfter meint Typos in den Paulusbriefen das Vorbild des Apostels[39], der Gläubigen bzw. der Hirten und Vorsteher christlicher Gemeinden[40], der festgefügten Lehre (Röm 6,17). In 4 Makk 6,19 wird von einem »Vorbild«, einem Musterfall von Gottlosigkeit gesprochen. Auf »Vorbilder« für Briefe, anscheinend eine bestimmte Gestalt oder einen ähnlichen Inhalt verweisen Apg 23,25; 3 Makk 3,30. Nach Ex 25,40, worauf Hebr 8,5; 9,24 verweisen, sind die heiligen Geräte des Zeltes gemäß dem Urbild anzufertigen, das Mose auf dem Berg gezeigt worden ist. An der schwierigen Stelle Am 5,26 sind Typoi wohl die Bilder der dort genannten Götter.[41] Hier und Joh 20,25, wo Thomas seine Finger in die Typoi der Nägel am Auferstandenen legen möchte, steht der Begriff nahe seiner Grundbedeutung: »Schlag« und dessen Ergebnis.

Paulus verwendet die weiter entfaltete Bedeutung »Vorbild, Muster, Modell«, wobei auch die Sinngebung »Umriß, kurze, unausgeführte Darstellung oder Beschreibung einer Sache«[42] mitschwingen kann. Letzteres spielt sicherlich herein, wenn der Antitypos, der dem Typos als Gegenbild entspricht, größer und bedeutsamer ist. Dies ist offensichtlich Röm 5,14 der Fall: »Adam ist die Gestalt (Typos), die auf den Kommenden (Christus) hinweist«. Auch ist die Taufe mächtiger in ihrer Wirkung als das Gegenbild der rettenden Arche Noah (1 Petr 3,20f.). Umgekehrt ist das Gegenbild (Antitypos), das mit Händen gemachte Heiligtum nur ein Schatten des wahren himmlischen Heiligtums (Hebr 9,24). Paulus weitet die Anwendung des Begriffs Typos auf die Geschichte des Volkes Israel aus (1 Kor 10,1-13), wenn Ereignisse der Wüstenwanderung Israels von

---

[38] W. Zimmerli, a.a.O. 92.
[39] Phil 3,17; 2 Thess 3,9.
[40] 1 Thess 1,7; 1 Tim 4,12; ebenso 1 Petr 5,2.
[41] In diesem Sinn wird Am 5,26 in Apg 7,41 zitiert.
[42] W. Pape – M. Sengebusch, Griechisch-deutsches Handwörterbuch, Braunschweig ³1908, II 1162.

ihm als Mahnung und Warnung für die Christengemeinde verstanden werden.

Die Verfahrensweise, bei der das Wort »Typos« verwendet wird, ist auch angewendet, wo dieser Begriff nicht steht.[43] In all diesen Fällen wird einer atl Gegebenheit eine ntl gegenübergestellt: der erste Mensch dem letzten Adam (1 Kor 15,45-49), der Hohepriester des AT bzw. Melchisedek dem Christus (Hebr 5,1-10; 7,1-10), das Gesetz den künftigen Gütern (Hebr 10,1), die Schlange in der Wüste dem erhöhten Christus (Joh 3,14), das Manna dem Brot vom Himmel (Joh 6,31-33), das Brot vom Himmel Jesus (6,49-51a), Mose als Prophet und Jesus (Apg 3,22). In all diesen Fällen handelt es sich um einen vom ntl Autor behaupteten geschichtlichen Zusammenhang, um eine Entsprechung in der Geschichte, die als eine durch Gott fortlaufend gewirkte Heilsgeschichte begriffen wird. Geht man von diesem ntl Befund aus und fragt, was Typologie sei, so darf gesagt werden: »Gegenstand typologischer Deutung können nur geschichtliche Fakta, d.h. Personen, Handlungen, Ereignisse und Einrichtungen sein, Worte und Darstellungen nur insofern, als sie von solchen handeln. Eine typologische Deutung dieser Objekte liegt vor, wenn sie als von Gott gesetzte, vorbildliche Darstellungen, d.h. ›Typen‹ kommender, und zwar vollkommenerer und größerer Fakta, aufgefaßt werden. Fehlt zwischen Typ und Antityp die Steigerung, stellt also letzterer nur eine Wiederholung des ersteren dar, so kann von Fall zu Fall nur bedingt von Typologie geredet werden.«[44]

Insofern im NT der Antitypos Jesus Christus oder das von und in ihm gewirkte Heil ist, enthält und bezeichnet er immer ein Mehr und Größeres als der herangezogene atl Typos. Das wird in Sätzen zum Ausdruck gebracht: »Hier aber ist einer, der mehr ist als Jona; hier aber ist einer, der mehr ist als Salomo« (Mt 12,41f.). Solche typologische Deutung denkt und argumentiert stets vom ntl Sachverhalt und Kerygma her. »Die Typologie mit ihrer Zuordnung von Typos und Antitypos geht dabei immer vom Antitypischen aus: im Lichte des erschienenen und verwirklichten Antitypos lassen sich überhaupt erst die Typen als die Vorausschattungen in ihrem wahren Verweischarakter entdecken.«[45] Das leitende Interesse ist kein anderes als dasjenige, das beim Aufspüren von atl Verheißung und ntl Erfüllung maßgebend ist. Die ntl Botschaft soll als im AT verankert, als schriftgemäß dargestellt werden.

In diesem Bemühen suchte man weiter nach Entsprechungen im AT, die vom NT nicht mit dem Begriff Typos bezeichnet werden oder sachlich

[43] J. Cahill, Hermeneutical Implications of Typology: CBQ 44, 1982, 266-281,272, nennt 1 Kor 5,7; 15,45-49; Röm 3,24; 8,28-30; 2 Kor 15,17; Hebr 5,1-10; 7,1-19; 8,6-13; 10,1; Joh 3,14; 6,31. 33.49-51a; Apg 3,22.

[44] So L. Goppelt, Typos. Die typologische Deutung des Alten Testaments im Neuen, 1939, Nachdruck: Darmstadt 1981, 18, eine Definition, die in verschiedenen Veröffentlichungen (inhaltlich) wiederholt wird.

[45] A.H.J. Gunneweg, a.a.O. 26.

unter ihn fallen. Beziehungen zwischen den Darstellungsweisen und Inhalten, Analogien, d.h. Ähnlichkeiten in Verhältnissen und Funktionen, wurden unter den Begriff Typologie gestellt.[46] Weitet man ihn in dieser Weise aus, dann fallen auch Anklänge und Anspielungen darunter, die geläufige Form der Typologie in den synoptischen Evangelien. Wird die Entsprechung geschichtlicher, im AT berichteter Vorgänge mit ntl Geschehen auf die ganze atl Geschichtsdarstellung und das Christusereignis insgesamt bezogen, kann gesagt werden: »Das Ergebnis unserer Erwägungen über die Geschichts- und Gegenwärtigkeitszeugnisse des A.T. – die direkt prophetischen standen für uns nur am Rand – kann also nicht sein, daß wir in ihnen eine Gedankenwelt erkennen, die ›schon fast neutestamentlich‹ ist. Wir sehen vielmehr in der von Gottes Wort gewirkten Geschichte, und zwar gleicherweise in den Gerichten wie in den Heilstaten, allenthalben schon das neutestamentliche Christusgeschehen präfiguriert. Das ist – um auf das anfangs gestellte Analogieproblem zurückzukommen – die einzige Analogie, die sich für eine theologische Deutung dieser Texte anbietet.«[47]

Man sollte aber Typologie von Analogie unterscheiden.[48] Entsprechung ist in beiden Fällen gegeben; sie ist jedoch von jeweils anderer Art. Typologisch im eigentlichen Sinn darf sie genannt werden, wenn konkrete Gegebenheiten rückblickend einander gegenübergestellt werden, also vom Antitypos her und für ihn eine zusätzliche Verstehenshilfe gesucht und gewonnen wird. Mit der Analogie werden Ähnlichkeiten von schriftlichen Überlieferungen in Sprache, Struktur, Verfahrensweise und Inhalt festgestellt bei einem Vergleich, der sowohl von der einen wie von der anderen Seite ausgehen kann. Vom NT her, das immer wieder auf das AT verweist, ist es notwendig, nach dort vorfindlichen Analogien zu fragen. Umgekehrt kann auf Grund dieser Verweise vom AT aus nach Ähnlichkeiten der genannten Art im NT gesucht werden, um zu sehen, wie sich eine weitere Entwicklung vollzogen hat. Eine Methode der Interpretation, die ihren klar umschriebenen Gegenstand untersucht, nach festen Maßgaben und folgerichtigen Schritten vorangeht, sind Typologie und Analogie nicht.[49] Aber beide, die für die ntl Autoren wichtig waren, um

[46] Siehe dazu W. Eichrodt, Ist die typologische Exegese sachgemäße Exegese?, in: C. Westermann (Hrsg.), Probleme alttestamentlicher Hermeneutik (ThB 11), München 1960, 205-226; D.L. Baker, Typology and the Christian Use of the Old Testament: Scot. Journal of Theology 29, 1976, 137-157, 137ff.

[47] G. von Rad, Typologische Auslegung des Alten Testaments, in: ders., Gesammelte Studien zum Alten Testament II (ThB 48), München 1973, 272-288, 286.

[48] Vgl. zu diesem Problem W. Eichrodt, a.a.O. 205-226.

[49] Darauf wird in kritischen Forschungsberichten immer wieder hingewiesen. Auch P.R. Noble, The Canonical Approach. A Critical Reconstruction of the Hermeneutics of Brevard S. Childs (Biblical Interpretation Series 16), Leiden 1995, 326, der die vom NT ausgehende Interpretation des AT als weitgefaßte Typologie (S. 314-327) versteht, macht darauf aufmerksam.

ihre Botschaft theologisch zu orten und auszusagen, bieten Zugänge zum AT und Verstehenshilfen.

Denn »die Typologie« ist »eine im Alten Testament selbst vorgebildete Deuteweise«[50]. Zwar ist Typos, wie gesagt, nur einmal (in der Septuaginta) in der Bedeutung »Vorbild« (Ex 25,40) verwendet, aber der Sachverhalt und die Sache selbst sind anderwärts kräftig bezeugt. David als Typos, dem alle Könige Israels und Judas entsprechen sollten, aber meist nicht folgen[51], ist eine Leitidee des dtr Geschichtswerkes. Er diente dem Herrn mit ganzem Herzen, war ihm vollkommen ergeben, hielt seine Befehle und Gebote, tat, was dem Herrn gefiel.[52] Nur die Könige Asa, Hiskija und zum Teil Amasja ahmen sein Vorbild nach.[53] David als Typos lebt auch in der Heilserwartung.

Ein anderer Typos ist Jerobeam I. von Israel, der das Nordreich vom Tempel zu Jerusalem und von dem nach dtr Auffassung einzig legitimen Jahwekult trennte: Das war seine Sünde (1 Kön 14,16), zu der er Israel verführte. Alle Könige Israels ahmten sein schlechtes Beispiel nach, gingen auf seinen Wegen[54], ließen, wie auch die Israeliten allgemein (2 Kön 17,22), nicht ab von seiner Sünde.[55] David hingegen blieb Typos auch über den Untergang des Königtums hinaus. Jahwe wird, wie die messianische Hoffnung und Verheißung weiß, David einen gerechten Sproß erstehen lassen[56], wird einen neuen David als Fürst, König und Hirten bestellen.[57] Er wird die zerfallene Hütte Davids wieder aufrichten (Am 9,11) und den Davidsbund nicht zerbrechen (Jer 33,21). Der Antitypos übertrifft in seinen Thronnamen (Jes 9,6) den Typos weit.

Zum Typos wird mit der dtn Theologie und von da an die Herausführung aus Ägypten. Mit ihrer Hilfe wird rückwirkend die Vätergeschichte in die Heilsgeschichte Israels eingebunden. Das geschieht durch das dtn geprägte Wort des Herrn an Abram: »Ich bin der Herr, der dich aus Ur in Chaldäa herausgeführt hat, um dir dieses Land zu geben« (Gen 15,7). Auch für die prophetische Zukunftsschau und Heilserwartung wird der Exodus aus der Knechtschaft Ägyptens wichtig. Deuterojesaja greift auf ihn zurück, um die Befreiung aus dem babylonischen Exil anzusagen. Er schildert einen neuen Exodus und bezieht sich dabei deutlich auf den Auszug aus Ägypten[58], betont aber, daß die Heimführung aus Babel herr-

---

[50] H.W. Wolff, Zur Hermeneutik des Alten Testaments in: C. Westermann (Hrsg.), Probleme alttestamentlicher Hermeneutik, 140-180, 169, mit Verweis auf L. Goppelt und G. von Rad, Typologische Auslegung des Alten Testaments.
[51] Siehe 1 Kön 9,4; 11,6.33; 14,8; 15,3; 2 Kön 16,2.
[52] 1 Kön 9,4; 11,6.34.38; 15,3.26.
[53] 1 Kön 15,11; 2 Kön 18,3; 14,3.
[54] 1 Kön 15,34; 16,2.19.26; 22,53.
[55] 1 Kön 15,30; 16,2.19.26.31 u.ö.
[56] Jer 23,5; 33,15; vgl. 30,9; 33,17.
[57] Jer 33,26; Ez 34,23.24; 37,24.25; Hos 3,5.
[58] Jes 43,14-21; 51,10.

licher sein wird als die große Heilstat am Anfang der Geschichte Israels.[59]
Der Antitypos wird den Typos übertreffen. Hosea verkündet, daß der
Herr Israel wiederum in die Wüste hinausführen wird, um es dort zu um-
werben, damit es ihm bereitwillig folgt und er ihm die Lebensgüter wiedergeben kann (2,16f.). Jeremia scheint ihm in dieser Sicht zu folgen.[60]
Bereits im AT scheinen Assur, Babel und Edom allmählich zu Typen der
gottwidrigen und dem Gottesvolk feindlichen Mächte zu werden, unter
deren Namen sich die jetzt wütenden Feindmächte verbergen.[61] Vielleicht
darf man auch Jes 11,6-9, wo der Prophet das messianische Friedensreich
schildert[62], im Sinne eines Antitypos zum Paradies (Gen 2) verstehen.
Aber diese Beziehung geht wohl doch schon in Richtung »Entsprechung«, die vielfach noch in die typologische Betrachtungsweise einbezogen wird.
Wird das Augenmerk beim Lesen des AT darauf gerichtet, Zusammenhänge zwischen einzelnen Texten und den verschiedenen Schriften wahrzunehmen und sie nicht zu übergehen, tut sich eine Menge von Beziehungen auf. Achtet man dabei auf Analogien, finden sich in ihnen Entsprechungen, die gewiß nicht zufällig sind. Sicherlich ist das Aufspüren
und die Feststellung von Analogien »eine Elementarfunktion alles
menschlichen Denkens« und Deutens[63], sowohl im Raum der geistigen
Weltbewältigung wie auch der praktischen Verfahrensweise in jeglichem
Tätigwerden. Ähnliches und Entsprechendes zu finden hilft, was ansteht,
zu bewältigen. Auch die Menschen der Alten Welt, in der Israel lebte, waren darauf angewiesen, mit Analogien die sie umgebende Welt, das Dasein, das Leben, Sein und Sollen zu verstehen, zu ordnen und zu bewältigen. Im Alten Orient dienten ihnen dazu insbesondere mythisches Denken und Erzählen, in denen sich Himmlisches und Irdisches weithin entsprechen. Wir finden dort »die Anschauung, daß nach dem Gesetz von
der Entsprechung des Makrokosmos und Mikrokosmos die Urbilder aller Länder, Flüsse, Städte und Tempel am Himmel in gewissen Sternbil-
dern existieren, während diese irdischen Dinge nur Abbilder davon
seien«[64]. Auch das Leben, Verhalten und Wirken der Götter wird, gewiß
mit dem Unterschied der Überhöhung gegenüber allem Menschlichen,
entsprechend vorgestellt.
Israel kennt diese Vorstellungen und wendet sie auch bezüglich des irdischen Heiligtums an, das sein Vorbild und Urbild im Himmel hat.[65] Aber

---

[59] Jes 43,1-7; 41,17-20; 51,11f.; 49,9-13.

[60] Vgl. Jer 31,2-5; 2,2f.

[61] Vgl. Jes 10,5-34; 13,1-22; 14,1-21; 21,1-10; Jer 48,11-22; 50,1-51,64; Ez 31,1-15; Dan 3,1-6,1.

[62] Mit D.L. Baker, Typology 139.

[63] G. von Rad, Typologische Auslegung des Alten Testaments 272, der diese Aussage auch
näher begründet.

[64] B. Meissner, Babylonien und Assyrien II, Heidelberg 1925, 110.

[65] Vgl. den oben erwähnten Text Ex 29,40. Auch die Psalmen, die den Zion und den Tempel
rühmen, sowie Aussagen über Jahwe, den König, sind von diesem Denken her zu verstehen.

es wird, wie das AT bezeugt, von einer anderen Art des Analogie-Denkens bestimmt. Nicht Mythen des Ursprungs deuten seine Existenz, sondern eine Darstellung geschichtlicher Ereignisse. Sie ist in der Torah, der Weisung Gottes, überliefert. Es handelt sich um das Erzählgefüge von der Herausführung des Volkes Jahwes aus der ägyptischen Knechtschaft (Ex 3-15), das sachlich und theologisch nicht von der Hineinführung in das Land der Verheißung zu trennen ist. Hier hat Israel erfahren, daß für seine Existenz und seinen Weg Jahwes Wort und Tat ursächlich entscheidend sind. Entsprechend stellt das Volk Jahwes im AT seinen Weg durch die Geschichte dar.

Wenn Israel sich über seine ethnische Herkunft Gedanken machte und auch darüber, wie es nach Ägypten kam, sah es alte Sippenüberlieferungen und Stammestraditionen aus der »Väterzeit« unter dem Blickwinkel, daß Jahwe es so gefügt hatte, wie diese Überlieferungen zu berichten wußten.[66] Sein Handeln band diese Einzeltraditionen unter den Themen »Rettung, Führung, Land und Nachkommenschaft« zusammen. Die Analogie zu dem grundlegenden Urerlebnis ist nicht zu übersehen. Sie erstreckt sich auch in die Urgeschichte hinein, die nicht mythologische Ursprünge sucht, sondern die Tat Jahwes im Raum der Geschichte für die Entstehung der Welt und der Menschheit verantwortlich macht. Gericht und Rettung wie einst am Schilfmeer bilden auch hier in der Sintflut einen Schwerpunkt der Darstellung.

Analog dem urbildlichen Erleben, unter das Wort und die Tat Jahwes in Weisung, Gericht und Heilsangebot gestellt, erfährt Israel sodann seine Geschichte, bezeugt im dtr Geschichtswerk. Die Propheten reden entsprechend: Sie verkünden Gottes Handeln im Geschehen, das sie anzusagen haben. Auch die am Kult orientierte Priesterschrift und das ebenso kultisch ausgerichtete chr Geschichtswerk sind in den jeweilig maßgebenden geschichtlichen Rahmen eingebunden. Den Freiheitskampf der an dem Gesetz Gottes festhaltenden Jahwetreuen schildern die beiden deuterokanonischen Bücher der Makkabäer. Die Psalmen greifen das Thema »Gottes Handeln in der Geschichte« in Lobpreis, Bitte und Mahnung auf.[67] Selbst die Weisheit Israels ist, allerdings in recht unterschiedlicher Art und Weise, geschichtlich verortet: Das Paradigma Ijob wird mit der Rahmenerzählung (Ijob 1,1-2,10; 42,7-17) in eine gegebene Situation hineingestellt. Jesus Sirach endet im »Lob der Väter« mit einem an exemplarischen Gestalten festgemachten geschichtlichen Rückblick, der von Mose bis in seine Zeit reicht (44-50). Und das Buch der Weisheit schildert anhand des Exodus-Ereignisses das Geschick des Gottesvolkes und seiner Feinde (11,5-19,2). Ester, Tobit und Judit, Vorbilder im Volk des Herrn, leben und bewähren sich als solche in schwierigen Situationen der Geschichte Israels und bezeugen auf ihre Weise, daß Jahwe sie leitet.

---

[66] Vgl. dazu G. von Rad, Typologische Auslegung des Alten Testaments 281.
[67] Vgl. Ps 2; 46; 48; 76; 78; 80; 89; 105; 106.

So kann man sicherlich sagen, daß das tragende Element, das die atl Schriften und Texte miteinander verbindet, die Geschichte als Zeugnis für Gottes Handeln in Wort und Tat und darin für seine Offenbarung ist. Es bleibt nicht auf das AT beschränkt, sondern wirkt im NT in analoger Weise fort. Die Evangelien berichten das Christus-Ereignis, das in der Geschichte geschieht. Besonders deutlich stellt Matthäus den geschichtlichen Bezug her, indem er zu Beginn seines Evangeliums im Stammbaum Jesu bis auf Abraham zurückgreift (1,1-17). Das NT »bietet die Analogie eines auf Geschichtsfakten bezogenen Glaubenszeugnisses von dem Bundeswillen Gottes, der sich inmitten der Welt ein Volk erwählt und es zur Freiheit unter seiner Herrschaft beruft«. Und »so ist die Analogie von Altem und Neuem Testament getragen von geschichtlicher Relation«[68]. Diese Entsprechung zwischen den beiden Testamenten bedingt und bezeugt zugleich, daß der Gott des Alten Bundes auch der Gott des Neuen ist. Wenn es aber so ist, »dann muß es mit dem ihm eigenen Kerygma ganz zu Worte kommen«. Doch »das bedeutet nicht, daß wir die Deutemethoden der neutestamentlichen Zeit zu übernehmen hätten, wie es für die neutestamentlichen Zeugen unumgänglich war; es bedeutet aber, daß auch wir die Geschichte Jesu von Nazareth nicht ohne das Alte Testament voll verstehen und mit ihr leben werden. Auf das Alte Testament selbst kommt es an«[69]. Typologie und Analogie führen vom NT zum AT zurück.

4. Allegorese

«Die Allegorese als eine Methode der Schriftauslegung erklärt den Bibeltext ohne Rückgriff auf die ursprüngliche Intention des Autors und auf die Entstehungssituation von einem vorgegebenen theologischen Lehrsystem her«.[70] Sie wird im NT angewendet, um Sachverhalte der zu verkündenden Botschaft auch, wenn auch nicht nur, mit Hilfe atl Texte oder Sachzusammenhänge darzustellen. Allegorie, eine literarische Form, »im strengen Sinn ist eine Darstellung, die in allen Einzelzügen bildlichen Sinn hat«, eine beständige, fortgesetzte Metapher.[71] Die Grenze zur metaphorischen Rede, zu bildlicher Redeweise und auch zur Typologie und Analogie ist daher nicht scharf zu ziehen, wie sich auch in der einschlägigen Literatur zeigt. Auch bei den einzelnen Autoren der ntl und der patristischen Zeit dürften die Betrachtungsweisen nicht säuberlich auseinandergehalten worden sein.[72] Es ging um die Interpretation des Textes in

[68] H.W. Wolff, Zur Hermeneutik des Alten Testaments 161.
[69] H.W. Wolff, a.a.O. 167, 170.
[70] H.J. Klauck, Art. Allegorese, in: NBL I 75-77, 75.
[71] L. Goppelt, Art. Allegorie II. Im AT und NT, in: RGG³ I 239f., 239.
[72] Vgl. z.B. C. Jacob, Zum hermeneutischen Horizont derTypologie. Der Antitypos als Prinzip ambrosianischer Allegorie, in: K. Richter – B. Kranemann (Hrsg.), Christologie der Liturgie (QD 159), Freiburg 1995, 103-111, 110: »Nach einer umfassenden Dekodierung wird

der angenommenen Bedeutung, nicht um Methodenprobleme. Um des besseren und exakteren Verstehens willen sollte jedoch versucht werden, die Begriffe auseinanderzuhalten und die Texte entsprechend zuzuordnen.

Im NT finden sich Allegorien, deren Bildteil aus dem täglichen Leben gegriffen ist: Sämann, Same und Bodenbeschaffenheit werden auf das Wort Gottes und seine Chancen gedeutet (Mk 4,14-20). Der Ölbaum und seine Zweige dienen zur Darstellung des Verhältnisses zwischen Israel und den Heidenchristen (Röm 11,17-24). Paulus, andere Verkünder und der Christ selber arbeiten wie Baumeister (1 Kor 3,10-15). Die Gemeinde Christi erscheint im Bild des Leibes und seiner Glieder (1 Kor 12,12-31). Der Spiegel und seine Verwendung dient dem Jakobusbrief dazu, das Gesetz der Freiheit und seine Funktion zu erläutern (Jak 1,23ff.).

Verschiedentlich wird in der dargebotenen Allegorie mittels Allegorese auf das AT zurückgegriffen: Sauerteig und ungesäuerte Brote werden im Zusammenhang mit dem auf Jesus Christus bezogenen Paschalamm auf die Lebensführung der Christen bezogen (1 Kor 5,6-8). Der dreschende Ochse, dem das Maul nicht verbunden werden darf (Dtn 25,4), damit er auch von seiner Arbeit profitiert, wird angeführt, um zu sagen, daß auch die Boten der Christusbotschaft nicht leer ausgehen sollen (1 Kor 9,9). Der lebenspendende Fels, aus dem in der Wüste Wasser strömte, bezeichnet Christus (1 Kor 10,4). Hagar und Sinai werden zusammengenommen, um den Alten Bund zu kennzeichnen (Gal 4,24). Der in Zion gegründete auserwählte Stein (Jes 28,16) ist auf Jesus, sein Geschick und seine Bedeutung für den Aufbau der Gemeinde bezogen (1 Petr 2,3-8). Der Hebräerbrief schöpft oft aus dem AT: Die Gemeinde ist Gottes Haus (3,6), Melchisedek bildet im voraus Jesus ab (7,2f.). Der Vorhang des Tempels (10,20), Zion und Jerusalem (12,22). Altar und Lager der Wüstenzeit (13,10-14) sind für den Verfasser im eigentlichen Sinn als ntl Wirklichkeiten zu verstehen.

Diese Verfahrensweise ist das Unterfangen, Sachverhalte der vorfindlichen Welt und Texte in einem anderen, tieferen[73] bzw. in ihrem wahren Sinn zu verstehen. Was die Bibel betrifft, stellt sich hier, wie bereits gesagt[74], die Frage nach dem »Vollsinn« (sensus plenior). Die Allegorese wurde in ntl Zeit im hellenistischen Judentum auf die Schriften Israels angewendet. Die Anfänge dieser Textausdeutung zeichnen sich wohl schon bei griechischen Philosophen vor Sokrates in der Beschäftigung mit Homer und der Kritik an seinem mythischen Erzählgut ab. Sie ging in »die stoische Auslegungsweise« und »mit viel anderem stoischem Gedankengut in das Denken des Mittelplatonismus über und wurde in Alexandrien

es immer weniger möglich, eine allegorische Methode aufgrund der Verwertung literarischer Vorlagen von einer typologischen zu unterscheiden«.

[73] »Als Fachterminus für die Allegorese wird lange Zeit« bei der Beschäftigung mit den Mysterienkulten der Begriff »Tiefensinn« benutzt, H.J. Klauck, a.a.O. 76.

[74] Siehe oben B III/6.

methodisch vervollkommnet und geübt«[75]. Dort hat sie auch Philo in seiner Schriftauslegung übernommen. In seiner allegorischen Deutung bemüht sich Philo »jedesmal sehr sorgfältig um den Nachweis, daß zwischen dem Symbol, dem Stichwort im biblischen Text und dem Gemeinten aus dem Bereich der Ideen, der Ethik oder Kosmologie eine sachliche Gemeinsamkeit besteht«[76]. Was ihn bewegte, die geistige Welt, in der er lebte, mit der biblischen Überlieferung zu versöhnen, leitete auch die ntl Autoren. Sie waren bestrebt, ihr Glaubensgut mit den heiligen Schriften des Alten Bundes in Einklang zu bringen. Sie behandeln atl Texte so, als ob sie eine Allegorie wären, und legen diese dann mittels Allegorese entsprechend aus. »Grundsätzlich ist die Allegorese also der Versuch, Texte einer fernen Vergangenheit, die in einer Religion oder Kultur kanonischen Rang haben und deren Wortlaut darum unangetastet bleiben muß, dadurch in ihrem Ansehen zu erhalten, daß ihren unverständlich oder obsolet gewordenen sprachlichen Ausdrücken eine neue Bedeutung unterlegt wird, die nicht der Vorstellung des Textes und seines Autors, sondern derjenigen seines Auslegers entstammt.«[77] Hinzukommt bei den ntl Autoren, daß das AT weiter in Geltung bleibt und die Basis bildet, auf der sie ihre Botschaft formulieren, erläutern und begründen.

Nach dem Gesagten scheint es so, als seien Allegorie und Allegorese von außen her, aus der hellenistischen Welt, in das Judentum und in das NT eingedrungen. Gewiß ist dieser Einfluß nicht zu unterschätzen und gemäß dem Zeitgeist wirksam und bestimmend geworden. Aber eine Auffassung, die dem AT völlig fremd wäre, wurde damit nicht in das NT hineingetragen. Bildhafte Redeweise ist dem AT vertraut. Bildreden werden häufig in ihm dargeboten, und nicht wenige weisen allegorische Züge auf, insofern diese in einem anderen übertragenen, nicht in dem buchstäblichen Sinn zu verstehen sind. Auch ganze Allegorien stehen im atl Schrifttum. Das Weinbergslied (Jes 5,1-6) ist eine solche, und der V. 7 liefert den Schlüssel zum rechten Verständnis. Ps 80,9-16, der vom Weinstock Gottes und seinem Geschick singt, nimmt dasselbe Thema auf und läßt schon im Text des Liedes die allegorische Deutung einfließen. Es gibt allegorische Traumbilder: Josef sieht die Getreidegarben der Jakobsöhne sich vor seiner Garbe verneigen (Gen 37,7), und der Pharao schaut die kommenden fetten und dürren Jahre in Gestalt von Kühen und Ähren (41,17.24). Nebukadnezzar träumt die sich ablösenden Weltreiche und das am Ende stehende Gottesreich in Gestalt eines gewaltigen Standbilds (Dan 2) und sein eigenes Schicksal in der Allegorie von einem stolzen Baum (Dan 4). Der Seher Daniel selber schaut vier Weltreiche und die das letzte ablösende Gottesherrschaft in einer Vision von vier Tieren und dem Menschensohn (Dan 7) sowie den Kampf zwischen dem Perserreich

---

[75] H. Kraft, Hermeneutisches zur allegorischen Auslegung: ThZ 46, 1990, 333-338, 333.
[76] H. Graf Reventlow, Epochen der Bibelauslegung, Band I 48.
[77] U.H.J. Körtner, Der inspirierte Leser. Zentrale Aspekte biblischer Hermeneutik, Göttingen 1994, 68.

und Alexander dem Großen in der Auseinandersetzung eines Widders mit einem Ziegenbock (Dan 8). Die apokalyptische Weltschau neigt dazu, künftige, noch geheime Ereignisse in Form von Allegorien darzubieten.[78] Vor allem Ezechiel hat in seiner Verkündigung die Allegorie verwendet: Jerusalem (Ez 16), Israel und Juda (Ez 23) werden als treulose Frauen vorgestellt. Das Schwanken des Königs Zidkija zwischen Ägypten und Babel und sein Treubruch gegenüber dem babylonischen König wird in der Allegorie von den beiden Adlern und dem Weinstock verurteilt (Ez 17). Die Totenklage über den Fürsten von Israel (Ez 19) ist als allegorisches Bild von der Löwenmutter und ihren Jungen gestaltet. Der Pharao wird in allegorischer Rede als prächtiger Baum gezeichnet (Ez 31). Eine Hirtenallegorie bietet Ez 34, ein Text, zu dem auch Sach 11,4-17 zu vergleichen ist.

Die atl Allegorien sind aus dem konkreten Leben genommen, wie es auch Verfasser ntl Texte tun. Nirgends ist ein Text aus Schriften außerhalb des AT genommen, um allegorisch gedeutet zu werden. Allegoresen werden verschiedentlich den atl Allegorien durch ihren Verfasser oder späteren Interpreten angeschlossen, vor allem bei den Traum-Allegorien. Daran konnten ntl Autoren anknüpfen, wie es z.B. bei der Hirtenallegorie in Sach 11 mit Hilfe der Septuaginta geschah.[79] Man darf daher feststellen, daß ntl Allegorese zum AT hinführt und daß das AT selbst auch in diesem Punkt Vorgaben für das NT bereitstellt.

III. VON DER KIRCHE HER ANGEFRAGT

Den ntl Autoren geht es nicht darum, bei der Abfassung ihrer Schriften zu demonstrieren, daß sie Verfahrensweisen anwenden, die in der hellenistischen Welt wie im zeitgenössischen Judentum und bereits im AT zur Anwendung kommen, um schriftstellerisch sozusagen auf der Höhe der Zeit zu sein. Sie wollen theologische Aussagen mit dem Rückgriff auf die Heilige Schrift stützen. Er sollte die Formulierung der zu verkündenden Botschaft ermöglichen, ihr festen Halt im bereits ergangenen Wort Gottes geben und aufzeigen, wie sich der im Alten Bund geoffenbarte Heilsplan Gottes in neuer und endgültiger Weise erfüllte. Was die Verfasser des NT praktizierten, hat die Kirche in der Auslegung ihrer Heiligen Schrift fortgesetzt. Sie hat immer wieder vom NT und von ihrem Glaubensgut her auch das AT angefragt und dort dafür nach Bestätigung und Erläuterung gesucht.

Für die Zielsetzung, dem AT heute zu begegnen und es zu verstehen, die

---

[78] Vgl. z.B. Äth Hen 85-90, wo die Weltgeschichte bis zur Aufrichtung des messianischen Reiches in einer Tier-Vision dargestellt wird, und 4 Esra 9,26-13,56, wo Zions Trauer und Herrlichkeit in allegorischen Visionen geschildert werden.

[79] Vgl. R. Hanhart, Die Bedeutung der Septuaginta in neutestamentlicher Zeit: ZThK 81, 1984, 395-416, 416.

wir verfolgen, würde es zu weit führen, den geschichtlichen Verlauf dieses Bemühens nachzuzeichnen.[1] Hauptthemen der gegenwärtigen Diskussion über die Bedeutung des AT für die Kirche sollen uns beschäftigen und daraufhin bedacht werden, ob und wie sie Zugang zum AT gewähren oder vermitteln.

1. Christologische Deutung

Vom Anfang der christlichen Gemeinde an, sobald die Jünger Jesus als den Christus verkündeten, wurden die heiligen Schriften des Volkes Gottes herangezogen, um die neue Botschaft zu begründen und zu erläutern.[2] Paulus, dem die ältesten ntl Schriften zu verdanken sind, bezeugt es, vorab in 1 Kor 15,3-5. Der hier überlieferte Credosatz, der den Tod und die Auferweckung Christi als den Schriften gemäß verkündet, wurde vom Apostel aus der Überlieferung, die sich bereits gebildet hatte, übernommen. Man muß sicherlich feststellen, daß diesem Satz »ein hohes Alter einzuräumen ist (erstes Jahrfünft nach Jesu Tod?) und er vielleicht sogar in Jerusalem entstand«[3]. Ob die alte Tradition oder Paulus bei diesem Bekenntnis an bestimmte Stellen des AT oder an die Schriften allgemein und insgesamt denkt, wird aus dem Wortlaut nicht ersichtlich. In dem von Paulus ebenfalls übernommenen Christuslied Phil 2,6-11 aber ist in V. 10f. deutlich auf Jes 45,23f. Bezug genommen: »Vor mir wird sich beugen jedes Knie, und bekennen wird jede Zunge Gott.« »Im Lied heißt dies so: Gott hat ihm« dem gekreuzigten Christus (V.9), »den alles überragenden Namen geschenkt, ›damit im Namen Jesu jedes Knie sich beuge der Himmlischen und Irdischen und Unterirdischen und jede Zunge bekenne: Herr (ist) Jesus Christus‹. Als Kyrios nimmt der erhöhte Jesus gleichsam die Stelle Gottes ein. Er ist zum Kosmokrator bestimmt, der alle gott- und menschenwidrigen Mächte – das sind die Himmlischen, Irdischen und Unterirdischen – absetzt. Er soll die Welt pazifizieren und zum Heil führen.«[4] So wird es durch Texte des AT, ihre Deutung und Anwendung möglich, Jesus Christus in der Fülle göttlicher Macht zu verkünden. Paulus selbst nutzt diese Möglichkeit, wie seine Verwendung von Ex 34,29ff. in 2 Kor 3 zeigt. Die Hülle auf dem Gesicht des Mose wird gedeutet »als Anzeichen dafür, daß heute diese Hülle über der Verlesung des Alten Testaments liegt. Darum verstehen es die Juden nicht

---

[1] Zur Geschichte der Exegese des AT siehe L. Distel, Geschichte des Alten Testaments in der christlichen Kirche, Jena 1869, Nachdruck 1981; H.J. Kraus, Geschichte der historisch-kritischen Erforschung des Alten Testaments, Neukirchen ³1983: H. Karpp, Schrift, Geist und Wort Gottes. Geltung und Wirkung der Bibel in der Geschichte der Kirche – von der Alten Kirche bis zum Ausgang der Reformationszeit, Darmstadt 1992.

[2] Siehe dazu oben A S. 68-75.

[3] J. Gnilka, Paulus von Tarsus. Apostel und Zeuge (HthKNT Supplementband VI), Freiburg 1996, 231.

[4] J. Gnilka, a.a.O. 232.

recht, nehmen sie seinen christologischen Bezug nicht wahr. Nur in Hinwendung zum Herrn wird die Hülle abgetan, so wie Mose die Hülle von seinem Angesicht entfernte, wenn er auf dem Berg zum Herrn trat. In der paulinischen Interpretation wird Jahwe mit dem Herrn Jesus Christus ausgetauscht, die Mosegeschichte wird zur Christusgeschichte«. Insgesamt und mit dem Blick auf weitere Interpretationen atl Texte wird man sagen dürfen, »daß die paulinische Schriftinterpretation sich ganz vom Christusereignis her bemißt. Nicht wird die Schrift auf ihren historisch-kritischen Sinn befragt – diese Auslegung gibt es erst in der Neuzeit –, sondern vom Christusereignis ausgehend, entdeckt der Apostel im Alten Testament Christusbezüge«[5]. Seine Exegese der heiligen Schriften ist christozentrisch; alles wird zielgerecht bestimmt durch die Beziehung zu Christus. Mit ihm wird eine spezifische christliche Interpretation greifbar.[6]

Zweifellos war Paulus Lehrmeister in der theologischen Durchdringung des AT vom Christus-Ereignis her für die sich entfaltende Christenheit. Die Evangelien folgen gewiß seiner Spur, haben aber mit ihm den gleichen Ansatz, der in 1 Kor 15,3-5 zum Ausdruck kommt. Von ihm aus stellt sich für sie die Frage, ob nicht Jesus selbst schon sein Geschick im Verweis auf die Schrift als im Willen Gottes liegend gedeutet hat. Die Evangelien geben die Überzeugung kund, daß Mose, Gesetz und Propheten auf Jesus Christus hinweisen.[7] Nach den Evangelien aber sagt es erst der auferstandene Herr mit deutlichem Bezug[8], ein Zeichen dafür, daß die Verkündigung nach Tod und Auferstehung Jesu die Beziehung des Christus-Ereignisses zu den heiligen Schriften insgesamt und dann auch zu Einzeltexten suchte, um aussagen zu können, was er ist und bedeutet. Daß die Heilige Schrift des Alten Bundes von Jesus Christus redet, war und blieb die Überzeugung der Kirche von und seit ihrem Anfang. Die Interpretation der Bibel in der Christenheit beginnt mit Jesus.[9] Die christologische Deutung des AT setzte sich durch die Jahrhunderte fort. Sie wird auch in unserer Zeit geübt, in der praktischen Bibelarbeit; sie wird auch diskutiert im wissenschaftlichen Bemühen um die Sinngebung des AT. Aber verdeckt sie nicht seinen eigentlichen Sinn? Verstellt sie nicht den Zutritt zum ersten Teil der christlichen Bibel? Kann die christologische Deutung Zugang zum AT sein?

Zum Problem wurde diese Interpretation, die Christus im AT aufspüren will, mit dem Beginn der historisch-kritischen Erforschung des AT.[10] Während die Reformatoren (Luther und auch Calvin) immer wieder auf

---

[5] J. Gnilka, a.a.O. 188.

[6] R. M. Grant, Paul and the Old Testament, in: D.K. McKim (ed.), The Authoritative Word. Essays on the Nature of Scripture, Grand Rapids 1983, 27-36, 29.36.

[7] Vgl. Mt 7,12; Joh 5,45; Lk 18,31; 24,27.44 Mt 26,56

[8] Lk 24,27.44; vgl. dazu die Leidensweissagungen Jesu Mk 8,31-33; 9,30-32; 10,32-34 parr.

[9] R. M. Grant, Jesus and the Old Testament, in: D. K. McKim (ed.), a.a.O. 19–26, 19.

[10] Siehe H. J. Kraus, Geschichte der historisch-kritischen Erforschung des Alten Testaments.

»die Schlüsselfunktion« hinweisen, »die das Neue Testament besitzt«[11], wendet sich das Blatt mit dem Aufkommen des Humanismus, seinem neuen Geschichtsverständnis und seiner Hinwendung zu den Texten selbst. Die fortschreitende Entdeckung des Alten Orients verstärkte diesen Trend. Doch das Zeugnis, welches das NT über das AT gibt, meldete sich zu Wort, besonders auch in unserem Jahrhundert. »In den Jahren zwischen 1920 und 1930 wird in der alttestamentlichen Wissenschaft eindringlicher nach einer theologischen und systematischen Orientierung gefragt«[12] und dabei auch, gerade zur rechten Zeit, als die nationalsozialistische Ideologie das AT vehement bekämpfte und abwies, nach dem Christuszeugnis des AT gefragt.[13] W. Vischer, der die Antwort wagte, hat große Verdienste im Kampf um das AT, indem er mit Nachdruck auf die Gefahr hinweist, die der Kirche droht, wenn sie das AT abwerten, zurückdrängen oder gar aufgeben würde: »Eine ›Kirche‹, die den Wert des alttestamentlichen Zeugnisses gegenüber dem neutestamentlichen herabsetzt, glaubt den Aposteln gerade das Entscheidende ihrer Botschaft nicht und hört auf, ›christlich‹ zu sein.«[14] Wenn es allerdings um den Einzelnachweis geht, daß Jesus Christus in den atl Texten tatsächlich bezeugt ist, wird es schwierig und problematisch[15], wie an Beispielen leicht aufgewiesen werden kann[16]: Beim Aufzeigen des Christuszeugnisses im AT muß zur Allegorese gegriffen werden. Wie im NT wird hier eine Deutung, die vorgenommen wird, in die atl Texte hineingetragen. Im NT hat diese Interpretation ihren eigenen Stellenwert im Gefüge der Offenbarung Gottes, der einer späteren nachneutestamentlichen Interpretation nicht zukommt. Man muß stets, besonders aber bei dieser unterscheiden, was das AT selbst sagt, was man unterstellt, was dazu veranlaßt und welche Beziehungen zwischen Text und Deutung gesehen werden. Damit ist die Frage nach einer christologischen Deutung des AT allerdings nicht erledigt. Das NT stellt sie und sorgt dafür, daß sie bleibt. Muß man deswegen aber sagen, »daß die christologische Deutung des Alten Testaments, ob sie nun als prophetische Vorhersagen, als Vorabbildung oder als Präexistenz Christi in Erscheinung tritt, ein Glaubensgeheimnis

[11] H.J. Kraus, a.a.O. [1]1956, 15, der zur Einstellung Luthers zusamenfassend bemerkt: »Ein Verständnis der alttestamentlichen Texte ohne das Evangelium ist unmöglich«, und zu Calvin sagt: »Eine sehr große Bedeutung kommt in der christologischen Auslegung des Alten Testaments in den Kommentaren Calvins dem Hebräerbrief zu. Dieser Brief bezeichnet Regel und Maß, wie das Alte Testament in der Gemeinde des Neuen Bundes zu verstehen ist (20).«

[12] H.J. Kraus, a.a.O. 382.

[13] W. Vischer, Das Christuszeugnis des Alten Testaments, 1. Band 1934, 2. Band 1942.

[14] W. Vischer, Band I, [3]1936, 32.

[15] Siehe die Darstellung der zu Vischers Entwurf und Verfahrensweise vorgebrachten Kritik wie auch der eigenen Einwände bei H.D. Preuß, Das Alte Testament in christlicher Predigt, Stuttgart 1984, 86ff.

[16] Eine Reihe solcher Beispiele bringen H.W. Hertzberg, Das Christusproblem im Alten Testament, in: ders., Beiträge zur Traditionsgeschichte und Theologie des Alten Testaments, Göttingen 1962, 148-161, 158ff., H.D. Preuß, a.a.O. 86.

im strikten Sinne ist und als solches in der Kraft der göttlichen Tugend des göttlichen Glaubens als von Gott geoffenbart zu bekennen ist. Nur so kann der Wucht des neutestamentlichen Zeugnisses Recht widerfahren«[17]? Kann man aus dieser Einschätzung oder bereits aus der Schriftinspiration folgern, daß auch die atl Bücher »allein um Christi willen existieren«[18]? Gewiß ist es systematisch-theologischer Betrachtungsweise nicht verwehrt, Schlußfolgerungen aus vorgegebenen Sachverhalten zu ziehen. Aber daß die atl Schriften allein um Christi willen existieren, widerspricht dem AT, in dem nach dessen eigenen, allenthalben bezeugten Angaben Gott zu Israel spricht, ohne zu sagen oder deutlich zu machen, daß er dies nur um Jesu willen tut. Es widerspricht auch Paulus, der wie kein anderer ntl Autor seine Christusverkündigung mit dem AT stützt und der formuliert: »Sie sind Israeliten; damit haben sie die Sohnschaft, die Herrlichkeit, die Bundesordnungen, ihnen ist das Gesetz gegeben, der Gottesdienst und die Verheißungen, sie haben die Väter, und dem Fleisch nach entstammt ihnen der Christus, der über allem als Gott steht, er ist gepriesen in Ewigkeit. Amen« (Röm 9,4f). Das aber sagt der Apostel im Blick auf diejenigen aus seinem Volk, die nicht zum Glauben an Christus gekommen sind. Wenn die Kirche im Glauben und aus ntl Überlieferung im Sinn Jesu Christi das AT als Heilige Schrift für sich beansprucht, dann kann sie damit Israel seine Bibel nicht wegnehmen. Hier darf wieder an den »doppelten Ausgang« des AT erinnert werden. »Die eine Traditionslinie, die bei der Tora ihren Ausgang nimmt – wir können sie von Bundesbuch und Deuteronomium über die priesterliche Theologie und die nachexilische Torafrömmigkeit hin weiterverfolgen – geht vor allem im rabbinischen Judentum weiter.« Und »wenn wir den traditionsgeschichtlichen Ort für die Jünger Jesu und die ersten Christen bestimmen wollen, werden wir sie in die prophetisch-apokalyptische Bewegung einordnen müssen«[19]. Es ist gewiß für einen Christen gut, sich Paulus anzuschließen (Röm 9-11), der den Plan Gottes stehen läßt, ihn preist und hofft, daß Gottes Volk aus Juden und Heiden am Ende eines ist.

Man wird als Christ der prophetisch-apokalyptischen Linie beim Lesen des AT folgen und in diesem Sinn annehmen, »daß vor allem die Richtschnur (griechisch also der ›Kanon‹), nach der man dieses Alte Testament liest, Jesus ist«[20]. Schlüssel für das Verstehen der atl Schriften kann dabei nicht das »Geheimnis« sein. So sehr der Begriff für den Heilsplan Gottes, trotz seiner konkreten Bezeugung in der Bibel zutrifft (Röm 11,33-36) und angebracht ist. Auch im Blick auf Jesus muß es sich um das

---

[17] J. Becker, Grundzüge einer Hermeneutik des Alten Testaments, Frankfurt am Main 1993, 87f.

[18] J. Becker, a.a.O. 62.

[19] H. Graf Reventlow, Zwischen Bundestheologie und Christologie. Überlegungen eines christlichen Alttestamentlers zur Biblischen Theologie, in: Chr. Dohmen – Th. Söding, Eine Bibel – Zwei Testamente (UTB 1893), 115-130, 123f.

[20] E. Schweizer, Kanon?: EvTh 31, 1971, 339-357, 341.

Bemühen handeln, zu erfassen, was dasteht, zu sehen, was geschrieben ist. Zwei Bemerkungen mögen in diesem Zusammenhang erlaubt sein: Die eine hat D. Bonhoeffer[21] so formuliert: »Ich spüre übrigens immer mehr, wie alttestamentlich ich denke und empfinde; so habe ich in den vergangenen Monaten auch viel mehr A.T. als N.T. gelesen. Nur wenn man die Unaussprechlichkeit des Namens Gottes kennt, darf man auch einmal den Namen Jesus Christus aussprechen; nur wenn man das Leben und die Erde so liebt, daß mit ihr alles verloren und zu Ende zu sein scheint, darf man an die Auferstehung der Toten und eine neue Welt glauben; nur wenn man das Gesetz Gottes über sich gelten läßt, darf man wohl auch einmal von Gnade sprechen, und nur wenn der Zorn und die Rache Gottes über seine Feinde als gültige Wirklichkeit stehen bleiben, kann von Vergebung und von Feindesliebe etwas unser Herz berühren. Wer zu schnell und zu direkt neutestamentlich sein und empfinden will, ist m.E. kein Christ«. Man könnte diese Aussagen unter die Begriffe Antithese und Analogie stellen. Aber sie enthalten mehr. Sie machen wieder darauf aufmerksam, daß das AT hermeneutische Funktion für das NT und den christlichen Glauben hat.

Denn – und das sei als zweites herausgehoben – »als das Bilderbuch des Wesens, Wollens und Wirkens Gottes in Zeit und Geschichte konfrontiert« das AT »in einer Massivität mit der unauslotbaren Wirklichkeit des Gottes, der der Vater Jesu Christi ist, die die Anerkennung – oder deren Verweigerung – des Deum Deum esse«, daß Gott Gott sei, »erzwingt und die übliche Flucht in ein vermeintlich christliches Gottesbild abschneidet«[22]. Der christologische Zugang zum AT führt uns also zur grundlegenden Botschaft des AT – übrigens im Sinne des Johannesevangeliums, dessen zentrales Anliegen ist: durch Christus zu Gott.[23] In diesem Sinn führt christologische Deutung des AT zur theologischen Deutung des NT. Sie leitet dazu an herauszuarbeiten, wie Gott seinem Volk und in ihm den Menschen durch Heil und durch Gericht zum Heil nahe ist, nahe letztlich in Jesus Christus, seinem Sohn. Eine gesamtbiblische Theologie wäre, so gesehen, vom AT her zu entwerfen, als eine Fortschreibung atl Theologie[24], die alle ihre Aussagen auf Gott konzentriert.

---

[21] Hier zitiert nach H.D. Preuß, a.a.O. 89, und seiner kritischen Würdigung der christologischen Interpretation des AT.

[22] K. Schwarzwäller, Das Verhältnis Altes Testament – Neues Testament im Lichte der gegenwärtigen Bestimmungen: EvTh 29, 1969, 281-307, 303f.

[23] Siehe W. Thüsing, Die Erhöhung und Verherrlichung Jesu im Johannesevangelium (NtlAbh XXI,1-2), Münster i.W. 1960.

[24] Vgl. J. Schreiner, Theologie des Alten Testaments (Ergänzungsband 1 zur NEB AT), Würzburg 1995.

2. Gesetz und Evangelium

Im NT und seitdem in der Christenheit wird das Verhältnis des Christus-Ereignisses und der Christus-Botschaft zum AT diskutiert und zu bestimmen gesucht. In der Reformationszeit trat die Frage, wie die beiden Testamente zueinander stehen, mit aller und neuer Dringlichkeit in den Blick. Sie kann, wo immer es darum zu tun ist, dem AT zu begegnen und es zu verstehen, nicht ausgeklammert werden. »Das Bekenntnis zu Jesus schloß eine Ignorierung des Gesetzes ebenso wie eine rückhaltlose Bejahung im Sinne der jüdischen Autoritäten aus; zwischen diesen Extremen liegen die verschiedenen Ausprägungen des neutestamentlichen Gesetzesverständnisses.«[25] Diese wirken sich in der Kirche im Lauf ihrer Geschichte aus, in der Zeit der Reformation so, daß sie bis heute für die Einschätzung des AT wirksam sind. Eine Gegenüberstellung findet sich Joh 1,17, wo der Evangelist formuliert: »Denn das Gesetz wurde durch Mose gegeben, die Gnade und die Wahrheit kamen durch Jesus Christus.« »Joh bekämpft nicht das Gesetz als Heilsweg«, und es »besteht für Joh zwischen Moses (der im Auftrag Gottes!) das Gesetz gab, und Jesus Christus, der Gnade und Wahrheit brachte, kein absoluter Gegensatz. Der Evangelist rückt vom Gesetz nur in ähnlicher Weise ab, wie für ihn der jüdische Kult (4,21-24), die Reinigungsbräuche (2,6;3,25; vgl. 11,55; 19,40 42), die Feste ›der Juden‹ (2,13; 5,1; 6,4; 7,2; 11,55) überholt und belanglos geworden sind.« V. 17 soll »die Überbietung der bisherigen Gesetzesordnung durch die Gnadenwirklichkeit Jesu Christi herausstellen« so, daß mit dem Wort ›kam‹ »das eschatologische Heilsereignis hervorgehoben« wird. »Hinter beiden Fakten steht aber der Wille Gottes.«[26] Joh hatte Gesetz und Gnade ohne ausgesprochene Polemik gegenübergestellt. Sobald aber paulinische Gesetzesbeurteilung mit seiner Aussage verbunden wurde, verschärfte sich die wohl unterschwellig vermutete Problematik. Paulus richtet einen nicht zu überbrückenden Gegensatz auf. Er hatte in seinem Damaskus-Erlebnis erkannt, daß Gott sich zu dem gekreuzigten Messias und Herrn Jesus Christus durch dessen Auferweckung bekannt hatte. Damit ist das Gesetz als Heilsweg für alle, die an Christus glauben, außer Kraft gesetzt. Jesus ist für sie der Weg zum Heil. »Das Gesetz ist für den Christen Paulus heilig und gut (Röm 7,12.16). Wer dem unerbittlichen Ernst des im Gesetz enthüllten Gotteswillens ausweiche, würde Christus nicht verstehen (Röm 1,16-3,20); in seiner wahren Bedeutung wird das Gesetz erst jetzt erkannt und ›aufgerichtet‹ (Röm 3,31). Aber Christus ist zugleich sein ›Ende‹ (Röm 10,4), es wird ein Stück Vergangenheit, der entscheidenden Glaubensverheißung Gottes (Röm 4; Gal 3,6-16) an Alter nicht ebenbürtig (Gal 3,17), der Zeit der Erfüllung andererseits nicht mehr entsprechend, ein Zwischenglied zwischen beiden (Röm 5,10), dessen Ursprung nicht auf Gott, sondern nur

[25] O. Bauernfeind, Art. Gesetz IV. Im NT, in: RGG³ II 1517-1519, 1517.
[26] R. Schnackenburg, Das Johannesevangelium 1. Teil (HthKNT IV/1), Freiburg 1965, 252f.

auf vermittelnde Engel zurückgeht (Gal 3,19).«[27] Es ist deutlich zu sehen, daß der Apostel sich bemüht, Christus als das nunmehr geltende Gesetz des Lebens herauszustellen (Gal 6,2) und dabei das atl Gesetz zu relativieren. In der Auseinandersetzung mit seinen judaistischen Gegnern (Gal) sind die Formulierungen schärfer und abweisender als in einer Lage, in der er ruhiger seine Theologie darlegen kann (Röm). »Dem so verstandenen Gesetz, das Gottes fordernden Willen kundtut und, weil es vom Menschen nicht erfüllt wird, ihm zeigt, was er tun müßte und doch nicht tut, was er sein müßte und doch nicht ist, und so Gottes Zorn offenbart und in den Tod führt, steht« die Botschaft von Jesus Christus »als Verheißung und Zusage des Lebens gegenüber«[28].

Es ist verständlich, daß in einer Situation, die von der Auseinandersetzung darüber, was den Menschen vor Gott gerecht macht, geprägt war, auf die paulinische Theologie zurückgegriffen wurde: Rechtfertigung aus Gesetzeserfüllung oder aus Gnade? Die Antwort konnte mit Paulus nur sein: aus Gnade durch Jesus Christus. »›Gesetz und Evangelium‹ ist die eigentümlich reformatorische Benennung des Themas ›Gesetz und Gnade‹ oder ›Gesetz und Freiheit‹, wie es uns bei Thomas und Augustinus begegnet.«[29] »Die Unterscheidung von Gesetz und Evangelium wird zum wichtigsten hermeneutischen Schlüssel« für die Auslegung der Heiligen Schrift und damit auch und folgerichtig »für die Bestimmung des Verhältnisses der beiden Testamente«. Sie wird eingesetzt zum »Aufspüren der rechten Bedeutung der einzelnen Schriftaussagen. Die Unterscheidung von Gesetz und Evangelium entspricht derjenigen von Altem und Neuem Testament«[30].

Es konnte nicht ausbleiben, daß infolge der in der genannten Formel zumindest doch wohl latent angelegten theologischen Gegensätzlichkeit der Gegensatz betont wurde. Gesetz gegen Evangelium. Was Markion beschäftigt und zu einer Verwerfung des AT geführt hatte, stand wieder als Frage im Raum: Muß man das AT nicht »als Dokument einer Fremdreligion«[31] bewerten? Die Aufklärung und wohl auch die Einblicke in die Religionen des Alten Orients, die sich bei der Erforschung der altorientalischen Geisteswelt ergaben, trugen dazu bei, daß das AT abgelehnt wurde.[32] Gewiß gab es Gegenströmungen, die das AT theologisch werte-

---

[27] O. Bauernfeind, a.a.O. 1518.

[28] A.H.J. Gunneweg, Vom Verstehen des Alten Tetaments 49.

[29] G. Söhngen, Art. Gesetz und Evangelium, in: LThK² IV 831-835, 831.

[30] A.H.J. Gunneweg, a.a.O. 49. Zur Wirkungsgeschichte der Formel »Gesetz und Evangelium« siehe E. Wolf und W. Joest, in: RGG³ II 1519-1531; G. Söhngen, a.a.O.; H.M. Barth – Y. Ishida, Art. Gesetz und Evangelium, in: TRE 13, 126-147; K. Kertelge – O. Pesch, Art. Gesetz und Evangelium, in: LThK³ IV 589-594.

[31] A.H.J. Gunneweg, a.a.O. 121-145, der aber gleichwohl am AT als Teil des christlichen Kanons festhält (181-198).

[32] Vgl. H.J. Kraus, a.a.O. 175-179: »Die Ablehnung des Alten Testaments« und S. 350f mit dem bekannten Zitat aus dem Buch von A. von Harnack, Marcion ²1924, 127.

ten und so bemüht waren, seine bleibende Bedeutung darzutun. Aber es wurde auch die Abschaffung des AT offen gefordert und dies als eine endlich zu leistende Großtat bezeichnet.[33] Die schlimmen politischen Folgen brauchen hier nicht dargestellt zu werden. Hatte man bei denen, die das AT ablehnten, übersehen, wie sehr das NT und damit auch das Christentum von ihm her lebt?

Die theologische Problematik, die mit der Formel »Gesetz und Evangelium« bezeichnet war und die in unterschiedlicher Weise die Christenheit aller Jahrhunderte bewegt hat, ist jedoch eine stets neu zu bedenkende. Sie kann sich als hilfreich erweisen, und dies sollte auch immer wieder so sein. Sie enthält die Frage nach den Unterschieden zwischen AT und NT und hilft dadurch, das Bleibende und das Neue zu entdecken. Sie verweist aber auch eindringlich auf den ersten Teil der christlichen Bibel. Zu deutlich ist z.B. bei der lukanisch formulierten Fragestellung nach der Möglichkeit, das ewige Leben zu gewinnen, die Antwort Jesu. »Was steht im Gesetz? Was liest du dort?« Und: »Handle danach, und du wirst leben« (Lk 10,26.28). Demnach enthält das Gesetz auch Verheißung. Und es muß sinnvoll sein, danach zu suchen und sich an das AT zu wenden. Das hat auch Luther sehr wohl gesehen. Er unterscheidet »Wort des Evangeliums und Schrift, Evangelium und Neues Testament. Gesetz und Altes Testament sind also für Luther nicht identisch, sondern das Alte Testament umfaßt Gesetz und Evangelium«[34]. »Die Botschaft des Neuen Testaments von Christus und der Rechtfertigung des Sünders allein durch den Glauben wird nach Luthers Überzeugung nicht nachträglich an das jüdische Buch herangetragen; sie steht darin, wie auch die Kirche schon darin vorausgesetzt ist. Beide Bibelteile enthalten, wenn auch nicht in derselben Deutlichkeit, Gesetz und Evangelium.«[35]

Es ist nicht zu übersehen, daß das AT, nicht nur nebenbei und gelegentlich, sondern umfänglich und wesentlich eine frohe Botschaft enthält. Propheten bringen in ihren Heilsverheißungen Zusagen für eine gute Zukunft, die Gott gewähren und herbeiführen wird. An sie konnte das NT anknüpfen und im Aufweis ihrer Erfüllung selbst zur Frohbotschaft werden. Wie bereits gesagt, harren manche der atl Verheißungen Gottes noch der Verwirklichung. Ankündigung bisher ausstehenden Heils findet sich also noch im AT. Betrachtet man das AT, wie es das NT tut, insgesamt als prophetisches Wort, enthalten auch die erzählenden Texte und die Psalmen, indem sie von heilvollen Taten und von der huldvollen Nähe Gottes sprechen, gute Nachricht über ihn, dem der Mensch sich anvertrauen kann und soll. Es ist daher naheliegend und ertragreich, das AT unter dem Stichwort »Evangelium« zu lesen, selbst das dort verkündete Gesetz.

---

[33] A. von Harnack, a.a.O. 127.
[34] A.H.J. Gunneweg, a.a.O. 49f.
[35] H. Karpp, Schrift, Geist und Wort Gottes 188.

Die Antwort Jesu in Lk 10,25-28 ist nämlich allem Anschein nach eine Bezugnahme auf Dtn 30,15-20. In diesem Text wird kein Zweifel daran gelassen, daß es in der Einstellung und Haltung gegenüber den Geboten Gottes für das Volk des Herrn um die Existenz geht, um Leben und Glück, Tod und Unglück. Dtn 28 führt dies im einzelnen näher aus und betont das im Fall des Ungehorsams drohende Verderben (vgl. auch Lev 26). Aber das Ziel, das Gott mit dem Gesetz verfolgt, ist nur positiv. »Wenn du auf die Gebote des Herrn, deines Gottes, auf die ich dich heute verpflichte, hörst, indem du den Herrn, deinen Gott, liebst, auf seinen Wegen gehst und auf seine Gebote, Gesetze und Rechtsvorschriften achtest, dann wirst du leben!« (Dtn 30,16). »Das Wort ist ganz nah bei dir, es ist in deinem Mund und in deinem Herzen, du kannst es halten« (Dtn 30,14). Das ganze Dtn wird von dieser Zuversicht getragen. Vor dem dtn Gesetz steht der Dekalog, den man als »Gesetz der Freiheit« bezeichnen kann[36], insofern er weite Grenzen absteckt, innerhalb derer der Mensch gerufen ist, in freier Verantwortung das Gute zu tun. Gewiß kennt das Dtn wie jedes Gesetz die Möglichkeit der Mißachtung und Verfehlung. Aber es weiß ebenso vom Erbarmen Gottes zu künden (30,1-10), eine Botschaft, die im AT auch anderwärts mit Nachdruck vorgetragen wird.[37] Auch die Vorschrift für den Versöhnungstag (Lev 16) ist eine gute Botschaft, da an ihm der Herr Sühne schafft[38] und die Gemeinschaft mit seinem Volk erneuert. So kann unter den Segenszusagen für die Befolgung der göttlichen Gebote der Satz stehen: »Ich gehe in eurer Mitte«, dem sich die sogenannte Bundesformel anschließt: »Ich bin euer Gott, und ihr seid mein Volk« (Lev 26,12). In ihr wird die enge Zusammengehörigkeit Jahwes und Israels betont. Dieses von Gott gegebene Verhältnis eröffnet die Möglichkeit zum Heil unter der Bedingung, daß Israel sein will, was es ist, und dies durch die Befolgung des Gesetzes bezeugt. Gesetz und Evangelium, Verpflichtung und Heilszusage stehen nebeneinander und greifen ineinander. Unter dieser Formel kann man dem AT begegnen, das Unterscheidende und das Verbindende im Vergleich zum NT wahrnehmen und die Botschaft aufnehmen, die uns in ihm gesagt ist.

3. Kanonischer Zugang

AT und NT sind nicht nur durch vielfältige inhaltliche Beziehungen verbunden, sondern auch in der Bibel der Christen gewissermaßen zu einem Buch vereint. Der christliche Kanon der heiligen Schriften umfaßt beide Testamente. Er schließt die in ihm verzeichneten Bücher enger zusammen und hebt sie von anderer Literatur ab. Es fragt sich daher, ob ihm nicht eine eigene Funktion für die Auffassung und damit für das Verständnis

[36] J. Schreiner, Der Dekalog – Gesetz der Freiheit, in: ders., An deinen Geboten habe ich meine Freude, Würzburg 1998, 26-42.
[37] Vgl. z.B. Ex 20,6; Jer 31,3; Mi 7,18f. und die sogenannte Huldformel Ex 34,6f. u.ö.
[38] Vgl. dazu auch Lev 17,11.

der in ihm versammelten Texte zukommt und welche diese Funktion sei. Entstehung, Inhalt und Gestalt des Kanons und der in ihm verzeichneten Bücher kommen bei dieser Überlegung in Betracht.

Die Frage nach der hermeneutischen Bedeutung des Kanons brach auf, als man bei der historisch-kritischen Interpretation der Bibel theologisch relevante Ergebnisse vermißte. B.S. Childs wies auf zwei große Schwächen, die nach seiner Meinung mit der gängigen kritischen Forschung am AT verbunden sind, hin: Sie bemüht sich mehr, die Geschichte der Entwicklung der hebräischen Literatur zu beschreiben und die verschiedenen Stufen dieser Geschichte aufzuspüren, als daß sie deren Bedeutsamkeit für die vergangene und die gegenwärtige Glaubensgemeinschaft analysiert. Und die kritische Schule verfehlt ein Verständnis der besonderen Dynamik der religiösen Literatur Israels.[39]

Letzteres hervorzuheben und daraus Schlüsse für die Auslegung der Texte zu ziehen, unternahm die »kanonische Kritik« (canon criticism). Sie richtet ihren Blick auf das Werden des Kanons und sucht zu erkennen, wie die Texte und Bücher zusammenkamen und was diese Vorgänge für die Interpretation der Schriften und der Einzeltexte lehren. Darum bemüht sich neben anderen[40] insbesondere J.A. Sanders.[41] Er geht davon aus, daß eine Glaubensgemeinschaft die Texte schafft, hat, benützt und auch weiterentwickelt, die für sie wichtig und maßgebend sind. Es muß also in Betracht gezogen werden, welche religiösen bzw. theologischen Traditionen diese Gemeinschaft hat und wie sie und warum sie in einem gegebenen Text zum Tragen kommen. Dabei ist zu bedenken, was die Gemeinschaft überkommen, von außen übernommen oder selbst hinzugefügt hat. Der Kanon zeigt, wie eine Glaubensgemeinschaft lernen mag, die Stimme Gottes außerhalb der eigenen, in ihr lebenden Traditionen zu hören, und hat insofern auch eine hermeneutische Funktion.[42] Sanders hebt auch hervor, daß es Unterschiede im Textbestand des AT gibt[43], also eine Pluralität im Kanon, so daß sich das Problem auftut, welcher Text für welche Gemeinschaft als kanonisch anzusehen sei; offenbar haben die Situation und der »Zeitgeist« auf die Gestaltung des verbindlichen Textes, auf den Kanon eingewirkt.[44] Im Hinblick auf die Hermeneutik muß bei dieser Position bedacht werden, ob Situation und Zeitgeist für die Auslegung oder gar für eine Art verbindlicher Fortführung des bibli-

---

[39] H. Hunt, An Examination of the Current Emphasis on the Canon in the Old Testament Studies: Southwestern Journal of Theology 32, 1980, 59-70, 66.

[40] Siehe den Überblick, den G.T. Sheppard, Art. Canonical Criticism, in: ABD I 861-866, bietet.

[41] J.A. Sanders, Canon and Community. A Guide to Canonical Criticism, Philadelphia 1984.

[42] J.A. Sanders, a.a.O. 68. Siehe auch ders., From the Sacred Story to Sacred Text, Philadelphia 1987.

[43] Zwischen Hebräischer Bibel und Septuaginta, z.B. hinsichtlich des Textumfangs in Est, Sam, Jer, Ez 40-48 und auch innerhalb des hebräischen Bibeltextes, worauf die Arbeit der Masoreten hinweist.

[44] J.A. Sanders, Text and Canon: Concepts and Method: JBL 98, 1979, 5-29, 28f.

schen Textes wirksam sein können oder dürfen. Aber der festgelegte Schriftkanon setzt eine Grenze, außerhalb derer es eine gleichrangige Weiterführung nicht geben kann. Das Judentum hat sich mit der bereits erwähnten Theorie von der mündlichen Torah geholfen. »Kanonbewußte« Exegese des AT will die Erkenntnisse über Verfahrensweisen, die sie bezüglich der Entstehung des Kanons gewonnen hat, für die Exegese fruchtbar machen: Fortschreibung, innerbiblische Interpretation, Redaktion und auch Neugestaltung von Texten in auswählender Aufnahme früherer. Ungeklärt bleibt bei diesem Zugang zum AT, ab wann ein Text als autoritativ galt, ob bereits im mündlichen Stadium oder erst im schriftlichen und in welchem. Dies hat naturgemäß Auswirkungen auf die inneralttestamentliche Interpretation und auf die Auslegung des AT. Es fragt sich auch, was unter Glaubensgemeinschaft, die jeweils hinter den verschiedenen Stufen atl Texte bzw. Schriften und den einzelnen Stadien der Kanonbildung steht, zu verstehen ist. Ferner ist zu bedenken, ob nicht diese am Werden des Kanons orientierte Exegese zu einer Auslegung in Form des Midrasch führt[45], wenn ein gegebener Text mit den Glaubensvorstellungen der jetzt lebenden und ihn als kanonisch betrachtenden Gemeinschaft angereichert wird.

Die Kontextualität stellt besonders B.S. Childs heraus, der für seine Forschungen den Ausgangspunkt beim kanonischen Endtext nimmt und die »kanonische Annäherung« (canonical approach) propagiert. Für ihn geht es »bei den Erwägungen um die hermeneutische Relevanz des Kanons« insbesondere »um die Frage, inwiefern die Vereinigung der Schriften Alten und Neuen Testaments im Kanon der Bibel Konsequenzen für die Hermeneutik hat, d.h. ob alttestamentliche Texte nur aus sich selbst heraus zu verstehen sind oder ob bei ihrer Interpretation der Kontext des Kanons, also das Neue Testament, zu berücksichtigen ist, wobei der Begriff ›Kontext‹ gegenüber der üblichen Anwendung in sehr erweiterter Form gebraucht wird«[46]. Dabei wird auf die inhaltlichen und theologischen Bezüge geachtet.

Sein Programm hat B.S. Childs so formuliert: Der Exeget interpretiert den Einzeltext im Licht des ganzen AT und umgekehrt. Und er interpretiert das AT im Licht des NT und umgekehrt; ebenso verfährt er mit dem Zeugnis des AT und der theologischen Realität selbst.[47] In vielen Veröffentlichungen zum AT und NT sowie zu Einzeltexten und Einzelfragen bemüht sich Childs, auch in Antwort auf Kritik, sein Programm zu erläutern und auch an Beispielen durchzuführen. Hier sei auf sein 1992 erschienenes Werk zur Grundlegung einer biblischen Theologie[48] Bezug

---

[45] Vgl. die Hinweise bei G.T. Sheppard, a.a.O. 863.

[46] E. Oßwald, Zum Problem der hermeneutischen Relevanz des Kanons für die Interpretation alttestamentlicher Texte: Theologische Versuche 9, 1977, 47-69, 47.

[47] B.S. Childs, Interpretation in Faith. The Theological Responsibility of an Old Testament Commentary: Interpretation 18, 1964, 432-449.

[48] B.S. Childs, Biblical Theology of the Old and New Testament. Theological Reflexion on the

genommen, wo er den kanonischen Ansatz zu ihr darstellt: Weil das biblische Material in seinen mündlichen, schriftlichen und redaktionellen Stufen bereits als autoritativ für die Glaubensgemeinschaft überliefert und diese Funktion bis zur theologischen Schlußphase beibehalten wurde, liegt die autoritative Norm in dieser Literatur selber. Ausgedehnt auf die ganze christliche Bibel wird eine theologische Kontinuität zwischen AT und NT festgestellt. Denn »die Kirche hat nicht nur ihre neuen Schriften mit denen der Juden verbunden, sondern erhebt Anspruch auf das Alte Testament als einem Glaubenszeugnis von Jesus Christus«. Das AT »ist Verheißung, nicht Erfüllung. Jedoch erklingt seine Stimme weiterhin, und durch die Erfüllung wurde die Verheißung nicht zum Schweigen gebracht«[49].

Das Problem, das sich bei dieser »kanonischen Annäherung«, die synchron, auf der Ebene des fortlaufenden Endtextes, arbeitet, auftut, ist die Frage, was unter dem Kontext zu verstehen ist[50] und wie er auf die Interpretation einwirken darf: als größerer Zusammenhang, als Einzeltext oder mit einigen Aussagen, die passend erscheinen. »Die hermeneutische Funktion – und darin liegt für Childs wirklich der Auslegungsschlüssel –, wird erfüllt, indem die kanonische Gestaltgebung das, worauf es wirklich ankommt, ›das eigentümliche Profil eines Abschnittes‹ markiert. Bestimmte Merkmale werden dabei herausgehoben, andere untergeordnet, andere wiederum erhalten eine neue Deutung.« Doch es »ist nicht deutlich erkennbar, in welcher Weise der Prozeß der Gestaltung der Bücher der Schrift auf die Exegese der Einzeltexte einwirkt, von denen ja viele durch die Neugestaltung des Ganzen auf den letzten Stufen nur indirekt beeinflußt worden sind«[51].

Schließlich wird anscheinend den früheren Textstufen zu wenig Bedeutung beigemessen. Doch »der Kanon selbst hat die Spuren seines Wachstums sehr sorgfältig konserviert. Es liegt an der Struktur der Endtexte, daß die moderne Exegese so deutliche Indizien entdeckte, die ein Anwachsen der Texte und eine literarische Schichtung innerhalb ihrer nahezu beweisen«. Daher kommt »wer sich den kanonimmanenten Prinzipien

Christian Bible, London 1992, ins Deutsche übersetzt von Christiane Oeming unter dem Titel: Die Theologie der einen Bibel. Band I. Grundstrukturen, Freiburg 1994, hier: »Ein kanonischer Ansatz Biblischer Theologie« (93-104).

[49] B.S. Childs, Die Theologie der einen Bibel 97.101.

[50] Diesen Punkt hebt besonders hervor: P.R. Noble, The Canonical Approach. A Critical Reconstruction of the Hermeneutic of Brevard S. Childs (Biblical Interpretation Series 16), Leiden 1995, der am Ende (S. 369f.) seine Vorschläge, die Schwachpunkte, unter anderem auch die mangelnde Orientierung an der Geschichte, kurz zusammenfaßt. Vgl. auch H.M. Barstad, Le canon comme principe exégétique. Autour de la contribution de Brevard S. Childs à une ›herméneutique‹ de l'Ancien Testament: Studia Theologica 38, 1984, 77-91, der sich kritisch zur Verwendung der Begriffe Kanon und Text sowie zur konkreten Anwendung der Methode der »kanonischen Annäherung« in der Praxis der Exegese äußert.

[51] P.D. Miller, Der Kanon in der gegenwärtigen amerikanischen Diskussion, in: Jahrbuch für Biblische Theologie 3, 1988, 217-239, 234f.

anvertraut«, »nicht zu einer kanonischen Einheitsschau, sondern zwangsläufig zu historisch wie theologisch differenzierender Arbeit«[52]. Sie aber ist unerläßlich, wenn der Text recht verstanden werden soll. Denn Weiterführung als Ergänzung und Korrektur und damit die Anliegen der Verfasser bzw. der hinter den Texten stehenden Gemeinschaft(en) werden so erst eigentlich sichtbar. Aber die historische Dimension wird bei dieser »kanonischen Annäherung« vernachlässigt. Überdies weist der kanonische Prozeß beim AT und NT beträchtliche Unterschiede auf.

Zugang zum AT mit Hilfe des Kanons wird auch über die in ihm bezeugte Abfolge der Einzelschriften versucht. Wenn eine feste Anordnung herrscht, die in der Überlieferung festgehalten wird, dürfte dies kein Zufall sein, sondern eine Aussage über die Verbindung der atl Bücher mit- und untereinander beinhalten. Sie kann dann von dem Zeitpunkt an vermutet werden, an dem diese Reihenfolge der atl Bücher feststeht. Sollen die entsprechenden, aus der Reihenfolge der Schriften gezogenen Schlüsse innerkanonisch abgesichert sein, müssen die Texte selbst Hinweise geben. Das ist in der hebräischen Bibel für einen Teil der atl Schriften der Fall: Dtn 34,9 mit 31,23 weisen auf Jos 1,5-9 voraus und Jos 1,5-9 auf Mal 3,22-24.[53] Die beiden Kanonteile Torah und (frühere und spätere) Propheten sind also in Rückbindung an die Torah miteinander verbunden.

Für den dritten Kanonteil, die Schriften, variiert die Reihenfolge, so daß B.S. Childs zu dem Schluß kommt: Es ist »historisch unrichtig anzunehmen, daß die gegenwärtige gedruckte Form der hebräischen und der christlichen Bibel alte und völlig fixierte Traditionen repräsentiert. Tatsächlich ist die gegenwärtige Stabilität hinsichtlich der Ordnung der Bücher in großem Maße von modernen Drucktechniken abhängig und trägt kein bedeutendes theologisches Gewicht. So ist z.B. die Form von Kittels Biblia Hebraica nicht mit der im Talmud repräsentierten identisch«.[54] Hier erhebt sich übrigens wiederum die Frage nach dem näheren und entfernteren Kontext, die, vom Kanon aus gesehen, nur teilweise beantwortet werden kann. Gewiß ist es möglich, die Bücherfolge in den Druckausgaben auf ihre Sinnhaftigkeit hin zu untersuchen. Aber dieses Bemühen gehört, soweit es nicht durch Textbezüge innerkanonisch bestätigt werden kann, in den Bereich der Bibelinterpretation.

Zudem ist der undifferenzierte Gebrauch der Bezeichnungen Hebräische Bibel (Tenak) und AT, die eine Identität insinuiert, nicht gerechtfertigt. Der Kanon ist jeweils, wie bereits gesagt, verschieden, insofern die christliche Bibel die Reihenfolge der atl Bücher verändert: historische, weisheitliche, prophetische Bücher. Überdies ist der Umfang des AT in den

---

[52] So mit Recht M. Oeming, Text – Kontext – Kanon. Ein neuer Weg alttestamentlicher Theologie?, in: Jahrbuch für Biblische Theologie 3, 1988, 241-251, 249f.

[53] Siehe auch E. Zenger, Heilige Schrift der Juden und Christen, in: ders. (Hrsg.), Einleitung in das Alte Testament, Stuttgart 1995, 12-33, 24f.

[54] B.S. Childs, Die Theologie der einen Bibel 98.

christlichen Gemeinschaften nicht gleich.[55] Die katholische Kirche, die den Kanon der heiligen Schriften letztlich und gültig auf dem Konzil von Trient festgeschrieben hat[56], bezieht auch die deuterokanonischen Bücher in den Schriftkanon mit ein. Für diesen stellt sich der kanonische Zugang anders dar als für ein AT, das im Umfang der hebräischen Bibel entspricht. Die atl Bücher werden in diesem Konzilsbeschluß in einer Abfolge genannt, die der Umsetzung in die drei christlichen Kanonteile entspricht, ohne daß jedoch nahegelegt würde, theologische Schlüsse aus der Reihenfolge zu ziehen. Die Aufzählung der Bücher erfolgt, damit kein Zweifel entsteht, welche es sind.[57]

Überblickt man die Bemühungen, dem AT vom Kanon her nahezukommen und es von daher dem Verständnis zu erschließen, sind insbesondere folgende wesentlichen und positiven Aspekte herauszuheben: »Kanonkritik« und »kanonische Annäherung« weisen darauf hin, daß eine bloße historische und literaturwissenschaftliche Untersuchung der biblischen Texte für die Exegese innerhalb der theologischen Wissenschaft nicht genügt. Sie betonen, daß die Texte von einer Glaubensgemeinschaft verfaßt und für sie bestimmt sind. Mit Nachdruck wird darauf aufmerksam gemacht, daß der Zusammenhang der biblischen Bücher und der Einzeltexte wichtig ist und daß seine Berücksichtigung bei der Auslegung nicht vernachlässigt werden darf.

Es wird mit Entschiedenheit betont, daß der Bibeltext in seiner Endgestalt zu nehmen und also eine synchrone, dem vorliegenden Bibeltext entlang gehende Auslegung vorzunehmen ist.[58] Zwar ist eine Wertung in »echt« und »unecht«, letzteres im Sinne von minder, die von der Einschätzung der Propheten als der großen, maßgeblichen Gestalten abgeleitet wurde[59], heute überwunden. Aber vielfach wird doch der kanonische, und das ist der überlieferte Text, zu wenig bedacht und die Exegese auf die diachron, in Erforschung ihres geschichtlichen Werdens gewonnenen Textstufen und Textschichten beschränkt. Hier erfüllt der »kanonische Zugang« eine wichtige Funktion, indem er einen entscheidenden Arbeitsgang anmahnt. Dieser war übrigens diachron arbeitenden Exegeten weder unbekannt noch unwichtig. Hinsichtlich des Pentateuch z.B. sagt M. Noth[60], was auch für andere Teile des AT analog gilt: »Der fertige Pentateuch« ist es, der »uns als das einzig wirklich Gegebene vor-

---

[55] Siehe auch A. Budde, Der Abschluß des alttestamentlichen Kanons und seine Bedeutung für die kanonische Schriftauslegung: BN 87, 1997, 39-55.

[56] Siehe Enchiridion Biblicum, ²1954, 57-60, mit dem Verzeichnis in 58f.

[57] So Enchiridion Biblicum 57.

[58] Das betont ebenso R. Rendtorff in zahlreichen Veröffentlichungen, z.B. in: Die Bibel Israels als Buch der Christen, in: Chr. Dohmen – Th. Söding (Hrsg.), Eine Bibel – Zwei Testamente 97-113, mit einer Liste von seinen Veröffentlichungen.

[59] Vgl. besonders B. Duhm, Das Buch Jesaia (HK), Göttingen 1892, ⁵1968; ders., Jeremia (KHC), Tübingen 1901.

[60] M. Noth, Überlieferungsgeschichte des Pentateuch, Darmstadt ²1960, 268. Das Zitat wird auch von R. Rendtorff, Die Bibel Israels 108, angeführt.

liegt, aus dem wir die Vorstufen nur durch mehr oder weniger sichere Analyse gewinnen können. Da jedoch der fertige Pentateuch das ist, was wir auszulegen haben, und alle literarkritische und überlieferungsgeschichtliche Untersuchung nur als Mittel zur Erfüllung dieser Aufgabe betrachtet werden muß, so muß auch eine Überlieferungsgeschichte des Pentateuch, so wie sie vom Gesamtpentateuch ausgegangen ist, schließlich wieder beim Gesamtpentateuch enden«.

Im Zusammenhang mit der Hervorhebung des Endtextes ist sicherlich auch die Forderung nach ganzheitlicher (holistischer) Auslegung zu sehen, die einzelne Textgefüge in ihrer überlieferten Gestalt interpretiert. Sie bringt einen Gewinn an Verständnis, insofern und insoweit sie es vermag, die inhaltlich und theologisch wichtigen Verbindungslinien innerhalb dieses Gefüges, ganzer Bücher und darüber hinaus aufzuspüren.[61] So kann sie, um hierzu ein Beispiel zu nennen, dazu beitragen, die Verbindung der erzählenden Schichten im Pentateuch mit den Gesetzeskorpora und deren Abfolge (Bundesbuch, Deuteronomium, Heiligkeitsgesetz) als kontinuierlichen Auslegungsprozeß zu bedenken.[62]

Bei allem, was kritisch und positiv zum »Kanonischen Zugang« zu sagen ist, gilt: »Die angemessene Form biblischer Theologie« wie auch der Exegese überhaupt, gelingt dann, »wenn man« auch »die Intention des Kanons richtig erfaßt und für die Gegenwart umsetzt«[63]. Hierzu ist in der Exegese eine Menge Arbeit noch und immer wieder zu leisten, wobei der wichtigen Forderung, den Endtext, den Kontext und die ganzheitliche Auslegung zu ihrem Recht kommen zu lassen, nachzukommen ist, aber auch die Schwächen dieses Zugangs zu bedenken und zu beheben sind.[64]

4 Der Blick auf das Alte Gottesvolk

»Das wichtigste theologische Ereignis der zweiten Hälfte dieses Jahrhunderts ist die Entdeckung des Judentums.«[65] Gemeint ist die Hinwendung zum Judentum in christlicher Theologie, eine längst überfällige und auch vom NT (vgl. Röm 9-11) geforderte Akzeptanz des erwählten Volkes Gottes, deren Vernachlässigung und Zurückweisung so oft Not und in unseren Tagen entsetzliches Unheil bis hin zur brutalen Vernichtung über dieses Volk gebracht hat. Israel war und ist das Volk des Herrn. Die Kirche mußte und muß sich immer wieder darauf besinnen. Sie muß die Folgerungen daraus ziehen, für das persönliche Verhalten der einzelnen Christen, aber auch für ihre Theologie.

---

[61] Siehe z.B. E. Blum, Der Prophet und das Verderben Israels. Eine ganzheitliche, historisch-kritische Lektüre von I Regum XVII-XIX: VT 47, 1997, 277-292.

[62] E. Otto, Gesetzesfortschreibung und Pentateuchredaktion: ZAW 102, 1995, 373-392.

[63] M. Oeming, Biblische Theologie als Dauerreflexion im Raum des Kanons, in: Chr. Dohmen – Th. Söding (Hrsg.), Eine Bibel – Zwei Testamente 83-95, 89.

[64] Dazu macht P.R. Noble, a.a.O. 369, wichtige Bemerkungen und Vorschläge.

[65] So R. Rendtorff, Die Bibel Israels als Buch der Christen 97.

Im Zweiten Vatikanischen Konzil hat die Kirche es unternommen, diese Akzeptanz von ihren Gläubigen einzufordern und sie theologisch zu begründen. Sie formulierte[66] die »Erklärung über das Verhältnis der Kirche zu den nichtchristlichen Religionen«, dessen Kernstück das Kapitel 4, die Deklaration über die Haltung gegenüber dem Judentum ist. Sie erklärt, daß die Juden »nach dem Zeugnis der Apostel immer noch von Gott geliebt«, also keineswegs verworfen sind; »sind doch seine Gnadengaben und seine Berufung unwiderruflich«.

Johannes Paul II. hat sich darum bemüht, dem Konzilsbeschluß sichtbare Taten folgen zu lassen. Hier sei nur an seine Ansprache bei der Begegnung mit dem Zentralrat der Juden in Deutschland am 23. Juni 1996 erinnert. Da sagte der Papst: »Das jüdische Volk ist durch seine Berufung und durch seine Geschichte in besonderer Weise erwählt worden, den Heilswillen Gottes für das ganze Menschengeschlecht kundzutun (Dei Verbum 14).« Er erinnerte an das unvorstellbare Leiden des jüdischen Volkes und an seinen, mit dem Christentum gemeinsamen Glauben, »daß Gott der Schöpfer der Welt und der Herr der Geschichte ist und der Mensch nach seinem Bild geschaffen wurde«. Und der Papst fügte hinzu: »Anläßlich meines Besuches der römischen Synagoge am 13. April 1986 habe ich darauf hingewiesen, ›daß die Kirche ihre Bindung zum Judentum entdeckt, indem sie sich auf ihr eigenes Geheimnis besinnt. Die jüdische Religion ist für uns nicht etwas Äußerliches, sondern gehört in gewisser Weise zum Inneren unserer Religion. Zu ihr haben wir somit Beziehungen wie zu keiner anderen Religion‹. Diese Beziehungen immer mehr zu vertiefen, bleibt ein großes Anliegen der Kirche.«[67]

Zuerst und vor allem ist die Erkenntnis zu vertiefen, daß wir den ersten Teil unserer Bibel mit den Juden als Heilige Schrift gemeinsam haben, abgesehen von den deuterokanonischen Büchern, die aber auch aus dem Judentum hervorgegangen sind und dort geschätzt werden. Der Christ wird das AT vom NT her lesen. Das bedeutet, es mit diesem als Heilige Schrift ernst zu nehmen, nicht aber, es zu vereinnahmen in einer Weise, daß es dem Judentum abgesprochen wird. Zu Israel, zu den Juden hat »Gott, unser Herr, zuerst gesprochen«[68]: ›Viele Male und auf vielerlei Weise hat Gott einst zu den Vätern gesprochen durch die Propheten« (Hebr 1,1). Die Bitte lautet in der Liturgie dementsprechend: »Er bewahre sie (die Juden) in der Treue zu seinem Bund und in der Liebe zu seinem Namen, damit sie das Ziel erreichen, zu dem sein Ratschluß sie führen will.«

---

[66] Den langen und schwierigen Weg, der zu dem beschlossenen Text führte, hat J. Oesterreicher, in LThK², Das Zweite Vatikanische Konzil. Band II, Freiburg 1967, 406-478, engagiert dargestellt.

[67] Text in: Verlautbarungen des Apostolischen Stuhles 126, herausgegeben vom Sekretariat der Deutschen Bischofskonferenz, Bonn, 76-79.

[68] So die neu formulierte Bitte für die Juden im großen Fürbittgebet des Karfreitags, Meßbuch Teil I 1975.

Dieses »Zuerst« bleibt bestehen. Um es auch in der Bezeichnung des ersten Teils der christlichen Bibel sichtbar zu machen, wurde der Titel »Erstes Testament« vorgeschlagen.[69] Auf den biblischen Hintergrund für diese Bezeichnung wurde verwiesen.[70] Der Hebräerbrief spricht vom »ersten Bund«, allerdings in dem Sinn, daß dieser für veraltet erklärt worden (8,13) und ein zweiter (der Neue Bund) an seine Stelle gesetzt sei (8,7), und Lev 26,45 (Septuaginta) vom »früheren Bund«. Die Bezeichnung »Altes Testament« ist biblisch. Paulus verwendet sie, schon im Sinn einer Schrift, wobei er zumindest an die Torah denkt, in 2 Kor 3,14f. Er spielt auf die Hülle an, die Mose auf sein Gesicht legte, wenn er aus dem Offenbarungszelt trat und zu den Israeliten kam (Ex 34,33ff.) und sagt, daß die Hülle auf dem Alten Testament liegt, »wenn daraus vorgelesen wird«, »so daß sie seinen eigentlichen, auf Christus weisenden Sinn nicht verstehen«[71]. Somit hat das AT eine bleibende Funktion, die auch nach dem Erscheinen des NT nicht aufgehoben ist.

Die Vorschläge, dem ersten Teil der christlichen Bibel eine bessere und angemessenere Bezeichnung zu geben, werden diskutiert. Es gibt gute Gründe, bei der hergebrachten, auf Paulus[73] zurückgehenden Bezeichnung »Altes Testament« zu bleiben. Sie erinnert sofort an das Thema »Alter und Neuer Bund«, das seit Jer 31,31-34 einen hohen Stellenwert in biblischer[72] und christlicher Theologie hat. Mit ihr wird der Bezug zum zweiten Teil der christlichen Bibel deutlich gemacht, und zugleich wird anderes Schrifttum als nicht gleichrangig ausgegrenzt. Und es wird die Spannung angedeutet, die zwischen den beiden Testamenten herrscht. Beide Bezeichnungen, nicht nur »Altes Testament«, sind vor Mißdeutungen nicht sicher. Aber »solange ›alt‹ im Sinne von Anciennität (altehrwürdig, kostbar, bewährt) und Ursprung seine positiven Konnotationen behält, kann die Bezeichnung gewiß akzeptabel bleiben, zumal sie selbst ›alt‹ ist, und wenn man sich bewußt macht, daß dies eine spezifisch christliche Bezeichnung ist, die daran erinnert, daß es das Neue Testament nicht ohne das Alte Testament gibt, kann man sie als legitimen Appell an die fundamentale Wahrheit hören, daß die christliche Bibel aus zwei Teilen besteht, deren Gemeinsamkeit und Differenz zugleich (Kontinuität und Diskontinuität) festgehalten werden muß«[74]. So gesehen wird man dem folgenden Urteil die Berechtigung nicht absprechen können, das »zur Differenz von ›altem‹ und ›neuem‹ Testament« sagt: »Die Formulie-

---

[69] Von J.A. Sanders, First Testament and Second: Biblical Theology Bulletin 17, 1987, 47-49, siehe auch E. Zenger, Das Erste Testament. Die jüdische Bibel und die Christen, Düsseldorf ⁵1995.

[70] Hebr 8,7.13; 9,1.15.18; Lev 26,45 (Septuaginta).

[71] J. Gnilka, Paulus von Tarsus 285.

[72] Vgl. Hebr 8,8-12; Mt 26,28 parr.

[73] »Hier verwendet er expressis verbis den Begriff Altes Testament (3,14; V.6)«, so J. Gnilka, a.a.O. 285.

[74] E. Zenger, Thesen zu einer Hermeneutik des Ersten Testaments nach Auschwitz, in: Chr. Dohmen – Th. Söding (Hrsg.), Eine Bibel – Zwei Testamente, 143-158, 150.

rungen würde ich beibehalten. Amerikanische Tendenzen, von ›hebräischer‹ und ›griechischer‹ Bibel oder vom ›ersten‹ und ›zweiten‹ Testament zu sprechen, halte ich für Vernebelungen und für Verniedlichungen des Problems. Die definitive Sinnstiftung innerhalb des christlichen Kanons geschieht durch das Neue Testament.«[75]

«So anerkennt die Kirche Christi, daß nach dem Heilsgeheimnis Gottes die Anfänge ihres Glaubens und ihrer Erwählung sich schon bei den Patriarchen, bei Mose und den Propheten finden. Sie bekennt, daß alle Christgläubigen als Söhne Abrahams dem Glauben nach in der Berufung dieses Patriarchen eingeschlossen sind und daß in dem Auszug des erwählten Volkes aus dem Land der Knechtschaft das Heil der Kirche geheimnisvoll vorgebildet ist.« Das Konzil verweist darauf, daß die Heiden in den guten Ölbaum (Israel) eingepflanzt wurden (Röm 11,17-24) und daß Jesus, der Herr, und die Apostel, »die Grundfesten und Säulen der Kirche«, aus dem jüdischen Volk stammen. In Wahrheit »sind die Juden nach dem Zeugnis der Apostel immer noch von Gott geliebt um der Väter willen; sind doch seine Gnadengaben und seine Berufung unwiderruflich«. Die Kirche hat mit ihnen das gemeinsame geistliche Erbe und will deswegen »die gegenseitige Kenntnis und Achtung fördern, die vor allem die Frucht biblischer und theologischer Studien sowie des brüderlichen Gespräches ist«[76].

Eindringlich und theologisch fundiert wird hier dazu aufgerufen, sich mit dem AT zu beschäftigen, es zu studieren und seinen Inhalt im Hinblick auf Israel in Denken und Leben aufzunehmen. Wichtige Bereiche des AT (Torah und Propheten) sind genannt. Themen sind angesprochen. Vor allem ist auf Israel hingewiesen, das im AT durchgehend von Gott angeredet ist und stets nach seinem Sein und Sollen im Blick des heilvoll sich kundgebenden Gottes steht. Alle Themen, die das AT anbietet, sind zunächst einmal inneralttestamentlich zu verfolgen, ohne auf das NT zu schauen.[77] Denn wer Israel näher kommen und es verstehen will, muß zuerst beim AT anfragen, bei seinen Einzelschriften, in allen seinen Texten und bei ihrem Zusammenspiel. Dies gilt ebenso für die Begegnung mit dem Judentum, das hier seine Wurzeln hat.

In diesem Bemühen, das Volk Gottes im AT zu entdecken, darf nicht übersehen werden, daß es selber auch bestrebt war, seine heiligen Schriften und ihre Botschaft für die jeweilige Zeit zu verstehen. Die jüdische Exegese vermag auch dem Christen zu einem besseren Verstehen des AT zu helfen, da sie mit seiner Sprache und Welt von Natur aus vertraut ist.

---

[75] N. Lohfink, Hermeneutik des Alten und Neuen Testaments. Thesen, in: M. Stöhr (Hrsg.), Lernen in Jerusalem – Lernen mit Israel. Anstöße zur Erneuerung in Theologie und Kirche (VIKJ 20), Berlin 1993, 242-248, 244.

[76] Erklärung über das Verhältnis zu den nichtchristlichen Religionen des Zweiten Vatikanischen Konzils, Kapitel 4.

[77] So mit Recht J. Goldingay, Theological Diversity and the Authority of the Old Testament, Grand Rapids, Michigan 1987, 187.

Die Beschäftigung mit ihr gehört zu dem »intensiven Dialog zwischen den beiden Religionen«, zu dem das Konzil »aufgerufen« hat und »der die gegenseitige Kenntnis und Achtung fördern soll«[78].
Dieser Dialog ist nach Johannes Paul II.[79] »zu ergänzen durch einen Dialog des Lebens, in dem die Gläubigen einander im Alltag die eigenen menschlichen und religiösen Werte bezeugen und einander helfen, diese zu leben und so eine gerechtere und brüderlichere Gesellschaft zu schaffen«. Dialog bedeutet, daß man aufeinander hört und achtet. Für Christen heißt dies, daß sie auch mithören sollen, was im gläubigen Judentum z.B. am Sabbat in der Auslegung der hebräischen Bibel gesprochen wird. Der jüdische Weg ist ein Wort, das aus der Mitte von Gottes Volk kommt.[80] Darauf zu achten verlangt der Respekt vor Gottes damals ergangenem Wort. Dieses aber ist für uns das AT.

IV. AUS ZEITSTRÖMUNGEN HERAUS ANGEGANGEN

Vielleicht könnte ein Christ der Meinung sein, es genüge für seinen Glauben und sein Leben, wenn er vom AT das auf- und annimmt, was das NT im ausdrücklichen Zitat anführt. Er habe die Heilige Schrift des Neuen Bundes, die in allem und in jeder Hinsicht ausreichend sei. Doch das genügt nicht. Die Frage nach dem Judentum und das dringende Erfordernis, daß Christen in einer neuen und wirklichen Gemeinschaft mit dem alten Gottesvolk leben, weist darauf hin. Und die Kirche hat es deutlich ausgesprochen. Wenn jemand das AT nicht kennt, kann er Israel und die Juden nicht verstehen. Er versteht aber auch das NT und seinen christlichen Glauben nicht recht. Darum ist es notwendig, in die Sprache und Welt des AT einzudringen.

1. Hinwendung zum Text selbst

Man hat wohl immer in der Geschichte der Kirche die Notwendigkeit gespürt, sich in dieser Weise mit der Heiligen Schrift des Alten Bundes zu befassen und auseinanderzusetzen. In der Alten Zeit war es der große Origenes, der nicht nur intensiv Auslegung der Schrift betrieb, sondern sich auch ebensosehr mit dem Text, besonders des AT, beschäftigte, al-

---

[78] Johannes Paul II. in: Verlautbarungen des Apostolischen Stuhles 126, 79.
[79] Verlautbarungen des Apostolischen Stuhles 126, 79.
[80] »Wer sich in die Gebete der Synagoge versenkt, kann unmöglich der Ansicht sein, daß Gott sein Volk sich selbst überlassen habe. Eines der ergreifendsten ist das ›Vorspiel‹ zur Morgenandacht«, so J. Oesterreicher, a.a.O. 477, der dieses Gebet dann zitiert. Es beginnt mit der Anrede an den »Herrn aller Welten« und endet: »Heil uns! daß wir früh und spät, Abend und Morgen, an jedem Tag ständig in Liebe sprechen: Höre, Israel! der Ewige, unser Gott, der Ewige ist einzig.«

lerdings mit der griechischen Übersetzung (Septuaginta).[1] »Im Hebräischen hat sich Origenes wohl einige Kenntnisse angeeignet«[2], aber das Interesse richtete sich auf die griechische Bibel. Sie galt damals als wörtlich inspiriert. Anscheinend war es nur der Kirchenvater Hieronymus, der wegen seiner Übersetzung ins Lateinische (Vulgata) bestrebt war, die Sprache und die Geisteswelt des AT sowie die darin bezeugten Lebensverhältnisse im Land der Bibel genau kennenzulernen. »Die seit langem in den lateinischen Bibeln zutage getretenen Verschiedenheiten veranlaßten Papst Damasus, für die Herstellung eines zuverlässigen Textes Sorge zu tragen. Hieronymus wurde damit beauftragt, eine Revision (nicht Neuübersetzung) eines in Rom gebräuchlichen Bibeltextes vorzunehmen.« Aber »noch während er mit der Überarbeitung des lateinischen AT beschäftigt war, beschloß Hieronymus um 391, das AT auf Grund des hebräischen bzw. aramäischen Urtextes neu zu übersetzen«. Damit war auch für seine Exegese eine Hinwendung zum Text und zum Literalsinn gegeben. »Nicht selten ist in seiner Übersetzungsarbeit der Einfluß rabbinischer Traditionen feststellbar.«[3]

Doch die Exegese des AT durch die Kirchenväter war von der allegorischen und typologischen Auslegungsweise bestimmt. Infolge der theologischen Auseinandersetzungen bildet sich dann ab dem 5. Jh. »ein Kanon von Väterexegesen« heraus, eine Erklärung der Texte aus den Werken der als maßgeblich erachteten Kirchenväter.[4] In der Folgezeit geht es im großen und ganzen um die Sammlung, Auswahl und Aufbereitung der Väterexegese für die systematische Theologie, die Liturgie und die geistliche Erbauung. In der Hochscholastik aber erfolgt wieder eine Hinwendung zum Text und seinem wörtlichen Sinn. »Was die Sprachkenntnisse der Exegeten des 13. Jh. betrifft, so haben sie im allgemeinen das Hebräische und Griechische nicht gekannt. Einzelne aber begannen besonders das Hebräische zu studieren«, und so wurde »damit auch die Erklärung des Literalsinnes gefördert. Insbesondere haben die beiden neu gegründeten Orden der Dominikaner und Franziskaner das Sprachstudium betrieben und ihre Kenntnisse zur Korrektur der Vulgata (Bibelkorrektorien), zu neuen Übersetzungen und zur Erklärung verwendet. Von nun an gab es immer Exegeten, die den Urtext beizogen«[5].

So verlangte in der Alten Kirche und in der des Mittelalters das Bemühen um die Auslegung des AT immer wieder die Hinwendung zum Text, auch und gerade nachdem das AT theologischer Anwendung dienstbar ge-

---

[1] Ihm ging es um einen zuverlässigen griechischen Text des AT. Um diesem näherzukommen, schuf er das Riesenwerk der Hexapla, die, in Kolumnen geschrieben, die griechischen Übersetzungen neben den hebräischen Text stellte.

[2] B. Altaner, Patrologie, Freiburg ⁶1960, 176.

[3] B. Altaner, a.a.O. 358f.

[4] M. Elze, Art. Schriftauslegung IV.A Alte Kirche und Mittelalter, in: RGG³ V 1520-1528, 1522f.

[5] A. Kleinhans, Art. Exegese III,5 Lat. Mittelalter, in: LThK² III 1283-1287,1286.

macht worden war. Ebenso mußte auf den Text zurückgegriffen und nach seinem wörtlichen Sinn gefragt werden, wenn theologische Probleme zu erörtern und zu lösen waren. Nur auf diese Sachverhalte sollte hier in den vorangehenden Ausführungen aufmerksam gemacht, nicht aber eine Skizze der Geschichte der Auslegung des AT in Altertum und Mittelalter geboten werden. Beide Erfordernisse, auf den Text zurückzugehen und seine wirkliche Aussage zu vernehmen, meldeten sich mit Beginn der Reformationszeit in aller Dringlichkeit. Bisherige Exegese hatte die Bibel, nicht selten losgelöst vom Text, den theologischen Auffassungen untergeordnet. Die reformatorische Lehre aber bedurfte der Unterbauung durch das biblische Zeugnis. In der anstehenden Auseinandersetzung mußten beide Seiten intensiv die Bibel befragen.

2. Mit geschichtlichem Interesse

«Schon früh hat sich Luther Schritt um Schritt von der Lehrautorität der spätmittelalterlichen Theologie gelöst und die herkömmlichen Grundsätze der Bibelauslegung verlassen.«[6] Er wollte sich nur auf die Wahrheit und Verheißung Gottes stützen, der allein das Wort haben soll. Gott aber redet in der Heiligen Schrift. Darum ist sie die Autorität. Auch bisher galt die Bibel als solche. Aber nun ist sie für die Reformatoren die alleinige Autorität. Das Prinzip, das Lehre und Leben der Kirche bestimmen muß und zum reformatorisch unterscheidenden Bekenntnis wird, heißt demnach: die Schrift allein (sola scriptura). »Luther fordert, man solle überall bei der einfachen, lautern und natürlichen Bedeutung der Worte bleiben, wie sie die Grammatik und der Sprachgebrauch geben, den Gott dem Menschen anerschaffen hat. Das bedeutet also: Die unter dem Prinzip ›sola scriptura‹ entstandene Schriftforschung ist allein auf den sensus litteralis sive historicus« (den wörtlichen oder geschichtlichen Sinn) »auszurichten«[7]. Damit ist das Interesse bei der Bibelauslegung auf die Geschichte der Heiligen Schrift gelenkt und die Forderung erhoben, die Bibel und ihre Aussagen geschichtlich zu verstehen. Und »bei der konsequenten Zuwendung der reformatorischen Bibelforschung zum sensus litteralis sive historicus konnte es nicht ausbleiben, daß die menschliche Gestalt der Heiligen Schrift mehr und mehr ins Blickfeld trat«. Wenn »Luther erkannte, daß Jesaja und Jeremia ihre Bücher nicht selbst herausgegeben haben« und »daß Mose auch aus der Tradition anderer (heidnischer) Völker geschöpft haben könnte«, tangieren diese kritischen Wahrnehmungen »nicht die unerschütterliche Gewißheit, daß Gott selbst in der Heiligen Schrift redet und daß die biblischen Zeugen aus dem Heiligen Geiste gewirkt und geschrieben haben«[8].

[6] H.J. Kraus, Geschichte der historisch-kritischen Erforschung des Alten Testaments, Neukirchen 1958, 5.
[7] H.J. Kraus, a.a.O. 8.
[8] H.J. Kraus, a.a.O. 13f.

Geschichtsorientierte Fragestellungen sind der Bibel selbst nicht fremd. Es sei nur an die Frage des äthiopischen Kämmerers erinnert: »Ich bitte dich, von wem sagt das der Prophet? Von sich oder einem anderen?« (Apg 8,34). Als bekanntes Beispiel aus dem AT sei Ps 74,1 zitiert, auf dessen allgemein gehaltene Fragen das dtr Geschichtswerk antwortet: »Warum, Gott, hast du uns für immer verstoßen? Warum ist dein Zorn gegen die Herde deiner Weide entbrannt?« Und wenn das AT weithin ein »Geschichtsbuch« ist[9], können Fragen, die sich auf Geschichte und Geschichtlichkeit im Zusammenhang mit ihm beziehen, nicht als unstatthaft angesehen werden. Das Problem ist jedoch, wie Geschichte verstanden wird und mit welcher Geschichtsauffassung man an die Bibel herangeht. Schon im 14. Jh. begann sich eine Geisteshaltung anzubahnen, die dann in der Renaissance, von Italien ausgehend, die Weltsicht der Gebildeten bestimmte. Der Humanismus begann rasch Einfluß auf das Verständnis der Bibel zu nehmen. »Darunter brauchte die Autorität der Schrift nicht zu leiden. Im Gegenteil: wer als Humanist auch die Kirche ›zu den Quellen‹ rief, steigerte damit unvermeidlich das Ansehen der ältesten Tradition und der Bibel. Der Humanismus veränderte aber auch die methodologischen Voraussetzungen für das Bibelstudium, indem er auf dieses das wissenschaftliche Verfahren anzuwenden begann, das er bei der Erschließung der antiken Literatur ausbildete.«[10] Hinzu kam, daß mit der Wende vom Mittelalter zur Neuzeit Kräfte und Ziele des menschlichen Handelns anders bestimmt wurden als bisher. Auch dies übte Einfluß auf das Verständnis der Heiligen Schrift aus. Insbesondere aber brachte die Hinwendung »zum antiken Geschichtsdenken«, die sich durch das intensive Studium der alten Literatur ergab, »eine neue Geschichtsauffassung, die mehr und mehr zur eigentlichen Antriebskraft der historischen Kritik wird. Angelpunkt dieser Geschichtsauffassung ist der Mensch. Das innerweltliche Kräftespiel wird ohne Beachtung eines persönlich wirkenden Gottes beobachtet und dargestellt«[11].

Überträgt man diese Geschichtsauffassung mit der Methode einer genauen Analyse der innergeschichtlich wirkenden Kräfte auf die Bibel, muß es zu Spannungen kommen und auch zu einem Gegeneinander in der Beurteilung und Darstellung der geschichtlichen Vorgänge. Positionen und Auseinandersetzungen, die in den einschlägigen Werken zur Exegesegeschichte verhandelt werden, sind in unserem Zusammenhang nicht nachzuzeichnen. Es sollte aber darauf hingewiesen werden, daß die historische Kritik die Bibel als ein Werk der Alten Literatur behandelt. »Kritik« ist hierbei zunächst im Sinne von »Unterscheidung« verstanden. Sie wird aber, wie es in der Natur der Sache liegt, zum »Urteil« über das in der Schrift Dargebotene. Wird zudem noch Wahrheit als Übereinstim-

---

[9] Wie G. von Rad, Typologische Auslegung des Alten Testaments, in: Gesammelte Schriften zum Alten Testament II (ThB 48), München 1973, 272-288, 278, sagt.
[10] H. Karpp, Schrift, Geist und Wort Gottes, Darmstadt 1992, 129.
[11] H.J. Kraus, a.a.O. 22.

mung einer Aussage mit dem rein Faktischen, dem Feststellbaren, gefaßt, wird auch die Bibel daran gemessen. Dann hilft es nichts, diesem Prinzip nur eine begrenzte Zulässigkeit zuzugestehen. Es setzt sich durch, wird bestimmend und ausschlaggebend.

Der Humanismus, verbunden mit dem neuen Weltbild und den Erfahrungen aus den Entdeckungen ferner und fremder Länder führt zur Geisteshaltung der Aufklärung. Die menschliche Vernunft wird in ihr als die Instanz betrachtet, die in sich selbst das »natürliche Licht« trägt, »vermittels dessen sie die umfassende und grundlegende Wahrheit über Gott, Welt und Mensch finden kann«[12]. Was diese Auffassung für die Interpretation der Bibel, und insbesondere des AT, bedeutet, ist leicht zu begreifen. Wahr und gültig ist, was die Vernunft in der Heiligen Schrift als mit ihrem Urteil übereinstimmend erkennt und nachprüfen kann. Auch wo die Tatsache oder die bloße Möglichkeit einer göttlichen Offenbarung nicht geleugnet wird, ist die Bibel der kritischen Prüfung durch die Vernunft unterworfen. In dieser Einstellung konzentriert sich das Forschungsinteresse auf die im AT berichteten Sachverhalte und Vorgänge im Sinne profaner Geschichtlichkeit.

Hatte die vorausgehende Epoche sich vor allem der Philologie zugewandt, versucht, die Gedanken und Ziele herauszuheben, die der inspirierte Verfasser in den Text gelegt hat, und nur selten literarhistorische Probleme angegangen, wird nun die Bibel wie andere Schriften der Alten Welt angegangen. Davon wurde die protestantische Exegese zunehmend bestimmt. »Die historisch-kritische Wissenschaft entsteht im Zeitalter der Aufklärung«, die sich, unter Absehen vom Inspirationsdogma eine »rational-historische Durchdringung und Aufhellung des Alten Testaments«[13] zum Ziel setzte. Die vom Humanismus her überkommene, dem Geschichtsbild der Bibel widersprechende Geschichtsauffassung setzt sich im 18. Jh. voll durch. Sie sieht und beurteilt die Geschichte Israels wie jede andere Volksgeschichte. Sie gibt der Literarkritik die Möglichkeit, eigenständige Schichten im Bibeltext, vorab im Pentateuch, zu erfassen und in einen rekonstruierten Geschichtsverlauf einzuordnen. Diese Forschungsarbeit hat im 19. Jh. in den Werken J. Wellhausens einen Höhepunkt erreicht.[14] Was am Pentateuch begonnen und zu einer neuen Einschätzung der Texte und des in ihnen gezeichneten Geschichtsverlaufs geführt hatte, wird an den Prophetenschriften fortgesetzt. Ihr Beitrag zur Geschichte der Religion Israels sollte erkundet werden, wiederum in historisch-kritischer Sicht.[15]

---

[12] W. Anz, Art. Aufklärung, I. Geistesgeschichtlich in: RGG³ I 703-716, 703.
[13] H.J. Kraus, a.a.O. 70.82.
[14] Vgl. besonders J. Wellhausen, Geschichte Israels I, 1878, ab ²1883: Prolegomena zur Geschichte Israels; ders., Die Komposition des Hexateuchs und der historischen Bücher des Alten Testaments, 1885.
[15] Hier sind besonders die Arbeiten von B. Duhm zu nennen: die Kommentare zu Jesaja (1892), Jeremia (1901) und Habakuk (1906) und sein Buch: Israels Propheten (1916).

Inzwischen war im 19. Jh. der Alte Orient durch die Ausgrabungen und vor allem durch die Textfunde ins Licht der Forschung getreten. Damit erhielt die historisch-kritische Methode einen weiteren bedeutsamen Anstoß. Beeinflußt wurde in starkem Maße die auf die Suche nach der natürlichen Religion ausgerichtete Religionswissenschaft, insofern sie sich nun geschichtlichen Fragestellungen zuwandte. Die altorientalischen Religionen und im Zusammenhang mit ihnen auch das AT, das jetzt aus dem religionsgeschichtlichen Blickwinkel betrachtet wurde, waren nunmehr ein bevorzugter Gegenstand der Forschung. Textfunde und die Entdeckung der Überreste von Heiligtümern bei den archäologischen Grabungen wurden zu einem Bild der jeweiligen vor- und außerisraelitischen Religion gedeutet. Ins Licht dieser Erkenntnisse wurde das AT gestellt. Die kultgeschichtliche Deutung atl Texte, vor allem der Psalmen, der Erzählungen über die Bundeslade und die Sinai-Perikope (Ex 19-24), aber auch des Prophetismus und der Propheten waren die Folge.

Andererseits verglich man die entdeckten altorientalischen Texte mit denen des AT im Hinblick auf ihre Textsorten. Gleichheit, Ähnlichkeiten und Unterschiede wurden erkannt. Redeformen und Gattungen wurden erfaßt und beschrieben. Es wurde gesehen, daß Form und Inhalt in einem gegenseitigen Verhältnis zueinander stehen und ihren Ort in einer bestimmten Situation eines einzelnen Menschen oder einer Gemeinschaft, einen »Sitz im Leben« haben. Es läßt sich bei gleicher Lage eine auffallende Gleichmäßigkeit der mündlichen und schriftlichen Äußerungen beobachten. Auch bei religiösen Texten, und in ihnen wohl noch mehr, ist diese Eigenart festzustellen, weil das Religiöse Inhalte und Ausdrucksformen eher bewahrt als verändert. H. Gunkel war bestrebt, die Literatur Israels, die uns im AT überliefert ist, zu charakterisieren und ihre Eigenart in einer israelitischen Literaturgeschichte darzustellen. Er formuliert sein Programm, nachdem er seine Beobachtungen an den Ergebnissen der literarkritischen Forschung mitgeteilt hat: »Demnach hat es die Literaturgeschichte Israels, wenn sie ihrem Stoff gerecht werden will, zunächst weniger mit den Schriftstellerpersonen zu tun – wenngleich auch diese an ihrem Ort ihr Recht bekommen sollen –, sondern mehr mit dem Typischen, das dem Individuellen zugrundeliegt, d.h. mit der schriftstellerischen Gattung. Israelitische Literaturgeschichte ist demnach die Geschichte der literarischen Gattungen Israels, und eine solche vermögen wir aus unseren Quellen wohl herzustellen.«[16] Gattungskritik als Unterscheidung und Beschreibung der Redeform eines Textes und Gattungsgeschichte als Darstellung ihrer Entwicklung und Anwendung im Lauf der Zeiten wurden zu einer Forschungsrichtung, welche die bisherigen Schritte der historisch-kritischen Methode ergänzte.

Diese Forschungsrichtung selber regte weitere Betrachtungsweisen zu

---

[16] H. Gunkel, Die Grundprobleme der israelitischen Literaturgeschichte, in: ders., Reden und Aufsätze 31, zitiert bei H.J. Kraus, a.a.O. 312.

den atl Schriften an. Wiederum setzte die neue Sichtweise beim Penta-teuch an, der bereits den Anlaß zur literarkritischen Scheidung der Texte[17] und bei der formkritischen Forschung[18] sozusagen den Einstieg geboten hatte. Verschiedene Ansätze zu einer Gesamtschau des Penta-teuch aufnehmend, fragte G. von Rad nicht nach der Gestalt der Einzel-texte, sondern nahm das Ganze in den Blick und untersuchte »das form-geschichtliche Problem des Hexateuch« (1938). Er fragt, warum und wo-durch »diese wahrhaft ungeheuerliche Anhäufung und Zusammenord-nung der verschiedenartigsten Stoffe« zusammengekommen seien, skiz-ziert die inhaltlichen Leitgedanken, unter denen es geschah, und zieht die Folgerung: »Auch der Hexateuch kann, ja muß als eine Gattung verstan-den werden, von der anzunehmen ist, daß ihre Anfänge, ihr ›Sitz im Le-ben‹ und ihr weiterer Ausbau bis hin zu der Zerdehnung, in der sie uns heute vorliegt, einigermaßen erkennbar sind.«[19] Entstehung, Gestalt, »Sitz im Leben« und Ziel will der neue methodische Schritt, die überlie-ferungsgeschichtliche Methode, klären. M. Noth[20] lenkt den Blick wieder auf den Pentateuch zurück, faßt dessen große Themen rein sachlich, nicht im Sinn von Glaubenssätzen in einem »Geschichtlichen Credo«[21], und verbindet Literarkritik und Überlieferungsgeschichte. Er sieht auch die Bücher Josua, 1 und 2 Samuel, 1 und 2 Könige in einem überlieferungs-geschichtlichen Zusammenhang als Werk eines vom Dtn bestimmten Au-tors, des Deuteronomisten.[22]

So hat die historisch orientierte Betrachtungsweise des AT, durch drei mächtige Anstöße (Humanismus, Aufklärung, Entdeckung des Alten Orients) angeregt und vorangebracht, eine Reihe von Einzelmethoden für die Erforschung der Bibel hervorgebracht. Sie alle haben ihre sachli-che Berechtigung, da sie helfen, die Bibeltexte besser zu verstehen. Sie werden zusammengehalten durch den in ihnen wirksamen und bestim-menden Impuls, die Texte aus ihren eigenen Gegebenheiten heraus zu in-terpretieren. Ihr Gegenstand ist die Bibel als historische Urkunde. Man faßt sie daher mit Recht unter dem Namen »historisch-kritische Me-thode« zusammen. Doch werden von den einzelnen Exegeten bzw. von sogenannten »Schulen« in der Anwendung Schwerpunkte gesetzt, oder es wird auch nur eine Einzelmethode gepflegt. Zudem ist die Entwicklung und Entfaltung dieses Methodenkomplexes nicht abgeschlossen. Neue und veränderte Interpretationsweisen werden an das AT herangetragen,

---

[17] Mit den Beobachtungen von H.B. Witter (1711) und J. Astruc zu Gen 1 und 2.

[18] H. Gunkel, Genesis (HK I,1), Göttingen 1901.

[19] G. von Rad, Das formgeschichtliche Problem des Hexateuch, in: ders., Gesammelte Studien zum Alten Testament (ThB 8), München 1958, 9-86, 10f. G. von Rad spricht deswegen vom Hexateuch, weil der Leitgedanke »Verheißung und Gabe des Landes« erst im Buch Josua zu seinem Ziel kommt.

[20] M. Noth, Überlieferungsgeschichte des Pentateuch, Darmstadt ²1960.

[21] G. von Rad, a.a.O. 11-16.

[22] M. Noth, Überlieferungsgeschichtliche Studien, Darmstadt ²1957.

wie im folgenden zu zeigen sein wird. Es wäre aber sinnvoll, »ein methodisches System zu entwickeln, das klar durchdacht, überschaubar und nicht zuletzt korrigierbar und veränderbar« sein müßte, »etwa um eine neu übernommene Methode darin einzufügen«[23]. Ein Versuch wurde unternommen.[24] »Er schlägt die methodischen Schritte in folgender sachbedingter, unveränderlicher Reihenfolge vor: Textkritik, Literarkritik (der einzelnen Texteinheiten), Sprachliche Analyse (Linguistik), Formen- und Gattungskritik, Motiv- und Traditionskritik, Überlieferungskritik, Kompositions- und Redaktionskritik, Zeit- und Verfasserfrage.«[25]

Die historisch-kritische Methode geriet und gerät mit ihren einzelnen Methodenschritten und insgesamt selbst in die Kritik. Sie war zu Zeiten und in manchen ihrer Vertreter nicht von Urteilen gegenüber der Bibel frei, die über ihre Kompetenz hinausgingen. Bewertungen, die vorgefaßten philosophischen Meinungen entsprachen, wurden bisweilen in die Ergebnisse von Methodenschritten eingetragen. Vor allem aber bemängelte man auf seiten derer, die der altüberlieferten Bibelauslegung verhaftet waren, daß die historisch-kritische Methode keine theologischen Resultate zeitige. Doch dies ist nicht ihr Ziel. Ihr geht es um das Verständnis des Textes. Ihn gilt es zu klären und zu erklären. Er trägt genug theologischen Gehalt in sich, der dann zutage tritt, wenn erfaßt wird, was der Text sagen will. Um dies so gut wie nur möglich zu erkennen, ist es notwendig, Wortbedeutung, Grammatik, Aufbau und Stil eines Textes, sein Werden, seine dem Inhalt entsprechende Form, seinen »Sitz im Leben«, die Stellung im Kontext und in der Überlieferung, die in ihm verarbeiteten Traditionen zu untersuchen. Das ist die Voraussetzung und der Weg zu einem angemessenen Verstehen.

Es kann sein und wird wohl nicht selten geschehen, daß diese Verfahrensweise Erwartungen, die man an den Text richtet, enttäuscht und sogar keine positiven Ergebnisse zu zeitigen scheint. In diesem Fall befreit sie von Täuschung und läßt erfahren, daß die Bibel ihre Sprache spricht und ihre Botschaft verkündet. Selbst da, wo erkannt wird, daß die historischen Fakten nicht mit dem übereinstimmen, was die atl Darstellung bietet, verhilft sie dazu, die theologische Aussage zu finden. Hier gilt, daß ihre »wichtigste Funktion ist, die verborgene oder mit anderen Ursachen verwechselbare Gegenwart und Wirksamkeit Gottes im erzählten Geschehen aufzudecken, die einem ›Tatsachenbericht‹ verdeckt bleibt«. Es ist »eine Art von Geschichtsdarstellung, die zwar historisch Unzutreffendes erzählt, die aber dennoch auf Historie bezogen ist, indem sie eine Wahrheit am Gewesenen aufdecken will, die in der bloßen Beschreibung nicht aufgeht«. Sie läßt sich »als wesentlich und unersetzbar erkennen, als

---

[23] G. Fohrer, Methoden und Moden in der alttestamentlichen Wissenschaft: ZAW 100, 1988, Supplementband 243-254, 243.

[24] So G. Fohrer, a.a.O. 254, mit G. Fohrer u.a., Exegese des Alten Testaments. Einführung in die Methodik (UTB 267), Heidelberg ²1976.

[25] G. Fohrer, Methoden und Moden 254.

Kerygma und Bekenntnis, das der vermeintlich realen Situation die wahre Lage vor Gott kritisch entgegenhält, als Ort, an dem sich hochreflektierte theologische Konzeptionen artikulieren können, als Ort des Normativen, als idealtypisch zuspitzende, menschliche Existenz paradigmatisch auslegende, auf das Wesentliche verdichtende, auf gegenwärtige Aplizierbarkeit ausgerichtete Erzählwelt«[26].

In der Tat, »der christliche Theologe kann bei der historischen Analyse des biblischen Textes nicht stehenbleiben. Sein eigentliches Anliegen ist, mit dem Text ins Gespräch zu kommen«[27]. Man kann diese Fragestellung, auf Gott hin zentriert und zugespitzt, als »Theologische Kritik« an die historisch-kritische Methode anschließen, deren Zielsetzung so umschrieben wird. »Wie in allem Bemühen um die alttestamentlichen Texte, so geht es auch unter diesem Frageaspekt der theologischen Kritik um das Verstehen der Texte, und zwar um das Verstehen bzw. Verständlichmachen dessen, was mit dem Reden von Gott an Daseins- und Handlungsorientierung durch die Texte zur Sprache kommen will.« »Es ist für das folgende Vorgehen wesentlich, daß man sich die Bedingungen solchen Verstehens bewußt macht. ›Verstehen‹ wird hier zunächst als ein mögliches Ergebnis eines Dialogs begriffen, für den in diesem Fall als Dialogpartner der Text auf der einen Seite und der den Text befragende Exeget auf der anderen Seite vorgegeben sind.«[28] Die Frage aber muß, ohne eigene Auffassungen des Interpreten eintragen zu wollen, lauten: Was sagt der Text über Gott und von ihm her über Welt und Menschen?

Die historisch-kritische Methode hat nicht nur eine Geschichte ihres Werdens, sondern auch ihrer Bewertung. Sie trug an sich den Einfluß philosophischer und weltanschaulicher Systeme, ohne den sie sich allerdings nicht so hätte entwickeln können, wie sie sich als eine nur auf den Text und seinen Literalsinn ausgerichtete Verfahrensweise präsentiert. Dieser Einfluß machte sie lange Zeit in kirchlichen Kreisen verdächtig. Doch »seit langem hat man auf eine Vermischung der Methode mit einem philosophischen System verzichtet«[29]. So konnte sie sachgerecht ihre Wirkung entfalten. Es »ergab sich, daß sie einen neuen Zugang zur Bibel eröffnete, indem sie aufzeigte, daß diese eine Sammlung von Schriften ist, die meistens, besonders im Alten Testament, nicht von einem einzigen Verfasser stammen, sondern eine lange Vorgeschichte haben. Diese wiederum ist unentwirrbar mit der Geschichte Israels oder derjenigen der Urkirche verflochten. Vorher war sich die jüdische und christliche Aus-

---

[26] M. Oeming, Bedeutung und Funktion von »Fiktionen« in der alttestamentlichen Geschichtsschreibung: EvTh 44, 1984, 254-266, 262f., 265f.

[27] E. Zenger, Ein Beispiel exegetischer Methoden aus dem Alten Testament, in: J. Schreiner (Hrsg.), Einführung in die Methoden der biblischen Exegese, Würzburg 1971, 97-148, 142f. Er nennt hier die anthropologische, die heilsgeschichtliche und die dogmatische Interpretation (143-148).

[28] G. Fohrer u.a., Exegese des Alten Testaments 155-170. 156.

[29] Verlautbarungen des Apostolischen Stuhles 115, S. 35.

legung der Bibel der konkreten historischen Gegebenheiten, in denen das Wort Gottes Wurzeln gefaßt hatte, nicht so klar bewußt. Ihre Kenntnis war summarisch und unscharf. Die Konfrontation der traditionellen Exegese mit einer wissenschaftlichen Methode, die in ihren Anfängen bewußt vom Glauben absah, ihm manchmal sogar widersprach, war gewiß ein schmerzlicher Prozeß; doch später stellte er sich als heilsam heraus: nachdem die Methode endlich von den ihr anhaftenden Voreingenommenheiten befreit war, führte sie zu einem genaueren Verständnis der Wahrheit der Heiligen Schrift (vgl. Dei Verbum 12).«[30] Die historisch-kritische Methode will die eigenen Aussagen des AT erheben und zur Geltung bringen. »Sie beschränkt sich auf die Forschung nach dem Sinn des biblischen Textes in den historischen Bedingungen seiner Entstehung und interessiert sich nicht für die weiteren Sinnmöglichkeiten«[31], wie sie in Verbindung mit dem NT von der Glaubensgemeinschaft aufgefunden oder auch in persönlichem Zugang erspürt werden.[32] Hier stößt sie an ihre Grenze. Aber sie kann nicht beiseite gelassen werden, wann immer es darum geht zu erkunden, was die Bibel selber sagt.[33]

3. Unter dem Aspekt der Literaturwissenschaft

Das AT ist eine Sammlung von Schriften des Alten Israel. Es so zu betrachten ist notwendig, um die sprachliche und theologische Eigenart seiner Aussagen zu erkennen. Sie haben in Israel ihren »Sitz im Leben«. Das AT ist Literatur Israels. Die literaturwissenschaftliche Betrachtungsweise wendet sich der sprachlichen Seite zu. Sie untersucht die atl Texte gemäß der Erscheinungsweise und nach den Gesetzen der Sprache, mit denen sie ganz allgemein an schriftliche Äußerungen herangeht. Sofern der Inhalt bei diesem Bemühen tangiert ist, kommt auch die theologische Seite in den Blick; aber sie ist nicht als solche das Ziel des methodischen Unternehmens. Theologisch gesprochen, geht es hier um die sprachliche Gestalt des Wortes Gottes. Bei der Entwicklung der historisch-kritischen Methode wurde auch nach einer Literaturgeschichte des Alten Israel gefragt.[34] W. Richter[35] hat diese Frage aufgegriffen: »Gegenstand sind – darüber besteht Einigkeit – die Bücher des AT. Der Gegenstand dieser Fachwissenschaft ist damit Literatur, und zwar ein kleiner Bereich aus einer Fülle von literarischem Material der verschiedensten Epochen und Sprachen, der verschiedensten Arten. Er mag seine Besonderheiten haben; zunächst ist aber klar, daß er mit den gleichen empirisch-rationalen Me-

---

[30] Verlautbarungen 34f.
[31] Verlautbarungen 35.
[32] Siehe dazu oben S. 70-75. 149f. und im folgenden S. 211-235.
[33] Was das AT betrifft, sei auf die Einführungen bzw. Anleitungen zur Methodik verwiesen.
[34] So H. Gunkel, Reden und Aufsätze 31.
[35] W. Richter, Exegese als Literaturwissenschaft. Entwurf einer alttestamentlichen Literaturtheorie und Methodologie. Göttingen 1971, 12.

thoden untersucht werden kann und muß wie alle übrigen Literaturen.« Atl Exegese erschöpft sich allerdings keineswegs in der Anwendung der Methodenschritte der Literaturwissenschaft, die jedoch einen wichtigen und unverzichtbaren Beitrag zur Interpretation des AT leisten.

Zu dem hier angestrebten, in der Theorie beschriebenen und nach den einzelnen Methodenschritten erläuterten Konzept einer atl Literaturwissenschaft gehören folgende[36]: Die Literarkritik erarbeitet und bestimmt die »Kleinen Einheiten«; sie verfährt naturgemäß diachron. Die Formkritik untersucht und beschreibt die Form, die Ausdrucksseite des jeweiligen einzelnen, in dem literarkritischen Bemühen festgelegten Textes. Hier sind die Beobachtungen der strukturalen Textlinguistik einzubringen und zu verwerten. Denn »jede Einheit liegt in einer bestimmten Sprache vor. Jede Einzelsprache isoliert aus der Fülle der denkmöglichen Ausdrucksmittel einen bestimmten Bereich, der für ihre Struktur typisch ist«. Und »die Ausdrucks- und Inhaltsseite einer Sprache hängen derart voneinander ab, daß sprachliche Elemente Ausdruckszeichen für bestimmte Bedeutungen sind«. Von den Strukturelementen ist also auf die Form und auch auf den Inhalt zu schließen. Die Gattungskritik geht von der konkret festgestellten Form aus und prüft, ob diese »in naher Verwandtschaft wiederholt« begegnet, »und zwar derart, daß die einzelnen Formen literarisch unabhängig voneinander sind. Diese verwandte Formengruppe wird unter dem Begriff ›Gattung‹ zusammengefaßt«. Dazu »kommen in Betracht Fragen des Stils. Stilmerkmale können gattungstypisch sein«. Was den »Bezug von Inhalt und Gattung« anbelangt, so zeige sich, daß er zwar »wichtig ist, aber vorläufig nicht als derart konstitutiv angesehen werden kann, daß er in die Definition der Gattung aufgenommen werden muß«. Die Traditionskritik »betrifft die den schriftlich abgefaßten Werken – den Literaturen – mündlich, bisweilen auch schriftlich, vorausliegenden Überlieferungen«. Wiederum wird gefordert, daß »man auch hier bei der formalen Seite einsetzt«. Ebenso soll bei der Kompositions- und Redaktionskritik verfahren werden, daß nämlich »der methodische Einstieg nicht beim Inhalt, sondern bei der Form genommen wird«. Sie fragt »nach der literarischen Zusammenfügung und Bearbeitung der einzelnen Einheiten und Kompositionen«. Und »die diachrone Betrachtung der Traditionen, primären Werke, Kompositionen und Redaktionen eines Textverbundes ist zugleich seine Literaturgeschichte«. Sind die einzelnen Formen, Gattungen, Traditionen, Kompositionen und Redaktionen von

[36] Siehe die Darstellung bei W. Richter, a.a.O., die daraus übernommenen Zitate auf den im folgenden angegebenen Seiten: Aspekt: die Form: 78; die Gattung: 131.135.137; die Traditionen: 152.156; die Kompositionen und die Redaktionen: 165f. M. Reiser, Die Stellung der Evangelien in der antiken Literaturgeschichte (im Druck), schließt sich bezüglich der Evangelien der Einschätzung Richters, was die Bestimmung der Gattung anbelangt, an und betont, daß bei einer Gattungsbestimmung inhaltliche und funktionale Aspekte wichtig sein können, formale Gesichtspunkte und Strukturvergleiche aber den Ausschlag geben müssen (vor Anm. 38).

der Struktur her bestimmt worden, kann versucht werden, ihre Geschichte nach deren Entwicklung und zeitlicher Abfolge zu beschreiben. Erst dann ist statt des Begriffs »-kritik« bei der Bezeichnung dieser Methodenschritte »-geschichte« am Platz.[37]

Immer wieder wird in diesem methodologischen Entwurf mit Recht betont, daß die konkrete Verfahrensweise sachgerecht und nachprüfbar sein muß. Er befaßt sich mit dem wichtigsten Teil exegetischen Bemühens um das AT, stimmt darin mit der historisch-kritischen Methode überein, die er weiterführt und mit vielen neuen Anregungen bereichert.

Mit der literaturwissenschaftlichen Methode ist die Arbeit zum Verstehen des AT noch nicht getan. Für die atl Wissenschaft kommen vorausgehend hinzu: die Textkritik, also die Beurteilung des überlieferten und die möglichste Wiederherstellung des ursprünglichen Textes, sowie alle Bemühungen um die Klärung der Sachverhalte, um die es im AT geht. Bisweilen wird dieses Unternehmen auch als materialistische Exegese bezeichnet, insoweit es um Fragen der Geschichte und der Sozialstruktur Israels geht. Ferner ist der Vergleich mit nachbarlichen Sprachen, Literaturen und Kulturen notwendig, um Gemeinsamkeiten und Unterschiede festzustellen. Hinzu kommt die Berücksichtigung der gesellschaftlichen Dimension: Das AT ist Buch einer Glaubensgemeinschaft, was für seine Interpretation von großem Belang ist.[38] Auslegungs- und Rezeptionsgeschichte des AT erhalten hier ihre Bedeutung. Wie N. Lohfink[39] aufgezeigt hat, bleiben Fragen zu klären. Für unseren Zusammenhang sei dies erwähnt: Die strenge, nur immer voranschreitende Reihenfolge der Methodenschritte ist nicht ohne Problem, weil manche Beobachtungen am Text hier und dort zum Tragen kommen und weil die Möglichkeit eines Rückgriffs zur Kontrolle und Korrektur gegeben sein muß. Die Rolle, die der Inhalt eines Textes für die Bestimmung einer kleinen Einheit, der Form, Gattung, Tradition, Komposition und Redaktion spielt, ist noch mehr zu bedenken. In dieser Methodologie ist eine gewisse Nähe zur älteren strukturalen Linguistik zu spüren. »Die neueste Linguistik mit ihrer semantischen Orientierung hat noch keinen Einfluß ausgeübt.«[40] Jedoch ist auf die Bedeutung »der Semantik für Bereiche des Inhalts«[41] hingewiesen.

---

[37] Siehe dazu W. Richter, a.a.O., besonders: zu Formgeschichte: 120-125, Gattungsgeschichte: 127.132, Traditionsgeschichte: 164, Kompositions- und Redaktionsgeschichte: 172.

[38] W. Richter, a.a.O. 40, sagt: »Die Existenz des Kanons ist für die Interpretation der Texte bedeutungslos.« Das mag für irgendwelche Schriften gelten, nicht jedoch für das AT, das durch den Kanon erst konstituiert wird.

[39] In seiner ausführlichen Besprechung zur Methodologie von W. Richter in: BZ NF 17, 1973, 286-294. Vgl. auch zur konkreten Anwendung der Methodologie von W. Richter: F. Diedrich, Die Anspielungen auf die Jakob-Tradition in Hosea 12,1-3. Ein literaturwissenschaftlicher Beitrag zur Exegese früher Prophetentexte (FzB 27), Würzburg 1977, 208ff.447ff.482ff.

[40] N. Lohfink, a.a.O. 288.

[41] W. Richter, a.a.O. 24, vgl. ebenda 32.177.

4. In der Perspektive der Linguistik

Was die Linguistik anbelangt, sind der Zugang und die Anwendung in der biblischen Exegese schwierig. »Wegen der Vielzahl der Fragestellungen und der verwendeten Verfahren ist dieser Auslegungsansatz allerdings sehr schwer überschaubar. Es gibt wohl kaum einen komplexeren Bereich von Interpretationsmethoden als den, der durch das Stichwort ›Linguistik‹ charakterisiert wird.«[42] Es gibt recht verschiedene Ansätze und Ausrichtungen und keine einheitliche Terminologie. Die Beschreibung der Methoden, die jeweils geboten wird, ist oft schwer zugänglich. Dennoch sollte man sie nicht außer acht lassen. Die Linguistik kann einen bedeutsamen Beitrag zum Verständnis des AT leisten, da sie sich eindringend mit dem Text befaßt. Seit etwa drei Jahrzehnten »hat die Semiotik Anteil an den Disziplinen, die sich dem Studium der Literatur- und Textwissenschaft widmen«[43]. Und seitdem wird auch die Bedeutung diskutiert und hervorgehoben, welche die Linguistik für die Interpretation biblischer Texte besitzt.[44]

Die Linguistik arbeitet auf synchroner Ebene. Sie nimmt den Text, wie er vorliegt bzw. eventuell auch, wie er durch die Literarkritik erarbeitet wurde. Sie betrachtet ihn als eine selbständige Größe, die unabhängig von ihrem Verfasser existiert, ihre Struktur und ihre eigene Komposition von sprachlichen Zeichen (Wörter, Wortverbindungen, Sätze) hat und mit deren Hilfe ihre Aussage macht. Der Text ist das Gegebene, eine selbständige Größe, die dem Leser (bzw. Hörer) die Botschaft vermittelt, die der Leser aufnimmt. Dem Text gilt das methodische Bemühen, das hier nur in den schon bisher praktizierten Schritten angedeutet, nicht aber im Sinn einer Methodenlehre entfaltet werden kann.[45]

«In der sprachlich-syntaktischen Analyse eines Textes wird die konkrete sprachliche Gestalt eines Textes untersucht: die Beziehungen zwischen den im Text verwendeten sprachlichen Mitteln und die Regeln, nach denen die Elemente des Textes verknüpft sind.«[46] »Sie analysiert die Kombination und Beziehung der Zeichen zueinander, unabhängig von ihrer Bedeutung.«[47] Sie ist die Grundlage für alle weiteren Schritte, die auf ihr

---

[42] H.K. Berg, Ein Wort wie Feuer. Wege lebendiger Bibelauslegung, München 1991, 119.

[43] L. Panier, Theologische Implikationen einer semiotischen Lektüre biblischer Texte: ThQ 169, 1987, 223-237, 223.

[44] Vgl. J.N. Aletti, Exégèse biblique et sémiotique: RSR 80, 1992, 9-28, 12 Anm. 7. Siehe auch zu dieser Diskussion L. Panier, a.a.O.; W. Schenk, Die Aufgaben der Exegese und die Mittel der Linguistik: ThLZ 98, 1973, 881-894; R. Kieffer, Die Bedeutung der modernen Linguistik für die Auslegung biblischer Texte: ThZ 30, 1974, 223-233; B. van Jersel, Der Exeget und die Linguistik: Conc 14, 1978, 313-318; H.K. Berg, Ein Wort wie Feuer 119-138.

[45] Ich halte mich hier an H.K. Berg, a.a.O., und an W. Egger, Methodenlehre zum Neuen Testament. Einführung in linguistische und historisch-kritische Methoden, Freiburg ³1987. Zur narrativen Analyse siehe J.L. Ska, »Our Fathers Have Told Us«. Introduction to the Analysis of Hebrew Narratives (subsidia biblica 13), Roma 1990.

[46] W. Egger, a.a.O. 77.

[47] H.K. Berg, a.a.O. 119.

aufbauen und sie voraussetzen. Der Autor hat eine bestimmte Auswahl aus den Möglichkeiten getroffen, die ihm die Sprache, in der er geschrieben hat, in ihrem Wortschatz, in der Grammatik und in der möglichen Verknüpfung von Wörtern und Sätzen zur Verfügung stellt. Er wendet einen bestimmbaren Stil an, in dem er vom sogenannten normalen Sprachgebrauch durch vorzugsweise verwendete, ihm eigenartige Ausdrucksformen abweicht. Er baut seinen Text auf und gliedert ihn. So will er, und jetzt der Text, bestimmte Wirkungen beim Leser erzielen.

Die semantische Analyse »prüft das Verhältnis der Zeichen zu den Sachen, die sie bezeichnen (Bedeutung)«[48]. »Semantik ist die Lehre von der Bedeutung sprachlicher Zeichen und Zeichenfolgen, also der Beziehungen zwischen Zeichengestalt und Zeichengehalt bei Wörtern, Sätzen und Texten. Die semantische Analyse eines Textes sucht eine Antwort auf die Frage, was ein Text sagen will und was mit bestimmten Ausdrücken und Sätzen gemeint ist, die in einem Text verwendet werden.«[49] Wörter, die oft Sinnträger für mehrere Sachverhalte sein können, und Einzelausdrücke erhalten ihre konkrete Bedeutung im Verbund von Sätzen und Texten. Textbedeutung und Wortbedeutug bedingen sich gegenseitig. Diese gegenseitigen Beziehungen sind zu untersuchen, um die Sinnlinie(n) eines Textes herauszufinden. Dabei können Ausdrücke oder Wortverbindungen, die eine geprägte Sinngebung in sich tragen und anderen gegenüber hervortreten, hilfreich sein. Immer liest der Leser seinen Text, in den er sein kulturelles Vorwissen (Kenntnis der anderen atl Texte, der Umwelt des AT) einbringt. Diese Zusatzinformationen und die Beachtung der wichtigen und miteinander in Beziehung stehenden eigenständigen Sinnträger sind erforderlich, um Mißverständnisse möglichst zu vermeiden oder zu überwinden.

«Die Textpragmatik beschäftigt sich mit der dynamischen Funktion von Texten: also der Handlungsanweisung und Leserlenkung durch Texte.«[50] In der pragmatischen Analyse werden demnach die Beziehungen zwischen den sprachlichen Zeichen (Wörtern, Sätzen, Texten) und den Adressaten untersucht. Es geht um die in einem Text liegenden Absichten und angezielten Wirkungen. Der Verfasser, und nunmehr der Text, will auf den Leser Einfluß nehmen. Das kann auf recht verschiedenartige Weise geschehen: Er will mit ihm in Kontakt treten, ihm Mitteilungen machen, ihn informieren, ihn in einer bestimmten Meinung bestärken oder korrigieren, ihn zur Meinungsänderung bringen, zu einem bestimmten Verhalten führen oder davon abbringen. Der Text möchte eine Reaktion bei dem Leser herbeiführen, wie die eben genannten Beispiele zeigen. Dazu gibt er einerseits dem Leser Hinweise und lenkt ihn, »damit er sich im Text und in der gegebenen Situation zu orientieren ver-

[48] H.K. Berg, a.a.O. 119.
[49] W. Egger, a.a.O. 93.
[50] W. Egger, a.a.O. 134.

mag«. Und er verfolgt eine Strategie, »um der Instruktion Wirkkraft zu verleihen« durch verschiedene Arten von Handlungsanweisung (etwa durch Befehl, Bitte, Wunsch; Mahnung, Feststellung u.a.).[51] Alle diese Anweisungen müssen sachgerecht und vom Sender zum Empfänger hin möglich sein.

Um dies zu klären, ist zu untersuchen, welche geschichtlichen, soziologischen und psychologischen Bedingungen zwischen dem, der die Botschaft sendet, und dem, der sie empfängt, herrschen. Die Leserlenkung kann unmittelbar erkannt werden, wenn der Text sich selbst dazu äußert. Die Anweisung läßt sich am sprachlichen Ausdruck oder an den Werten oder Vorbildern, die er vorstellt, bzw. an den Unwerten oder Gegenspielern, die er ablehnt, ablesen. »So kann Pragmatik in einem weiteren Sinn verstanden werden als eine umfassende, den meisten Aspekten eines Textes gerecht werdende Betrachtungsweise, die die Einbettung eines Textes in bestimmte Kommunikationsstrukturen berücksichtigt. Zugleich können von dieser Betrachtungsweise aus viele Linien zur Analyse der Textsorten/Gattungen gezogen werden.«[52]

5. Die narrative Analyse

Ein großer Teil des AT besteht aus erzählenden Texten. Sie werden wie andere auch mit Hilfe der Textsemantik untersucht. Aber bei ihnen kommen Aspekte hinzu, die eigens zu berücksichtigen sind. Auch für sie hat die Linguistik methodische Ansätze und Verfahrensweisen ausgebildet und zur Anwendung gebracht, die man unter dem Stichwort »narrative Analyse« zusammenfaßt.[53] Für die biblische Exegese kommt es darauf an, zu sichten, zu erkennen und gegebenenfalls weiterzuentwickeln, was an dieser Art der Textbearbeitung in bezug auf die Bibel sinnvoll ist und zum Verstehen beiträgt. »Die narrative Analyse untersucht Texte unter der Rücksicht der in ihnen erzählten Handlungen/Handlungssequenzen und der in ihnen angeführten Handlungsträger sowie unter der Rücksicht der Beziehungen, die zwischen ihnen bestehen. Darüber hinaus will die narrative Analyse die in biblischen Texten verwendeten sprachlichen Mittel, deren sich der Erzähler bedient, herausarbeiten.«[54] So sollen die Eigenart und die Funktion von Erzählungen erkannt und bestimmt werden.

---

[51] W. Egger, a.a.O. 138.
[52] W. Egger, a.a.O. 139f.
[53] Einen Überblick über die Forschung, eine Bewertung bezüglich der Anwendung auf biblische Texte und eine Darstellung der methodischen Schritte bietet J.L. Ska, »Our Fathers Have Told Us«, Roma 1990. Einen besonderen Aspekt in biblischen Erzählungen, den Dialog und die direkte Rede, hebt M. Reiser, a.a.O. (zwischen Anm. 56 und 83) heraus. Im AT steht die Hauptsache der Erzählung im Dialog (so vor Anm. 93).
[54] W. Egger, a.a.O. 120. Siehe dort auch zum folgenden.

Bezüglich der Handlungen, die berichtet werden, sucht die narrative Analyse unter semantischem Aspekt die Sinnlinien des Tuns herauszuheben. Sie stellt fest, wie, warum und unter welchen Einflüssen die Situationen sich in einer Erzählung ändern. Sie erkundet, wie die Ereignisse und Handlungen aufeinander folgen und miteinander verknüpft sind, wie die Träger der Handlung zueinander in Beziehung stehen. Bei all dem muß versucht werden, die Eigenart der biblischen Erzählungen zu erfassen, die Handlungsfolge und die handelnden Kräfte wahrzunehmen. Die handelnden Personen werden als Akteure bezeichnet, die Rollen, die sie spielen in ihren Beziehungen untereinander, als Aktanten: Personen können Träger oder Objekt der Handlung, Sender oder Empfänger einer Botschaft, Helfer oder Widersacher in den angestrebten Beziehungen sein.

Man kann die Erzähltexte nach ihrer Handlungsfolge analysieren und besonders bei Texten, die von Entscheidungen handeln, auf die sich im Erzählverlauf eröffnenden Alternativen untersuchen. Wird die nicht gewählte oder erfolgte Alternative in den Blick gefaßt, wird sichtbar, wie weitreichend die Folgen und wie bedeutend die getroffene Entscheidung oder der tatsächliche Fortgang des Geschehens war.

Hilfreich für ein eindringendes Verständnis von Erzähltexten ist »die Beobachtung der Erzählperspektiven, die in einem Text versammelt sind«[55]. Dabei wird gefragt, auf welcher räumlichen Perspektive erzählt wird: vom Standort einer der Erzählfiguren aus, deren Wege der Verfasser mitverfolgt, oder unter räumlichen Veränderungen von außerhalb der Erzählorte oder mit wechselnder Perspektive. Nicht nur die erzählte Zeit und die Erzählzeit sind zu unterscheiden, sondern auch, wie der Zeitfaktor im Erzähltext selbst eingesetzt wird: in verlangsamender und gedehnter oder in raffender und zusammenfassender Erzählfolge, mit der Erzählung mitgehend oder aus der Perspektive ihres Endes, in Erinnerung an Vergangenes oder im Blick auf die Zukunft. Verschiedene Stellung kann der Erzähler zu den handelnden Personen einnehmen: ihre Gedanken und Gefühle wiedergeben oder nur seine eigenen, nur eine Figur oder alle Beteiligten entsprechend schildern. Ferner lassen sich aus Sprache und Stil, die der Verfasser seinen Gestalten jeweils zuweist, Erkenntnisse über deren Beziehungen gewinnen. Schließlich ist zu prüfen, welche Wertmaßstäbe der Autor, oft nur durch die Art seiner Darstellungen, einbringt: ob die Gestalten selbst (ausdrücklich, durch Wünsche, Befürchtungen und Erwartungen) ihre Haltung und ihr Tun bewerten, oder ob es der Verfasser tut, ob sie alle einer Meinung sind oder nicht, ob sich die Auffassungen im Verlauf der Erzählung ändern.

Wie die Formkritik fragt auch die strukturale Linguistik, was besonders bei Erzählungen zum Tragen kommt, nach den Aufbauelementen, aus denen die Texte zusammengesetzt sind. Wie sich diese Elemente, Motive

---

[55] H.K. Berg, a.a.O. 121. Vgl. dort 121ff. zum folgenden Abschnitt.

genannt, zusammenfügen, bestimmt die Textgestalt und gibt Hinweise auf die Gattungen. Um die Form eines biblischen Textes zu erfassen und zur Gattungsbestimmung ist es hilfreich und nützlich, andere Literaturen heranzuziehen.[56] Bei einem Vergleich werden Gemeinsamkeiten und Besonderheiten deutlich. Dasselbe gilt für die Erforschung der Erzählungen des NT. Bei diesen aber ist auch das AT heranzuziehen. M. Reiser[57] hat gezeigt, wie bedeutsam die atl biographischen Erzählungen[58], in denen nach seiner Einschätzung höchste Kunst waltet, für die Einschätzung der Evangelien als Literatur und für ihre narrative Analyse sind. Auch unter dieser Perspektive zeigt sich die enge Verbindung zwischen AT und NT.

6. Inneralttestamentliche Interpretation

»Unsere Väter haben uns erzählt« (Ps 78,3). Dieses Psalmwort kann mit Recht über eine Einführung zur Analyse der atl Erzählungen geschrieben werden[59], zumal der Psalm sagt: »Was wir hörten und erfuhren, das wollen wir unseren Kindern nicht verhehlen, sondern dem kommenden Geschlecht erzählen« (V. 3f.). Israel hat sein Erleben und seine Erfahrung, die es mit Jahwe, seinem Gott, gemacht hat, vorzüglich in Erzählungen festgehalten. Es hat diese weiter tradiert und interpretiert. Auch von dieser Interpretation ist ein bedeutender Teil schriftlich, im AT überliefert, neu gedeutet und angewendet gemäß der je gegenwärtigen Situation. Beides zusammen, und miteinander verbunden, macht einen großen Teil der Literatur Israels, wie sie uns im AT gegeben ist, aus. Vor allem die Pentateuch-Erzählungen wurden wieder und neu aufgenommen. Innerhalb der Torah selber haben spätere Tradenten ältere Texte aufgegriffen, sie mit eigenen Akzenten versehen und neu ausgesagt. Die Literarkritik zeigt dies, wenn auch ihre einzelnen Ergebnisse differieren.

In den Gebeten des Volkes Jahwes spielen diese Erzählungen eine beachtliche Rolle. In der Blickrichtung auf den Herrn der Geschichte dienen sie, in ihren Grundzügen angeführt, dem Lob Gottes (Ps 105), aber auch der eindringlichen Mahnung, wenn Gottes Güte und der Undank der Menschen an ihnen aufgezeigt wird (Ps 106). Man weiß, daß all dies, alle Taten des Herrn, aufgeschrieben sind, »damit das Volk, das noch erschaffen wird, den Herrn lobpreise« (Ps 102,19). In die Auszugs-Erzählung selbst baut die Redaktion dieses Überlieferungskomplexes einen Psalm (Ex 15,1-21) ein, um den erhabenen Gott zu preisen, der die Her-

---

[56] Bezüglich der narrativen Analyse weist J.L. Ska, a.a.O. 38, darauf hin. Davon handelt M. Reiser in seinem bereits zitierten Aufsatz: Die Stellung der Evangelien in der antiken Literaturgeschichte.

[57] M. Reiser, a.a.O., besonders vor Anm. 96. Siehe dort auch die folgenden Seiten.

[58] Vgl. Est, Jud, Tob, auch die Mose-, Samuel- und Davidsgeschichte, die Vätererzählungen der Genesis, die Rahmenerzählung im Ijobbuch und bestimmte Kapitel in Jer mit biographischen Texten zum Propheten Jeremia.

[59] J.L. Ska, a.a.O.

ausführung aus Ägypten vollbringt, damit er zum Ziel, ins heilige Land, zum Zion führen kann. Ps 80 nimmt das Bild des aus Ägypten ausgehobenen und in Kanaan eingepflanzten Weinstocks Israel auf, um Gott, den Hirten Israels, für seine Pflanzung zu bitten. Im Lobpreis des Königs Jahwe wird die Erzählung über Mose und Aaron, seine Zuwendung zu ihnen, nicht vergessen (Ps 99,6ff.). Auch ins Schuldbekenntnis der Bußgebete werden Züge aus der Pentateuch-Überlieferung, verbunden mit solchen aus dem dtr Geschichtswerk, aufgenommen (Esra 9; Neh 9): Gottes Huld und menschliches Versagen werden einander gegenübergestellt. Deuterojesaja zeichnet die Heimkehr des Volkes aus Babel mit den Zügen, welche die Erzählungen über den ägyptischen Exodus bereitstellen.[60] Schließlich nimmt das Buch der Weisheit die Exodus-Geschichte, um an ihr die allem überlegene Weisheit Gottes zu demonstrieren.

Nicht selten werden auch die Erzählungen des dtr Geschichtswerks in Verbindung mit den Pentateuch-Erzählungen in den Gebeten Israels kommentiert. Ps 78 verfährt so, um auf Zion und die Davidsdynastie hinzuführen. Ps 106 tut dies, damit er zeigen kann, daß Gottes Huld nach Abkehr der Menschen von ihrer Fehlhaltung wieder Hilfe bringt. Prophetische Verkündigung erinnert mahnend und warnend an das, was die Überlieferungen Israels zu berichten haben. Hosea verkündet so Gottes große Liebe zu seinem Volk (11,1-11). Jeremia erinnert an Israels erste und dann vergessene Liebe zu seinem Gott (2,1-37). Ezechiel stellt die Geschichte des Jahwevolkes im Dunkel menschlicher Untreue und göttlichen Erbarmens dar.[61] Baruch läßt im Rückgriff auf die in dtn Theologie redigierten Überlieferungen Israels das Volk ein Schuldbekenntnis sprechen (Bar 1,15-2,10). Der Ammoniter Achior hält im Buch Judit vor Holofernes eine Rede über den Herrn, der machtvoll die Geschicke Israels lenkt, und schöpft dabei aus Torah und Früheren Propheten. Die selben schriftlichen Vorlagen benützt der weise Jesus Sirach im Lob der Väter Israels (Sir 44-49).

Interpretation schriftlicher Vorlagen geschieht auch anderwärts im AT, wie besonders die jüngere Forschung herausstellt.[62] Prophetenworte werden kommentiert und Psalmen ausgedeutet, wobei die Anwendung auf eine veränderte Lage auch, wo es angebracht erscheinen mochte, in den Text hineingeschrieben wird.[63] Man kann im Blick auf derartige Verfahren des Ausbaus und der Ausdeutung von Erzählungen wie auch der Fortschreibung von Texten in einem gewissen Sinn von Exegese innerhalb des atl Schrifttums sprechen. Naturgemäß haben sich die dafür ver-

---

[60] Vgl. besonders Jes 41,17-20; 43,1-7.14-21; 48,20-22.

[61] Ez 20, vgl. auch Ez 16 und 23.

[62] Vgl. z. B. O.H. Steck, Das apokryphe Baruchbuch. Studien zu Rezeption und Konzentration »kanonischer« Überlieferung (FRLANT 160), Göttingen 1993; B.M. Zapff, Schriftgelehrte Prophetie – Jes 13 und die Komposition des Jesajabuches. Ein Beitrag zur Erforschung des Jesajabuches (FzB 74), Würzburg 1995.

[63] Siehe F.-L. Hossfeld – E. Zenger, Die Psalmen. Psalm 1-50 (NEB), Würzburg 1993.

antwortlichen Autoren und Redaktoren nicht über die Grundsätze geäußert, von denen sie sich leiten ließen. Sie sprechen und reflektieren auch nicht über Methoden der Auslegung, die angewendet werden können oder sollen. Die Art der Übersetzung in der Septuaginta läßt Grundlinien der Deutung erkennen, noch mehr jedoch die Pescher-Literatur der Qumran-Gemeinde. Das NT und die frühe jüdische Exegese[64] können Hinweise geben; doch die Rückprojektion auf das AT selbst und die Verfahrensweise der atl Autoren ist ein schwieriges Unterfangen. Doch sollte wohl einmal an konkreten Texten untersucht werden, ob und wie Aspekte, die heute in der Linguistik methodisch aufgegriffen werden, die Autoren, welche die früheren Texte (Erzählungen und andere) interpretieren und kommentieren, leiteten. Immer ist es die jeweilige Glaubensgemeinschaft, die sich von ihrem Grundverständnis der Heiligen Schrift und von ihrer Theologie bei der Auslegung der Texte leiten läßt. Sie in diesem Sinn für Theologie und Leben fruchtbar zu machen, hilft ihr auch die Textlinguistik, wie es andere Methoden und Zugänge, sachgemäß und der Bibel entsprechend angewendet, auch tun.

V. Aus der Sicht engagierter Anwendung

Die Bibel für das Leben fruchtbar zu machen, ist das Ziel aller ernsthaften Beschäftigung mit ihr. Das war allezeit das Bestreben jener Menschen, welche die Bibel als ihre Heilige Schrift annahmen. Diesem Ziel soll die wissenschaftliche Exegese mit allen ihren methodischen Schritten dienen. Zu ihm muß auch jeder Zugang zum AT und NT, der gewählt und versucht wird, führen. Im folgenden geht es nicht um die Verwendung des AT in Liturgie, Unterweisung und persönlicher Spiritualität, sondern um den Gebrauch, den bestimmte Bevölkerungsschichten und Gruppen von ihr machen, wobei der Versuch impliziert ist, das AT in je eigener Weise zu verstehen. In diesem Bemühen werden zum Teil besondere und auch eigentümliche Verfahren der Interpretation entwickelt. Sie entspringen dem jeweiligen Ansatz, mit dem an die Bibel herangegangen wird. Die Anwendung auf das konkrete Leben ist Leitmotiv und Motor für den Umgang mit dem AT und für seine Deutung. Drei Zugangsweisen sind hierbei zu nennen, unter denen heute die biblischen und darin auch die atl Schriften betrachtet werden.

---

[64] Siehe dazu G. Stemberger, Hermeneutik der Jüdischen Bibel, in. Chr. Dohmen – G. Stemberger, Hermeneutik der Jüdischen Bibel und des Alten Testaments (Studienbücher Theologie 1,2), Stuttgart 1996, 23-132.

1. Anwendung des Alten Testaments

Seit ihrer Entstehung werden die atl Texte auf das konkrete Leben derer, die sie als ihre Heilige Schrift werten, angewendet. Das zeigt sich bereits im AT selber durch die Fortschreibung und Kommentierung älterer Texte.[1] Es wird ebenso im NT durch die atl Zitate und ihre Verwendung zu neuen Aussageinhalten sichtbar.[2] Die jeweilige geistige und religiöse Situation der Menschen, welche die Schrifttexte zur Anwendung brachten und auf ihre Lage bezogen, war der Anstoß und gab die Richtung der Interpretation vor. Die gläubige Gemeinschaft übernahm solche Deutungen und Entfaltungen nach ihrem Bedürfnis und Selbstverständnis. Auch die Auslegung des AT in der Kirche bis hin zum Aufkommen der historisch-kritischen Methode war in diesem Sinn anwendungsorientiert. Sie diente der Klärung und Erklärung christlichen Glaubensgutes.[3]

Die Anwendung der Bibel auf die Existenz und das Leben der Menschen wurde immer getätigt. Sowohl in Gottesdienst und Unterweisung wie auch in der persönlichen Frömmigkeit hatte sie stets ihren Ort. Heute tritt sie mehr in den Vordergrund und verlangt auch in der wissenschaftlichen Exegese ihren Platz. Es geht nicht nur darum herauszufinden, was der Text sagt, sondern auch darum zu erkennen, was er »für mich« bedeutet. Die Bibel nur wörtlich, also lediglich zur Kenntnis zu nehmen, was dasteht, genügt nicht.[4] Sie hat mehr zu bieten. Ihre Texte »halten uns nicht fest bei sich selbst und ihrem altertümlichen Leben, sondern weisen in der Regel entschlossen von sich weg und bringen ihre Zuhörer und Leser zur Zwiesprache mit dem Herrn, den sie bezeugen«[5].

In der Anwendung der Bibeltexte kommt der sogenannte geistliche Schriftsinn zum Tragen, »wie er sich« in der französischen Theologie dieses Jahrhunderts doch »ein Stück weit behaupten« konnte.[6] Hierbei nimmt der Glaube, auch der persönliche Glaube dessen, der das AT liest und interpretiert, Einfluß auf das Verstehen. Und die Feststellung ist vor allem bei diesem Zugang berechtigt: Ein Text kann »überhaupt erst zu sprechen beginnen, seine Fremdheit oder aber seine Lebendigkeit kann erst deutlich werden im Vollzug der Horizontverschmelzung, bei welcher eben beide Horizonte gegenwärtig sein müssen, der moderne und der antike. Die im aktuellen Bewußtsein des Auslegers lebendigen Wertvorstellungen und vor allem sein persönlicher Glaube können also im

---

[1] Siehe dazu oben S. 91-97.

[2] Siehe die Ausführungen zur Verwendung des AT in den ntl Schriften S. 70-75.

[3] Darauf lief die Grundrichtung der Exegese der Kirchenväter und des Mittelalters hinaus, wenn sie gewiß auch damit befaßt war, die Aussage des Textes und die mit ihr verbundenen Sachfragen zu klären.

[4] D.R. Ord – R.B. Coote, Is the Bible true?, New York 1994, S. V.

[5] H.W. Wolff, Gottes Wort und Menschenwort in der Bibel, in: ders., Wegweisung. Gottes Wirken im Alten Testament, München 1965, 31.

[6] U.H.J. Körtner, Zurück zum vierfachen Schriftsinn? Tiefenpsychologie und geistliche Exegese: Theol. Beiträge 23, 1992, 249-265, 249.

Prozeß der Interpretation nicht herausgehalten werden«, und »erst wenn sich das Vorverständnis zum Vorurteil verfestigt, wird der Text als Dialogpartner ausgeschaltet und kann sich selbst nicht mehr zu Gehör bringen«[7]. Aber auch bei jeder Anwendung atl Texte auf das Leben, die Situation und die Ziele einer Gemeinschaft, einer Gruppe oder eines einzelnen ist das lebendige Interesse Anstoß und Voraussetzung.[8]

Wenn dabei nicht oder nicht vordringlich auf die Meinung und die Absicht des Autors zurückgefragt wird, kann man sich auf eine Position der Linguistik berufen, die ihre Berechtigung hat. Sie stellt fest, daß ein Text, wenn er einmal schriftlich niedergelegt ist, ein Eigenleben führt. Die mit der linguistischen Methode verbundene literarische Hermeneutik hat »die konstitutive Rolle des Lesers beim Zustandekommen des möglichen Sinns des Textes entdeckt. Mit dem Leser gewinnt die textpragmatische Frage der Applikation fundamentale Bedeutung für die Beantwortung der Frage, worin der Sinn eines Textes besteht. Dieser ist, wie sich herausstellt, nicht mit der Intention des Autors oder dem Wortbestand des Textes feststehend gegeben, sondern konstituiert sich immer wieder neu im Akt des Lesens«[9]. Allerdings geschieht das nur dann, wenn der Leser nicht gegen die Sinnvorgaben, die im Text selbst liegen, oder an ihnen vorbei den Textsinn konstituieren will. Die biblischen »Autoren schreiben ihre Gotteserfahrung nieder, um damit zu zeigen, wie Menschen Gott erfahren können. Biblische Texte bieten also Interpretationsmuster für die Erfahrungen des Lesers mit Gott wie auch das Angebot, sich auf die aufgezeigten Gotteserfahrungen einzulassen, sich für ähnliche Erfahrungen offen zu halten und durch die Lektüre an der Erfahrung teilzuhaben. Diese Absicht biblischer Texte wird durch die Kanonisierung bestätigt«. Willkür ist hier nicht am Platz. »Für den Bibelleser bedeutet dies, daß er sich auf das jeweilige Reflexionsniveau des biblischen Autors einlassen und dessen Argumentationsgang, dessen Schritte und Weise der Reflexion nachvollziehen muß.«[10]

Aus der gemachten Erfahrung heraus und von der Notwendigkeit gedrängt, das Leben und seine Probleme zu bewältigen, wenden sich Menschen auch der Bibel und heute wohl verstärkt dem AT zu. Die Aus-

---

[7] M. Oeming, »Man kann nur verstehen, was man liebt.« Erwägungen zum Verhältnis von Glauben und Verstehen als einem Problem der alttestamentlichen Hermeneutik, in: FS A.H.J. Gunneweg, Stuttgart 1987, 165-183, 169.

[8] M. Oeming, a.a.O. 181, spricht von Liebe als einem auch wichtigen Anteil an der Entstehung wissenschaftlicher Erkenntnis.

[9] U.H.J. Körtner, Der inspirierte Leser, Göttingen 1994, 15. Körtner bezieht diese Aussage hier auf den biblischen Kanon als Lesefrucht einer Lesetradition frühchristlicher und altkirchlicher Gemeinden.

[10] J. Hausmann, Reflexion und Erfahrung als Kategorien zum Verständnis biblischer Texte, in: H.D. Preuß (Hrsg.), Erfahrung – Glaube – Theologie. Beiträge zu Bedeutung und Ort religiöser Erfahrung, Stuttgart 1983, 11-23, 13f.21f.

gangspunkte und Standpunkte mögen verschieden sein.[11] Allen Versuchen, Zugang zum AT zu gewinnen, gemeinsam ist das persönliche Engagement. Das bedeutet aber nicht, daß nur oder vorzugsweise der je einzelne die Möglichkeit dazu habe. Die biblische und gerade auch die atl »Hermeneutik hat eine soziologische Dimension«[12]. Der Verfasser eines Textes bringt nicht nur seine eigene Weltsicht, sondern auch die der ihn umgebenden Gemeinschaft samt ihrer Sprache und den von ihr geschaffenen Ausdrucksmöglichkeiten ein, und ebenso ist es beim Leser.[13] Hinzu kommt, daß das AT für das Volk des Herrn geschrieben ist. Auch wenn ein einzelner über seine, ihm eigenen Gotteserfahrungen spricht, tut er es im Rahmen des Gottesvolkes und für es. Als ganzes angesprochen, ist es eingeladen, sich dem AT zuzuwenden. Das gilt für die Bibel insgesamt. Auch Teile des Volkes Gottes, die in einer für sie bezeichnenden Situation leben, sind auf Grund dieser soziologischen Dimension eingeladen, sich mit dem AT zu befassen und es auf ihre Lage und Probleme anzuwenden. Schließlich ist, wenn der Blick auf den soziologischen Aspekt gerichtet wird, zu bedenken, daß die Lebenswelt des Menschen im AT zur Darstellung kommt. Von den Grundlagen und Problemen menschlicher Existenz, dem Gelingen und Scheitern des Lebens, dem Einfluß, den die Beziehungen untereinander in Familie und Gesellschaft ausüben, ist die Rede. Zu all diesen soziologischen Dimensionen sagt das AT sein Wort. Das wird heute mehr als früher gesehen. Dementsprechend wird das AT zu verstehen gesucht und interpretiert. Auch die Anwendung des AT hat ihren »Sitz im Leben«.

2. Befreiungstheologie und Altes Testament

Etwa um die Mitte dieses Jahrhunderts begannen einzelne Menschen, Gruppen und ganze Bevölkerungsschichten, die Bibel, wie sie selbst sagen, neu zu lesen. Dieses Neulesen (Relektüre) erfolgte und wird praktiziert in den Ländern der Dritten Welt. Es sind die Armen, die auf diese neue, auf ihre Weise, an die Bibel herantreten. Sie haben erkannt, daß die Heilige Schrift eine spezielle Botschaft für sie enthält, die, wie sie feststellen, ihre Grundbotschaft ist: Wort zur Befreiung der Armen und Unterdrückten. Einheitlich und einlinig ist dieses Herantreten an die Bibel, sind die Sichtweisen und die daraus entwickelten anwendungsorientierten Erkenntnisse nicht. Man muß sicherlich von Befreiungstheologien re-

---

[11] D.J.A. Clines, Reading Esther from Left to Right. Contemporary Strategies for Reading a Biblical Text, in: D.J.A. Clines a.o. (eds.), The Bible in Three Dimensions (JSOT Suppl. Ser. 87), Sheffield 1990, 31-52, 32, nennt »five different strategies, formalism, structuralism, feminism, materialism and deconstruction«. Siehe auch die Aufzählung der »Wege« (um dem Bibeltext nahezukommen) bei H.K. Berg, a.a.O. 39-404.

[12] H. Schmid, Erwägungen zur christlichen Hermeneutik des Alten Testaments unter Beachtung der »bleibenden Erwählung Israels«: Jud 37, 1981, 16-30, 16.

[13] Vgl. R.R. Wilson, Soziological Approaches in the Old Testament, Philadelphia 1884, 4.

den. Aber eine Grundlinie ist allen gemeinsam: Ausgehend von der je eigenen Situation wenden sie sich dem Wort der Schrift zu. Gut bezeugt in ihren schriftlichen Äußerungen und durch sie ist die Befreiungstheologie in ihren verschiedenen Schattierungen in Lateinamerika. Auf sie bezieht sich fast ausschließlich die dazu erschienene Literatur.

Daß das AT sich zu soziologischen Fragen äußert und zu gesellschaftlichen Problemen und Verhältnissen Stellung nimmt, ist offenkundig und wird immer wieder auch bewußt wahrgenommen. Es sei nur an die mittelalterlichen Armutsbewegungen und an einige der Reformatoren erinnert, die allerdings wohl mehr die Botschaft Jesu reflektierten. Auch in unserer Zeit, in der gesellschaftliche Probleme breit diskutiert werden, interessiert die Bibel in dieser Hinsicht. Eine sogenannte materialistische Exegese, eine profane, soziologisch orientierte, zum Teil von marxistischer Theorie angeregte oder beeinflußte Deutung atl Texte, wird versucht, und sie wendet sich anscheinend besonders dem AT zu. »Grundlage der Materialistischen Auslegung ist die These von Marx/Engels, daß das gesellschaftliche Bewußtsein vom gesellschaftlichen Sein abhänge.«[14] Übertragen und angewendet auf das AT besagt dies, daß seine Äußerungen als Niederschlag und Stellungnahme zu den gesellschaftlichen Verhältnissen Israels verstanden werden. Israel bzw. bestimmte Kreise und Personen (wie die Propheten) hätten demnach eine subversive revolutionäre Politik betrieben, um gegen Unterdrückung und die Benachteiligung der Schwachen vorzugehen und ungerechte Verhältnisse zu verändern. Die Akzente, die bei dieser Einschätzung gesetzt werden, und die Folgerungen, die für eine heutige Praxis gezogen werden, können hier nicht dargestellt und besprochen werden.[15] Insofern bei der materialistischen Exegese nur und ausschließlich das soziologisch relevante Geschehen sowie das Handeln und Reden der Menschen interessieren, widerspricht die Bibel. Das AT sieht Jahwe am Werk.

Angeregt durch diese Betrachtungsweise war man bestrebt, die sozialen Verhältnisse des Alten Israel zu erforschen.[16] In der historisch-kritischen Sichtweise und Methodik wurde die Fragestellung nach den gegebenen gesellschaftlichen Verhältnissen in Israel eingebaut oder akzentuiert. Man kann die soziologischen Zugänge zum AT wohl in drei Kategorien einteilen, wobei es naturgemäß Überschneidungen gibt: Manche Forscher sind wesentlich historisch interessiert und fragen nach dem Einfluß, den

---

[14] So H.K. Berg, a.a.O. 234.
[15] Siehe dazu etwa den Überblick bei H.K. Berg, a.a.O. 227-249 mit Literaturangaben.
[16] So C.S. Rodd, On Applying a Social Theory to Biblical Studies: JSOT 19, 1981, 95-106. Vgl. S. Kreuzer, Grundfragen der sozialgeschichtlichen und soziologischen Forschung am Alten Testament (Protokolle zur Bibel 2), 1993, 25-46; J.W. Rogerson, The Use of Soziology in Old Testament Studies, in: VT.S 36, 1985, 245-256. – R.R. Wilson, a.a.O., würdigt diesen Zugang, macht aber auch auf die methodischen Schwierigkeiten aufmerksam, die bei der Rekonstruktion alter Gesellschaften mit Hilfe moderner Gegebenheiten zu beachten sind (S. 7-9).

die sozialen Kräfte auf einzelne und auf Gruppen in der Gesellschaft haben. Andere benützen soziologische Konzepte und Begriffe (wie Klasse, Rolle u.ä.), allerdings mehr im beschreibenden als im analytischen Sinn. Wieder andere wenden eine spezifische soziologische Theorie auf ein spezielles Problem an. Mit Hilfe von vorfindlichen Modellen verfaßter Gesellschaften wurde versucht[17], die Situation im atl Israel, insbesondere in der vorköniglichen Zeit, zu klären.[18] Eine sorgfältige Untersuchung der sozialen Gegebenheiten des Alten Israel ist in der Tat wichtig, um den Hintergrund des AT aufzuhellen und seine Aussagen besser zu verstehen und sachgerecht zu ordnen. »Wenn die Befreiungstheologien die notwendige Exaktheit in der Aneignung der Bibel erlangen wollen, dann müssen sie in der Lage sein, die gesamtgesellschaftlichen Zusammenhänge, in denen die Bibel geschrieben wurde, zu analysieren und zu rekonstruieren.« Denn diese sozialen Gefüge »liefern einen unverzichtbaren Kontext, um andere Erkenntnisse der Bibelwissenschaft zu verankern, einschließlich der Ergebnisse der historisch-kritischen Methoden und deren neueren literaturkritischen Methoden«[19].

Die materialistische Exegese und die Befreiungstheologie haben gemeinsam, daß sie von heutigen sozialen Verhältnissen ausgehen. »Sozialwissenschaftliche Kritik, auch soziologische Kritik oder biblische Soziologie genannt, geht vor allem von der Prämisse aus, daß die Schriften der Bibel gesellschaftliche Produkte sind«[20], die von den Verhältnissen der heutigen Zeit anzufragen sind, allerdings von den darüber aufgestellten Theorien her. Die befreiungstheologische Sicht nimmt ihren Ausgangspunkt ebenfalls bei den heutigen sozialen Verhältnissen, fragt aber sehr direkt auf die Bibel zurück. Ihr geht es um die Anweisung, die Gottes Wort von Unterdrückung, Ausbeutung und Unfreiheit gibt. Sie läßt ganz bewußt Gott, wie es die Bibel allenthalben tut, im Spiel. Die Armen lesen die Heilige Schrift und legen sie aus, indem sie die Bibel auf ihre Situation anwenden.[21] Sie sind die eigentlichen Interpreten.

Waren es zuerst einzelne Sätze und Texte, die herangezogen und ins Leben integriert wurden, so wurden bald Themen entdeckt und verfolgt, die für die Befreiung der verarmten, unterdrückten und ausgebeuteten Men-

---

[17] Siehe den Überblick bei J. Schreiner, Ein Volk durch den einen Gott, in: ders., Leben nach der Weisung Gottes, Würzburg 1992, 64-82, 64-71.

[18] Unter anderen ist besonders N.K. Gottwald zu nennen, der in zahlreichen Veröffentlichungen diesen Fragen nachging. Vgl. besonders: The Tribes of Yahweh. A Soziology of the Religion of Liberated Israel 1250-1150, ²1981; The Hebrew Bible. A Socio-Literary Introduction, 1985; The Hebrew Bible in Its Social World and Ours, Atlanta Georgia 1993, ein Band, der gesammelte Studien 1963-1991 enthält; Social Class as an Analytic and Hermeneutical Category in Biblical Studies: JBL 112, 1993, 3-22; Sozialgeschichtliche Präzision in der biblischen Verankerung der Befreiungstheologie, in. L. und W. Schottroff (Hrsg.), »Wer ist unser Gott?«, München 1986, 88-107.

[19] N.K. Gottwald, Sozialgeschichtliche Präzision 97f.

[20] N.K. Gottwald, Sozialgeschichtliche Präzision 97.

[21] Siehe M. Schwantes, Wege der biblischen Theologie in Lateinamerika.: EvTh 51, 1991, 8-19.

schen wichtig waren, ihnen Hoffnung und Mut zum Handeln gaben. Im AT war es in erster Linie das Exodusthema. Inzwischen ist man »zu der Interpretation von ganzen biblischen Büchern oder größeren zusammenhängenden literarischen Komplexen« übergegangen und versucht, »die Bibel als ein Ganzes zu erfassen« in der Erarbeitung einer biblischen Theologie wie in dem Unternehmen, »die breitgesteckte Thematik der Hermeneutik zu diskutieren«[22]. Die Befreiungstheologie hat »als akademische Theologie einen intellektuellen Anfang geschaffen«[23]. Eine entscheidende Maßgabe ist dabei, daß die Exegese und die Erarbeitung einer biblischen Theologie von der Interpretation der Bibel durch die Armen ausgeht und auf ihr aufbaut: Die biblische Theologie muß »in unserer Situation aus der Bibellektüre durch das Volk entstehen. Sie muß die Erfahrung mit der Interpretation biblischer Bücher zusammentragen«[24]. Dabei wird das AT als ein Buch der Hoffnung gelesen: »Hier bei uns in Lateinamerika geschieht biblische Theologie als Theologie der Hoffnungen der Verarmten, inmitten der geschichtlichen Konflikte, in denen Jahwe mit den Gekreuzigten solidarisch ist und sie aus Unterdrückung in die Freiheit befreit.«[25]

Was die biblische Hermeneutik anbelangt, wird die Bibel gesehen als »ein Text, der in die Gegenwart ›spricht‹ – aber der als ›Text‹ redet«. Darum »ist es notwendig und vordringlich, über ein theoretisches Instrumentarium zu verfügen, das uns eine Lektüre der Bibel erlaubt, die ihren Sinnvorrat für uns freisetzt«[26]. Das Problem ist, die Aussagen, welche in die Situation der Armen und Entrechteten heute hineinsprechen, im Text zu finden. So wird auf die Textlinguistik zurückgegriffen. Der Text wird als eine eigenständige, vom Autor und von den ursprünglichen Adressaten abgehobene Größe gesehen. »Diese physische Abwesenheit bedeutet semantische Fülle. Die vom Sprecher erzwungene Sinnfestlegung verändert sich jetzt zu einer Sinnöffnung. Erzähler ist der Text selbst, nicht jemand außerhalb des Textes, den man um Erläuterung bitten könnte. Diese Konzentration auf den Text ermöglicht es, seine Bedeutungsmöglichkeiten als Text zu erforschen.« Die neue Lesart ist eine »Sinnproduktion«[27].

Allerdings ist zu dieser hermeneutischen Sicht – und dies gilt auch für die feministische und die tiefenpsychologische Deutung, die im folgenden angesprochen werden, – zu sagen: Textaussage und Textanwendung müssen auseinandergehalten werden. Das ist immer zu beachten, wenn ein Text in eine andere, neue Situation übertragen wird. Das AT selbst macht dies bei den Nachinterpretationen und Fortschreibungen deutlich und

---

[22] M. Schwantes, a.a.O. 12.13.14.
[23] So sieht es N.K. Gottwald, Sozialgeschichtliche Präzision 90.
[24] M. Schwantes, a.a.O. 15.
[25] M. Schwantes, a.a.O. 19.
[26] J. Severino Croatto, Die Bibel gehört den Armen. Perspektiven einer befreiungstheologischen Hermeneutik (Ökumenische Existenz heute 5), München 1989, 13f.
[27] J. Severino Croatto, a.a.O. 29.32.

auch das NT bei den Zitaten und Anspielungen, indem sie den neuen Horizont, in dem bestehende Texte nun gelesen werden, erkennen lassen. Gewiß ist es so, daß zunächst jeder »Interpret seine Lektüre von einer Art Vorverständnis abhängig macht, das aus seinem eigenen Lebenszusammenhang erwächst«. Und »derselbe Text kann phänomenologisch, historisch, soziologisch, psychologisch, literarisch, theologisch und aus vielen anderen Richtungen gelesen werden«[28]. Aber der Text bestätigt, korrigiert oder verwirft das Vorverständnis und entscheidet, ob und wie er antworten will. Die Anwendung ist durchaus legitim. Je näher sie dem kommt, was im Text steht, desto mehr kann sie sich auf ihn berufen. Darum ist es auch für die Befreiungstheologie notwendig, die in den biblischen Texten bezeugten sozialen Verhältnisse, die dort dazu vorgebrachte Kritik und die angemahnten Veränderungen zu studieren. »Das Thema gesellschaftlicher Strukturen und Konflikte zieht sich ununterbrochen durch die biblische Geschichte und Literatur«, so daß man wohl sagen darf: »Für Ausleger, die auf die Frage der Befreiung ausgerichtet sind, ist eine gute Kenntnis dieser konfliktreichen biblischen Sozialgeschichte unentbehrlich, wenn sie sich die Bibel innerhalb des hermeneutischen Zirkels angemessen aneignen wollen.«[29]

Die Befreiungstheologie hat darauf aufmerksam gemacht und gezeigt, daß die Bibel und zuerst das AT eine Botschaft der Befreiung hat und daß sie zentral und wesentlich ist. Das AT bestätigt diese Sicht. Alle seine Bücher sind unter diesem Aspekt zu lesen. Es will nicht im Sinn einer weltabgewandten, nur jenseitigen Geistigkeit, sondern als Wort in die konkreten Verhältnisse der Welt und der Menschen gelesen werden. Das AT unterstreicht die Auffassung der Befreiungstheologie, daß wir selber und direkt von seinem Wort betroffen sind. Es will sachlich richtig, aber nicht distanziert gelesen werden. Es stellt den Leser vor die Frage, auf welcher Seite er steht: auf der Seite der Armen oder der anderen und stellt ihn ermutigend oder mahnend vor »die befreiende Wirklichkeit Gottes«[30]. Endlich zeigt die Befreiungstheologie übereinstimmend mit dem AT, das als Buch der Gemeinde und für sie geschrieben ist, daß der Interpret die Schrift nicht nur durch das »so sehr methodisch abgesicherte objektivistische Exegesieren« auslegen darf. »Wissenschaftliche Exegese muß sich« in der Tat »wiederum klar darüber werden, daß sie ihren Auftrag für das theologische Subjekt der Schriftauslegung, also für Kirche und Gemeinde stellvertretend tut und daß sie das nur tun kann, wenn sie sich auf das Gespräch mit der Situation genauso wie auf das mit dem Text einläßt«[31].

---

[28] J. Severino Croatto, a.a.O. 15.33f.
[29] N.K. Gottwald, Sozialgeschichtliche Präzision 99f.
[30] E.S. Gerstenberger, Der Realitätsbezug der alttestamentlichen Exegese, in: VT.S 36, 1985, 132-144, 143.
[31] F. Crüsemann, Anstöße. Befreiungstheologische Hermeneutik und die Exegese in Deutschland: EvTh 50, 1990, 535-545, 541.544.

3. Feministische Annäherung

Feministische Theologie in ihrer verschiedenen und verschiedenartigen Ausprägung, ob sie sich nun im Raum des Christlichen vollzieht, an seinen Rändern angesiedelt ist oder seine Grenzen überschreitet[32], kann hier dem Thema des vorliegenden Buches entsprechend nicht vorgestellt oder gar hinreichend dargestellt werden. Es geht nur um die Interpretation des AT in seiner überlieferten Gestalt und seinem nicht umgeschriebenen und in den Mythos »zurückerzählten«[33] Inhalt. Ebenso engagiert wie die Befreiungstheologen, denen sie im leitenden Interesse verbunden sind, lesen feministisch orientierte Frauen die Bibel.[34] »Die feministische Bibelhermeneutik entstand am Ende des 19. Jahrhunderts in den USA im soziokulturellen Kontext des Kampfes für die Frauenrechte, mit dem Komitee der Bibelrevision. Dieses brachte ›The Woman's Bible‹ in zwei Bänden (New York 1885, 1898) heraus. Seit den siebziger Jahren unseres Jahrhunderts, im Gefolge der Frauen-Emanzipation trat diese Strömung mit neuer Kraft in Erscheinung und hatte eine enorme Entwicklung, hauptsächlich in Nordamerika. Genau genommen, muß man verschiedene feministische biblische Hermeneutiken unterscheiden, denn der Umgang mit der Heiligen Schrift ist in diesem Umkreis sehr verschieden. Ihre Einheit kommt vom gemeinsamen Thema, der Frau, und vom verfolgten Ziel, der Befreiung der Frau, und der Erlangung gleicher Rechte wie die des Mannes.«[35]

Die Basis des Feminismus kann man wohl in Kürze so umschreiben: »Er beinhaltet eine fundamentale und radikale Befreiung von Frauen zu autonomen Menschen; er ist also ein (sozial-) psychologischer Prozeß. Er setzt eine genaue Analyse der sozialen und wirtschaftlichen Faktoren voraus, die bei der Unterdrückung der Frauen im Spiel (gewesen) sind, er ist auch ein sozialer und ökonomischer Prozeß. Feminismus lehnt sich gegen die einseitig maskuline Kultur auf; er ist damit eine Form der Gegen-Kultur.«[36] In diese Sicht wird von Feminist(inn)en auch die christliche Theologie und damit ihre grundlegende Urkunde, die Bibel, hineingestellt. Ihre Interpretation erfolgt im Rahmen feministischer Theologie. Der befreiungstheologische Ansatz ist unverkennbar. Themen der Ausle-

---

[32] U. Gerber, Feministische Theologie. Selbstverständnis – Tendenzen – Fragen: ThLZ 109, 1084, 561-592.

[33] Siehe das Referat über eine Remythisierung der Schöpfungs- und Sündenfallsgeschichte sowie der Heilsgeschichte bei U. Gerber, a.a.O. 576ff.

[34] »Die Einmischung von Frauen in die Auslegung der christlichen Bibel läßt sich bis weit in die frühe Neuzeit hinein und selbst darüber hinaus zurückverfolgen«, so Marie-Theres Wacker, Geschichtliche, hermeneutische und methodologische Grundlagen, in: Luise Schottroff – Silvia Schroer – Marie-Theres Wacker, Feministische Exegese. Forschungsbeiträge zur Bibel aus der Perspektive von Frauen, Darmstadt 1995, 3-79, 3.

[35] So der kurze sachliche Überblick in: Verlautbarungen des Apostolischen Stuhles 115. Päpstliche Bibelkommission: Die Interpretation der Bibel in der Kirche, Rom 1993, 58.

[36] Catharina M. Halkes, Gott hat nicht nur starke Söhne. Grundzüge einer feministischen Theologie (GTB Siebenstern 371), Gütersloh 1980, 20, zitiert bei H.K. Berg, a.a.O. 250.

gung sind insbesondere die Aussagen der Bibel über Mann und Frau und über Gott, die Darstellung der biblischen Frauengestalten, die prophetische Botschaft gegen Unterdrückung, Benachteiligung, Machtmißbrauch. Die Bibel wird dabei kritisch bewertet, teilweise ausgedeutet in einer angeblich kreativen Rekonstruktion.

Feministische Exegese benützt die gängigen Methoden, vor allem die historisch-kritische und die Textlinguistik. So nennt die Alttestamentlerin Marie-Theres Wacker[37] als »Methoden feministischer Exegese: die historische Kritik in feministischer Revision; Textkritik und Übersetzungen; entstehungsgeschichtliche Methoden; Form- und Gattungskritik; Traditionsgeschichte; literaturwissenschaftliche Methoden in feministischer Revision, Textlinguistik; strukturalistisch inspirierte Narratologie; Literary Criticism; Reader-Responce Criticism; Semiotik; tiefenpsychologische Ansätze; Sozial- und Religionsgeschichte und ihre feministische Rezeption«. Die Begriffe »feministische Revision« und »feministische Rezeption« weisen darauf hin, daß in der Anwendung der Methoden und anscheinend schon in ihrer Definition bestimmte, feministisch relevante Akzente gesetzt werden. Als zusätzliche wird man wohl die »Methode des Verdachts« nennen dürfen, die stets davon ausgeht, daß »die Geschichte regelmäßig durch die Sieger geschrieben wird«[38].

Die besondere Einstellung, mit der feministische Exegese an die Bibel herangeht, ihre hermeneutischen Positionen, sieht und formuliert Marie-Theres Wacker[39] so: Hermeneutik der Loyalität, der Ablehnung, der Revision der Heiligen Schrift, Hermeneutik des »Ewig Weiblichen«, der Befreiung. Als »Grundkategorien feministischer Exegese«, in denen sich die Auslegung vollzieht, nennt sie: Patriarchat/Matriarchat; Patriarchat – Androzentrismus – Sexismus; Weiblichkeit – Geschlechterdifferenz – Gender Mittäterschaft; Objektivität – Parteilichkeit. Eine besondere Rolle spielt die Kanonfrage, insofern in der Festlegung des Kanons eine »patriarchale Selektion« stattgefunden habe, so daß für die Frauengeschichte nur noch eine schmale Basis vorhanden ist. Einzelheiten können hier nicht vorgetragen werden. Zu verschieden sind die eingenommenen Positionen, zu vielfältig die Schlußfolgerungen, zu unterschiedlich die Nähe oder Ferne zum biblischen Text, als daß eine gemeinsame Linie hermeneutischer Zugänge und methodischer Arbeit herausgestellt werden könnte. Man kann, wie die Forschungsüberblicke zur feministischen Exegese zeigen, nur die Vorstellungen der einzelnen Autorinnen (und Autoren) mit ihren jeweiligen Veröffentlichungen registrieren. Vieles ist noch oder bleibt im Fluß.

Der Beitrag der feministischen Theologie zum Verstehen des AT kann nicht darin bestehen, daß an dessen Stelle eine angeblich rekonstruierte,

---

[37] Marie-Theres Wacker, a.a.O. 61-79.
[38] So Verlautbarungen 115, 59.
[39] Marie-Theres Wacker, a.a.O. 34-42.46-51.

in Wirklichkeit nach den Positionen des Feminismus gestaltete Religionsgeschichte Israels gesetzt wird. Der überlieferte und von der Glaubensgemeinschaft der Kirche als Heilige Schrift angenommene und festgehaltene Text ist dem Verstehen näherzubringen. Dazu trägt auch die auf dieser Position stehende feministische Exegese bei. Ihre positiven Beiträge »sind zahlreich«[40]. Sie hat die Stellung und Bedeutung der Frauen in den atl Schriften herausgestellt und besser sehen gelehrt. Sie hat die menschliche Gestalt des Gotteswortes auf eine neue, auf ihre Weise herausgearbeitet. Denn sie zeigt, daß das AT in einer Zeit geschrieben ist, in der die Gesellschaft patriarchalisch geprägt war. Sie macht immer wieder auf den mythischen Hintergrund aufmerksam, von dem sich das AT abhebt. Dabei stellt sie die Frage nach dem bleibend Gültigen, das die Bibel vermitteln will. Sie weist zurück und widerlegt eine Interpretation, welche die Frau abwertend beurteilt. In feministischer Theologie lesen Frauen die Bibel in persönlicher Betroffenheit und gewinnen damit einen Zugang, der, mit Sachlichkeit gepaart, besser sehen und hören lehrt. Atl Anthropologie kommt verstärkt in den Blick. Über die atl Gottesvorstellung wird anders nachgedacht. Die den Frauen eigene Sensibilität bringt bei der Auslegung der Texte neue Einsichten.

Doch »in dem Maß, in dem sich die feministische Exegese einem einseitigen Programm verschreibt, setzt sie sich der Versuchung aus, die biblischen Texte in tendenziöser und damit in anfechtbarer Weise zu interpretieren. Um ihre Thesen zu belegen, muß sie dann oft in Ermangelung besserer Argumente auf das Argumentum e silentio zurückgreifen. Dieses ist, wie man weiß, meist unzuverlässig; es genügt jedenfalls nicht, um solche Schlußfolgerungen zu ziehen. Andererseits ist der Versuch fragwürdig, mit Hilfe flüchtiger Indizien in den Texten eine geschichtliche Situation zu rekonstruieren, die diese Texte angeblich verschleiern wollen. Ein solcher Versuch führt nämlich in seiner letzten Konsequenz dazu, den Inhalt der inspirierten Texte selbst zurückzuweisen, um ihm dafür eine andere, hypothetische Konstruktion vorzuziehen«[41].

Das AT selbst zeigt deutlich, daß es eine patriarchale Gesellschaft, wie sie jeweils vorhanden war, darstellt. Es gibt aber auch zu erkennen, daß es diese nicht absolutsetzt. Denn seine einzelnen Schriften spiegeln die Verhältnisse wider, in denen sie entstanden sind. Weder die gesellschaftliche Ordnung der nomadischen Welt noch die einer Stammesgesellschaft ohne festes ständiges Haupt noch jene des Königtums werden als (allein) gottgegeben oder als geoffenbarte Wahrheit betrachtet. Nach dem Zeugnis des AT spricht Gott in die existierenden gesellschaftlichen Gegebenheiten hinein. Das Dtn z.B. sieht das Volk als eine brüderliche Gemeinschaft, die allerdings auch nicht ohne Autoritäten ist.

Jahwe selbst hat nach dem AT alle positiven Eigenschaften, die ein

[40] So auch die Einschätzung der Päpstlichen Bibelkommission, in: Verlautbarungen 115, 59.
[41] Verlautbarungen 115, 60.

Mensch haben kann, in unerreichbarer Weise und Fülle, aber er ist nicht Mann und nicht Frau, sondern »Gott schlechthin«[42]. »Gott bin ich, nicht ein Mann« (Hos 11,9). Was ein männlicher Gott ist, tätig in Ausübung seiner Sexualität zur Zeugung göttlicher Wesen, kann man den Mythen des Alten Orients entnehmen. Jahwe steht jenseits davon. Das AT ist sehr zurückhaltend in der Verwendung der Vaterbezeichnung für Jahwe. Physische Vaterschaft gegenüber Israel ist ausgeschlossen. Im bildhaften Vergleich wird er insofern Vater genannt, als er das Volk erschaffen hat.[43] Ebenso wird Israels Gott mit einer Mutter nur verglichen (Jes 49,15). Bei Hos 11,4 denken manche Übersetzungen auf Grund einer Textkorrektur an Väter oder Mütter, die ihr kleines Kind an die Wangen heben. Der hebräische (masoretische) Text sagt: »Ich behandelte sie wie die, die ihnen das Joch hochheben, das auf ihren Backen (lastet).«[44] Hier kommt das Bild vom Jungrind Israel (10,11) herein, das Jahwe rücksichtsvoll zum Arbeiten anlernt. Die Zuwendung Gottes zu seinem Volk, zum einzelnen und zur Menschheit kann mit verschiedenen Bildern ausgedrückt werden.

Das AT bezeichnet Jahwe, den einen Gott, als Herrn und König. Das geschieht nicht, um Machtstrukturen zu legitimieren, sondern um seine absolute, für Recht und Gerechtigkeit eintretende, heilbringende Autorität zu unterstreichen. Jeder Mensch, Mann und Frau sind auf ihn verwiesen und von ihm abhängig, wie es auch die ganze Schöpfung ist. In dieser Relation finden Mann und Frau und alles, was existiert, ihren Ort.

4. Tiefenpsychologische Deutung

Psychologie hat Platz und Bedeutung in der Theologie. Denn diese redet von Gott in menschlicher Weise unter Einbeziehung der geistigen und seelischen Fähigkeiten des Menschen. Und sie spricht von Gott her und auf ihn hin über den Menschen und zu ihm. Seine Seele, in der die Kräfte des Erkennens, des Begehrens und des Wollens geortet sind, ist angesprochen. Sie ist in ihren Fähigkeiten tangiert und in Anspruch genommen; sie wird aufgerichtet, bestärkt und herausgefordert. Psychologische Kenntnisse sind daher für den Theologen unerläßlich. Sie sind auch für die Interpretation der Bibel in zweifacher Hinsicht von Bedeutung: Sie tragen bei, das Werden der biblischen Texte und ihre Aussage besser zu verstehen. Sie weisen Wege, Bibeltexte auf das eigene Leben zu beziehen und anzuwenden.

Menschen haben die Bibel geschrieben und ihre Persönlichkeit samt deren Fähigkeiten, Besonderheiten und auch Defiziten bewußt oder unbe-

[42] L. Köhler, Theologie des Alten Testaments, Tübingen ³1953, 3.

[43] Siehe E. Jenni, Art. 'āb Vater, in: THAT I 1-17, 14ff.

[44] So die Übersetzung des überlieferten Textes, die auch die Vulgata stützt und für die die Septuaginta trotz ihrer abweichenden Deutung spricht, bei J. Jeremias, Der Prophet Hosea (ATD 24/1), Göttingen 1983, z.St.

wußt eingebracht. Ihre Menschenkenntnis und ihre Gotteserfahrung schlägt sich in dem nieder, was sie also dementsprechend formuliert haben. Sie sehen die Gestalten, die sie darstellen, mit ihren Augen, heben hervor, was ihnen wichtig ist, vernachlässigen oder übergehen, was ihnen als unwichtig erscheint. Die Darstellung der Könige Israels und Judas in den Königsbüchern ist ein sprechendes Beispiel, und der Vergleich mit der Chronik ist zusätzlich aufschlußreich. Nur bedingt kann man sagen, die biblischen Texte stellten »ein geronnenes Stück Leben« dar[45]. Sie zeigen im AT vielfach nur, wie Menschen gewöhnlich erfahrungsgemäß denken, planen und handeln. Die Person und die Persönlichkeitsstruktur der Dargestellten existieren in der Vorstellung des Verfassers, der sie, oft gewiß unter Verwendung historischer Nachrichten, zeichnet und über sie berichtet. Noch viel weniger sind uns die Verfasser der atl Bücher greifbar, so daß über ihre Psychologie nur Rückschlüsse aus ihren Werken gezogen werden können. Aber selbst hier ist Vorsicht am Platz. Meist sind die Schriften des AT nicht aus einer Hand. Sie sind überarbeitet, ergänzt, fortgeschrieben oder wie der Pentateuch aus verschiedenen Quellenschichten komponiert. Sei es als Objekt der Darstellung oder als Autor, atl Gestalten sind nicht unmittelbar zugänglich.

Es ist »kaum möglich, eine Charakteranalyse von einer geschichtlichen Gestalt zu erstellen, über die es nur wenige relevante Daten gibt«[46]. Ein sprechendes Beispiel ist der Prophet Ezechiel, über den sonderbare Verhaltensweisen und eigenartige Taten und Erlebnisse mitgeteilt werden. Er wurde zum Gegenstand medizinischer und psychiatrischer Forschung.[47] Man hat dabei nicht in Rechnung gestellt, daß das Buch Ezechiel eine umfangreiche, ausgestaltende Nachinterpretation aufweist, durch die gerade auch diese Züge angeblicher Abnormität und psychischer Störungen in das Bild seiner Persönlichkeit hineingebracht wurden. Sollten bei ihm und anderen atl Gestalten die psychischen Gegebenheiten und die Psychologie der Texte herausgearbeitet werden, müßte versucht werden, die Psychologie der einzelnen beteiligten Autoren zu erforschen. Vielleicht kann eher der vorliegende Text mit Methoden der Psychologie untersucht werden, um seinem »Sitz im Leben« noch besser auf die Spur zu kommen, wobei die Sozialpsychologie sicherlich eine wichtige Rolle spielt. Auch für die Art und die Zielsetzung atl Aussagen lassen sich auf diese Weise eventuell Einsichten gewinnen.

Einen wesentlichen Schritt weiter geht die tiefenpsychologische Ausdeutung der Bibel. In unserem Zusammenhang steht bei dem Bericht über diesen Zugang zur Heiligen Schrift nur das AT im Blick. Die tiefenpsychologische Interpretation deutet das AT grundsätzlich wie jeden anderen für sie verwendbaren Text. Innerhalb der Theologie und biblischen

[45] W. Rebell, Psychologisches Grundwissen für Theologen, München 1988, 222.
[46] W. Rebell, a.a.O. 226.
[47] Siehe W. Zimmerli, Ezechiel. 1. Teilband Ezechiel 1-24 (BK.AT XIII/1), Neukirchen 1969, 24*-31*. Auch W. Rebell, a.a.O. 286, weist darauf hin.

Exegese stützt sie sich auf die Erkenntnis der Linguistik, daß ein Text, nachdem er von einem Verfasser einmal gestaltet ist, eine selbständige Größe wird und daß er mehrdimensional sein kann. Eine dieser Dimensionen ist die Tiefenstruktur, die ein Text haben kann und die es zu entdecken gilt.

Man nimmt an, daß es unter und vor dem Bewußtsein des Menschen eine Tiefenschicht, ein individuelles und ein kollektives Unbewußtes gibt. In der Tat empfindet und agiert der Mensch großenteils nicht bewußt, sondern »aus den Tiefen der Seele«, unbewußt, »archaisch«. Andererseits werden in der Tiefenschicht Kenntnisse und Erfahrungen aufbewahrt. Augustinus hat bereits in theologischer Hinsicht darüber nachgedacht.[48] In der tiefenpsychologischen Auslegung weist man darauf hin, »daß die meisten überlieferten Texte des Alten und Neuen Testaments nicht nur theologische Aussagen transportieren, sondern daß sie in einer Tiefenschicht menschliche Grunderfahrungen in religiöser Perspektive abgelagert haben, die die Autoren und Tradenten oft gar nicht bewußt formuliert haben«[49].

Man beruft sich bei diesem Zugang zur Bibel auf C.G. Jung und seine »Komplexe Psychologie«[50], seine »Archetypen«, psychologischen Typen und Symbole.[51] Das ist angesichts seines umfangreichen und uneinheitlichen Werkes schwierig. Die Berufung auf Jung setzt voraus, daß man sich hinreichend nicht nur bei ihm, sondern auch bei anderen Forschern auf dem Gebiet der Tiefenpsychologie informiert. Diese Information kann hier nicht geboten werden. »Es geht einfach nicht, eine psychologische Annäherung an die Bibel sozusagen voraussetzungslos vornehmen zu wollen; gewisse psychologische Konzepte oder Modelle müssen bekannt sein.«[52]

Sicherlich ist es E. Drewermann, der die tiefenpsychologische Bibelinterpretation wie kein anderer weitgreifend, konsequent, die in ihr angeleg-

---

[48] Im 10. Buch seiner Confessiones schreibt er über die memoria.

[49] H.K. Berg, a.a.O. 139, mit Verweis auf Maria Kassel, Biblische Urbilder. Tiefenpsychologische Auslegung nach C.G. Jung, München 1980.

[50] Siehe dazu R. Hostie, Art. Komplexe Psychologie, in: LThK² VI,420-424.

[51] »Archetyp ist ein wesentlicher Begriff der Komplexen Psychologie von C.G. Jung und von da aus in der Tiefenpsychologie heimisch geworden,« J. Goldbrunner, Art. Archetyp, in: LThK² I, 823; ders., Art. Archetyp, in: LThK³ I, 946f.: »Im Keller des Seelenhauses finden sich Vorräte gelagert, sogenannte Urbilder. Dichter haben sie immer benutzt und in ihrer Sprache geschrieben, d.h. im Unbewußten leben Kräfte und Tendenzen, die das Bewußtsein als ›Erlebnisschemata‹ oder Bahnungen beeinflussen. Dabei werden sie in Traumbilder übersetzt, in sogenannte Urbilder (Figuren, z.B. König; Situationen, z.B. Befreiung aus Gefangenschaft; Dinge, z.B. Feuer).« H.-D. Bach, Art. Jung, Carl Gustav, in: TRE 17, 449-453, 451: »Ziel des Individuationsprozesses ist die Erfahrung des Selbst, jenes zentralen Archetypus, der nach Jung die anordnende Mitte des mundus archetypus darstellt«. Zu den Psychologischen Typen C.G. Jungs (1. Intraversion – Extraversion; 2. Denken – Fühlen; Empfinden – Intuieren) vgl. R. Hostie, Art. Komplexe Psychologie, in: LThK² VI, 421-424, 422.

[52] W. Rebell, a.a.O. 237.

ten Folgerungen ausschöpfend durchgeführt hat. In zahlreichen Veröffentlichungen hat er diese Verfahrensweise, sozusagen als allein gültige und effektive, vorgestellt, beschrieben und angewendet. Mit der Deutung atl Texte hat er begonnen.[53] Fragt man ihn nach den Regeln, die er bei seiner Auslegung beachtet und befolgt, antwortet er mit einem »Regelkanon zur tiefenpsychologischen Interpretation archetypischer Erzählungen«, wobei es ihm selber um die Frage geht: »Wie kann aus einer rein historisch interessierten Exegese ein Verfahren zur ›Tiefenbohrung‹ werden? Dies ist die eigentliche Frage gegenwärtiger Hermeneutik.«[54]

Nach dem Regelkanon, den Drewermann aufstellt[55], sollen in einer Motivgeschichte Motive aus Mythen und Märchen anderer Völker ergänzend und vervollständigend herangezogen werden. Die religionsgeschichtliche Bedeutungsvielfalt der Motive ist zu beachten. Der Text soll als symbolische Darstellung innerer Kräfte, Zustände und Zusammenhänge gedeutet werden. Das Weiterdichten archetypischer Motive in den Überlieferungsvarianten und in den Neugestaltungen der Weltliteratur ist zu berücksichtigen. Der Spiralaufbau der Erzählungen zeige, daß Märchen, Mythen und Träume häufig auch in sich selbst bereits mehrere Bearbeitungsversuche ein und desselben Themas darstellten. Die Entwicklungsgeschichte des Individuums, wie ein Mensch zu sich selbst findet und durch welche Mächte er daran gehindert wird, ist zu bedenken. Was den Text selbst anbelangt, sind Anfang und Ziel, die zentrale Gestalt und die Hauptperson, jedes Detail wichtig. Sodann ist für die Realisierung des Textes zu fragen, welchen Platz eine bestimmte Erzählung im wirklichen Leben einnimmt. In ihr können nämlich der Ablauf verdichtet und die Zeit gerafft werden, so daß in den archetypischen Bildern, ganze Lebensabschnitte in einer Szene stecken. Die Symbole sind ambivalent, die archetypischen Bilder zeitlos, so daß eine Einheit von Vergangenheit und Zukunft in ihnen gegeben ist. Sie sind offen für die völkerpsychologische und die individualpsychologische Deutung. Sie »sind nicht nur in sich überzeitlich, sie heben auch die eventuellen historischen Anlässe ihres Auftretens aus der Geschichte heraus und verdichten sie zu Bildern einer überzeitlichen, wesenhaften Bedeutung«. So kommt es zur »Aufhebung des Geschichtlichen im Wesentlichen« (S. 27). »Ob man mit einer Interpretation auf der richtigen Fährte ist, läßt sich u.a. daran prüfen, inwieweit die Deutung selbst Anregungen zu dramatischen Aktualisierungen

---

[53] Was das AT betrifft, sind aus den Werken E. Drewermanns besonders zu nennen: Strukturen des Bösen I: Die jahwistische Urgeschichte in exegetischer Sicht, Paderborn ⁵1984; II: Die jahwistische Urgeschichte in psychoanalytischer Sicht, Paderborn ⁵1985; III: Die jahwistische Urgeschichte in philosophischer Sicht, Paderborn ⁵1986; Tiefenpsychologie und Exegese. I: Traum, Mythos, Märchen, Sage und Legende, Olten/ Freiburg ²1984; II: Wunder, Vision, Weissagung, Apokalypse, Geschichte, Olten/Freiburg ²1986.

[54] E. Drewermann, Exegese und Psychoanalyse, in: P. Düsterfeld (Hrsg.), Neue Wege der Verkündigung, Düsseldorf 1983, 11-34, 21.15.

[55] E. Drewermann, Exegese und Psychoanalyse, 21-28, mit Angaben zum praktischen und didaktischen Vorgehen (29-34).

bietet« (S. 28). Zum praktischen Vorgehen werden folgende Hinweise gegeben: Frage nach den unmittelbaren Eindrücken und Gefühlen, den Auffälligkeiten und Besonderheiten des Textes; die Beachtung des Anfangs; die Hypothese der inneren Entwicklung des Individuums; vorsichtige Symboldeutung; die Realisierung durch Vergleich mit der eigenen Erfahrung.

Als ein Beispiel der praktischen Anwendung kann die Ausdeutung des Auszugs Israels aus Ägypten dienen: »Der Befreiungsprozeß, den Israel durchlaufen hat, wird gedeutet als innerer Weg des Menschen, der beschritten werden muß, um sich selber zu finden.«[56] Doch es gibt im AT, so oft auf dieses wichtige Ereignis auch Bezug genommen wird, keinen Hinweis, daß es so verstanden werden kann oder soll. Hier hilft auch nicht der Hinweis auf die Mehrdimensionalität oder die angebliche »Dreifaltigkeit« eines Textes[57], um solche Ausdeutungen als textgemäß zu stützen.

Kritik an E. Drewermanns Ansatz und Vorgehensweise wurde nachdrücklich geübt.[58] Sie ist berechtigt. Wie sein Regelkanon und auch das eben erwähnte Beispiel zeigen, werden die erzählenden Texte einseitig oder ausschließlich auf psychische Vorgänge im Menschen ausgedeutet. Daß sie geschichtliche Vorgänge darstellen wollen, wird geleugnet. Den Texten ist ein Hinweis auf diese Ausdeutung und darauf, daß sie ungeschichtlich und als allgemeingültige Ausführungen zu tiefenpsychologischen Problemen verstanden werden wollen, nicht zu entnehmen. »Gerade an dieser symbolischen, immer wieder auf die Archetypen der Seele durchblickenden, alles in der ›Gleichzeitigkeit‹ aufhebenden, die Geschichtlichkeit der biblischen Erzählungen für belanglos haltenden Auslegung muß auch die Kritik ansetzen. Gegen den Vorrang der Träume und Mythen vor den Gedanken, gegen die Mißachtung der geschichtlichen Offenbarung Gottes in Israel und in Jesus Christus müssen wir Widerspruch erheben.«[59]

»Im Hintergrund ist hier besonders seine Geringschätzung des Alten Testaments zu sehen, das er in seinem ›mythenfeindlichen Monotheismus‹ für ›wesentlich intolerant und gewalttätig‹ hält. Die ›Zerstörung der heidnischen Mythologie und der Kampf gegen den Kult der großen Mutter‹ hätten in alttestamentlicher Zeit – Drewermann redet auch hier ohne wei-

---

56 W. Rebell, a.a.O. 235f., der dies im einzelnen entfaltet.

57 So die Überschrift des kritischen Referats von H.M. Barth, Gottes Wort ist dreifaltig. Ein Beitrag zur Auseinandersetzung mit der »archetypischen Hermeneutik« Eugen Drewermanns: ThLZ 113, 1988, 241-254.

58 Siehe dazu besonders J. Frey, Eugen Drewermann und die biblische Exegese. Eine methodisch-kritische Analyse (WUNT 2,71), Tübingen 1995, vor allem die Bewertungen S. 80-86; 169-171; 228-254.

59 R. Schnackenburg, Exegese und Tiefenpsychologie, in: Tiefenpsychologische Deutung des Glaubens? (QD 113), Freiburg 1988, 26-48, 47.

60 So J. Frey, a.a.O. 110, mit Zitaten aus E. Drewermann, Tiefenpsychologie und Exegese 30.257.

tere historische Differenzierungen vom ›Judentum‹ – ›eine unerhörte psychische Gewalttätigkeit‹ gegen die eigene Kultur und Psyche wie gegen die heidnischen Kulturen Kanaans bewirkt. Denn ›nicht mehr die Welt der Archetypen, das Emotionale, Unbewußte, die Stimmung und die Gestalten der Götter sollten fortan das menschliche Dasein bestimmen, sondern der Bund, das Wort, das Gesetz eines bildlosen Gottes.‹«[60] In der Remythisierung, die übrigens auch von manchen feministischen Theologinnen vorgenommen wird[61], wird der Monotheismus, der als »menschenfeindlich, strukturell gewalttätig und damit obsolet« erscheint, überwunden. Es wird die Forderung »nach der ›Überwindung‹ des Alttestamentlichen im Christentum und nach der ›Rückkehr‹ zu den ursprünglichen und reineren Mythen der ägyptischen Religion« erhoben: »Wir sollten als Christen auf ägyptischere oder griechischere Weise fromm sein.«[62] Mit dieser Einstellung wird dann in der Ausdeutung der »unkontrollierten Subjektivität und Beliebigkeit im Umgang mit den Texten Tür und Tor geöffnet«. »Drewermanns Exegese führt nicht nur fast zwangsläufig zu unzähligen exegetischen Fehlschlüssen und Zerrbildern, sie nimmt – was noch gravierender ist – weder die Geschichte noch die geschichtlich überkommenen Texte in ihrer sprachlichen Gestalt wirklich ernst.«[63] Mit der Ablehnung des Monotheismus aber wird auch das AT abgelehnt. Die Zurückweisung verhindert ein Verstehen.

Tiefenpsychologische Annäherung an das AT kann jedoch nützlich für das Verständnis der Texte und hilfreich für ihre Anwendung sein. Voraussetzungen sind: Das AT ist in seiner überlieferten Gestalt und Botschaft zu akzeptieren. Die geschichtliche Seite des AT ist keine bloße, zu vernachlässigende und zu überwindende Oberflächenstruktur und die Interpretation nach dem Wortsinn keine uneigentliche und daher zu überwindende Deutung oder gar ein Mißverständnis. Gott kann nicht als bloßer Archetyp oder als das Ergebnis des Nachdenkens über sich selbst betrachtet werden. Gott ist immer das große Gegenüber, das persönliche Du. Es mag sein, daß jemand, der in der Tiefenpsychologie bewandert ist, atl Erzählungen im Vergleich auf seine eigenen inneren Probleme und deren Bewältigung mit Nutzen anwendet. Er sieht sich persönlich angesprochen, sollte dann aber auch fragen, was der Text als solcher sagen will. An Urbildern enthält das AT eine beträchtliche Menge. Tiefenpsychologische Betrachtung läßt sie hervortreten. Es ist dann an den Texten abzulesen, wie sie unter dem Zeichen des Gottes Israels gesehen und verwendet werden.

Psychologische Annäherung an das AT wird sich mit den Personen befassen, die in seinen Erzählungen handeln und in seinen Texten vorgestellt werden. Sie kann und sollte dabei für den Leser die Beziehung zu

[61] Siehe die Hinweise von U. Gerber, a.a.O. 576ff.
[62] J. Frey, a.a.O. 111, mit Verweis auf E. Drewermann, Tiefenpsychologie und Exegese II 540.
[63] J. Frey, a.a.O. 236.

seiner Person und zum eigenen Leben herstellen. Er findet sich dann in manchen atl Gestalten wieder. Andere stellen Fragen an ihn oder schrecken ihn ab. Er kann sich vielleicht mit Kohelet[64] oder mit Ijob, mit den Verfassern der Psalmen[65], muß sich mit Ijobs Freunden oder negativ gezeichneten Personen identifizieren. Er nimmt Partei für den oder jenen, mit seinen Fähigkeiten, seinen Defiziten, guten oder schlechten Taten. Der Leser des AT sieht in ihm grundlegende menschliche Beziehungen (zwischen Mann und Frau, zu Bruder und Schwester, Vater und Mutter, Sohn und Tochter) unter den Erfahrungen des Jahweglaubens dargestellt. Er sieht an konkreten Beispielen aufgezeigt, was Selbstwerdung und Gelingen des Lebens bedeuten.

All das wird von Jahwe her und durch ihn beurteilt. So vermittelt psychologische und wohl auch eine, den Texten gerecht werdende tiefenpsychologische Sicht, Annäherung und Deutung einen persönlichen Zugang zum AT. »Der Mensch, wo immer und wie immer er in der Welt steht und nach dem Sinn seines Daseins sucht, sieht sich Gott, dem ›ganz Anderen‹ und doch ihm Nahen gegenüber, der ihm in aller Not und Dunkelheit seines Menschseins Licht und Stärke gibt, aus Angst und Verzweiflung herausreißt, Vertrauen und Zuversicht gewinnen läßt. Das ist in unserer Zeit der Gottvergessenheit, der inneren Zerrissenheit und Verunsicherung, ja der Verwüstung des Menschlichen nichts Geringes. Sodann mag die tiefenpsychologische Auslegung das, was vermutlich in den Menschen vorgegangen ist, die nach den Zeugnissen der Bibel, besonders in der Person Jesu, Gott begegnet sind, in einer bewegenden Weise aufzuschlüsseln und unmittelbar dem religiösen Suchen aufzuschließen. Dadurch werden die Leser und Leserinnen existentiell angesprochen und ergriffen, besonders jene, die ähnliche Erfahrungen der Angst und Verzweiflung gemacht haben.«[66] Das AT will die Menschen zu Gott führen. Eine Auslegung, die mit diesem Ziel zusammengeht, hat verstanden, was sie leisten soll und kann.

VI. BLEIBENDES, WEGWEISENDES WORT

Zum AT kann man auf verschiedenen Wegen gelangen. Das leitende Interesse mag jeweils unterschiedlich sein. Dieses Buch verweigert ihm den Zugang nicht. Die Vielfältigkeit seiner Texte und Einzelschriften lädt ge-

---

[64] Vgl. N. Lohfink, Kohelet (NEB), Würzburg ⁴1993, 5: »Es gibt heute Christen, für die ist Koh die verrucht-geliebte Hintertür, durch die sie jene skeptisch-melancholischen Empfindungen ins Bewußtsein einlassen können, denen am Haupteingang, wo Tugendpreis und Jenseitsglaube auf dem Namensschild stehen, der Zugang nicht gestattet würde. Was sagt dieses Buch wirklich?«

[65] Siehe dazu H. Jaschke, »Aus der Tiefe rufe ich, Herr, zu Dir«. Psychotherapie aus den Psalmen, Freiburg 1989.

[66] R. Schnackenburg, a.a.O. 47.

radezu ein, hier oder dort mit dem Lesen zu beginnen. Hat jemand auf seine individuelle oder auch gruppenspezifische Weise begonnen, in Kontakt mit dem AT zu kommen, sollte er dann auch der Linie folgen, die der Kanon in der Reihung der atl Schriften aufzeigt, um das Ganze in den Blick zu nehmen. Das ist keine bloß formale Angelegenheit. Man begegnet dann dem AT, seinem Inhalt, seiner Aussage insgesamt, nicht nur einem Teil, der besonders anspricht. Das ist bei einem so komplexen Gebilde, wie es dieses Buch darstellt, wichtig. Denn darin werden aus unterschiedlichen Blickwinkeln, Betrachtungsweisen und Situationen Erfahrungen vorgestellt, die das Volk Jahwes mit seinem Gott, der Welt und sich selber gemacht hat. Dabei ist nicht zu übersehen, daß das AT als ganzes ein Glaubenszeugnis einer Glaubensgemeinschaft ist, das eben in diesem Umfang und in dieser Gestalt wahrgenommen werden will. Die Kirche betrachtet, ehrt, verwendet es so.

1. Zeitbedingte Überzeitlichkeit

In Jahrhunderten geworden und in einem langen Überlieferungsvorgang zustandegekommen, liegt das AT nun, im Kanon nach Umfang und Inhalt umschrieben, vor.[1] Zu ihm gehören in der hier vertretenen Sicht die hebräische Bibel und die deuterokanonischen Bücher. Beides ist daher bei der Interpretation des AT im Auge zu behalten, das Gewordensein in der Geschichte und der überlieferte Textbestand. Die Auslegungsmethoden müssen diesem Sachverhalt Rechnung tragen. Das bedeutet, daß die geschichtliche Komponente zu bedenken und der Gesamtkontext zu berücksichtigen ist.

Immer wieder ist, so sehr auch ein Vorurteil, eine Fragestellung oder eine Sichtweise sich aufdrängen und den Zugang bestimmen, auf den überlieferten Text zurückzugehen und seine Aussage zu erkunden. Er ist das Gegebene, das Überzeitliche, das als solches zu respektieren ist.[2] Textstücke ausscheiden, andere eintragen, sie an die Stelle atl Texte setzen oder sie ihnen gleichstellen bedeutete, nicht das AT zu interpretieren. Sie zur Erläuterung heranzuziehen, ist dagegen notwendig. Sie, wie z.B. beim NT, als Weiterführung und Anwendung von Textaussagen zu werten, ist im Gesamt der Bibel legitim und dem ntl Kerygma gemäß.

«Abzulehnen ist jede Auslegungsmethodik, die sich mit einem Prinzip zum Herrn über den Text und seinen Zusammenhang aufschwingt, statt in seinen Dienst zu treten.» Und zu erstreben ist »eine Auslegungsmethodik, die mit allen verfügbaren Mitteln den Text in seinem geschichtlichen Zusammenhang zu verstehen sucht und bemüht ist, willkürliche

---

[1] Siehe oben S. 26-42. 31.
[2] Auch an dieser Stelle muß auf das Gewicht und die Bedeutung des Endtextes hingewiesen werden.

Deutungen auszuschalten«[3]. Hier hat die historisch-kritische Methode ihren Ort, und hier hat sie ihren unverzichtbaren Dienst zu leisten. Versteht man in dieser Bezeichnung das Wort »kritisch« im Sinne von Kritik an der Offenbarung Gottes, mag man lieber[4] »biblisch-historisch« sagen. Insofern aber der Begriff »historisch-kritisch« eingeführt und allgemein gebräuchlich ist, nicht offenbarungskritisch verstanden werden muß und sich in der Tat auf die Unterscheidung von geschichtlichen Situationen und Schichten innerhalb der Texte bezieht, muß man ihn nicht zurückweisen. Auch er zeigt an, daß die Bibel »ein Dokument der Geschichte Gottes mit den Menschen darstellt« und daß das Volk der Bibel niemals »aus der Geschichte aussteigen« könnte.[5]

Zur Zeitbedingtheit eines Textes gehört aber immer auch, in anderer und zusätzlicher Weise das Verstehen und die Anwendung durch die, welche mit ihm umgehen. Das trifft naturgemäß ebenfalls für das AT zu. »Eine jede Zeit wird einen überlieferten Text auf ihre Weise verstehen müssen, denn er gehört in das Ganze der Überlieferung, an der sie ein sachliches Interesse nimmt und in der sie sich selbst zu verstehen sucht«. Die Erfahrung lehrt, »daß man anders versteht, wenn man überhaupt versteht«[6]. Um so mehr ist dann stets das Bemühen gefordert, wieder auf den Text zurückzufragen, um ihn neu ins Gespräch zu bringen: »a) mit den übrigen Texten der schriftgewordenen Offenbarung, b) mit den bisherigen Auslegern einschließlich der Dogmatik, c) mit der Gemeinde, d) mit den Herausforderungen der Umwelt«[7]. Im Verstehen findet ohnehin »immer so etwas wie eine Anwendung des zu verstehenden Textes auf die gegenwärtige Situation des Interpreten statt«[8]. Wenn er seine Tätigkeit nicht allein für sich selber, sondern zugleich und zielgerichtet für andere, für die Gemeinde vornimmt, wird er die Anwendung des Textes im Auge behalten und angehen. Immer aber wird er bedenken, daß diese zeitbedingt ist, und wieder auf den Text zurückfragen. Denn die Verkündigung der bleibenden Botschaft des AT ist, bezogen auf die Zeit ihrer aktuellen Verkündigung, so treu herauszuarbeiten wie nur möglich.[9] Darum ist bei der Anwendung der Interpretationsmethoden immer auch kritisch abzuwägen, was sie dazu beitragen, daß wir Gott in seinem Wort begegnen.[10]

[3] H.W. Wolff, Zur Hermeneutik des Alten Testaments, in: C. Westermann (Hrsg.), Probleme alttestamentlicher Hermeneutik (ThB 11), München 1960, 140-180, 140.145.
[4] Mit G. Meier, Biblische Hermeneutik, Wuppertal/Zürich 1990, 332-358.
[5] G. Meier, a.a.O. 333.
[6] F. Crüsemann, Anstöße. Befreiungstheologische Hermeneutik und die Exegese in Deutschland: EvTh 50, 1990, 535-545, 540, mit Hinweis auf H.-G. Gadamer, Wahrheit und Methode. Grundzüge einer philosophischen Hermeneutik, Tübingen ²1965, 280.
[7] G.Meier, a.a.O. 347.
[8] F. Crüsemann, a.a.O. 543.
[9] E. Würthwein, Vom Verstehen des Alten Testaments, in: ders., Wort und Existenz. Studien zum Alten Testament, Göttingen 1970, 9-27, 14.
[10] D.H. Odendal, The indispensability and significance of the Old Testament for the proclamation of the gospel among nations: NGTT 31, 1990, 298-309, 307.

2. Bleibendes im Überholten

Es kann für den Christen nicht zweifelhaft sein, daß er das AT in Verbindung mit dem NT liest. Das NT gibt ihm hermeneutische Anleitung, Verstehenshilfe. Das ist kein christlicher Sonderweg, der an der Heiligen Schrift des Alten Bundes vorbeiführen würde, sondern angemessener Zugang. Auch das Judentum liest seine Bibel im Licht der Auslegung, wie sie wohl grundlegend im Talmud verkörpert ist. Beide Zugänge öffnen, je auf ihre Weise, den Weg zur Schrift. Aber manche Texte scheinen bei der vom NT ausgehenden Annäherung unbeachtet am Wegrand liegen zu bleiben. Sie gelten nach gewöhnlichem, gängigem Verständnis als überholt.

Überholt durch Jesus Christus als Heilsweg ist nach der Theologie des Apostels Paulus das atl Gesetz als Weg zum Heil.[11] Dabei ist ausgenommen, zweifellos auch im Verständnis des Paulus, der Dekalog, den die synoptischen Evangelien in der Weisung Jesu verankern[12]: Das sogenannte Aposteldekret (Apg 15,20) schreibt auch für die Heidenchristen fest, daß sie Götzenopfer(fleisch) und Unzucht meiden und weder Ersticktes noch Blut essen. Das sind Vorschriften, die dem atl Gesetz entnommen sind oder auf es zurückgehen: »Alle vier Bestimmungen wurzeln also in den kultischen Anordnungen des Alten Testament.«[13]

Gewiß hat die Christusgemeinde und damit das Christentum das atl Gesetz nicht übernommen. Aber man hat doch, wie die Bestimmungen des »Apostelkonzils« zeigen, danach gefragt, welche Bedeutung kultische Vorschriften der atl Torah für die gegenwärtige Situation christlichen Lebens haben können. Von einer solchen Frage sind die Christen auch heute nicht dispensiert. Der Sinn dieser Bestimmungen und die Absicht, die hinter ihnen steht, muß sie beschäftigen. Sie hatten Bedeutung für das Alte Gottesvolk. Was sie dem Neuen zu sagen haben, ist zu erkunden. Voraussetzung ist, daß diese Gesetzgebung nach ihrem Stellenwert für die Verbindung Israels mit seinem Gott befragt wird. Das Heiligkeitsgesetz (Lev 17-26) hat hierzu einiges zu sagen.

Auch für den Hebräerbrief hat und behält die atl Kultgesetzgebung ihre Bedeutung. Sie bildet den Hintergrund, auf dem ein Leserkreis, »der in hoher Gefahr ist, den Glauben an Jesus, den Offenbarer und Heilsbringer fortzuwerfen«[14], gestärkt und gemahnt wird. Das geschieht mit Hilfe des AT, insbesondere der Kultvorschriften. Der Verfasser des Briefes geht in seinem »Mahn- und Trostwort von alttestamentlichen Texten aus«, »die aus einer einheitlichen Grundanschauung gedeutet werden. Ja, das AT allein ist in der Lage, Texte zu geben«. »Sein eschatologisches Denken ist in der Substanz an kultische Motive gebunden«. Und »das AT

---

[11] Siehe oben S. 180.
[12] Mk 10,19; Mt 19,18; Lk 18,20.
[13] G. Stählin, Die Apostelgeschichte (NTD II), Göttingen 1968, 205.
[14] H. Strathmann, Der Brief an die Hebräer (NTD IV), Göttingen 1968, 70.

zwingt ihn dazu, in der Spannung zwischen dem Jetzt und der Zukunft, zwischen Heilszusage und Heilserfüllung durchzuhalten«[15]. Man muß also das AT beim Lesen des Briefs an die Hebräer heranziehen. Es gibt entscheidende Hilfe zum Verstehen dessen, was dieser Brief sagen will.

Zu dem Überholten in den atl Weisungen zählen auch die Speisegebote und die Vorschriften über »rein« und »unrein«[16], auf deren Ungültigkeit gerne hingewiesen wird, wenn das AT als nicht mehr gültig hingestellt wird. Sicherlich betreffen auch diese Gesetze nicht das christliche Leben. Schon die Apg (15,20) hat das Verbot, Ersticktes und Blut zu essen, reduziert und auch dieses Verhalten nur vorgesehen, insofern und solange Juden- und Heidenchristen zusammenlebten. Aber der Sinn dieser atl Vorschriften ist nicht überholt: zu meiden, was von der Beziehung zu Gott trennt.

Was nicht mehr zeitgemäß erschien, haben atl Autoren in den ihnen vorliegenden Texten nicht einfach gestrichen. In der Torah stehen drei große verschiedene Gesetzessammlungen: das Bundesbuch (Ex 21,1-23,33), das deuteronomische Gesetz (Dtn 12-26) und das Heiligkeitsgesetz (Lev 17-26). Manche Einzelgesetze, die dieselbe Gesetzesmaterie behandeln[17], finden sich in allen dreien. Die früheren Fassungen wurden nicht getilgt. Es sollte zweierlei deutlich werden: Manches mußte in veränderter Situation neu gefaßt und ausgesagt werden. Die alte Fassung aber sollte erhalten bleiben; sie enthielt den Willen des gebietenden Gottes, wie er in andere Verhältnisse hineingesprochen hatte. Das dtr Geschichtswerk wurde durch das chronistische nicht ersetzt. Beide sind gültige Deutungen der Geschichte des Volkes Jahwes, je unter dem maßgebenden Leitgedanken geschrieben. Schließlich zeigt die im AT aufweisbare Fortschreibung und die Nachinterpretation, daß überlieferte Texte nicht ausgeschieden, sondern an gegenwärtige Erfordernisse angepaßt und mit neuen Erkenntnissen versehen wurden. Die Auslegung des AT tritt auf ihre Weise in die Anwendung des Überlieferten ein. Es ist nicht im Sinn des AT, Texte als nichtssagend für dauernd in die Abstellecke zu schieben. Zu gegebener Zeit können sie auf eine bis dahin nicht wahrgenommene Weise zu sprechen beginnen.

3. Richtungsweisend und anregend

Mit Recht hat E. Zenger[18] die Priorität des AT herausgestellt und betont. Sie ist nicht allein zeitlich zu verstehen, wie der Name »Altes Testament« gegenüber dem »Neuen Testament« zum Ausdruck bringt. Es ist dem

---

[15] O. Michel, Der Brief an die Hebräer, Göttingen ⁶1988, 73.76f.

[16] Reine und unreine Tiere (Lev 11,1-47; Dtn 14,3-21), die man essen bzw. nicht essen darf.

[17] Verwiesen sei nur auf die Sklavengesetze: Ex 21,2-11; Lev 25,39-43; Dtn 15,12-18.

[18] E. Zenger, Das Erste Testament. Die jüdische Bibel und die Christen, Düsseldorf ⁵1995. Auch Chr. Dohmen betont das »Prae« der jüdischen Bibel, des Alten Testaments: Chr. Dohmen – G. Stemberger, Hermeneutik der Jüdischen Bibel und des Alten Testaments (Studienbücher Theologie 1,2), Stuttgart 1996, 135-158: Die Prae-Position der Bibel Israels.

Gläubigen auch erste, bleibende und grundlegende Offenbarung. Es gibt die Richtung an, in der ntl und christliche Theologie voranzugehen haben, wenn sie Gottes Heilswirken beschreiben und das Christusereignis deuten wollen. Es ist die geschichtliche Dimension. Gottes Heilsveranstaltung ereignete sich und vollzieht sich im Raum der Geschichte. Sie schwebt nicht in irgendwelchen Theorien oder Mythen. Sie geschah und geschieht an den Menschen dieser Welt. Die Herausführung des Jahwevolkes aus Ägypten, die folgenden göttlichen Rettungstaten sind nach dem AT keine bloßen Bilder und Vergleiche, sondern geschichtliche Ereignisse. Auf dieser Basis berichtet das NT vom Leben und Wirken Jesu, des Christus, um darzustellen, was »sich unter uns ereignet hat«[19]. Kraft der Botschaft des AT wurde das Christusereignis als wirkliches Geschehen festgehalten und nicht in einen Mythos oder realitätsferne Gnosis oder eine abstrakte philosophische Lehre umgedeutet.

Die große Gabe, die das AT auf dem Hintergrund geschichtlichen Denkens den Menschen anbietet, ist die Botschaft, daß es nur den einen einzigen Gott gibt.[20] Er ist offenbar und verborgen in seinen Taten und in seinem Wesen. Über ihn kann oft nur in gegensätzlichen Formulierungen gesprochen werden. Als Beispiel sei Ex 34,6f angeführt: »Jahwe ist ein barmherziger und gnädiger Gott, langmütig, reich an Huld und Treue. Er bewahrt Tausenden Huld, nimmt Schuld, Frevel und Sünde hinweg, läßt aber nicht ungestraft; er verfolgt die Schuld der Väter an den Söhnen und Enkeln, an der dritten und vierten Generation«. Die atl Gottesvorstellung verwehrt, Gott als einen willkürlich strengen Richter zu sehen oder ihn zu verharmlosen, ihn als einen nur »lieben« und daher harmlosen Gott zu betrachten, der sich manipulieren läßt. Er ist mächtiger, gebietender Herr und gütiger Vater.

Vom Glauben an den einen Gott ist auch das Weltverständnis des AT bestimmt, das es den Menschen als Deutung des Vorfindlichen anbietet: Gott ist Schöpfer und Erhalter alles dessen, was außer ihm existiert. Das NT setzt diese Auffassung voraus; es braucht sie nicht im einzelnen darzulegen und zu begründen. Die Welt als Werk Gottes hat einen hohen Rang. Sie ist zugleich aber nicht göttlich und kann, wie das AT bezeugt (Gen 1,26ff.), dem Menschen zu treuen Händen und in Verantwortung anvertraut werden. Für das rechte Verhalten des Menschen zu seiner Umwelt, zu seinen Mitgeschöpfen, gibt das AT wichtige Hinweise, die allerdings in mancher Hinsicht durch zeitgebundene Auffassungen bedingt sind. Es verkündet auch in apokalyptischer Schau, daß die Welt in der schöpferischen Macht Gottes eine Zukunft hat.

Über den Menschen hat das AT Vieles und Gültiges zu sagen, an dem sich die Menschheit immer wieder zu orientieren vermag. Für die Anthropo-

---

[19] Lk 1,1. Der Evangelist Lukas legt bekanntlich großen Wert auf die Geschichtlichkeit dessen, was er mitzuteilen hat, vgl. Lk 1,1-3.5; 2,1f.; 3,1f.

[20] Zur Gottesvorstellung, zum Weltverständnis und zum Menschenbild des AT siehe J. Schreiner, Theologie des Alten Testaments (Ergänzungsband 1 zur NEB AT), Würzburg 1995.

logie sind seine Aussagen bedeutsam, nicht nur durch die ganzheitliche und doch differenzierte Sicht der Menschennatur, sondern vor allem auch durch den Bezug zu Gott, den Schöpfer, Herrn und Retter. Das AT zeigt den Menschen, wie er in Denken, Verhalten und Tat wirklich ist. Es macht aber auch deutlich, wie er angesichts des wohlwollenden, um ihn besorgten Gottes sein und leben sollte. Sein Agieren und Reagieren ist nicht der Beliebigkeit und der Eigensucht überlassen, sondern unter die Weisung und das Gericht Gottes gestellt. Indem es den einzelnen durchwegs in das Volk Gottes eingebunden sieht, hilft es »gerade in den konkreten Zügen seiner Vorläufigkeit den Gliedern des Leibes Christi zur rechten Orientierung. Das Alte Testament bewahrt die christliche Botschaft vor falscher Individualisierung«[21]. Und insbesondere in seinen weisheitlichen Texten und Schriften verweist das AT die Menschen auf ihr Sein und Tun auf dieser Erde, das unter der Weisung Gottes gelingen soll. So bietet es »praktische Hilfen zum rechten mitmenschlichen Verkehr, zur Selbsterziehung« an, »die die eschatologische Gemeinde nur dann ausschlägt, wenn sie nicht am wirklichen und gänzlichen Leben mit Jesus Christus in der Furcht Jahwes ihre Freude hat. Das AT bewahrt die christliche Botschaft vor Transzendentalismus«[22].

Aber gerade für das zentrale Kerygma des NT und der christlichen Theologie, die Botschaft von Jesus Christus, hat das AT eine unaufgebbare hermeneutische Funktion und Bedeutung. Die messianische Linie, die in Christus zum Tragen kommt, geht bekanntlich vom AT aus. Das NT bezeugt diese Tatsache unübersehbar. Er ist derjenige, den die atl Texte in Wort und Bild verheißen.

Auf eine Linie, die von der Torah ausgeht und zu Christus hinführt, sei besonders hingewiesen. In Ex 29,45f., einer Stelle, die zentrale Bedeutung für die Priesterschrift[23] und damit für die Torah hat, sagt der Herr: »Ich werde mitten unter den Israeliten wohnen und ihnen Gott sein. Sie sollen erkennen, daß ich, der Herr, ihr Gott bin, der sie aus Ägypten herausgeführt hat, um in ihrer Mitte zu wohnen, ich, der Herr, ihr Gott«. Dazu muß man den Prolog des Johannesevangeliums vergleichen mit dem entscheidenden Satz: »Und das Wort ist Fleisch geworden und hat unter uns gewohnt, und wir haben seine Herrlichkeit gesehen« (Joh 1,14). Die Herrlichkeit Jahwes spielt in der Priesterschrift als die manifeste Gegenwart Jahwes eine große Rolle. Für die Theologie des Johannes ist dieser atl Hintergrund bedeutsam. Sie kann mit dem Blick auf diese atl Grundstelle besser verstanden werden.

Zusammenfassend läßt sich im Blick auf das AT zur Christologie des NT und der Kirche wohl sagen: Wir dürfen »in diesem Zionskönig, in dieser ›Personifikation‹ des Zion selbst, in diesem Repräsentanten des Gottes-

---

[21] H.W. Wolff, Zur Hermeneutik des Alten Testaments 177.
[22] H.W. Wolff, a.a.O. 179.
[23] Vgl. P. Weimar, Untersuchungen zur priesterschriftlichen Exodusgeschichte (FzB 9), Würzburg 1973, 133-145.

reiches ebenso wie des wahren Israel, in dieser inhabitatio Gottes auf dem Zion, in dieser Bundeswirklichkeit und diesem Hohenpriestertum, in dieser prophetischen Offenbarung des Gotteswortes und in der weltbegründenden präexistenten Weisheit die Summe des Alten Testaments sehen«[24]. Will man erfassen, was in Wort und Bild auf das Christusereignis hin mitgeteilt ist, muß sorgfältig darauf geachtet werden, was das AT selbst sagt. Das AT ist Grund und Begründung, Anregung und Erläuterung für das, was Gott in Jesus von Nazaret getan hat. Wenn die zentrale Aussage der Torah in Ex 29,45f., in der Zusage gefunden werden darf, daß Jahwe der Gott seines Volkes sein und mitten unter ihm wohnen will, dann muß man »dem Aussage-Gefälle der Tora« folgen. Man muß »die Grundintention des Ganzen in immer neuen Anläufen« ermitteln und »die Frage nach den Voraussetzungen und Zusammenhängen« stellen[25], um zu begreifen und zu erfassen, was die Bibel, AT und NT, insgesamt bietet. Das AT hat hierbei ein entscheidendes Wort zu sprechen, ein Wort, das wirkt, nicht zu ersetzen ist und nicht vergeht (Jes 40,8; 55,11).

Es ist ganz im Sinn des AT, wenn ein Mensch, der sich mit diesem einzigartigen Buch beschäftigt und sich auf seine Botschaft eingelassen hat, am Ende und wieder neu beginnend, sagt: »Herr, wer könnte mit seinem Geist auch nur eines von deinen Worten ganz verstehen? Das, was wir nicht erfassen, bleibt größer als das, was wir verstehen, wie Dürstende, die an einer Quelle trinken. Das Wort Gottes hat ja viele Seiten, die es den Lernenden je nach ihrer Auffassungsgabe darbietet. Gott hat seinem Wort viele Farben gegeben. Wer es erforscht, soll an ihm etwas sehen können, was ihn anspricht. Gott hat in seinem Wort Schätze von vielerlei Art niedergelegt; jeder von uns, der sich darum müht, soll daran reich werden können.«[26]

[24] H. Gese, Alttestamentliche Hermeneutik und christliche Theologie, in: Theologie als gegenwärtige Schriftauslegung (ZThK Beiheft 9), Tübingen 1995, 65-81, 78.
[25] H.J. Kraus, Das Telos der Tora. Biblisch-theologische Meditationen, in: JBTh 3, 1988, 56-82, 81.
[26] Ephräm, der Syrer, Diatessaron, zitiert aus: Die Feier des Stundengebets. Lektionar. Zweite Jahresreihe, Heft 6, Freiburg u.a., S. 11.

Literaturhinweise

Zur biblischen und speziell zur alttestamentlichen Hermeneutik ist eine Fülle von Veröffentlichungen erschienen. Hier können nur Literaturhinweise für die Leser der Neuen Echter Bibel geboten werden. Weitere Hinweise sind in den Anmerkungen zum Text dieses Buches zu finden. Die »Internationale Zeitschriftenschau für Bibelwissenschaft und Grenzgebiete« und »The Old Testament Abstracts« informieren in Jahresbänden über die Neuerscheinungen auf diesem Spezialgebiet der Bibelwissenschaft.

ZUR ALTTESTAMENTLICHEN HERMENEUTIK

I. Baldermann u.a., Altes Testament und christlicher Glaube, in: JBTh 6, 1991.

J. Becker, Grundzüge einer Hermeneutik des Alten Testaments, Frankfurt am Main 1993.

B.S. Childs, Die Theologie der einen Bibel. Band 1: Grundstrukturen, übersetzt von Chr. Oeming, Freiburg 1994.

Chr. Dohmen – Th. Söding (Hrsg.), Eine Bibel – Zwei Testamente. Positionen Biblischer Theologie (UTB 1893), Paderborn 1995.

Chr. Dohmen – G. Stemberger, Hermeneutik der Jüdischen Bibel und des Alten Testaments (Studienbücher Theologie 1,2), Stuttgart 1996.

K. Frör, Biblische Hermeneutik. Zur Schriftauslegung in Predigt und Unterricht, München ³1967.

A.H.J. Gunneweg, Vom Verstehen des Alten Testaments. Eine Hermeneutik (ATD Ergänzungsreihe 5), Göttingen ²1988.

O. Kaiser, Der Gott des Alten Testaments. Theologie des Alten Testaments, Teil I, Grundlegung (UTB 1747), Göttingen 1993.

H. Karpp, Das Alte Testament in der Geschichte der Kirche. Seine Geltung und seine Wirkung, Berlin 1939.

H. Karpp, Schrift, Geist und Wort Gottes. Geltung und Wirkung der Bibel in der Geschichte der Kirche. Von der Alten Kirche bis zum Ausgang der Reformationszeit, Darmstadt 1992.

H.-J. Kraus, Geschichte der historisch-kritischen Erforschung des Alten Testaments, Neukirchen ⁴⁽⁼³⁾1988.

G. Meier, Biblische Hermeneutik, Wuppertal ²1992.

J. Ratzinger (Hrsg.), Schriftauslegung im Widerstreit (QD 117), Freiburg 1989.

H. Graf Reventlow, Epochen der Bibelauslegung. Band I: Vom Alten Testament bis Origenes, München 1990. Band II: Von der Spätantike bis zum Ausgang des Mittelalters, München 1994.

H. Schmid, Die christlich-jüdische Auseinandersetzung um das Alte Testament (Schriften zur Judentumskunde 1), Zürich 1971.

J.D. Smart, Hermeneutische Probleme der Schriftauslegung, Heidelberg 1965.

C. Westermann (Hrsg.), Probleme alttestamentlicher Hermeneutik. Aufsätze zum Verstehen des Alten Testaments (ThB 11), München ²1960.

Zu A
Das besondere Buch

D.L. Baker, Two Testaments – One Bible. A Study of the Theological Relationship between the Old and the New Testament, ²1991.

I. Baldermann u.a., Zum Problem des biblischen Kanons (JBTh 3), Neukirchen 1988.

W. Beyerlin, Religionsgeschichtliches Textbuch zum Alten Testament (ATD Ergänzungsreihe 1), Göttingen 1975.

H. von Campenhausen, Die Entstehung der christlichen Bibel (BHTh 19), Tübingen 1968.

R.P. Carroll, The Bible as a Problem for Christianity, Philadelphia 1991.

D.A. Carson – J.B. Woudbridge, Hermeneutics and Canon, Leicester 1986.

J. Coppens, Vom christlichen Verständnis des Alten Testaments, Freiburg 1952.

Chr. Dohmen – F. Mußner, Nur die halbe Wahrheit? Für die Einheit der ganzen Bibel, Freiburg 1994.

Chr. Dohmen – M. Oeming, Biblischer Kanon – warum und wozu? Eine Kanontheologie (QD 137), Freiburg 1992.

E.E. Ellis, The Old Testament in Early Christianity: Canon and Interpretation in the Light of Modern Research (WUNT 54) Tübingen 1991.

H. Hübner, Biblische Theologie des Neuen Testaments. Band 1 Prolegomena, Göttingen 1990.

H. Greßmann, Altorientalische Texte zum Alten Testament, Berlin ²1926.

J.D. Kaestli – O. Wermelinger (Hrsg.), Le canon de l'Ancien Testament. Sa formation et son histoire, Genf 1984.

O. Kaiser u.a. (Hrsg.), Texte aus der Umwelt des Alten Testaments, 1982ff.

A. Klopfenstein (Hrsg.), Mitte der Schrift?, Bern 1987.

N. Lohfink, Das Jüdische am Christentum, Freiburg 1987.

F. Mildenberger, Gottes Tat im Wort. Erwägungen zur alttestamentlichen Hermeneutik als Frage nach der Einheit der Testamente, Gütersloh 1964.

M. Oeming, Gesamtbiblische Theologien der Gegenwart. Das Verhältnis von AT und NT in der hermeneutischen Diskussion seit G. von Rad, Stuttgart ²1987.

K.H. Ohlig, Die theologische Begründung des Kanons in der alten Kirche, Düsseldorf 1972.

J.P. Pritchard, Ancient Near Eastern Texts Relating to the Old Testament, Princeton/New Jersey ²1955.

R. Rendtorff, Kanon und Theologie. Vorarbeiten zu einer Theologie des Alten Testaments, Neukirchen 1991.

J.A. Sanders, Canon and Community. A Guide in Canonical Criticism, Philadelphia 1984.

J.A. Sanders, From Sacred Story to Sacred Text, Philadelphia 1987.

K. Schwarzwäller, Das Alte Testament in Christus (ThSt 84), Zürich 1966.

E. Zenger, Das Erste Testament. Die jüdische Bibel und die Christen, Düsseldorf ⁵1995.

ZU B
DAS MASSGEBENDE PROFIL

A. Bea, Das Wort Gottes und die Menschheit. Die Lehre des Konzils über die Offenbarung, Stuttgart 1968.

J. Beumer, Die katholische Inspirationslehre zwischen Vaticanum I und II. Kirchliche Dokumente im Licht der theologischen Diskussion (SBS 20), Stuttgart ²1967.

H. Denzinger, Kompendium der Glaubensbekenntnisse und kirchlichen Lehrentscheidungen, verbessert, erweitert, ins Deutsche übertragen und unter Mitarbeit von Helmut Hoping hrsg. von P. Hünermann, Freiburg ³⁵1991.

Dogmatische Konstitution über die göttliche Offenbarung, in: Das Zweite Vatikanische Konzil, Ergänzungsband II zum LThK², Freiburg 1967, 497-583, mit Kommentaren von J. Ratzinger. A. Grillmeier, B. Rigaux.

Enchiridion Biblicum. Neapel/Rom ⁴1961.

H. Gabel, Inspirationsverständnis im Wandel. Theologische Neuorientierung im Umfeld des II. Vatikanischen Konzils, Mainz 1991.

J. Goldingay, Theological Diversity and the Authority of the Old Testament, Grand Rapids 1987.

D.K. Mc Kim (ed.), The Authoritative Word. Essays on the Nature of Scripture, Grand Rapids 1983.

H. de Lubac, Exégèse médievale. Les quatre sens de l'Ecriture, I,1-2, II, 1-2, Paris 1959-1964.

F. Martin, Pour une théologie de la lettre. L'inspiration des Ecritures, Paris 1996.

S. Mowinckel, The Old Testament as Word of God, 1959.

K. Rahner, Über die Schriftinspiration (QD 1), Freiburg ³1962.

O. Semmelroth – M. Zerwick, Vaticanum II und das Wort Gottes (SBS 16) Stuttgart 1966.

J.D. Smart, Hermeneutische Probleme der Schriftauslegung, Heidelberg 1965.

E. Stakemeier, Die Konzilskonstitution über die göttliche Offenbarung (Konfessionskundliche u. kontroverstheologische Studien 18), ²1967.

K.G. Steck, Das römische Lehramt und die Heilige Schrift (Theologische Existenz 107), 1963.

Zu C
ZUGÄNGE ZUM ALTEN TESTAMENT

H.K. Berg, Ein Wort wie Feuer. Wege lebendiger Bibelauslegung, München/ Stuttgart 1991.

W. R. Bodine, Linguistic and Biblical Hebrew, Winona Lake/Indiana 1992.

E. Düsterfeld (Hrsg.), Neue Wege der Verkündigung, Düsseldorf 1983.

B.S. Childs, Biblical Theology of the Old and New Testaments. Theological Reflection on the Christian Bible, Minneapolis 1993.

B.S. Childs, Old Testament Theology in a Canonical Context, Philadelphia/London 1985.

I. Christiansen, Die Technik der allegorischen Auslegungswissenschaft bei Philon von Alexandrien (Beiträge zur Geschichte der Biblischen Hermeneutik 7), Tübingen 1969.

M. Clévenot, So kennen wir die Bibel nicht. Anleitung zu einer materialistischen Lektüre biblischer Texte, München ²1980.

A.Y. Collins (ed.), Feminist Perspectives on Biblical Scholarship (SBL Central Publications), Chico 1985.

J.S. Croatto, Die Bibel gehört den Armen. Perspektiven einer befreiungstheologischen Hermeneutik (Ökumenische Existenz heute 5), München 1989.

R.M. Davidson, Typology. In Scripture. A Study of Hermeneutical typos Structures (Andrews University Doctoral Dissertations Series 2), Berrien Springs 1981.

E. Drewermann, Tiefenpsychologie und Exegese. Band I: Traum, Mythos, Märchen, Sage und Legende, Olten/Freiburg ²1984; Band II: Wunder, Weissagung, Apokalypse, Geschichte, Gleichnis, Olten/Freiburg ²1986.

W. Egger, Methoden-Lehrbuch zum Neuen Testament. Einführung in linguistische und historisch-kritische Methoden, Freiburg ³1987.

H.-J. Fabry u.a., Bibel und Bibelauslegung, Regensburg 1993.

J.A. Fitzmyer, The Biblical Commission's Document »The Interpretation of the Bible in the Church.« Text and Commentary (subsidia biblica 18), Rom 1995.

G. Fohrer u.a., Exegese des Alten Testaments. Einführung in die Methodik (UTB 267), Heidelberg ²1976.

J. Frey, Eugen Drewermann und die biblische Exegese. Eine methodisch-kritische Analyse (WUNT 71), Tübingen 1995.

A. Görres – W. Kasper (Hrsg.), Tiefenpsychologische Deutung des Glaubens? Anfragen an Eugen Drewermann (QD 113), Freiburg 1988.

L. Goppelt, Typos. Die typologische Deutung des Alten Testaments im Neuen, 1939, Nachdruck Darmstadt 1969.

N.K. Gottwald a.o. (eds.), The Bible and Liberation. Political and Social Hermeneutics, London [2]1993.

N.K. Gottwald, The Hebrew Bible in Its Social World and in Our (SBL Semeia Studies), Scholars Press 1993.

D.C. Greenwood, Structuralism and the Biblical Text. Religion and Reason, Berlin 1985.

C. Grenholm, The Old Testament, Christianity and Pluralism (Beiträge zur Geschichte der biblischen Exegese 33), Tübingen 1996.

H. Jahnow u.a., Feministische Hermeneutik und Erstes Testament, Stuttgart 1994.

M. Kassel, Biblische Urbilder. Tiefenpsychologische Auslegung nach C.G. Jung, München 1980.

U.H.J. Körtner, Der inspirierte Leser. Zentralaspekte biblischer Hermeneutik, Göttingen 1994.

G. Lohfink – R. Pesch, Tiefenpsychologie und keine Exegese. Eine Auseinandersetzung mit Eugen Drewermann (SBS 129), Stuttgart 1987.

P.R. Noble, The Canonical Approach. A Critical Reconstruction of the Hermeneutics of Brevard S. Childs (Biblical Interpretation Series 16), Leiden 1995.

Päpstliche Bibelkommission, Die Interpretation der Bibel in der Kirche (Verlautbarungen des Apostolischen Stuhles 115): Hrsg. Sekretariat der Deutschen Bischofskonferenz, Bonn 1993.

H.D. Preuß, Das Alte Testament in christlicher Predigt, Stuttgart 1984.

W. Rebell, Psychologisches Grundwissen für Theologen, München 1988.

W. Richter, Exegese als Literaturwissenschaft. Entwurf einer alttestamentlichen Literaturtheorie und Methodologie, Göttingen 1971.

L.M. Rusell (ed.), Feminist Interpretation of the Bible, Philadelphia 1985.

L. Schottroff – S. Schroer – M.-Th. Wacker, Feministische Exegese. Forschungsbeiträge zur Bibel aus der Perspektive von Frauen, Darmstadt 1995.

W. Schottroff – W. Stegemann (Hrsg.), Der Gott der kleinen Leute. Sozialgeschichtliche Bibelauslegungen, Band I: Altes Testament, München/Gelnhausen 1979.

J. Schreiner (Hrsg.), Einführung in die Methoden der biblischen Exegese, Würzburg 1971.

H.W. Seidel, Die Erforschung des Alten Testaments in der katholischen Theologie (BBB 86), Frankfurt am Main 1993.

H. Simian-Yofre et al., Methodologia dell' Antico Testamento, Bologna 1994.

J.L. Ska, »Our Fathers Have Told Us«. Introduction to the Analysis of Hebrew Narratives (subsidia biblica 13), Rom 1990.

Y. Spiegel, Doppeldeutlich. Tiefendimensionen biblischer Texte, München 1978.

Th. Sternberg (Hrsg.), Neue Formen der Schriftauslegung (QD 140), Freiburg 1992.

Theologie als gegenwärtige Schriftauslegung (Beiheft zur ZThK 9), 1995.

I. Willi-Plein, Vorformen der Schriftexegese innerhalb des Alten Testaments (BZAW 123), Berlin 1971.

B. Willmes, Bibelauslegung – genau genommen (BN Beihefte 5), München 1990.

Sachregister

244

Bibelstellenregister (Auswahl)

Gen

1	106
1-11	52
1,1	21, 67
1,2	98
1,4	96
1,26	233
6,1-4	53
8,22	96
12,1-3	107, 162
15,5	96
15,7	168
17,7	162
22,17	96
26,2	107
28,13	107
32,4-6	121
37,7	173
41,17.24	173

Ex

2	101
3	162
3-5	92f, 108
3,7	84
3,8	157
3,14	98
3,19	133
7,1-11,10	108
15,1-21	209
17,14	86
19-24	198
19,20	157
20,1-17	109
21,1-23,33	34, 59
21,1	33
21,23-25	77
25,40	168
29,45f	234f
33,7-11	91
34,1ff	109
34,6f	233
34,27f	110
34,29ff	175

Lev

17,1-26,46	59, 231
19,18	78
19,34	77
26,12	183
27,32	95

Num

11	127
11,4-12,8	91
18,19	96
23,19	134
24	163
24,2	126
25,12f	96
33,2	86

Dtn

1,1	110
4,2	37, 109
4,6	119
5,22	109
6,4ff	36, 78
6,20ff	88
12-26	59, 109
13,1	37
15,15	109
17,18	110
18,15	34, 114
18,18	79, 126
18,22	122
24,1	77
26,1-10	69
26,19	95
28,14	109
28,15-68	116
30,1-10	183
30,14	109, 183
31,9	86, 110
31,9-13	33f
31,22	86
32,1-44	34
33,2-25	34
34,1-12	91

34,9	187

Jos

1,5-9	187
1,7	22
8,32	86
23,6	89
23,14f	163
24,25	89
24,26	33

Ri

9,7-15	58
18	141

1 Sam

1-3	101
10,10f	126

2 Sam

7	163
23,1-7	35, 127
23,5	96
24,11	123

1 Kön

3,12	119, 127
5,9-14	35
6,11	122
8,39	133
8,56	163
12,29	141
13,32	122
14,16	168
18	35
22,10ff	125

2 Kön

1,2	105
2,9f	126
3,15	126
10,10	163
14,9	58
17	89